'냉전' 아시아의 탄생:
신중국과 한국전쟁

문화과학 이론신서 66

'냉전' 아시아의 탄생: 신중국과 한국전쟁

기 획 | 성공회대학교 동아시아연구소
엮은이 | 백원담 · 임우경

초판인쇄 | 2013년 5월 23일
초판발행 | 2013년 5월 30일
발행인 | 손자희
발행처 | 문화과학사
출판등록 | 제1-1902 (1995. 6. 12)
주소 | 120-831 서대문구 연희동 421-43호
전화 | 02-335-0461
팩스 | 02-334-0461
이메일 | transics@chol.com
홈페이지 | http://cultural.jinbo.net

값 24,000원
ISBN 978-89-86598-03-2 93910

본서는 2007년 정부(교육과학기술부)의 재원으로 한국연구재단의 지원을 받아 수행된 연구임
(KRF-2007-361-AM0005)

문화과학 이론신서 66

'냉전' 아시아의 탄생:
신중국과 한국전쟁

성공회대학교 동아시아연구소 기획

백원담 · 임우경 엮음

문화과학사

목 차

2부 여러 '중국'들

책머리에   '냉전' 아시아의 탄생: 신중국과 한국전쟁

1953년 7월 27일, 지루한 담판 끝에 드디어 UN, 북한, 중국 대표가 서명한 정전협정이 체결되고 한국전쟁이 종결되었다. 그리고 60년의 세월이 흘렀다. 요즘 아이들에게 한국전쟁은 임진왜란만큼이나 생소하다. 기껏해야 그것은 '6.25 음식체험행사'나 전쟁기념관에 진열된 낡은 탱크 속에서 짐작만 해 보는 먼 나라 이야기가 되었다. 하지만 그런 아이들에게도 연평도 포격사건이나 천안함 사건, 개성 공단 폐쇄, 북핵 위기 등은 생생한 현실이다. 전쟁의 위기는 사실 정전협정 후에도 늘 우리 곁에 존재해 왔다. 지난 달 북한이 '정전협정폐기'를 거론하며 긴장을 고조시킨 일은 지난 60년이 말 그대로 남북간 전면전이 '중지'된 상태였을 뿐임을 모골이 송연하도록 환기시켜 주었다. 정전협정으로 열전은 멈췄으되 전쟁은 오늘이라도 다시 시작될 수 있는 것이다. 여전히 일상의 삶은 언제 깨질지 모르는, 장기적이고 내면화된 비평화상태, 즉 또 다른 전쟁cold war 속에 놓여 있다.

    남한에서 한국전쟁은 흔히 '동족상잔'이라는 이미지에 갇혀 단지 남북한의 문제로만 인식되는 경우가 허다하다. 하지만 사실 그것은 미국은 물론이고 중국, 대만, 일본이 함께 치른 전쟁이었으며, 심지어 30여개국이 참여한 세계전쟁이기도 했다. 냉전시대 첫 열전이라 불리는 한국전쟁은 한반도뿐만 아니라 동아시아적 냉전체제를 고착시킨 결정적 계기였다. 한국전쟁으로 미국은 대일정책을 전환하여 일본을 아시아 반공기지로 삼고 재무장하기 시작했다. 일본은 미국의 우산 아래 전쟁특수를 누리며 경제적으로 승승장구했으며 본격적인 '기지국가'의 길로 접어들었다. 또 중국은 원치 않는 전쟁에 개입하면서 '대만 해방' 계획에 차질을 빚게 됐으며 대만이 일본, 남한과 함께 미국의 아시아 방어 전략기지로 편입됨에 따라 중국 양안의 분단도 고착되기에 이르렀다. 동시에 중국은 한국전쟁에서 세계 최강의 미군을 한반도 이남까지 격퇴시킴으로써 국제무대의 새로운 강자로 떠오를 수 있었고 대내적으로는 사회주의 정권을 공고히 하면서 그 정치경제적 기반을 압축적으로 확립할 수 있었다. 한국전쟁의 경험을 일국화하는 습관적 태도나 심지어 그에 대한 발언의 '주권'이 남북한에게만 있다고 여기는 민족주의적 시각을 넘어서 한국전쟁을 아시아화해야 하는 이유가 여기에 있다. 그리고 그 중에서도 가장 주의 깊게 살펴야 할 것이 바로 정전협정을 주도한 당사자이자 세계적 냉전질서 속에서 독특한 위치를 점해 온 중국이다.

    강대국들의 예상을 뒤엎고 사회주의 혁명에 성공한 중국은 냉전초기 소련을 위시한 사회주의 진영의 세를 강화시키는 역할을 했으나 나중에는 반대로 미국 일본과 함께 반소연대 구축을 통해 이른바 데땅트 시대를 열기도 했다. 특히 아시아의 냉전국면에서 중국이 차지하는 위상은 소련 못지않은 것이었다. 이른바 '죽의 장막' 너머 중국은 근린 아시아 국가들에게 정치, 군사, 문화를 망라하여 냉전국면을 구성하는 주요한 일방이었음에 분명하다. 그러면서도 한편으로 중국은 민족해방투쟁의 귀감이기도 했고, 비동맹운동이나 제3세계론을 창도하면서 미소 냉전질서를 벗어난 일련의 행보를 견지해 왔으며, 후에는 사회주의시장경제론을 들고 나와 작금의 이른바 G2시대의 도래를 촉진하기도 했다. 여전히 사회주의 푯말을 들고 자본주의 길을 걷고 있는 중국의 '성공' 속에서 '죽의 장막'이라는 냉전표상은 이미 아스라이 잊혀졌으되, 탈/냉전을 거쳐 '시종일관 유연했던' 중국의 발전모델은 세계적으로 많은 학자들의 관심을 끌고 있다. 그와 더불어 이른바 세계적 신냉전사 연구에서 중국의 역할과 위상이 급부상하면서 한국전쟁과 신중국의 관계를 세계적 냉전 국면 속에서 좀더 의미 있는 것으로 평가하려는 노력이 이루어지고 있음은 반가운 변화가 아닐 수 없다.

중국에서 한국전쟁은 흔히 '조선전쟁'이나 '항미원조전쟁'이라고 부른다. '항미원조(抗美援朝)'란 말 그대로 미국에 대항하여 조선을 돕는다는 뜻이다. 이 전쟁은 평범한 중국의 일반인들에게도 많은 영향을 미쳤다. 덕분에 중국에서 한국전쟁은 그리 낯선 것이 아니다. 많은 중국인들이 장진호 전투를 비롯해 구체적인 전투상황에 대해 비교적 자세히 알고 있고, 중국인민지원군은 '가장 사랑스러운 사람'이라는 애칭으로 불리며, 전쟁에서 희생된 많은 사람들은 지금도 민족의 영웅으로 기억되고 있다. 한국전쟁은 교과서, 영화, 혁명가곡, 소설과 같은 매체를 통해 다양한 형태로 재현되어 왔고 신중국 건설의 주요한 공유기억으로서 누적되고 작동해 왔다. 그도 그럴 것이, 한국전쟁 당시 후방에서 간접적으로 전쟁지원에 참여했던 사람들을 제외하고 3년 동안 군사작전에 직접 동원된 사람만 240여만명에 이른다. 전쟁기간에만 11만 4천명이 사망(후일 사망자 통계에 의하면 18만명)했으며 25만 2천명이 부상당했고 2만 5천명이 포로가 되거나 실종되었다. 적어도 중국인 240여만 명과 그 가족의 삶이 한국전쟁으로 인해 치명적이고 의미심장한 변화를 겪었다는 말이다. 수백만 명, 심지어 수천만 명에 이르는 이들에게 한국전쟁은 한반도의 이야기가 아니라 바로 그들 자신의 이야기인 것이다.

그럼에도 불구하고 그간 신중국과 한국전쟁 연구는 주로 국제정치적 측면에서 미소관계와 중국의 참전원인을 규명하는 데 집중되었을 뿐 중국의 참전이 이후 아시아 지역 냉전국면에 가져온 변화와 영향에 대한 연구는 상대적으로 적은 편이다. 특히 중국에서 한국전쟁에 관한 연구는 국가의 합법성을 정당화하는 이데올로기 서사로만 허용되었을 뿐 항미원조 전쟁이 가져온 국내의 변화, 그리고 그 변화를 몸소 체험해야 했던 일반인들의 경험은 충분히 주목받지 못했다. 반대로 한국에서는 이른바 탈냉전 시대에 들어와 민간의 입장에서 한국전쟁을 되돌아보려는 시도가 활발해지긴 했지만, 한국전쟁 당사자로서 중국과 중국인들이 겪은 변화에 대해서는 여전히 거의 무지하고 또 무관심하다. 물론 중국도 남한의 일반인들이 겪은 한국전쟁에 대해 무관심한 것은 매한가지다. 아시아 사람들의 운명은 그토록 강하게 연결되어 있으면서도 여전히 서로를 서로에게 비춰 보는 일에는 아직도 서툴기만 하다. 여기서도 우리 삶과 학문 속에 여전히 깊게 드리운 냉전의 그림자를 발견할 수 있다.

그런 점에서 본서는 한국전쟁 정전 60주년을 맞아 중국을 통해 한국전쟁을 재조명하되, 한국전쟁이 신중국 건립에 가져온 일련의 변화 및 그것이 아시아 냉전국면과 절합되는 지점들을 포착해 보자는 취지로 기획되었다. 좀 더 구체적으로 말하자면 본서는 1) 중국의 한국전쟁 경험을 분석함으로써 자연스럽게 한국전쟁의 아시아적 맥락과 의의를 부각시키고, 2) 냉전사에 있어 '중국'이라는 장소의 아시아성과 그 역사성을 추적하되, 3) 사상·제도·일상을 포괄하는 문화적 차원에서 특히 민족상상과 냉전논리가 절합되거나 갈등하는 지점에 주목함으로써 문화냉전 및 냉전문화의 아시아적 특수성을 고찰해 보고자 했다.

내용은 크게 총론을 포함한 세 부분으로 구성되어 있다. 백원담의 총론은 한국전쟁을 아시아의 냉전이라는 맥락 속에 자리매김하기 위한 방법론적 사유를 보여준다. 이어서 1부에 실린 논문들은 모두 성공회대 동아시아연구소 한국전쟁세미나팀과 중국사회과학원 당대사독서회의 공통된 연구관심의 결과물로서 한국전쟁 당시 중국 내부의 변화를 여러 대중운동 차원에서 다루고 있다. 이남주는 한국전쟁으로 중국이 예상보다 빨리 신민주주의체제를 폐기하고 인민민주독재를 강화하게 되었다고 주장하며, 허지시앤은 한국전쟁으로 중국에서 사회주의 국제주의와 결합된 독특한 애국주의가 형성되는 과정을 보여준다. 청카이는 전후 중국에서 진행되었던 세계적 평화서명운동이 유럽의 그것과 어떻게 변별되는지, 또 한국전쟁 발발 이후 어떻게 변용되는지를 추적하고 있다. 임우경은 한국전쟁으로 반미이데올로기가 일상화되는 과정을 보여주면서 일제에 대한 기억의 소환이 그 과정의 주요한 추동력이었음을 지적한다. 한편 허하오는 모범노동소조의 사례를 통해 일반인들의 전통적이고 관습적인 사유가 신중국 건립 이후 특히 한국전쟁 시기 새로운 노동주체의 건립에 어떤 영향을 미치는지 흥미롭게 분석하고 있다.

1부가 중국의 중심에서 중국을 본 것이라면 2부는 중국의 주변부에서 중국을 보고자 했다. 중국 조선족 학자인 최일은 일제시기 동북으로 건너간 조선인들이 한국전쟁을 통해 어떻게 '민족'에서 '국민'으로 정체성을 만들어 가는지 분석하고 있다. 란스치는 대만에서 한국전쟁에 대한 기억이 어떻게 중화민족주의 및 타이완민족주의의 대결 속에서 재/구축되어 왔는지를 보여준다. 로윙상은 한국전쟁을 둘러싼 미국과 영국의 미묘한 입장 차이에 주목하면서 그것이 홍콩

냉전문화 형성에 미친 복잡성과 냉전의 복수성에 대해 논하고 있다. 판완밍과 천땅후이는 한국전쟁 당시 말레이시아에서 영국식민지 당국이 전쟁특수를 통해 신촌 건설 프로젝트를 실현시킨 결과 말레이시아 공산당이 와해되기에 이른 상황을 추적한다. 마지막으로 김학재는 중국이 한국전쟁에 참전함으로써 미국의 자유주의 기획이 굴절되고 동아시아에 대한 차별적 분할이 실시되는 과정을 다루고 있다.

한국전쟁과 중국이라는 좌표축을 통해 중국의 주변부를 살피고 있는 2부의 글들은 이들 주변부에서 냉전을 둘러싼 방정식이 훨씬 복잡해짐을 보여준다. 2부에서 다뤄지고 있는 연변의 조선족, 대만, 홍콩, 말레이시아 화교 공산당 등은 모두 식민지 시대 이동을 거쳐 새롭게 내부로 수용되거나 혹은 외부로 확산된 '중국'이라고 할 수 있다. 이들은 아시아 식민과 냉전사에서 '중국'이 차지하는 의미를 부각시키는 동시에 대문자 중국에 균열을 내는 존재들이기도 하다. 아시아의 국가들이 한국전쟁을 계기로 미국적 자유주의 기획에 의해 차별적으로 분할되어야 했던 것과 함께, 식민의 역사 위에 냉전적 국가의 경계를 확정해야 했던 아시아에서 전후 민족·국가·냉전의 논리가 서로 경합하고 절합하며 구성해 온 다양한 '중국' 상상은 지난 몇 십년간 아시아의 탈/냉전 풍경을 구성하는 또 하나의 중요한 부분이 아닐 수 없다.

이들 다양한 '중국' 상상들 간의 내적 경합 속에서 '중국'이라는 장소의 아시아성과 아시아 냉전의 역사성이 드러나기를 기대해 본다. 비판적 아시아 지역주의를 꿈꾸기 위해 서로 얽힌 식민과 냉전의 현대사를 의연히 대면하고자 할 때 이렇듯 지난 몇 십년간 탈/냉전 질서 속의 '중국'의 위치를 되짚어 보는 일은 시급한 과제가 아닐 수 없다. 그것은 아시아 탈/냉전의 역사를 다시 쓰는 일이요,

그간 미소중심의 냉전연구를 아시아적 맥락에서 해체하거나 보충질문하는 작업이 될 것이다. 다소 어색하고 불편해 보임에도 불구하고 제목에서 냉전이라는 단어에 따옴표를 붙인 것은 바로 그 해체적 질문에서 파생되는 긴장을 가시화하고 아시아 냉전의 특수성과 복수성을 환기시키기 위한 노력으로 이해해 주기 바란다.

본서는 성공회대학교 동아시아연구소 HK사업단 냉전팀의 2단계(2010.11~2013.8) 세부 아젠다로 기획되었다. 1년여에 걸쳐 우수한 아시아 학자들을 섭외하고 개별 주제를 논의한 결과 본 사업단의 한국전쟁연구모임 3인을 포함하여 중국사회과학원 중국당대사독서회의 4인, 중국연변대학 1인, 대만중정대학 1인, 홍콩영남대학 1인, 싱가포르국립대학 2인, 독일베를린자유대학 1인, 총 13인이 협동연구에 참여하게 되었다. 각각의 연구성과는 성공회대가 주최한 <냉전 아시아의 탄생: 신중국과 한국전쟁> 국제학술대회(2013. 3. 8~9)에서 발표되었으며 그중 11편을 책으로 묶어내게 되었다. 여유롭지 않은 일정에도 기꺼이 집필에 참여해 준 각국의 필자들과 학술대회에 참여해 훌륭한 토론을 해 준 사회자, 토론자, 청중들에게 다시 한 번 진심으로 감사의 말씀을 전한다. 물론 국제학술대회와 출판을 위해 물심양면으로 지원하고 도와준 동아시아연구소 성원들에게도 고맙다는 말을 전한다. 그리고 특별히 중국사회과학원의 당대사독서회와 본사업단의 협동연구가 가능하도록 적극 지원해준 친구 허짜오티엔(賀照田), 번역과 회의기록을 도맡아 주고 지칠 때마다 힘을 북돋아 준 중국여성연구회의 김남희, 김정수, 이승희에게도 고맙다는 말을 꼭 전하고 싶다.

2013년 5월 이른 여름비 속에

임우경 씀

총론

한국전쟁과 동아시아 상(像)의 연쇄

1

한국전쟁과
동아시아 상(象)의 연쇄[*]

백원담

1. 상(像)의 전치(轉置)와 연쇄(連鎖)

한국전쟁을 아시아의 역사로 다시 써나간다는 것은 어떤 의미인가. 그리고 그것은 어떻게 가능한가. 한국전쟁을 반드시 아시아 근현대사 전개의 지평에 재맥락화시켜야 할 필연성은 과연 있는가.

위의 문제는 대다수 한국과 아시아 민중에게 한국전쟁은 무엇이었으며 정전상태 60년의 의미는 무엇인지를 밝히는 일로서 문제설정의 타당성을 인정받을 수 있을 것이다. 우리라는 말을 발설할 때 그 포괄범위에 대해 항상 경계해야 하지만 한국전쟁은 한국에서 그리고 한국인에게 그동안 너무 오랜 세월 피해양상으로만 각인되어 왔다. 그 신체적 각인의 몸의 체감은 지극히 한국적일 수 있지만 그렇지 않을 수도 있다는 생각은 이 사회에서

* 이 연구는 한국연구재단 2007년 인문한국사업(Humanities Korean Project)의 지원으로 이루어졌음(KRF 과제번호 2007-361-AM0005).

살아가고 살아남기 위해 내부의 단순하고 복잡한 이해관계에 구속되어온 역정이나 혹은 내재적 시각이란 것이 때로 침중한 역사의 무게로 짓눌린 남상(濫觴)이라는 문제인식에서 발원하였다.

그리하여 한국전쟁 정전 60주년에 즈음하여 한국전쟁의 아시아지역화를 제기하는 것은 한국전쟁이 한반도에서 살아오고 살아가는 사람들의 몸에 각인된 해묵은 상처일진대, 그러나 그것은 발발과 전개과정에서 확인되듯이 전후 세계사적 모순의 집점으로서 한반도가 규정당하면서 촉발된 측면이 강하다는 점에서 분단과 한국전쟁의 원초경으로 돌아가 문제의 전치(relocation)를 통해 일국적으로는 해결될 수 없는 문제의 중층적 성격을 확인하고 문제의 상대화를 통해 새로운 극복의 실마리를 잡아보고자 하는 목적의식적 노력의 일환이라 하겠다.

냉전, 냉전체제, 냉전구조란 '정치체제의 구별에 따라 구획된 국제정치의 공간편성'[1]을 지칭하며, 그 자체 외재화된 거시적인 물리적 권력으로 작동해왔다. 그러나 그것은 내재화된 미시적인 심리적 권력이기도 한데, 주체를 억압하는 효과를 갖는 권력일 뿐만 아니라 특정한 방식의 작동을 통해 주체의 욕망을 생산하고 조절하는 권력이기도 한 것이다.[2] 이 미시권력으로서의 냉전은 실제적이고 구체적인 국민문화 형성 과정에 미세하게 파고들어 작용

---

1) 丸川哲史, 『冷戰文化論-竹内好と'敵對'』(双風舎, 2005).
2) 프린스턴 대학 건축학대학에서는 냉전의 온상이라는 제목으로 2차대전 이후 미국에서 전쟁의 효과가 건축담론에 미친 영향과 전쟁에 의한 건축의 재정의 과정에서 개인의 사적 공간으로 공적 공간들이 전환하는 문제를 다루고 거기에서 전쟁체계가 집안으로 들어와 원버튼에 의한 조종체계에 의해 구축되고 'Playboy'라는 포르노그래피로 인해 독신의 욕망이 실내에서 실현공간을 갖는 공간의 전환이 이루어졌다는 문제를 다룬다. Beatriz Colomina, Annmarie Brennan & Jeannie Kim Editors, *Cold War Hothouses; Inventing Postwar Culture, from Cockpit to Playboy* (Princeton: Princeton Architectual Press, 2004).

하였다. 따라서 '냉전문화'는 미소(혹은 동서) 양 진영 사이에서 외적으로 전개된 사건만으로는 온전하게 이해될 수 없으며 '국민문화' 내부, 그리고 국민문화들 '사이'에서 전개되는 문화정치와 그것이 만들어지는 국가 및 국가간 체제의 역사구조에 대한 규명을 필요로 한다.

한편 아시아는 미국의 패권전략에 의한 이중봉쇄의 대상으로서 냉전구조에 일방적으로 편입된 것이 아니라 냉전 초기부터 탈냉전의 근대극복 기획을 가시화해온 역사경험을 공유하고 있고(아시아관계회의에서 비동맹운동에 이르기까지), 아시아에서 냉전이 열전으로 전화된 것이나 미국의 아시아 전략이 전격적으로 수정된 배경에는 중국에서 사회주의정권의 형성과 출현이 결정적인 작용을 하였다. 45년에서 49년 중국사회주의정권 성립까지 이루어진 국공대내전이 아시아에서 냉전의 성격을 재편해간 것이다. 이것이 냉전의 아시아화를 예고하는 것이었다면, 한국전쟁은 그 내전적 성격의 계승으로 인해 냉전의 아시아성을 심화시켜간 의미가 크다고 하겠다. 특히 중국의 참전이 이루어지고 정전이 이루어지기까지 전후 아시아의 냉전적 재편은 미국과 소련을 중심으로 한 양극체제의 편제가 일방적으로 강제된 것이 아니라 다양한 역학의 작용에 의해 중층화되고 있다는 점에서 주목을 요하는 것이다. 이는 아시아에서 냉전과 열전의 의미를 아시아의 문법과 용어로 아시아의 지평에 재맥락화하는 가운데 그것이 분단체제라는 정전상태로 고착화된 역사의 매듭을 아시아적 입지에서 풀어나갈 필요가 있음을 제기한다.

아울러 현재 아시아는 유럽, 아메리카에 이어 국민국가 단위를 넘어서는 지역통합(regional integration) 혹은 지역화과정이 가시적으로 실현되고 있는 지역으로 부상하고 있다. 아시아의 지역통합 혹은 지역화(regionalization)는 이른바 지구화(globalization) 과정의 한 부수효과라는 차원을 훌쩍 뛰어넘어 지구화 과정과 동시적으로 추진되고 있다는 점이 두드러진다. 아시아 각국들 및 각 지역들 사이에서, 즉, 아시아 역내에서 발생하고 있는 '경계를 가로지르는 교통(cross-bordering traffic)'은 전례 없는 규모로 확대되고 있을 뿐만 아니라 정치, 경제, 문화의 모든 영역에 걸쳐서 진행되고 있는 것이다.

그러나 지역화의 요구에도 불구하고 아시아의 '역사'에 대한 담론은 심각하게 균열되고 있다는 점에서 아시아는 하나로 정체화되는 것 자체가 난맥상에 처해있다고 해도 과언이 아니다. 최근 발생한 아시아 국가들 사이의 역사분쟁, 예를 들어 한국과 중국 사이의 '고구려사 분쟁'이나 한국과 일본 사이의 '독도 분쟁', 그리고 중국과 일본 사이의 영토 분쟁들을 보면, 아시아는 다른 어떤 지역보다도 '역사'가 중요한 의미를 갖는 지역이라고 할 수 있다. 즉, 아시아에서 역사는 단지 과거 사건의 기록에 그치지 않고 지금도 살아 숨쉬고 있는 아주 민감한 현재적 문제인 것이다. 또한 중국과 일본, 중국과 동남아의 영유권 분쟁 등 이러한 국가간 문제는 일국적 차원에서 배타적인 방식으로 해결될 수 있는 게 아니다. 오늘날 빈번하게 발생하고 있는 아시아 지역에서의 역사 담론이나 영유권 분쟁을 합리적이고 평화적으로 풀어나가기 위해서는 개별 국민국가의 국민사, 이른바 '국사'를 넘어서는 지역사적 세계사적 접근이 요구된다. 그런 점에서 한국전쟁의 아시아적 재맥락화, 특히 그것을 냉전의 아시아화과정의 정점으로 놓고 이의 파장을 규명하는 연구작업은 아시아 지역 국가들의 담론적 길항관계에도 주목하여 하나의 지역사로서 '아시아사(史)'를 실제적으로 재구성 혹은 창안하는 과정이 될 것이다. 그리고 그것은 또한 서구 중심적 시각으로 편사(偏寫)된 세계사를 재편해나가는 과정이기도 하다.

아시아 근현대 역사는 일본 제국주의의 대동아공영권 건설 기도와 그에 따른 총력전, 일본의 패전 이후 전개된 탈식민화 민족해방운동과 동서냉전의 동시적 전개, 한반도와 인도차이나 반도에서의 계급내전을 포함하여 아시아권 전체에 걸쳐 냉전 체제가 확대·강화되는 과정으로 거칠게 요약할 수 있다. 거기서 특히 아시아에서 냉전은 초강대국과 그들의 진영(camp) 사이의 적대라는 외재적 현실을 넘어 각 국민국가 형성과 직접적으로 결부되면서 일방적 편제가 아니라 내부 계급투쟁으로 전화되거나 냉전을 국민국가 형성의 조건으로 내재화하는 의식적 무의식적 수렴과정이 있었다. 그리고 이 시기 아시아에서 문화 구성은 계기적 전쟁이라는 정치군사적 사건으로 환원시킬 수 없을 만큼 복잡한 양상으로 전개되었는데 이를 설명하기 위해 '문화냉전'(cultural cold war)[3]이라는 개념을 비판적으로 채용할 수 있을 것이다.

한국전쟁은 초기 계급내전으로 성격지어지는 바와 같이 타율에 의한 피식민지상태에 이어 미소에 의한 한반도의 분할점령과 민족분단, 그리고 냉전체제로 편제되는 한반도의 세계사적 소외상황을 단적으로 입증해주는 민족사의 참극이다. 그러나 적극적으로 의미화하면 그것은 제2차 세계대전의 전중(戰中)과 전후 미국의 세계지배전략과 이에 대응한 소련의 피압박민족해방운동에 점철된 자기이해관철방식의 충돌이 야기해낸 강권적 역사현실에 대한 주체적 극복경로이자 근대적 국민국가 형성 기획의 각축으로 해명될 수 있다.

그러나 한국전쟁은 발발 당시부터 전선에서 가시화된 도열한 동맹체제의 동형구조, 무엇보다 김일성이 "지난 전쟁 시기에 만약 미제와 그 추종국가

---

3) Charles K. Armstrong, "The Cultural Cold War in Korea, 1945-1950," *The Journal of Asian Studies*, Vol. 62, No. 1 (2003). 찰스 암스트롱은 '냉전'이란 직접적인 군사적 개입에 머무르지 않고, 보다 미묘하고, 정치적이고, 은밀한 방법들을 사용하여 상대 블록에 있는 인민의 '마음과 정신(hearts and minds)'을 획득하여, 상대방이 내부로부터 전복되기를 바라는 것이라고 문화냉전 개념을 정의하면서 해방 이후 한국전쟁 이전의 미군정의 문화냉전은 소련의 그것에 비해 패배로 귀결되었다는 것을 구체적 예증을 들어 설명한다.

군대가 아니라 리승만 괴뢰군만을 상대하여 싸웠다면 우리는 벌써 그를 소멸하고 조국의 통일을 이룩하였을 것[4]이라고 탄식한 바와 같이 미국과 UN의 참전—세계 역사상 최초로 유엔군의 결성과 개입—및 중국의 참전으로 국제전으로의 급속한 전화과정, 정전까지의 지난한 공방과 대치상태, 군사적 정전협정, 제네바회담에서 월남의 분단결정에 이르기까지 그것은 일국적 차원의 계급적 격돌을 통해 민족의 통일을 이루려는 내전을 넘어 국제전으로 전화되었다. 특히 소련이 아닌 중국의 참전은 그것을 '항미원조전쟁'으로 명명하며 지원전쟁의 성격을 분명히 한 바와 같이 중국이 대만통일이라는 숙제와 맞바꿀 만큼 중국과 미국의 첫 번째 직접적인 대결로서, 남북 사이의 통일을 둘러싼 한국전쟁은 그 대결양상과 힘의 비중에 비추어 본질적으로 미중전쟁[5]이었고 그것은 전후 세계지배질서와 동아시아 질서의 재편에 결정적인 파장을 일으킨 바였다. 그런 점에서 한국전쟁은 그동안 전후 세계 재편의 피해양상으로 표상되어 왔지만 오히려 전후 아시아의 세계사적 개진이라는 의미망을 획득할 필요가 있다.

그러나 이 글에서 한국전쟁의 아시아적 재맥락화라는 문제를 제기하는 것은 무엇보다 아시아가 비로소 아시아의 역사를 직접적으로 대면하고 학문적 연구대상으로 삼게 된 트랜스 내셔널한 인터 아시아적인 학문지형의 변화와 관련이 있다. 타이완의 천꽝싱은 최근 글에서 동아시아 지식인들이 자기의 존재조건과 차이를 상대화하여 다양한 참조체계란 역사적 구조의 힘들이

---

4) 「조국해방전쟁의 력사적 승리와 인민군대의 과업에 대하여(조선인민군 제256군 부대 관하 장병들 앞에서 한 연설)」(1953년 10월 23일), 『김일성전집』 제8권, 조선로동당 출판사, 1995, 133쪽. 북한은 미국이 개입하지 않을 것이라는 판단으로, 혹은 본토의 미군이 한반도 개입에 필요한 시간을 고려, 개입 이전에 전쟁을 끝낼 수 있다는 공산 하에 전쟁을 개시하였다는 것은 여러 자료에서 확인되는 바이다.
5) 和田春樹, 『朝鮮戰爭』(岩波書店, 1995), 181-219쪽 참조.

교착되면서 형성되고 있음을 인식하고 경계를 넘어 공동의 지식생산의 장역에서 문제의 지역화를 통해 새로운 해석언어를 찾아내는 작업의 필요성을 역설한 바 있다.[6]

예컨대 한국과 대만은 식민화와 반공이라는 역사적 유산을 공유하고 있다. 그러나 그럼에도 불구하고 상호 이해와 소통, 지적 교류 등은 식민체제나 냉전 시스템의 작동 속에서 연속과 불연속을 거듭해왔다. 가까이로 탈냉전시대에 이르러 돌연한 단교 20년과 대륙 중국과의 수교 20년, 중국과 대만의 수교와 단교의 역상(逆像)은 아시아의 근현대 역사지층, 식민/냉전으로 중첩된 모순의 역사지층을 흐르는 불행한 관계의 도립을 현시해주고 있다고 해도 과언이 아니다. 그러나 중요한 것은 이제 아시아는 어떤 매개항을 통하지 않고 직접적 대면으로 식민/냉전/탈냉전의 중첩된 역사지층을 마주세울 수 있게 되었다는 것이다. 최근의 아시아의 재중심화에 이르기까지 아시아는 아시아의 지층을 가로지르며 아시아가 아시아를 공간화하는 실천들, 무수한 복수의 선들 위에 자신을 전치시키고, 그 다양한 결들을 거슬러 살피고 되비치는 가운데 서로가 참조체계가 되어 불행한 관계의 역상을 새로운 관계상으로 전화시켜 나갈 수도 있는 것이다.

'역사적 아시아'와 '현대적 아시아'라는 구분이 가능하다면, 그동안 '현대적 아시아'에서 아시아연구는 냉전적 학지, 미국의 세계지배전략 메커니즘으로서의 식민주의적 냉전적 본질을 갖는 패권적 지역학(area studies)의 타자화 방식이나 아시아 자국들의 국가이해관계에 결부된 정책학문으로서 이루어진 것이 사실이다. 한국전쟁연구도 그런 점에서 예외가 아니다. 우리 학계에서의 한국전쟁연구의 궤적을 돌이켜보면 그것은 군사안보전략 차원의 필요

6) 천꽝싱, 「경험으로 본 한국-대만의 지적 교류와 연대」, 『대만을 보는 눈』, 창비, 2012.

성에서 초동연구가 시작되고 그런 점에서 이후 학술연구에서도 주로 전쟁의 기원과 발발 원인 및 국제관계 해명에 초점을 맞추어 양적 확산이 이루어져 왔던 것이 사실이다. 국가이익에 결합된 정책학문으로서 태생적 한계를 배태하고 있는 것이다.

그러나 최근 들어 역사학계에서의 한국전쟁연구는 사회주의권의 비밀문서 공개와 함께 많은 사실 규명들이 이루어지고 있고, 그런 가운데 서구 특히 미국의 패권적 지역학이나 수정주의 시각과 절대적인 사료우위에 주눅 들어 있던 전대의 종속학문의 한계를 넘어 주체적이고 균형적인 역사인식의 시좌를 확보하고 학문의 주체화전략에 의해 우리 안의 보편성을 찾아가는 방식으로 탈식민적 탈냉전 학지의 구축을 추동해가고 있는 와중이다. 기존의 냉전적 학지의 자장 안에서 이루어진 한국전쟁연구의 편향성은 "냉전적 세계질서 및 한국 사회에 내재화되어 있는 냉전적 가치관에 의한 것"으로 "세계적 차원에서 냉전적 질서의 해체는 한국전쟁 연구에 새로운 방향을 요구"하였고, "기존의 연구들이 한국전쟁의 역사성을 제대로 드러내지 못했"는 문제에 대한 인식 속에서 "새로운 연구들은 전쟁 발발의 기원이나 배경보다 전쟁의 과정과 그 이후의 영향에 더 많은 관심을 기울이고, 전투 과정에 대한 연구에 다시 주목하기 시작했으며, 전쟁 시기 민간인 학살 문제, 정전협상 및 정전협정의 문제, 전쟁으로 인한 한국 사회의 변화 및 한국전쟁 기억의 정치적 형상화 문제" 등에 관심을 집중하고 있는 것이다.7)

이의 성과는 사상사연구의 차원에서 한국전쟁의 원사를 다시 쓰는 작업에서 특히 두드러진다. 우선 최근 한국전쟁연구의 새로운 전환을 이루었다고 높은 평가를 받은 바 있는 김학재의 박사논문 「한국전쟁과 자유주의 평화기

---

7) 박태균, 「한국전쟁 발발 60년, 사회과학에서 인문학으로」, 『역사와 현실』 78호, 2010.

획」(2013)은 미국의 한국전쟁 개입문제를 둘러싸고 그것이 군사력에 의존한 자유주의 보편기획의 실현으로써 구도되었으나 중국의 한국전쟁 개입으로 자유주의 기획의 굴절이 이루어졌고 정치를 통한 지역적 실현기획으로 전환 되었음을 밝히고 있다. 그리하여 미국 전후 세계지배이념, 곧 팍스 아메리카 나(Pax Americana)의 허구성, 군사력이라는 폭력에 의존해서만이 구현할 수 있는 자유주의질서의 문제를 제기함으로써 한국전쟁연구의 사상사적 전환 의 계기를 마련하였다. 김태우의 「냉전 초기 사회주의진영 내부의 전쟁·평 화 담론의 충돌과 북한의 한국전쟁 인식 변화」(『역사와 현실』, 2012)는 냉전 초기 소련·유럽을 중심으로 전개된 반전평화론과 동아시아 해방전쟁론이 '담론'적 갈등을 논의하는 가운데 이처럼 상충하는 범사회주의진영 내부의 전쟁평화론이 북한의 전쟁담론에 미친 영향문제를 규명함으로써 '평화'담론 을 둘러싼 사상적 분화궤적을 그려내었다. 또한 앞에 이미 인용한 박태균의 「한국전쟁 발발 60년, 사회과학에서 인문학으로」, 박명림의 「한국분단의 특수성과 두 한국」(『역사문제연구』, 2004), 정문상의 「냉전기 북한의 중국 인식—한국전쟁 후 중국 방문기를 중심으로」(『한국근대문학연구』, 2011), 이병한의 「신냉전사: 중국현대사의 새 영역」(『中國近現代史硏究』, 2012)도 한국전쟁연구의 시각과 방법론적 전환을 제기하고 있다는 점에서 주목을 요한다. 특히 한국전쟁연구에서 역사성의 회복과제가 제기된 것은 결국 '인 문학적 시각'을 확보하는 것과 일국적 시각과 자국중심 시각의 한계를 넘어 문제를 상대화하고, 전체로서 아시아역사의 구성이라는 관점과 과제의 인식 을 통해 인문학적 지역적 전환을 요구하고 있는 것이다.

한국전쟁의 아시아지역화라는 문제를 제기했지만 그것의 개진은 거대서 사의 틀 속에서 이제 막 열어낸 상호인식의 시좌를 풀어내는 수준에 지나지 않을 것이다. 그것의 완정한 의미는 남한과 북한이 긍정적이던 부정적이던 각기 매진하면서 역사적으로 형성해온 각기의 눈을 가지고 있다는 것을 인정하고 그 두 겹의 눈이 이 이미 현시해낸 통약불가능한 차이의 맥락이나 소통과 교착 그리고 결락의 맥락들을 다양한 주제영역에서 정치하게 엮어내는 작업의 재개를 통해 획득될 수 있을 것이다. 그리고 다른 교차하는 아시아의 겹겹의 눈들을 획득하고 그것을 통해 식민지들 사이의 관계선을 구축하는 역사구조의 설정이나 식민/냉전의 중첩적 구도의 역사지층을 구축하여 한편으로 '제국/냉전종주국의 공간적 운용', 다른 한편으로는 '관계의 다각화와 관계맺음의 다면화'를 통해 공통의 기억과 체험을 나누고 소통하고 상호발견을 통해 불행한 관계의 과거 자체를 바꿀 수는 없지만 과거와 현재를 거쳐 다가올 미래까지의 관계성을 조직하는 방식과 태도를 변화시키려는 노력을 지속함으로써 이념의 과잉이 아닌 아래로부터 사회기층적인 아시아다움을 형성해가는 작업의 일환으로서 한국전쟁이 근대기획의 각축으로서의 긍정적 의미를 공유하고 그것의 개진을 미래지향을 위한 사상자원화할 수 있는 것이다.

그런 점에서 한국전쟁의 아시아적 전치 혹은 냉전아시아의 맥락에서 한국전쟁의 위상학을 새롭게 정위하는 연구과제는 다음 5가지 지점을 살피는 문제를 주된 내용으로 한다고 할 수 있다.

첫째, 세계사적인 냉전은 미국의 소련에 대한 경계 및 봉쇄전략에서 발상되어 유럽에 그 기원을 두었지만 대일참전문제를 둘러싸고 소련의 이해관계를 이끌어냈던 미국의 의도가 소련의 대아시아민족해방운동지원전략과 대치하면서 한반도의 분할점령으로 양상되었고, 신탁통치안의 결정으로 한반도의 분란을 초래하면서 남북분단체제를 구축한 가운데 또하나의 사회주의 대국 중국인민공화국이 성립되면서 '이룰 수 없는 평화' 냉전의 중심축이 아시아로 이동한다는 것이다. 그런 점에서 냉전은 유럽만이 아니라 아시아에도 그 기원을 가진다고 할 수 있다.

둘째, 한국전쟁은 계급내전으로 발발되지만 국제전적 성격을 내함하였고 곧바로 전화하였으며, 따라서 전후 세계질서 재편의 각축지점을 이룬 정치와 권력의 장소였다. 그리고 한국전쟁으로 아시아로 중심축을 이동한 냉전은 열전화하였으며, 미일안보동맹을 기본축으로 미국의 세계지배질서가 구축되었다는 점에서 한국전쟁으로 미국과 서유럽 및 UN군 참전국의 자유주의 진영과 소련과 아시아사회주의세력과 진영전선을 이루는 냉전의 실질적 체제화가 이루어졌다고 할 수 있다.

셋째, 한국전쟁에의 중국 참전은 아시아에서 냉전의 구도를 미·소 중심이 아니라 미·중을 중심으로 중첩적으로 재구성하게 되었다.

넷째, 아시아에서 냉전은 일방적인 편제로 강화된 것이 아니라 초기 형성부터 아시아 지역화의 기획으로 탈냉전의 구도를 형성하고 미·소 중심의 냉전의 체제화와 길항하였다.

다섯째, 한반도에서 정전상태가 60년을 이어오는 역정에서 군사적 정전협상 외에 정치적 협상이 이루어지지 않은 것은 문제의 외재적 성격이 복잡함을 반영한다. 그러나 다른 한편 탈냉전시대에 유독 냉전의 그늘이 깊은 것에 대해 안으로부터 문제가 전면화되고 대안적 모색이 번번이 실패로 돌아간 것은 분단지배질서를 강고하게 유지하는 권력/지식 관계가 식민/냉전의 역사적 중첩 속에서 형성되어, 그들 체제온존세력에 의해 냉전의 문화심리구조가 계급적 아비투스로 공고화되었기 때문이다.

2. 냉전의 체제화와 분단구조

과거 중일전쟁이나 태평양전쟁은 제국주의전쟁이었지만, 이 총력전투쟁에서 피식민지와 피식민자였던 조선과 조선인은 직접적 해결의 장소도 당사자도 되지 못했다. 따라서 미국과 연합군에 의한 일본의 패망과 조선의 해방은 피식민상태라는 민족적 모순의 해결이 아니라 한반도의 분할점령이라는 또다른 민족적 모순을 덮어쓰게 되었다. 그러나 해방된 8월15일부터 8월말까지 남북 통틀어 조선건국준비위원회 지부가 145개가 존재하였다는 사실만으로도 브루스 커밍스는 이 흥분의 시기에 이것은 한국에 몰아친 폭발적 참여의 일면에 지나지 않았다고 평가하였다. 한반도는 그처럼 탈식민화를 통한 근대적 자주독립국가의 건설로 나아갈 세계에서 가장 진취적 가능성의 지대로 주목되었던 것이다.

1945년에 이르면 수백만 한국인들이 정치적 동원의 현대적 형태를 경험하게 되었던 것이다…치안유지집단의 공식적 구성은 해방 직후의 어려운 시기에 있어서 보기 드문 일관성과 방향감각을 보여 주었다…예를 들면 조선학병동맹이 9월1일에 치안대에 가입하였다…따라서 치안대는 8.15 이후 치안유지에 중요한 역할을 맡게 되었다. 그처럼 폭행이 적게 일어난 것은 이 집단에 참여한 개인들과 한인 자신들 때문이었다. 일본인들까지도 치안대가 찬양받을 수 있을 정도로 행동했노라고 시인하였다…8.15 직후 수일 내지 수주 사이에 일본군 출신의 장병들이 주도한 상당수의 군사적 · 준군사적 단체들이 나타났다…가장 인상적인 조직적 변화는 8월 중에 노동자, 농민, 청년 및 여성들의 대중조직이 싹트게 된 것이었다…불과 수주 사이에 이러한 조합과 대중조직들이 대규모로 나타났으며 대부분 좌익과 연결되어 있었다…8.15 직후부터 한국 전역의 작업장에 노동조합들이 결성되었다. 그중 상당수는 일인 및 한인 소유주로부터 공장을 접수하는 데 성공했다. 조합원들이 직접 공장을 운영하는 경우도 있었으며, 더러는 경영능력이 있는 경영자를 구하여 계약을 맺어 위탁경영을 하기도 했다. 그후 노동부의 기록을 볼 수 있었던 한 미국 장교는 '거의 모든 대기업들이' 이러한 방식으로 접수되었다고 말하였다. 한국인들이 세계에서 이처럼 빨리 성장한 노동운동은 일찍이 없었다고 말했다.[8]

한반도 전역과 해외의 항일민족해방세력들은 해방 직후, 곧바로 전열을 정비하고 속속, 자기 현장에서의 조직화와 현상타파의 의지들을 지속적으로 추동하였다. 당시 항일민족세력이 민족반역자들에 비해 양적으로 우세했다는 사실과 남한 재산의 8할에 해당하는 것을 일제침략자들로부터 회수한 사실은 한국이 다수가 주도하는 민주와 전진의 나라를 세우고 고루 잘사는 복지사회의 이상을 실현할 조건을 쟁취하고 있었다는 것을 입증해준다. 그리고 실제로 해방이 되자마자 여운형이 주도한 건국준비위원회와 각지에서의 인민위원회의 건립, 전국인민대표자대회 개최, 조선인민공화국의 탄생, 조선문학건설본부와 조선프롤레타리아문학동맹 등 다양한 세력들이 자주적인 민족국가의 건립과 사회변혁을 위해 각개약진하고 있었다. 특히 해방 다음날인 1945년 8월 16일 백남운을 중심으로 맑스주의자, 사회민주주의자, 진보적 자유주의자, 민족주의자, 실증주의자 등 특정한 사상적 입장에 관계없이 학술·기술계 인사들이 '신국가' 건설에 적극 참여를 목적으로 <조선학술원>을 창립한 것은 당시 한국민의 자주적 독립국가건설의 열망이 얼마나 강렬했으며 그를 위한 체계적이고 치밀한 준비단계에 돌입할 역량과 태세를 갖추었는가를 단적으로 보여주는 역사적 상징이 아닐 수 없다.

이 조선학술원이 그 역사적 의의에도 불구하고 당시 미군정 하에서의 객관적 정세와 내재적 역량의 한계요인으로 인해 조기에 실패하고 학술계의

---

8) 브루스 커밍스, 『한국전쟁의 기원』, 김자동 옮김, 일월서각, 1986, 111-17쪽.

사상적 분화와 학술단체의 분립을 초래하였다. 그러나 이후 조선사회과학연구소, 조선과학자동맹, 조선산업노동조사소 등의 연이은 건립과 상호 협조적 연대활동에서 확인되듯이 민주주의국가 건설이라는 공통의 목표를 향해 자기개진되고 있었다는 점에서 해방 직후 국가건설을 위한 주체역량의 준비 정도를 가늠할 수 있다. 이는 경성제국대학의 경성대학 재편기획으로 가시화된 백남운의 신국가의 교육건설기획과 함께 해방 이후 개진된 문화건설운동의 총체상을 드러내주는 것으로서 미군정과 보수세력의 강권에 의해 비록 실패로 돌아갔지만 당시 자주적 민주국가건설을 둘러싼 근대적 기획들은 광범한 정치적・사상적 스펙트럼 속에서 각축할 정도의 수준이었음을 확인할 수 있는 것이다.

이처럼 해방한반도는 미・소에 의한 냉전구축 단계에서 시종 긴장상태에 있었음에도 불구하고 한국민에게 있어서 다양한 가능성의 시공간으로 열려 있었다고 해도 과언이 아니다. 역사에 가정은 없지만 소련이 한반도점령을 가속화하였다면 어떤 결과를 초래했을까. 기광서는 북한은 경제적・군사적 측면에서 소련의 지원과 그 지도를 수용하고 있었지만 경제건설과 사상문화 방면에서 독자적인 민족화의 경로를 기획하고 추진한 가운데 슈티코프(Terentii F. Shtykov)가 묵인과 인정 속에서 북한의 개혁프로젝트를 지원했다고 논구한 바 있다.[9] 거기서 그 민족화의 내함이 무엇인지 좀 더 논의해 보아야 하겠지만 그 정도라도 한반도 전체가 소련 치하에 놓였다면 남북한이 동족상잔의 참극을 치룰 일도 없었을 것이고 온전한 탈식민화의 경로를 밟아 근대적인 국민국가를 순조롭게 건설해나갈 수도 있었을지 모르겠다. 중국도

9) 기광서, 「해방 후 소련의 대한반도정책과 스티코프의 활동」, 『중소연구』 제26권 제1호, 2002; Kee KwangSeo. "Soviet Union's Policy with the Korean Peninsula & Activity of Shtykov after Liberation of Kore," *China and Soviet Riview* (2002).

항미원조전쟁에 참전할 일 없이 대만통일전선에 집중했더라면 냉전아시아, 동아시아 분단체제는 성립조차 되지 않았을 수도 있었겠다.

그러나 소련은 1945년 2월 얄타협정에서, 대일참전시 미국과 영국으로부터 러일전쟁 당시 일본에 빼앗긴 권익을 돌려받을 것을 확약받은[10] 가운데, 패전 일본과 무리한 전쟁을 치룰 이유도 없고 미국과 신경전을 벌일 필요도 없었다. 커밍스는 소련이 한반도 점령 속도가 지지부진했던 사실을 들어 소련의 남하를 지연·교란시킨 일본의 책동과 그로 인한 일본의 순조로운 퇴로 확보, 그리고 미국의 분할점령까지 1945년 8월 15일에서 9월 초까지의 숨막히는 순간을 꼼꼼하게 복기해놓았다.[11] 그리고 얄타회담에서 유럽의 해방지역 국민에게 행한 정책적 결정은 피식민 상태에 놓여있던 아시아 특히 식민지 조선의 해방된 국민에게는 적용되지 않는 것이었으니 그러한 미·영·소의 차별적 세계지배의 폭력이 마치 평화의 수호전략인 양 분식되고 아시아 등 제3세계에 관철된 것이 엄혹한 냉전의 세계사임을 얄타비밀협정의 선언문은 여실히 입증해주고 있다.[12]

그후 신탁통치를 둘러싼 좌우의 대립과 이승만정부의 가공할 폭압에 의해 진보계열의 월북으로 인한 사상의 진공상태 속에서 단독정부 수립에 이르는 과정은 내부 정치적 입장의 갈등양상에 의한 자명한 귀결로 해방공간의 분열상을 드러내지만 이러한 첨예한 갈등의 근본요인은 얄타협정이라는 그 강대국간의 정치적 협상에 의한 '이루어질 수 없는 평화'로서의 냉전적인 세계질서수립의 수행성으로 인한 것임은 말할 나위가 없다.

---

10) 合同通信社調査部譯編, 『「얄타」秘密協定—美國務省發表全文』, 合同通信社, 1956, 540쪽.
11) 브루스 커밍스, 앞의 책, 123쪽.
12) 合同通信社調査部譯編, 앞의 책, 528-29쪽의 1945년 2월 10일 얄타비밀협정의 조인된 제 협정 (5)해방된 구라파지구에 대한 선언 부분 참조.

한반도의 분단이 전후의 세계를 경영하려는 미·소 강대국의 관철의 표현이라면 루즈벨트식 제국주의[13]라는 딱지가 붙은 신탁통치안은 또하나의 변형된 냉전논리에 불과한 것이다. 그것은 위임이라는 측면에서는 분단을 형식화한 통일적인 안이지만 본질적으로는 분열획책적인 요인이 두드러지는 것이었다. 따라서 당시 각개의 국내세력은 이러한 신탁통치안의 본질을 간파하고 그것을 "선택의 대상으로 할 것이 아니라 항일민주민족세력이 하나로 뭉치는 계기로 삼고 그 하나된 힘으로 외세에 대한 분단의 압력을 적극적으로 극복했어야 할 것이었다.[14] 그러나 당시 각 주체세력들은 민족분열의 요인인 탁치안을 놓고 찬반선택의 와중에서 헤어나오지 못했다. 좌우세력 모두 그것을 선택의 문제로 놓고 거기에 깊이 빠짐으로써 민족의 역량을 집결하여 외세에 맞서는 근본적인 민족노선에 기여하지 못하고, 결과적으로

13) 프랭클린 루즈벨트(Franklin Delano Roosevelt)는, 그의 전후세계 대구상에 따라 1943년에서 1946년 사이에 다국적 신탁통치의 정책을 관철하고자 하였는바, 이는 1945년 12월 모스크바협정에서 최고 5년간에 걸친 4개국 신탁통치안으로 가시화된다. 그 기본 구상의 내용은 '대한민국의 문 안에 한발 들여놓으면서 해방 후의 인민을 독립으로 인도할 호의적 공동관리를 제공하고자 하는 것, 식민지들은 자신의 일을 스스로 처리할 수 있다고 인정받을 때까지 강대국들의 후견통치를 받도록 하는 것, 다국적 신탁통치가 단독적 식민통치를 대치할 것이며, 식민지들은 종국적 독립을 지향할 것'으로 정리할 수 있겠다.

H. Franz Shurmann은 루즈벨트식 제국주의는 "아주 강대한 국가의 현상으로 가난한 나라에 발전을 가져오기는 하지만 안정을 보장하도록 그들을 통제하기 위해 일종의 안전보장책으로 세계의 광범한 지역을 조직하려는 것"이며 이것이 '양자택일'의 조건이 아닌 '둘 다'를 염두에 둔 제국주의로서 최대국의 이익이 동시에 최소국에게도 해당될 수 있다고 주장하는 것으로 정리하였는데, 커밍스는 이에 대해 "남의 떡을 갖기만 하는 것이 아니라 먹기까지 하겠다는 이러한 생각이 미국 국제자본주의의 전후외교를 지배한(Gabliel Kolko)" 것이며 이것이 루즈벨트 자신의 특성이라고 하였다. 브루스 커밍스, 앞의 책, 146-47쪽, 159쪽.

14) 白基玩, 「자유의 회복과 통일논의의 주체적 맥락」, 『민족·통일·해방의 논리』, 형성사, 1984, 111쪽.

이승만의 분열주의, 그리고 그 분열주의와 연결된 친일민족반역자들의 정치적 기반을 굳혀주는 데 기여하고 말았던 것이다.[15]

그로써 한반도는 해방의 감격과 탈식민화를 통한 신국가건설을 위한 민족적 격정이 한반도 분할점령이라는 충격으로 전화됨과 동시에 모든 현안 문제들은 쉽게 해결될 수 없는 불가역적 성질의 것임이 갈수록 분명해졌다. 자주적인 통일민족국가수립이라는 민족의 숙원은 미·소의 한반도분할점령 이라는 현실 속에서 그것을 주도할 주체세력이 겪는 혼란과 갈등으로부터 난관에 봉착하게 된 것이다. 대다수 한국민에게 있어서, 특히 남한의 경우, 일제잔재청산과 토지개혁이 미군정의 한반도전략에 의해 왜곡되고 좌절되는 과정 속에서 해방의 실감은 곧 민족생존의 위기의식으로 전화되기에 이른 것은 문제의 핵심을 이룬다고 할 수 있다.

그리하여 이러한 식민과 냉전의 중첩이라는 문제의 심연 속에서 계급내전의 양상으로 6.25전쟁이 발발하게 되었는데, 한국전쟁은 이전의 피식민주체로서 동원되고 강제된 제국주의전쟁에서 경험되고 실제화된 전쟁과는 성격을 달리하는 것이었다. 무엇보다 한국전쟁은 국가간 전쟁이냐 내전이냐, 그 성격을 둘러싸고 끊임없이 계속되는 논란과 그 기원을 둘러싼 논쟁이 있어왔지만 그것은 어디까지나 남북의 지배세력이 전쟁당사자로서 민족통일을 목표로 민족상잔이라는 참혹한 전쟁을 치룬 계급전쟁이었고, 남북한의 대다수 이른바 주민들은 선택의 겨를이 없이 그 각기의 총력전체계에 동원되었던 것이다.

많은 연구들이 입증해낸 바와 같이 한국전쟁은 초동단계부터 미국의 치밀한 개입시나리오에 의한 UN의 결의와 UN군의 파견으로 국제전으로

---

15) 같은 책.

확전되었고 중국의 참전에 의해 미국과 중국의 전쟁으로 전쟁주체가 대체되었다. 당사자간 해결이 아닌 UN이라는 세계기구에 의한 정전협정과 분단체제의 심화와 냉전의 고착화라는 결과 등에서 알 수 있듯이 전쟁의 성격 자체를 하나로 규정짓기가 어려운 측면이 있는 것이다. 우선 중국 대륙에서의 대내전에서 직접적 대결을 할 수도 있었던 중국과 미국의 한반도에서 대리전적 격돌이 갖는 의미는 역사적 한반도에서 청일전쟁, 러일전쟁이 치루어졌던 바와 같이 중국의 부침과 한반도의 관계를 그 원상으로부터 사고해볼 것을 요구한다. 미국 출신의 세계적인 종군기자로서 중국혁명열사 묘역에 묻힌 아그네스 스메들리(Agnes Smedley)는 일찍이 중국대내전의 와중에서 '한반도에서 제3차 세계대전이 대리전의 성격으로 일어날 것'으로 예견한 바 있거니와, 사회주의대국으로서 중국의 등장과 전쟁과정에서 무기도 변변찮은 중국의 연승은 미국이 이후 아시아전략에 일대 전환을 가하는 중대한 계기를 이룬 것이다. 한국전쟁을 통해서 미국은 냉전의 중심축을 아시아로 이동하였고, 한반도는 동서냉전의 전초기지로서, 동아시아 분단체제의 기축으로서 수천년 민족사의 단절을 맞는 비극의 장소가 되었다.

에드가 스노(Edgar Snow)는 해방조선의 방문자로서 조선 비극의 본질은 조선이 연합국측의 점령을 겪어야 했다는 점을 다음과 같이 증언해놓은 바 있다.

조선의 비극의 본질은 식민지에서 근대화의 길에 이미 들어선 공화국으로 거의 순조롭게 이행하는 데 필요한 조건 딱 한 가지가 부족했다는 데 있었다. 그것은 조선이 연합국측의 점령을 겪어야 했다는 점이었다. 그것도 미국이나 소련 중 어느 한 나라의 점령이 아니라 두 나라의 동시 점령이었던 것이다![16)

16) 에드거 스노, 『에드거 스노 자서전』, 최재봉 옮김, 김영사, 2005, 729-30쪽.

전쟁당사국인 일본이 아닌 한반도가 다시 세계사적 모순의 집중적 포화를 받은 것은 반도라는 지정학적 장소가 안는 운명의 장난이라는 말로밖에 달리 설명할 길이 없는 것일까. 당시 남한과 북한, 그리고 사람들이 놓인 상태는 가히 전쟁스펙터클[17)]에 해당한다고 할 수 있는데 한국민 전체가 탈식민적 근대의 기획을 구체화할 수 있는 주체역량과 태세를 충분히 가지고 자기경로를 가시화해가고 있었음에도 불구하고, 또다시 타율에 의해 민족이 분할적으로 편제되고 세계적인 냉전의 전초기지에 배치되는 역정, 그리하여 남북한 당지의 사람들이 탈식민적인 동시에 피냉전적인 주체로서 민족상잔이라는 가공할 전장 속으로 갑자기 휩쓸려 들어가버렸기 때문이다.

남북한의 계급격돌로 야기된 한국전쟁은 각기 통일한국을 목표로 하였지만 그것은 남북한 분단국가권력의 통치행위로서의 전쟁정치의 발현들이었고, 그것은 '그렇지 않음에도 불구하고 단일한 권력에 의해 의식적이고 분명하게 지도받는 것처럼 기능'하고 '공포와 소통을 통해서 실제적으로 작동'하였다. 따라서 전장으로서의 한반도에서는 '스펙터클의 권력'을 분명하게 인식하는 것이 중요하고 제국적 질서의 스펙터클 속에서 그것의 구성적 스펙터클의 가능성 또한 보아낼 수 있어야 한다. 그러나 전쟁정치의 각축은 각기 과잉된 인정의 정치를 강요하였고, 그로써 양측이 각기 자기정체화전략에 매몰되는 역정을 겪으며 냉전구조 속으로 빨려 들어갔던 것이다.

그런데 한반도적 삶이 고도의 긴장상태에 놓인 전쟁스펙터클은 비단

---

17) 안토니오 네그리와 마이클 하트는 기 드보르의 스펙터클 개념을 빌어 "정치가 지닌 스펙터클은 마치 매체, 군대, 정부, 초국적 기업, 전 지구적 금융 제도 등이 모두 실제로는 그렇지 않음에도 불구하고 단일한 권력에 의해 의식적이고 분명하게 지도받는 것처럼 기능한다"고 하였다. 안토니오 네그리·마이클 하트, 『제국』, 윤수종 옮김, 이학사, 2001, 419-21쪽. 여기서 전쟁스펙터클이란 전쟁정치를 문제 삼는 개념으로 '조어'한 것이다.

전후 한국전쟁 혹은 전후 냉전 이후 지속된 정전체제 하에서 비로소 경험했던 것은 아니다. 식민지시기 일본제국주의 하 총력전에 동원된 피식민지주체로서 조선인들은 식민지/제국 체제에서 위계적 질서가 확대재생산되는 장소로서 제국의 전장, 그 정치와 권력의 장소에서 세계인식의 변화와 자기정체화의 과정을 겪어온 경험이 있다.18) 피식민 주체로서 세계와의 새로운 연관 속에서 행한 자기정체화전략, 인정의 정치는 한편으로는 '제국이 계획하고 있는 동아시아 질서 내에서 조선이 차지하는 위치와 역할에 대한 관심'으로 아제국주의의 욕망을 담지하기도 하였고, 보다 적극적으로는 반제국주의 민족해방운동을 통해 새로운 주체적 근대의 기획을 실현해가고자 하는 대안적 경로를 열기도 하였다. 한국전쟁 당시 전쟁스펙터클은 제국적 질서의 총력전 스펙터클의 경험으로부터 자기정체화전략의 재현과도 같이 친미와 반미, 반공과 친공의 대극구조를 양상해내었던 것이다.

여기서 해방 직후 남한에서 반공이데올로기의 형성과정에 주목해보면 남한 반공이데올로기의 원산지는 제국 일본의 반공주의라고 할 수 있다. 해방 직후부터 한국전쟁 직전까지 남한의 반공이데올로기는 물론 미·소 냉전 구조의 산물로서 분단국가 형성의 이데올로기적 과정으로서 존립했다.19)

18) 차승기, 「흔들리는 제국, 탈식민의 문화정치학」, 한국-타이완 비교문화연구회, 『전쟁이라는 문턱: 총력전하 한국-타이완의 문화구조』, 그린비, 2010, 148-49쪽.
전쟁스펙터클 개념은 김예림도 제기한 바 있다. 김예림, 「전쟁 스펙터클과 전장 실감의 동력학」, 『전쟁이라는 문턱: 총력전하 한국-타이완의 문화구조』, 65-67쪽 참조. 김예림은 중일전쟁기와 태평양전쟁기가 맺고 있는 연접성의 구조를 염두에 두면서 조선과 조선인이 놓인 상태를 총괄적으로 규정하기 위해 전쟁스펙터클이라는 용어를 사용했다. 일제하 총력전이라는 당시의 전쟁스펙터클은 "당대인의 의식·욕망과 습합하면서 이들에게 새로운 현실적·상징적 관계망을 제공했고, 그 망내에서의 실천을 실제화"했다고 보는 것이다.
19) 이에 대한 연구로는 유재일, 「한국전쟁과 반공이데올로기의 정착」, 『역사비평』

찰스 암스트롱은 또한 한국전쟁을 제2차 세계대전의 반파시스트적 상징·방법·정서(mentality)가 냉전의 반공투쟁으로 이동하는 선명한 예로 들고 있다. "한국의 주민을 공산주의로부터 '전향'시키는 것은 독일인과 일본인을 나치즘과 군국주의로부터 변환시키는 것과 동일한 것이었다. 종전 후 미국은 남한의 문화영역에서 매우 능동적이었고, 이는 성공적인 것처럼 보인다. 필리핀을 제외하고 남한만큼 미국문화에 깊이 영향받은 나라가 드물기 때문이다. 친미, 친서방 문화의 권장은 다양한 범위의 행위자들에 의해 수행되었다. 미국 정부와 그 문화적 에이전시들, 예를 들어 기독교 조직, 자발적 공산주의 조직으로부터의 '전향'(보이스카우트, 4-H 클럽)과 사적 재단들(록펠러, 포드, 카네기, 아시아재단)"[20] 등이 그것들이다. 그러나 이 글에서 암스트롱은 해방공간에서 남한의 문화역량들이 주체적으로 구성해간 새로운 문화지향들에 대해서는 논구하고 있지 않다. 해방구에서 문화운동은 문학운동을 비롯해 정치적 투쟁을 격화시키는 장본이었다는 점을 지적하면서도 이것을 남한의 주체적 문화구성의 주된 맥락으로 파악하지는 않는 것이다. 이는 이들 문화운동세력이 1947년 이후 근거지를 상실하면서 대거 월북해 버리고 이후 남한의 문화운동이 동공화되는 과정에 이르기 때문에 주목하지 않은 것으로 보인다. 그러나 이 동공화가 바로 1948년 이후 남한에서 문화냉전의 강력한 진지를 이루었음을 간과해서는 안 될 것이다.

한편 남한에서 단독선거와 단독정부가 수립되는 과정, 그리고 제1공화국 초기에 이승만정권은 진보세력과 양심세력을 비롯해 전 사회에 폭압과 전횡을 가했다. 북한에 대해서도 일관된 적대 등 반공노선을 표방했을 뿐만 아니라 태평양동맹, 아시아민족반공연맹의 결성을 주도하고 미국의 아시아전략

18호, 1992년 봄 참조.

20) Armstrong, op. cit.

의 첨병 역할을 수행하고자 하였다.[21] 반공적 아시아안보동맹의 구상은 한국전쟁 발발 전인 1949년 7월 가시화되었는데 이승만은 미국의 대한(對韓)공약 확보를 목표로 아시아반공동맹을 구축하고자 하였던 것이다. 그의 반공동맹 구상은 태평양동맹 구상으로 구체화되었는데, 태평양동맹은 NATO와 같은 아시아의 집단안보조약으로 군사동맹의 성격이 강했다. 주한미군 철수가 임박함에 따른 불안감의 소산과 북진통일을 통해 이승만은 그러한 군사동맹의 구상을 제안한 것이다. 태평양동맹의 중심은 한국·필리핀·중국(대만)이었으나, 각국의 이해관계가 상이함에 따라 한국전쟁 전에 이미 이 태평양동맹의 구상은 무산되었다.

그러나 이승만은 한국전쟁 중에도 이를 집요하게 추구해 나갔고, 태평양동맹의 결성이 북한에 자극 요인이 된다는 점에서 주춤하다가 한국전쟁이 교착상태에 빠지자 다시금 태평양동맹 정책을 제기하였다.[22] 1951년 2월 2일 시점에서 정일형, 박영출 의원 공동 발의로 태평양방위동맹 체결에 관한 건의안을 국회에 제출하여 가결시킴으로써 반공체제를 확립한 것이다. 당시 이승만은 장차 한국 안보를 보장할 수단으로 세 가지 방안을 제시한 바 있다. 첫째는 태평양동맹을 체결하는 것, 다음으로 대일강화의 체결과 함께 미국이 일본과 동맹을 체결할 때 한국을 포함하거나 미국과 따로 동맹을 체결하는 방안, 마지막으로 미국으로부터 무기와 군수장비를 공급받는 것이었다. 그러나 1951년 초반 국민방위군사건과 거창양민학살사건으로 정국이 혼란 상태에 빠지면서 태평양동맹 결성기획은 제한을 받게 된다.

---

21) 박진희, 「이승만의 대일인식과 태평양동맹 구상」, 『역사비평』76호, 2006년 가을; 노기영, 「이승만정권의 태평양동맹정책과 한미일관계」, 부산대학교 석사학위논문, 1998 참조
22) 노기영, 앞의 글.

한편 미국은 한국전쟁을 계기로 일본 중심의 지역통합전략을 구체화하였다. 일본은 전쟁물자공급을 통해 경제도약의 발판을 마련하게 되었고 미국은 일본의 재건을 위해 전쟁배상의 대폭 축소와 조기 대일강화를 추진하기에 이른 것이다. 일본은 그 조건으로 미국에 군사기지를 제공하기로 하였던 바, 미국이 아시아 여러 나라의 반대에도 불구하고 일본 중심의 지역통합전략을 가시화한 것은 경제적·군사적 목적을 동시에 가지고 있었기 때문이었다.[23]

미국이 일본을 중심으로 집단안보체제를 구축함으로써 일본의 부재를 틈타 반공아시아의 맹주를 노린 이승만의 기획은 무력화되고 말았다. 그러나 이승만은 태평양동맹 결성의 무산을 앞두고 1954년 2월 13일 필리핀의 막사이사이 대통령에게 극동반공동맹을 토의하기 위한 아세아회의를 소집할 것을 요청한다.[24] 막사이사이에게 보낸 비밀서한은 인도차이나에서 투쟁하는 필리핀-베트남을 지원하기 위해 한국정부가 한국군 일개사단을 파견할 것을 비준한 뒤의 일이었다. 이승만은 서한에서 중국에 대항하기 위한 군사·경제·문화동맹을 결성하기 위해 반공아세아제국회의 소집을 호소하였고, 이로써 장제스(蔣介石)와 이승만의 주도로 아시아민족반공연맹(APACL, Asian Peoples Anti-Communist League)이 결성되었다.[25] 이 동맹체서 일본은 배제되는데, 그것은 일본이 식민지제국경영의 침략의도를 여전히 가졌다

23) 노기영, 앞의 글. "일본을 재건하고 재무장하려는 미국의 대일정책에 대해 아시아 태평양 각국은 우려를 나타냈다. 일본을 위협적인 존재로 여긴 이들 국가는 태평양 지역에서 일어날 충돌에 대비해 미국이 대일강화와 함께 자신들과 집단안전보장조약을 체결할 것을 요구했다. 미국은 대일강화조약과 동시에 미일안전보장조약을 1951년 9월 8일 체결하였으며, 필리핀과 상호방위조약을 오스트레일리아·뉴질랜드와 태평양안전보장조약(ANZUS)을 체결하였다."
24) 「反共亞洲會議를 제창」, 『조선일보』, 1954. 2. 16; 「亞洲反共體結束의 신구상」, 『조선일보』, 1954. 3. 20일자 사설.
25) 제1차 회의는 필리핀 마닐라에서 1955년 9월 16일에 열렸다.

고 보기 때문이지만 본질적으로는 일본에 대한 미국의 입장, 아시아에서 일본을 통한 미국의 전략 구상에 대한 문제제기적 성격이 강하다고 하겠다. 그러나 이는 당시 아시아 국가들이 민족해방운동의 파고 속에서 어떠한 군사·경제동맹에도 가입하지 않는다는 비동맹의 입장을 강화하고 있는 것과는 확실히 다른 궤적이다. 그리고 당시 한국 민중을 비롯한 아시아 대다수 민중들은 반공연맹에 대해 냉담한 반응을 보였고, 오히려 이를 추동한 독재세력들의 정치적 자유 억압에 대해 저항하는 움직임이 거세게 일어났다. 특히 남한에서는 저임금·저곡가 등 민중생존권의 전면적 박탈, 그리고 민족분열주의의 조장에 대해 치열한 반파쇼 민주화투쟁이 전개되었다. 한반도에 강요된 냉전의 체제화에 대한 항거는 반공 한국과 아시아반공연맹으로서 냉전-분단 체제를 공고하게 구축해가고 있는 이승만정권에 대한 반파쇼 민주화투쟁으로 점화되는 것이다. 그렇다면 북한의 상황은 어떤가.

1948년경 극동에 있어서 중국 공산혁명의 성공으로 미국은 일본의 군수재벌의 해체와 전범세력의 견제라는 종래의 일본 민주화계획을 수정하여 군수재벌과 전범자집단(자민당)의 재건을 통해서 일본의 반공 방파제화를 공식으로 들고 나왔다. 이에 따라서 소련의 동구권에 대한 지배권은 거의 패권주의로 흘렀고 모든 혁명전선의 소련화 또는 소련에의 귀속을 노리는 국가주의적 좌경화가 벌어졌다. 한편 우리 국내에서는 이러한 국제정세의 아류적인 현상이 벌어졌다. 예컨대 이승만의 허울 좋은 대동단결론의 거짓을 폭로하려고 하면 그것은 곧 미국식 매카시 선풍의 대상이 되는 적색으로 몰리는 것이며 따라서 탁치를 에워싼 찬반 흑백논리에서 창조적 입장에 서려고 하면 이를 반역자로 몰았다.[26]

---

26) 백기완, 「김구의 사상과 행동의 재조명」, 앞의 책, 295쪽.

남한의 반공권위주의 정권 하에서 북한정권의 성립과 이후 전개를 객관적으로 서술할 수 있는 현실 조건이 허락되지 않는 상황에서 북한과 그 국제관계는 소련에 의한 일방적 귀속의 측면에서 파악될 수밖에 없다. 그러나 실상은 북한이 소련화보다는 민족화로 경도하면서 보다 강력한 냉전성을 내재한다는 점에서 진전된 논의를 요한다.

김일성은 1946년 11월 인민위원회선거의 실시, 1947년 2월 북조선인민위원회가 결성됨으로써 인민정권구축의 기초가 마련되자, 민족문화 건설의 기치를 들고[27] 건국사상총동원운동의 전개를 통해 전 인민의 정치사상적 수준을 제고해 나가고자 하였다.[28] 이는 1946년 토지개혁과 1947년 인민경제개혁의 제창으로서 사회주의국가 건설의 물적 토대를 이루어가는 과정과 함께 북한체제 형성의 특수성을 해명해주는 중요 고리가 된다. 그것은 한반도에서 냉전의 문화화를 아메리카화와 소비에트화의 대립·전화로 규정하는 것에 대한 문제제기적 의미를 안는 것이기도 하다. 민족화의 경도가 뚜렷하게 표출되기 때문이다.

북조선에서는 인민들의 정치적 각성을 더욱 높이고 민주개혁의 성과를 공고히 하며 나라의 민주주의적 발전을 다그쳐야 할 필요성으로부터 전인적으로 되는 건국사상총동원운동을 광범히 전개하였다. …건국사상총동원운동이란 인민들

---

27) 김일성, 「진정한 인민적 문화예술을 창조하자(사회주의10월혁명 28주년 경축예술 공연관람에 참가한 일군들과 한 담화)」(1945년 11월 7일), 『김일성전집』 제1권, 조선로동당출판사, 1994, 245-48쪽; 김일성, 「문화인들은 민족문화건설에 매진하라(조쏘문화협회결성회에서 한 축사)」(1945년 11월 11일), 『김일성전집』 제1권, 262-66쪽 참조.
28) 이에 대한 연구로는 김재웅, 「북한 건국사상총동원운동의 전개와 성격」, 『역사와 현실』 제56호, 2005. 6; 정현수, 「북한의 사회주의체제 형성기의 당국가체제 연구: 노획문서를 중심으로」, 『해외자료로 본 북한체제의 형성과 발전 II』, 선인, 2006; 서동만, 『북조선 사회주의체제 성립사 1945~1961』, 선인, 2005 참조.

익 애국심을 높여 전체 인민들로 하여금 새 조국 건설사업에 총동원되도록 하는 운동이다."[29]

후대 교육사업과 민족간부양성사업을 발전시키는 것은 새 조국을 건설하기 위하여 제기되는 매우 중요한 과업의 하나입니다. 우리나라에는 일제식민지통치의 후과로 인하여 민족간부가 얼마 없습니다. 민족간부가 부족한 것이 지금 커다란 애로로 되고 있습니다. 우리는 민족간부 문제를 해결하기 위하여 종합대학을 비롯한 여러 개의 대학을 세우고 근로인민의 자녀들로 새로운 인테리를 양성하고 있습니다. 머지않아 우리는 자체의 힘으로 양성한 인테리들을 가지게 될 것입니다. ····우리는 과거에 빛을 잃었던 민족문화를 부흥 발전시켜 그것이 인민들을 고상한 애국사상으로 교양하며 부강한 자주독립국가를 건설하는 데 이바지하도록 하여야 합니다.[30]

찰스 암스트롱은 해방정국에서 초기 냉전체계의 구축과정에 소련은 미국에 비해 북한에서 문화냉전을 통해 지도적 우위를 점하고 있으며, 그 점이 이후 민족화의 추세를 억압하지 않았음을 논증하고 있다. 암스트롱은 또한 초기 북한정권의 '인민개조' 원칙과 방식을 들어 아시아 맑시즘의 민족주의적 · 인민주의적 특징을 논파할 수 있는 근거로 제시하고 있다. 김일성은 전형적인 레닌주의 방식인 소수 엘리트의 전위정당을 통한 활동보다 사회의 빈곤하고 소외된 계층 사이의 지지를 모으는 방식을 선호했으며, 이는 김두봉으로 대표되는 연안파 공산주의자들과 그가 주도하는 조선신민당도 선호

29) 김일성, 「민주선거의 총화와 인민위원회의 당면과업(북조선림시인민위원회 제3차 확대위원회에서 한 연설)」(1946년 11월 25일), 『김일성전집』 제4권, 414-31쪽.
30) 김일성, 「홍명희와 한 담화」, 『김일성전집』 제10권, 조선로동당출판사, 2002, 18-19쪽.

하는 방법으로, 소련식 표준이 아니라 중국에서 수년간 대중적 반일투쟁을 위해 활동한 조선공산주의자들의 경험을 반영한 방법이었다는 것이다.[31)

김일성은 1945년 8월 20일에 건당, 건국, 건군 사업의 명시를 통해 조선혁명의 전진과 조선인민 자신의 손에 의한 부강하고 자주적인 독립국가 건설의 전망과 구체적 경로를 밝힌 바 있다.[32) 그중에서도 인민주권의 형성 문제는 인민위원회의 광범하고 강고한 건설로 이어지는데, 1946년 북조선임시인민위원회에서 밝힌 구성비를 보면, 노동자와 농민이 전체 3,459명의 도·시·군 인민위원 가운데 51.1%를 차지하고 있다. 여성의 비율은 453명으로 전체의 13.1%에 이른다.[33) 암스트롱은 이러한 인민주권의 구축과정을 신(新)전통주의로 명명하며 급격한 사회적 위계의 변화를 살피고 있다.

인민대중들은 새로운 정치체제에 대한 정치적 협조로 얻는 이익뿐만 아니라 정치동원과 조직화를 통해 정체성을 획득하고 자각하면서 매우 새로운 차원의 집단정체성을 가지게 되었다. 몇 개월이 지나지 않아, 북한의 대중들은 법률문서, 국직원서, 학력기록, 그리고 정치적·사회적 조직 가입기록 등과 같이 다양한 형태로 드러난 정체성, 즉 새로운 사회분류에 의해 재규정되었다. 북조선임시인민위원회가 주도한 조직화는 북한의 사회적 정체성 구조의 일부가 되었다. 이는

---

31) 찰스 암스트롱, 『북조선 탄생』, 김연철·이정우 옮김, 서해문집, 2006, 121-22쪽.
32) 김일성, 「해방된 조국에서의 당, 국가 및 무력건설에 대하여 (군사정치간부들 앞에서 한 연설)」(1945년 8월 20일), 『김일성전집』 제1권, 1-18쪽 참조. 이 글은 김일성전집 제1권 첫 장에 실려 있는 것으로 김일성이 북한정권의 주도권을 잡기 이전에 발표된 것인데, 이미 초기단계에서부터 북한 맑시즘의 특징이 민족주의적이고 인민주의적으로 표출되고 있음을 분명하게 말해주고 있다. 국가건설과정에서의 건설이념과 국민화 과정에 이 점이 정확하게 관철되고 있기 때문이다.
33) 김일성, 「민주선거의 총화와 인민위원회의 당면과업(북조선림시인민위원회 제3차 확대위원회에서 한 연설)」(1946년 11월 25일), 『김일성전집』 제1권, 416쪽.

어성, 빈농, 노동자 및 청년 등이 단순한 이미 존재하는 것이 아니라, 정치적으로 행동하기 위해 대기 중인 자각집단임을 의미한다. 즉 근대국가가 그들에게 정치적 목소리를 부여하고 그들의 지지를 구한다는 의미에서 이들은 '구성된(constructed)' 범주에 속하였다…각각의 집단들은 새로운 정치체제에 의해 '해방'되었으며 광대한 사회조직 속으로 흡수·동원되었다. 이들 사회조직은 국가정책을 지지하고 실행하는 핵심적 도구였다. 북한혁명에서 사회계층구조의 전복은 매우 강력하고 독특한 의미를 가졌다…각 개인의 사회적 성분을 꼼꼼하게 기록함으로써 사회적 범주를 보다 명확하게 하고자 했다. 그러나 일단 이러한 범주화작업이 끝나자, 국가는 기존의 위계질서를 뒤집어 '좋은 성분'을 강등하거나 '피억압계층'을 위계의 꼭대기에 올려놓고자 했다…이와 같은 개혁조치들은 오랜 세월 유지된 사회적 위계를 뒤바꾸고 역사적으로 가장 압박받고 하위에 있던 요소들에게 힘을 실어줌으로써 북한사회를 근본적으로 변혁하고자 했던 것이다. 북한 혁명의 결과는 한국전쟁 이후 명확하게 나타나는데 사회적 위계가 재건된 것이 아니라 위계의 순서가 급격히 변화된 것이었다. 여기에서 우리는 북한사회주의의 신전통주의를 볼 수 있다. 위계적인 사회계급화는 조선과 그의 표면적인 모델인 중국을 구별하는 중요한 특징 중의 하나였다.[34]

암스트롱의 논지로 보면, 냉전의 체제화과정에서 이루어진 북한사회주의정권의 국민국가 건설과정은 소비에트적으로 이루어진 것이 아니라 민족화와 인민화를 특징으로 한다는 점을 포착할 수 있다. 거기서 '신전통주의'가 북한사회주의를 소련의 그것과 다른 아시아적인 것으로, 그러나 같은 아시아라 하더라도 중국사회주의와도 구별되는 중요한 요인이 된다. 물론 사회주의

---

34) 찰스 암스트롱, 앞의 책, 122-24쪽.

종주국인 소비에트와 스탈린의 영향력을 결코 무시할 수는 없다. 1949년 2월 최초의 북한의 방소대표단이 소련에 가서 조소경제문화협정을 맺는 과정은 그것을 여실하게 입증하고 있다. 당시 북한의 교육상인 백남운은 이의 기록을 잘 남기고 있다.[35]

쏘련의 대외정책은 민족자결을 준수하는 정책이며 타민족의 독립과 자유와 동등권을 존중하는 정책이며 다른 나라의 내정을 간섭하지 않는 정책인 것이다. 그것은 쏘베트 주권의 오늘날까지의 약소민족 해방정책이 그것을 증명하는 것이며 쓰딸린적 민족정책이 그 쏘련대외정책의 철칙인 까닭이다. 특히 조선독립을 보장하는 문제에 있어서 모쓰크바3상회의 결정을 비롯하여 쏘미공동위원회의 적극 추진 미제의 방해로 쏘미공위가 파탄된 후 쏘미 양군 동시 철퇴의 주장, 조선인민의 요구대로 쏘련군의 솔선 철퇴, 해방 이후의 금일까지의 조선민주 건설을 위한 우호적인 경제적 기술적·문화적 방조 등등이 쏘련정부의 조선독립을 보장하여 주는 쓰딸린적 민족정책의 실천인 것이다. 그러므로 옛날의 조선 봉건정부와 제정로국(帝政露國) 간에 체결되었던 1880년의 조아통상조약, 1884년의 조아수호통상조약 등의 불평등조약과는 근본적으로 상이한 것이다.[36]

'대동아공영권'이라는 거대한 지역질서가 와해된 1945년부터 1949년 중

35) 백남운 저, 방기중 해제,『쏘련 인상』, 선인, 2005. 백남운의 이 책은 원래 1950년 3월 17일 '조소경제문화협정' 체결 1주년을 기념해 백남운이 위원장을 겸하고 있었던 조선역사편찬위원회에서 간행했다. 1947년 조쏘문화협회의 소련 방문 시 참여한 이태준 등도 개인방문기(『소련기행(蘇聯紀行)』)를 남기고 있는데, 이에 비해 백남운의 이 책은 북한정부 수립 직후인 1949년 2월(*책 설명 등을 보고 연도를 달았습니다) 국가적 당면과제를 해결하기 위해 추진된 북한 내각 최초의 공식 소련 방문 일정과 성과를 정부 각료로서 정리한 것으로 일종의 방문보고서에 해당한다.
36) 같은 책, 206쪽.

국국공내전의 종결과 1950-1953년 한국전쟁을 거치면서 아시아에서는 이른바 냉전체제에 기반한 국민국가가 성립되기 시작한다. 그러나 아시아에서 냉전체제는 1945년 이전의 식민체제 위에 덧씌워짐으로써 식민-냉전체제의 연속과 변용을 겪은 자유진영과 그것의 대척공간에 놓인 공산진영으로 양분된 '냉전체제' 속에서 근대국민국가의 제도적 기반이 마련되고 그 국가제도를 통해 국민국가의 '주체(국민)'를 동화의 방식으로 만들어나갔다. 그러나 양쪽 구도에서 배제된 비국민 집단 또한 '타자(비국민)'로서 존재하고 있었음을 간과해서는 안될 것이다.

냉전 아시아에서 근대적 국민국가 형성과 국민문화의 제도화라는 거시적 과정을 일견해보면 먼저 일본과 일본의 구식민지였던 나라들의 경우, 근대국민국가가 형성되는 과정에서 가동된 대부분의 제도적 기반이 대동아공영권 시기에 만들어졌다는 점에 주목할 필요가 있다. 1960년대 이후 박정희 전대통령이 한국에서 추진했던 '경제개발5개년계획' 정책이 이미 1937년 '만주산업개발 5개년계획' 속에 있었다는 점은 의미심장하다.[37] 대동아공영권 체제에서 '황민'을 양산하기 위해 가동되었던 각종의 제도는 냉전체제로 분절, 전환된 이후에도 정치·경제는 물론 언어·교육, 위생과 보건, 관료의 훈육, 도서관과 박물관, 영화산업, 종교 등 각 영역에 걸쳐 국민국가의 제도로 연속되고 변용되었던 것이다.

한편 자유진영에서 구식민지시대의 제도가 친미반공정권에 의해 수용, 변형되면서 근대국민국가의 틀이 형성되었다면, 공산진영에서는 자유진영과의 대결·경쟁의 틀 속에서 근대국민국가가 형성되었다. 중국의 경우 한국전쟁의 참전과정에서 '보가위국(保家衛國)'의 기치 속에서 항미원조운동

---

37) 고바야시 히데오, 『만철』, 임성모 옮김, 산처럼, 2004.

을 일으키는데, 곧 미국이라는 냉전의 한 축을 대척화하고 소련이라는 다른 축에 대한 의존과 경쟁이라는 구도 속에서 사회주의국가 형성의 국민적 동의를 확보한 점이나 지속혁명의 경로로 나아갔던 것이다.

이처럼 아시아에서 근대국가는 '미국화'와 '반미국화'라는 양대 구조 속에서 근대적 국민국가의 틀이 형성되었으며 그러한 냉전적 대결구도 속에서 서로 다른 '국민 만들기'가 진행되었다고 해도 과언이 아니다. 이들 대결구도 양쪽에서의 '국민 만들기'는 각각 교육제도의 재편, 사회종교단체의 조직, 라디오·텔레비전·잡지 등의 매체검열, 스포츠·영화 생산과 같은 문화정책 등 다양한 제도적 수단을 통해 개개인들의 삶과 의식을 조직해 나갔다.

그런데 냉전기 아시아에서 '국민문화'는 국가제도라는 가시적 영역에서만 진행된 것은 아니다. 냉전체제 하 아시아 근대국가의 '국민화' 과정은 금지·검열·규제 차원에서의 냉전이 점차로 국민들의 의식적·일상적·문화적 영역으로 내재화되는 과정으로 이루어지므로 이에 대한 심층분석이 요구되는 것이다. 그 과정에서 이른바 '냉전문화'는 국민들의 심미의식, 욕망구조 속으로 내재화되며 '국민문화'의 자가 생산·확장의 메커니즘으로서 작동하기 시작하였던 것이다.

자유진영의 경우, GHQ 점령기 일본에서 할리우드 영화나 잡지, 재즈음악, 레슬링 등이 대중오락의 주요한 대상으로 소비되기 시작했다. 남한의 경우 역시 미군문화가 전후 대중문화 형성의 주요한 원천이 되었다는 사실은 냉전이 어떻게 문화적 논리로서 개개인의 오락과 여가를 비롯한 일상생활 안쪽으로까지 깊숙이 내면화되었는지를 보여준다. 여기서 미국은 금지하는 억압적 주체의 자리에서 점차로 자국민의 욕망의 대상으로 내재화되면서 스스로를 재생산하기 시작하였던 것으로 파악된다.[38]

한국전쟁 기간 창간된 서울대학교의 『대학신문』은 전쟁의 소용돌이 속에서도 해외유학에 대한 학생들의 지대한 관심 속에서 창간호부터 <외국유학을 가려면 어떤 절차를 밟는가>[39])를 기사화하고 있는데, 여기서 외국유학이란 곧 미국유학을 의미하는 것이고, 신청절차에서도 도(미)유학신청서(渡美留學申請書)로 못박고 있다. 2호에서는 하버드대학을 소개하고, 유학경로 및 방법을 상세히 알리는 등, 매주 거의 미국대학들을 소개하고 유학지원재단프로그램을 소개하는 데 특집지면을 할애했다.[40])

식민지시대 일본유학과 냉전시대 미국유학으로 연속되는 중심화욕망의 재생산구조는 국가-지역-세계에 대한 특정한 지식과 정보, 전망을 가진 파워엘리트 집단을 양산했다. 이 집단이 한국전쟁 이후 "국가 재건"이라는 요구 속에, 국가건설의 다양한 기제들을 구축·강화하는 사상적 제도적 체계를 형성하고, 분단체제 하 권력/지식의 유착관계를 이루며 분단한국의 미래를 '새 시대 세계 평화의 열쇠를 쥐고 있는 반공 한국'의 그것으로 호도해왔음은 물론이다. 전쟁 이후 한국사회에는 "1950년대에 발발된 6.25를 계기로 우리 민족은 좋든 싫든 세계사를 창조하는 첨병적 역할을 담당하는 역군이 되었다"[41])라든가, "한국전쟁이 발발한 해인 1950년 이후로 역사의 중심은 완연히 태평양 지역에 옮아오고 있다"[42])는 담론이 광범위하게 확산되는데, 최근 한국전쟁을 통해 형성된 전후 한국인의 멘탈리티와 계급적 아비투스

38) 이에 대해서는 냉전아시아의 문화지형도를 그린 것으로 평가받고 있는 성공회대동아시아연구소 편, 『냉전아시아의 문화풍경』 I·II, 현실문화연구, 2008·2009; 貴志俊彦·土屋由香編著, 『文化冷戰の時代 – アメリカとアジア』(國際書院, 2008) 참조.
39) 서울대학교출판부 편, 『大學新聞』 창간호, 1952. 2. 4 (서울대학교 개교40주년기념영인본, 1986).
40) 서울대학교출판부 편, 『大學新聞』 2호, 1952. 2. 11 (서울대학교 개교40주년기념영인본).
41) 성창환, 「경제학을 공부하는 학도에게」, 『사상계』, 1955. 6.
42) 김기석, 「한국전쟁의 역사적 의의」, 『신천지』, 1953, 549쪽.

형성과 관련된 논의들이 심도있게 이루어지는 것은 냉전의 문화화연구의 새로운 심화를 이룬다는 점에서 고무적인 일이 아닐 수 없다.

한국의 정치·사회 학계에서는 미국의 강고한 군사안보체계에 붙박여 있는 불안정성의 한반도 전후체제를 분단체제(장준하, 백낙청), 53년 정전체제(혹은 53년 체제, 박명림), 전쟁상태 국가(김동춘) 등으로 명명한다. 김동춘은 한국전쟁 이후 지금까지 분단, 냉전체제 하에 놓여 있는 한국의 국가 성격 및 지배질서의 특징을 '전쟁정치'의 개념으로 설명한다.[43] 여기서 전쟁정치란 "교전상황이 아님에도 불구하고 국가운영이나 국내정치가 전쟁 수행의 모델이나 원리에 입각해서 진행되고, 지배질서 유지를 위해 '적과 우리'의 원칙과 담론이 사용되어 적으로 지목된 집단을 완전히 부정하는, 전쟁의 보편화(universalization of war)와 일상화"된 통치행위를 말한다. 바로 이러한 전쟁정치의 장구한 수행이 가능했던 것은 냉전-분단체제를 유지하는 사상적 이념적 체계를 지속적으로 생산·유통하는 두터운 권력/지식관계의 역사적 구축과 그 사회적 작동에서 비롯되었던 것임은 두말할 나위가 없을 것이다.

한편 이러한 냉전의 문화적 확산은 대척공간의 한편인 공산주의 진영에서도 예외없이 전개되었다. 자유주의 진영에서 미국문화를 내재화하면서 대중연예형식이 조직되었다면, 사회주의 진영에서는 자유진영과의 적대구조 속에서 '사회주의 인민예술' 형식의 초기적 전개가 이루어진다. 말하자면 자유진영에서 금지의 주체이자 욕망의 대상으로서 아메리카가 소비되고 재생산되었다면, 사회주의 진영인 중국 역시 '가상의 적'의 형태로 아메리카를 '소비'함으로써 사회주의 인민문화를 만들어나갔다고 할 수 있다.

43) 김동춘, 「냉전, 반공주의 질서와 한국의 전쟁정치: 국가폭력의 행사와 법치의 한계」, 『경제와사회』 89호, 2011년 봄.

허우쑹다오(侯松濤)는 중국의 항미원조운동 당시 민중의 사회심태에 대한 연구를 통해 항미원조운동의 특징을 사회심리 전변과정에서의 다양성·복잡성과, 전변결과로서 일률성·간단성의 통일로 정리하였다.[44] 중국사회주의정부는 한국전쟁 참전을 위해 항미원조운동을 일으켰고, 그 운동의 주요 내용은 선전교육을 통해 민중의 사회심태를 움직여가는 것이었다. 허우쑹타오는 당시 항미원조에 대한 중국 민중의 사상 인식이 반미(反美)로 정체화되지 않았다는 사실을 다음 세 가지 지점으로 집약하였다. 전쟁에 대한 두려움과 안전을 추구하는 심태, 냉정하고 무심한 심태, 그리고 미국에 대한 두려움(恐美), 미국에 대한 숭앙(崇美), 친미(親美)의 심태가 그것이다. 당시 중국사회 전반에 걸쳐 오랜 전쟁으로 인한 피로함과 미래에 대한 불안감이 팽배하였고 그런 점에서 외국의 전쟁에 참전하는 것에 대해서는 소극적일 수밖에 없었을 것이다. 따라서 중국정부는 대규모 선전교육운동을 통해 조선전쟁의 형세와 항미원조의 필요성을 설파하였고, 중국인민들의 미국에 대한 공포심과 숭앙 혹은 친미의 사상들을 극복하는 작업에 돌입했던 것이다. 허우쑹타오는 "미국에 대한 적대감과 미국을 멸시하는 사상을 제고하고, 민족적 자기비하, 노예심리를 극복하게 하고, 민족자존, 자신감과 자기존중심리를 배양하며 민중을 단결 일치시키고 공통의 적을 직시하게 하는 등 조선전쟁에 대한 지원운동을 계기로 한 민중에 대한 선전교육작업은 초기 건국과정에서 필요하고도 필연적인 것이었다"고 역설한다.

그러나 항미원조운동이 "애국주의·민족주의의 절묘한 절합을 실현, 민족적 결집을 이루는 정치적 이데올로기적 효과를 거두었다고 하는 것과 당시 중국민이 프롤레타리아 국제주의에 입각해 강력한 연대의식 속에서 한국전

44) 侯松濤, 「抗美援助運動與民衆社會心態研究」, 『中共黨史研究』, 2005年 第2期.

쟁에 직접 참전한 것에는 어느 정도 괴리가 있어 보인다. 건국 초기 국민
결집 혹은 국민화가 항미원조운동으로 개진된 것 또한 그 운동을 통한 의식
화와 집단적 결의가 없었다면 지원군 파견이 어려운 상황을 역으로 입증하고
있다"45) 하겠다.

　　항미원조운동은 민중 사회심태에 대한 규범에서도 몇 가지 문제가 있다. 장기간
의 계급투쟁과 혁명전쟁 환경이 형성해 낸 극단적인 선성(線性: 직선적) 사유모
델로 인해 항미원조운동은 매우 호전적으로 비판하고 폭로하는 양상을 띠게
되었고, 문제에 대한 심입 분석을 결여했다. 저우언라이는 이 문제를 당시 발견
했고, 1952년 5월 18일 전보에서 지적했다… 그러나 당시 항미원조운동은 이미
고조를 거쳐 보급과 심입 발전단계로 진입한 정황에서 이미 민중이 나날이 고조
되는 반미(反美), 미국에 복수해야 한다는 정서(讐美)를 휘어잡기는 어려웠다.
범정치화, 범계급화, 범이데올로기화 경향의 작용으로 공미(恐美), 숭미(崇美),
친미(親美) 또는 수미(讐美), 비미(鄙美), 멸미(蔑美)는 정치적으로 선진과 낙후의
평가표준이 되었다… 미국영화는 영화관 종사자와 군중의 제어 하에 자취를
감추었고, <미국의 소리> 유언비어 방송을 듣는 것은 군중들 속에서 남에게
말할 수 없는 부끄러운 일이 되었다. 이러한 정치 강제하의 심리규범은 단기간
내 신속하게 예기한 효과를 획득했지만, 장기과정으로 보면 민중 사회심리의
어떤 곤혹, 모순과 어떤 문제에 대한 비이성적이고 극단화된 인식을 쉽게 조성하
고 또한 민중의 심리를 정치압력이 풀린 후 하나의 극단에서 다른 극단으로
기울게 만든다.46)

45) 백원담, 「냉전기 아시아에서 아시아주의의 형성과 재편」, 『중국현대문학』 42호,
2007.
46) 侯松濤, 앞의 글.

위의 논의야말로 당시 사회주의권에서 냉전의식이 형성되는 전형적인 예증을 드러내보인 것이라고 할 수 있다. 항미원조운동은 당시 중국적 입지에서 불가피한 것이었다고 하더라도 '국가단위에서의 하향식 의식화과정과 아래로부터의 자발적 동의 형식을 띤 동원체제의 문제와 그것의 집체적 의식 체현 방식의 양가성이 문제'인 것이다. 요컨대 냉전의 체제화란 민족국가 단위가 양 극단 체제에 일방적으로 편제되는 과정으로만 볼 수 없고, 종속성·비대칭성 등 관계의 역관계에 따른 관철과 동화의 작용을 자기필연으로 한다는 것이다.

다른 한편 한국전쟁의 후과로서 분립적 '국가 재건'과 그를 위한 '국민화' 과정은 그 이면에서 '비국민'을 양산해내는 과정이었음을 간과해서는 안될 것이다. 전후 아시아에서 대동아공영권체제가 와해되고 국민국가 단위로 국경이 재편되는 1945년에서 1953년 기간 동안 아시아 전역에서는 수많은 실향민과 이산자들이 생겨났다. 조선인의 경우 간도 이민과 조선족, 그리고 '재일조선인'들은 각각 소련, 중국, 일본에 귀속되었고, 대동아전쟁시기 일본 장교의 2세들로 미처 귀국하지 못한 '잔류 고아'가 중국에 남게 되었다. 또한 국민국가 경계 내부에서도 일본의 오키나와인이나 한국의 월남실향민, 타이완의 내/외성인들은 냉전체제가 낳은 대결구도 속에서 '국민 속의 비국민(타자)'으로 존재해 왔다. 이들은 식민과 냉전의 연속/분열로서의 냉전체제 속에서 제도적 '국민 만들기'에 의해 배제된 '타자'들로서 이들은 이후 냉전의 체제화과정에서 또다른 전쟁스펙터클을 체험하며 스펙터클의 권력을 인식하고 낡은 투쟁장소들과 투쟁형태들이 쇠퇴해감을 보아내고 '자신을 전복할 현실적 가능성'을 찾아내는 새로운 공간화실천으로 냉전의 강고한 분열선에 균열을 일으켜낸 탈냉전 아시아를 잡종적으로 구성해가는 장본들이 아니었나 한다.

3. 중국 주도의 신냉전사와 아시아에서 사상연쇄의 미망

이병한은 현실사회주의의 패퇴 20년이 지난 탈냉전시대에 냉전연구가 역사화되고 있음에 주목하면서 이러한 신냉전사연구의 성립과 성취가 중국 학계의 기여에 힘입은 바 크다는 점을 상기시킨 가운데 중국 냉전연구의 현상을 맥락화하고 그 문제점을 진단한 바 있다.[47) 무엇보다 중국의 신냉전사연구가 중국학계의 지난한 노력으로 이루어졌다는 것은 고무적인 일이 아닐 수 없는데, 개인적으로는 2006년 상하이에서 상하이대학 당대문화연구 중심과 냉전관련 워크샵을 가졌을 당시 중국의 신냉전사연구가 가시권에 들어오기 시작했던 것 같다. 그런 점에서 초기 연구의 관점을 세우는 단계와 아카이브구축 단계를 일정정도 거쳐야 할 것이라는 판단을 하였고, 따라서 중국의 연구동료들에게 문화연구와 지역연구의 입지에서 냉전연구가 이루어졌으면 하는 바램을 피력했던 것으로 기억한다.

한편 아시아에서 냉전연구를 냉전의 문화화문제로 놓고 집중해온 전력을 가진 입장에서 중국의 신냉전사연구의 진작은 성공회대학교 동아시아연구소가 편한 『냉전아시아의 문화풍경』 I · II(2008, 2009)가 채 감당하지 못한 결락부분을 채워넣을 수 있는 계기로 파악된다는 점에서 안도의 염이 앞서는 것이 사실이다. 중국의 신냉전사연구의 진작은 무엇보다 세계적인 냉전연구의 역사적 지형을 재편해주는 계기로 작용할 것이고, 한국과 아시아에서 새롭게 진행되고 있는 '탈식민적 탈냉전적' 냉전문화연구의 지점을 새롭게 설치할 수 있는 경로를 열어줄 것이라는 의미에서 앞으로의 전개에 대한 기대 또한 크다고 하겠다.

---

47) 이병한, 「신냉전사: 중국현대사의 새로운 영역—비평과 전망」, 『中國近現代史研究』 제53집, 2011.

중국신냉전시연구의 핵심거점은 선즈화(沈志華)가 주도하는 화동사범대학 역사학과의 냉전국제사연구센터(冷戰國際史研究中心)이다. 2001년에 출범하여, 세계 4대 연구기관으로 국제적 위상을 부여받을 만큼『냉전국제사연구(冷戰國際史研究)』라는 학술지의 발간과 대학원과정 설치를 통한 학문 후속세대의 양성은 주목에 값한다. 이병한은 북경대와 미국의 딩옌(丁焰)이 주도하는 코넬대학의 냉전연구가 냉전연구에서 미국과 중국의 직접 통로를 개설한다는 점에서 학문적 역량과 아울러 중국의 국력신장에 힘입은 학문분야의 개척과 주도의 의미를 잘 소개하고 있다.

그리고 한국에서 분과학문의 단절이라는 한계와 정보의 부재 속에서 이의 동향에 둔감하거나 무지한 상황을 열거하는 한편, 우리 중국학계의 무지 혹은 외면 상황 또한 분명하게 지적하고 있다. 아울러 내가 참여하고 있는 성공회대학교 동아시아연구소의 냉전연구 또한 중국의 신냉전사연구 흐름을 맥락화하지 않고 있다는 점에서 기본적인 한계를 안고 있다는 비판을 놓치지 않는다. 부정할 수 없는 사실이지만 실제에 있어서는 중국에서의 냉전연구가 갖는 일정한 경향성에 대해 거리를 둔 것 또한 사실이다. 중국에서 학문연구는 분야에 따라 사회과학원이 중심이 된 관방학문의 특징을 강하게 담지하기 때문에, 그에 대한 가치판단에 앞서 규정적 선입견을 가지고 있었던 것을 부인하기 어렵기 때문이다. 특히 냉전연구나 한국전쟁연구에 있어서는 이러한 공식 당사에서의 고정된 시각에 대응하기 어려운 측면이 크다는 점과 문화연구에서 냉전연구가 이제 초동단계에 있다는 점에서 섣불리 '이중적 주변의 눈'을 가동시키기보다는 동보성의 유지를 중시함으로써 아시아에서 공동의 지식생산과정을 조직해가는 경로를 열어가고 있다는 점을 적시해 두고자 한다. 예컨대 羅小茗이 편한『製造 '國民'; 1950-1970年代的 日常生活與文藝實踐』(上海書店出版社, 2011)은 성공회대 동아시아연구소와 상해

당대문화연구중심의 연구진이 상하이에서 전개한 공동 워크샵의 결과로 출판된 것이다. 2007년 진행된 이 회의의 결과가 다소 늦게 출간되기는 했지만 당시 문화적 냉전연구의 한 경로를 열어보였다는 점에서 의의는 결코 작다고 할 수 없을 것이다.

이병한의 언명처럼 '냉전연구는 냉전의 출발과 함께 시작되었다. 그래서 냉전의 속성을 깊이 반영한다.' 그런 점에서 냉전연구 자체가 '냉전을 구성하는 지적이고 문화적인 요소'라고 할 수 있다. 그런데 냉전의 개념과 기원에 대한 연구가 '문화냉전'의 핵심 사안이었는가 하는 데서는 이견이 있다. "냉전의 해석권을 둘러싼 지적 경쟁이 냉전연구를 낳은 것"이고 그것이 문화냉전의 한 부분을 이룬 것은 사실이지만, 문화냉전은 문화가 강렬한 정치투쟁의 부지가 되는 지점으로서 그것이 일상적 심미적으로 내재화되는 문제를 주요하게 다룬다는 점에서 냉전의 개념과 기원 연구에 한정되거나 그것이 이데올로기 차원의 경합이라는 맥락에서 문화연구의 중요한 부분을 이루기는 하지만 그것으로 모두 수렴되지 않는다는 문제를 제기하는 것이다. 정통파와 수정파, 그리고 탈수정주의로 이어지는 미국에서의 혹은 미국중심의 냉전연구는 미국이 냉전적 질서로 세계를 지배해간 장본으로서 당연한 것이다. 따라서 그 주된 내용은 '국제관계학의 현실주의 이론을 답습'하는 차원이고, 그래서 냉전을 사상과 체제, 제도의 대결로 이해하기보다는 여전히 국가안보와 이해관계의 충돌로 접근했고, 그로써 도저한 미국중심주의를 탈피할 수 없는 한계를 가지고 있는 것도 사실이다.

탈냉전시대의 도래로 인한 냉전의 역사화, 곧 냉전 1차 자료의 공개와 자본의 전지구화과정에서 하부구조의 변화에 따른 학문적 영역의 확장, 학제 간 공조체제의 확장, 인문학과의 접궤 혹은 전회 등이 냉전연구의 새로운 지평을 열어놓은 것 또한 고무적이고, 그 지점에서 중국의 신냉전연구의 흐름이 형성된 것은 자명한 귀결이 아닌가 한다.

아시아에서 미국의 냉전전략의 궤도수정은 중국의 사회주의화에 전적으로 기인한 것이라는 점은 전술한 바와 같다. 그런 점에서 신냉전사연구의 흐름이 냉전관련 당안자료를 가장 많이 담지하고 있는 중국으로부터 추동되고 중국이 주도하고 있는 것은 타당한 일에 해당한다. 게다가 미국과 중국을 직접적으로 연계하며 냉전의 내용을 재구축해가는 것 또한 중국적 입지에서 충분히 가능한 일이다. "개혁개방이 고무한 사상해방과 탈냉전의 사례를 입은 학자군의 등장, 소련과 동유럽 및 중국에서의 점진적 자료 공개와 디지털 자료의 활용, 미국에서 활동하는 중국계 학자들과의 긴밀한 학술 네트워크, 대학으로의 연구 거점 이동" 등이 결합되어 중국발 신냉전사, 즉 '중국의 시각'에서 본 신냉전사 연구가 본격화된 것이다. 이를 학술회의상으로 보면 대강의 경향을 포착할 수 있는데 1998년 '냉전의 기원과 국제관계(冷戰起源與國際關係)', 1999년 '냉전기 중국과 세계(冷戰中的中國與世界)', 2000년 '중국과 냉전(中國與冷戰)', 2002년 '냉전과 중국의 주변관계(冷戰與中國的周邊關係)', 2004년 '냉전기 중국과 동유럽(冷戰中的中國與東區)', 2006년 '냉전의 전환: 1960-1980년대 중국과 변화하는 세계(冷戰轉型: 1960-1980年代的中國與變化中的世界)', 2009년 '냉전과 중소관계(冷戰與中蘇關係)', 2010년 '다층적 시각으로 보는 아시아 냉전(多维視覺下的亞洲冷戰)'과 '중국, 제3세계와 냉전(中國, 第三世界與冷戰)' 등이 그것이다.[48]

2차 세계대전 후에 기원을 둔 냉전은 반세기 가깝게 지속되며 국제관계에 깊은 영향을 미쳤을 뿐 아니라, 중국을 포함한 많은 국가들의 발전 경로에도 큰 영향을 끼쳤다. 중국은 동서 유럽처럼 냉전의 핵심지대는 아니었지만, 제3세계의

48) http://www.coldwarchina.org/ 참조.

많은 국가들과 같이 냉전의 주변지대라고도 할 수 없었다. 냉전은 본디 중국이 추구한 것은 아니었지만, 미·소 양 대국의 냉전이 중국과 그 주변지역을 둘러싸고 아시아로 확장되었던 것이다. 냉전의 가장 뜨거운 부분인 한국전쟁과 베트남 전쟁은 중국과 직접적인 관계가 있었다. 60년대까지도 중국인은 '냉전'이라는 말을 좀처럼 사용하지 않았지만, 돌아보면 냉전이 중국을 포섭하고 있었음을 부정할 수 없다. 미·소간의 냉전은 중국의 내정과 외교의 변화에 끊임없이 영향을 주었고, 중국의 내정과 외교의 변화가 냉전의 전개에 반작용을 미치기도 하였다. 어떤 의미에서 신중국은 냉전이라는 환경 속에서 태어나고 성장해서 개혁개방과 중국 특색의 사회주의의 길을 걷기에 이른 것이다. 확실히 냉전을 통과한 중국의 체험은 총괄하여 연구할 만한 가치와 교훈이 많다.[49]

이병한이 지적한 바와 같이 중국 주도의 신냉전연구는 특히 미국과의 대척구도에서 자기중심성을 세우는 측면이 강하고, 사회주의권에서의 냉전적 지위 선점, 이는 냉전의 열전화에 직접 개입한 경험의 우위에 근거한 것이다.[50] 그러나 딩옌(丁焰) 등의 지구냉전 개념에 대해서는 일면 타당성이 있으면서도 문제가 적지 않다.

'지구 냉전'(Global Cold War)이라는 시야의 확장과 심화를 낳기도 했다. 냉전은 유럽/대서양의 냉평화와 아시아/태평양의 열전, 제3세계의 혁명과 민족해방운동까지 아울러야 한다는 것이다. 나아가 아시아에서는 '냉전'이라고 하는 개념이 적절치 않다는 견해도 개진되었다. 미국의 시각에서는 '자유세계와 전체주의

---

49) 章百家, 「序言」, 『(歷史研究) 五十年論文選—冷戰史』(社會科學文獻出版社, 2004), 2쪽; 이병한, 앞의 글에서 재인용

50) 한국전쟁연구집성은 다음 참조. 鄧峰, 「近十餘年朝鮮戰爭研究綜述」, 『中共黨史研究』, 2010年 9期.

세계의 대립'이요, 소련의 관점으로는 '자본주의와 사회주의의 대립'인데, 아시아의 냉전은 어느 도식으로도 충분히 담아낼 수 없기 때문이다. 따라서 '냉전'의 가장 중요한 측면은 군사 전략적인 것도 아니고, 유럽 중심적인 것도 아니며, 오히려 제3세계의 정치적 사회적 발전과 결부되어 있다'는 진술까지 나오게 된다. 제3세계가 도리어 미·소냉전을 전유하여 자신들의 목표 추구에 활용하는 측면을 부각시키는 것이다. 다소간 과장된 측면이 있으되, 진실의 일면 또한 담고 있다고 하겠다. 중국발 신냉전사가 서구학계까지 자극하여 탈서구적 시각으로 비서구적 행위자에 주목하여 글로벌 냉전을 다시 쓰게 된 것이다.[51]

냉전의 개념과 범위의 확장이 타당한 것은 냉전 자체가 미국의 패권전략의 측면과 이중봉쇄의 측면이 중첩되어 있다는 점에서 이의 세계적인 현상이 각기 달리 나타나는 것은 문제가 될 리 없다. 그러나 중요한 것은 냉전 종주국과 피냉전 국가와 민족의 구도가 병렬되는 형식이 아니라 하위단위 간의 횡적 관계상이 중첩되고 그 상호작동의 변주 또한 다기하다는 점이다. 따라서 이를 제3세계의 정치적 사회적 발전에 한정하여 그것을 중심으로 바라보는 냉전을 재규정하는 시각의 전치는 문제가 있다. 그리고 이는 제3세계 국가나 그 국민이 체득한 세계적 냉전의 입지에서 대등하게 쟁론할 문제이지 중국이 우위의 입장이나 시각이나 입장을 선점하여 냉전 초기의 아시아에서의 탈냉전적 구도를 단적으로 규정할 문제는 아니라고 보는 것이다. 이 문제는 딩옌이 중국의 냉전개입에는 현상문제에만 국한되지 않는 중국전통의 천하관 혹은 천하사상, 천하질서의 구축문제와 연관이 있다는 언명과 연관지어 보면 더욱 본격적인 쟁론이 요구되는 지점임을 확인할 수 있는데, 그런

---

51) 陳兼, 餘偉民, 「冷戰史新硏究': 源起,學術特徵及其批判」, 36쪽; 이병한, 앞의 글에서 재인용.

점에서 중국이 제3세계적 대표성을 띠고 냉전의 중심축으로 서는 문제와 대면하는 것이 또다른 냉전연구의 과제가 되지 않을 수 없는 것이다.

청말 이래 중국의 중심적 지위 회복과 중국의 독자적 근대성의 실현이 중국 정치 엘리트들의 일관된 공동 목표였으며, 냉전기 또한 근본적으로 이러한 목표의 지속적 추구 하에서 이해해야 한다는 결론에 이르게 된다. 중국 중심주의와 독자적 근대성 추구는 냉전기에도 핵심 요소였으며, 그 목표가 관철되는 관건적 장소로 중국적 질서가 작동했던 (동)아시아가 부각되는 것이다. 20세기 초 중국의 쇠락과 21세기 중국의 굴기 사이에서 냉전기의 중국을 일이관지(一以貫之)하여 파악할 수 있는 긴 안목이 요청되는 셈이다. 반식민 경험이라는 역사적 공통성과 마오주의(Maoism)라는 대안적 근대성이 결합하여 중국이 주도하는 (동)아시아 질서가 그 절반의 지분을 회복했던 시기였기 때문이다. 반체제 사회운동으로 점철되었던 아시아의 60년대를 중국과의 관계 속에서 (재)고찰할 필요성이 제기되는 까닭이기도 하다. 19세기 이전과는 다르지만, 그렇다고 전혀 무관하다고도 할 수 없을 '중국모델론'이 이미 가동되고 있었던 것이다. 중국 중심론의 부상과 함께 우리를 한결 곤혹스럽게 만드는 것은 중국 중심의 시대구분마저 제기되고 있는 현실이다. 牛大勇과 沈志華는 그들이 공동 편집한 『냉전과 중국 주변관계(冷戰與中國的周邊關係)』(世界知識出版社, 2004) 서문에서 세계냉전과 아시아냉전을 시기적으로 뚜렷하게 구분하고 있다. '아시아의 냉전은 중소동맹으로 냉전을 아시아로 끌고 온 것으로 시작하여 1971년 중미화해로 마감(結束)되었다'고 규정하는 것이다. 세계적 냉전은 1947-1991년이지만, 아시아 냉전은 중국의 사회주의 일변도(1950년)로 시작하여, 1971년의 미중화해로 마무리 되었다는 시대인식이다.[52]

52) 이병한, 앞의 글.

중국인민은 많은 외국정부가 중국에 대한 불평등조약을 폐지하고 중국과 평등한 새로운 조약을 맺는 조치에 대해 환영한다…이러한 실제상의 진정한 평등지위는 결코 외국정부가 그 지위를 부여한 것에 의한 것이 아니라 주로 중국인민의 자기노력으로 쟁취한 것이어야 하며 노력의 길은 바로 중국을 정치적 경제적 문화적으로 새로운 신민주주의국가로 건설해내는 것이다. 그렇지 않다면 단지 형식상의 독립, 평등만 있을 뿐 실제적으로는 있을 수 없는 것이다. …일본인민의 민주제도가 없다면 일본파시스트주의와 군국주의를 철저하게 제거할 수 없을 것이며, 태평양의 평화를 보증할 수 없다. 우리는 카이로회의의 조선독립에 대한 결정이 정확하다고 인정하며, 중국인민은 응당 조선인민이 해방되도록 도울 것이다. 우리는 인도독립을 희망한다. 독립적 민주적 인도는 인도인민의 요구일 뿐만 아니라 세계평화의 요구이기도 하기 때문이다. 남태평양 각국—버어마, 말레이시아, 월남, 필리핀에 대해서도 우리는 이들 국가의 인민이 일본침략자를 패퇴시킨 뒤, 독립적이고 민주적 국가제도를 건립할 수 있는 권리를 충분히 획득하기를 희망한다. 태국에 대해서도 유럽 파시스트 부속국을 다루는 방법에 따라 처리해야만 할 것이다.[53]

첫 번째 인용문에서와 같이 이병한은 선즈화를 대표로 하는 중국의 신냉전사연구가 아시아에서의 냉전을 세계의 냉전과 다른 시대구분을 하고 그 중심에 중국을 두는 것에 문제를 제기하고 있다. 아시아에서 냉전이 중소동맹에서 시작하여 중미화해(1971년)로 종식되었다는 신냉전연구의 주장에 대해 비판적 시각을 가하는 것인데, 이병한의 이러한 문제인식은 좀더 진전시킬 필요가 있다. 곧 아시아에서 발원한 비동맹운동의 흐름들이 중소동맹 이

---

53) 毛澤東, 「論聯合政府」, 『毛澤東選集』 第三卷 (人民出版社, 1991), 1086쪽.

전에 냉전 초기부터 경제적 군사적 동맹에 반대함으로써 냉전의 체제화에 반대하며 탈냉전의 선성(先聲)을 이루었고, 베트남전쟁이 1965년부터 시작되어 1975년에 끝났으며, 아시아 자체 내에서 한반도분단체제는 1972년 유신체제의 성립으로 보다 강화되었고, 또한 베트남과 캄보디아, 베트남과 중국의 전쟁이 연속된다는 점을 간과하고 중국 중심으로 시간성을 재조직화한 냉전연구의 탈중심화가 아니라 또다른 중심화기획으로 비판받을 여지가 얼마든지 있기 때문이다. 무엇보다 이는 탈식민과 냉전의 중첩 및 그 아시아적 극복의 궤적이 AALA(아시아, 아프리카, 라틴아메리카)이라는 아시아의 경계를 넘어 제3세계라는 공간화 실천으로써 냉전의 분계선에 균열을 내었다는 점,54) 아시아 내부 국경분쟁이나 사회주의 내 노선갈등의 문제 등 냉전의 분열선들이 중층화되는 문제를 설명하지 못하는 한계가 있다.

두 번째 인용문은 마오쩌둥의 연합정부론(1945. 2)의 일부내용으로 이 글이 발표될 당시 동남아는 거의 일본의 점령 하에 있는 상태였고, 명목상으로는 영국, 네덜란드, 프랑스, 미국의 식민지였다. 마오가 동남아의 상태와 문제해결경로를 연합정부론으로 제시한 것은 구미국가들이 전후의 식민지 처리방침에 대해 입장을 제출하지 않거나 지연시키려는 단계에서 중대한 의미를 가지고 있다. 마오는 유럽제국주의에 의한 아시아의 식민화역사를 염두에 두고 아시아의 탈식민적 민족해방운동의 전개 속에서 그 미래상을 제기한 것이다. 시기적으로 중국공산당이 아직 항일민족해방전쟁을 지속하고 있었던 때, 마오가 일본의 패망을 전망하고, 국민당과의 국공내전을 통해 사회주의중국의 성립을 예상하고 신민주주의 단계 설정으로 근대적 민족국가건설의 조건과 경로, 국가안전보장과 경제발전 등 기획을 가시화하고 있었

---

54) 백원담, 앞의 글; 백원담, 「아시아에서 1960-70년대 비동맹/제3세계운동과 민족 · 민중 개념의 창신」, 『중국현대문학』 49호, 2009.

다는 것은 누가 뭐래도 경이로운 통찰에 해당한다.

이는 사회주의중국의 성립으로 냉전의 아시아화가 추동되었던 바와 같이, 그리고 중국의 한국전쟁 참전으로 냉전의 중심축이 아시아로 이동하였다는 점에서, 마오이즘이 구도한 미래세계가 아시아 안의 아시아, 아시아와 세계의 새로운 관계상을 제시하는 의미가 있다는 점에서 마오가 민족국가 단위를 넘은 새로운 근대기획, 서구의 자본주의적 근대와는 다른 또다른 반근대적 근대기획을 가시화한 것은 마오이즘이 내셔널한 성격과 세계사적 보편성을 동시에 보유하고 있음을 현시해준다.

마오이즘은 아시아내셔널리즘의 사상적 전형으로서 설명될 수 있는데, 다케우치 요시미(竹内好)는 중국혁명의 성공과 그것의 세계사적인 아시아적 의미와 일본의 전도를 놓고 아시아 내셔널리즘에 주목한 바 있다.[55] 나는 이것을 아시아사회주의의 특징으로 이해하거니와 강한 내셔널리즘에 바탕한 맑시즘의 절합으로서 아시아사회주의가 대두한 것은 서구의 민족국가 형성과정과 달리 아시아에는 다수 민족이 혼일적으로 거주하고 있고 서구제국주의의 침략과 통치 하의 피식민상태에 있던 아시아에서 근대적 민족국가의 형성과 연관이 있다고 본다. 아시아에서 근대적 민족국가의 건립은 한편으로 근대의 억압성에 대한 탈식민의 민족해방운동과 다른 한편에 세계적인 냉전의 체제화에 대응하는 과정에서 탈식민성과 냉전성이 중첩되며 통합논리로서의 자민족중심성이 두드러지게 되는 것이다. 마오이즘 또한 아시아 내셔널리즘의 정면과 반면을 내재하고 내셔널한 맑시즘의 면모를 드러낸다.

마오쩌둥의 주의주의는 맑스주의 이론의 결정론적 경향을 희석시킨 만큼 강력한 내셔널리즘 경향을 강화한 결과라고 볼 수 있다. 1930년 마오는

---

55) 竹内好, 「アジアのナショナリズム」, 『竹内好全集』 5 (筑摩書房, 1981); 「中國のナショナリズム」, 『竹内好全集』 5.

"혁명은 반드시 고조될 것이며 이는 서방에서보다 중국에서 더 빨리 일어날 것"이라고 예견한 바 있는데, 모리스 마이스너는 마오의 이런 자신감 속에는 미래의 국제적 혁명질서를 건설하는 데 중국이 아주 특별한 역할을 할 것이라는 신앙이 자리잡고 있었으며, 그 국제혁명에 대한 열망과 목표는 내셔널리즘에 대한 충동과 서로 얽혀 있었고, 정통적인 맑스주의를 견지하면서 내셔널리즘 정서를 억제하려 했던 중국의 다른 맑스주의자들로부터 마오쩌둥이 이탈한 것도 바로 이 영역, 즉 트로츠키가 한때 "메시아적인 혁명적 내셔널리즘"이라고 명명했던 이 불충한 영역에서였다56)고 지적하였다.

마오의 내셔널하고 주의주의적인 경향은 한국전쟁 과정에서 신민주주의론을 폐기하고 급작스럽게 가파른 급진사회주의노선을 채택하면서 또 한번의 전변을 이룬다. 그리고 한국전쟁의 성과와 함께 사회주의시기 마오이즘은 중국현실에서의 내부모순과 경제기획의 실패와 무관하게 근대극복의 새로운 기획으로서 세계사적인 보편성을 가지기 시작한다. 한반도에서 열전으로 맞붙은 미국과 신흥 사회주의중국의 격돌과 정전, 소련이 아니라 사회주의중국이 새로운 패권국가 미국의 전후 세계질서 재편을 위한 세계원정경기에 구원등판하여 시종 우세한 경기로 판을 주도하였으니 이를 관전하던 구제국주의 유럽 지식인들과 아시아·아프리카·라틴아메리카 민족해방운동과 그 주동세력의 무한한 신뢰를 이끌어내기에 충분했을 것이다. 그리고 스탈린의 사망과 후르시초프의 등장, 네루와 저우언라이의 비동맹운동 주도, 스탈린격하운동 등으로 인한 소련의 국제적 지위하락, 1958년부터 중국이 감행한 수정사회주의비판 등으로 사회주의중국은 1960년대 세계사의 전진을 이끌 지도적 지위를 자연스럽게 부여받게 되었다.

---

56) 모리스 마이스너, 『마오의 중국과 그 이후 1』, 김수영 옮김, 이산, 2004, 79쪽.

당시 미국언론이 중국의 부상과 함께 중국고립화정책의 무의미함을 역설하면서 중국의 국제적 지위가 부상한 것이 인접국가의 정치군사적 안정과는 무관하다는 것을 설파하는 방법의 채택을 제안한 것은 이러한 국제사정과 미국의 곤혹스러움을 잘 반영한다.[57] 다른 아시아 국가들과의 연대에 대한 마오의 중간지대론이나 '미국은 종이호랑이(老紙虎)'[58]라는 마오의 1955년 이후 미국과 서방에 대한 경계와 경쟁논리, 제3세계론과 제2세계와의 연대론 등도 이러한 자신감에서 비롯된 것이라고 할 수 있다.[59] 그러나 이러한 대외적인 약진과 달리 중국 내에서 대약진운동과 인민공사의 실패 등 마오의 사회주의건설기획의 패착과 정치적 실각은 어떻게 조응하는가. 정치적 실각 상황을 인민의 힘으로 전복시키는 문화대혁명의 세계사적 충격과 파장이 입증하는 바, 상징적 존재로서의 마오는 그 특유의 인민주의적 문화혁명으로 중국의 역사를 다시 한번 들어올렸고, 세계는 다시 한번 마오의 신화를 수용하지 않을 수 없었던 것이다. 그리고 그것이 말그대로 신화였음을 확인하는 데에는 제법 오랜 시간이 소요되었다.

그렇다면 중국의 신냉전연구는 이러한 마오이즘의 아시아와 세계에서의 사상연쇄를 냉전연구의 주요내용으로 탐토하지 않으면 안되는 문제에 봉착한다. 중화성의 강조나 중국중심의 시간성으로 냉전의 아시아사와 세계사를 전열하거나 공간적 구획을 짓는 것이 아니라 냉전 아시아에 흐르는 복수의 시간성으로 식민화와 냉전화의 중첩과정을 가로지르게 하고 그 속에서 끊임없이 새롭게 구성되고 허물어지는 경계의 상을 그야말로 '이중적 주변의 시

---

57) 「국제중계, 아세아의 현실과 비현실」, 『조선일보』, 1964. 2. 20.
58) 毛澤東, 「同關尼于雷三尔談話主要内容的通報」, 『建國以來毛澤東文編』 (中央文獻出版社, 1998), 383-84쪽; 「美帝国主义是纸老虎」, 『毛澤東選集』第五卷 (人民出版社, 1977).
59) 백원담, 「냉전기 아시아에서 아시아주의의 형성과 재편」.

선'으로 잡아내는 일, 그리고 그 속을 가로지르던 무수한 탈식민지적 탈냉전적 근대극복의 기획들, 그것의 경합과 절합의 장면들을 G2로 부상한 포스트 개혁개방의 오늘의 시공간 속에서 인간의 진보지향을 위한 사상문화의 자원들로 확보해내는 작업이야말로 중국식 천하관이 구현된 신냉전연구의 내함을 이루는 것이 아닌가 한다.

4. 유사성의 전치

얼마 전 1980년대 후반 이후 타이완 문화연구의 흐름을 정리해본 바 있다.[60] 여기서 '상'이란 과거의 이미 흘러간 어떤 것이 지금과 만나 섬광처럼 성좌구조(constellation)를 이루는 무엇, 발터 벤야민이 말한 정지상태의 변증법을 이른다. 식민과 분단의 같지만 다른 역사궤적을 경험해온 타이완에서 문화연구 20여년의 궤적은 타이완 사회에 어떤 의미로 작용했으며, 또다른 분단체제를 살아가는 우리 문화연구 혹은 분단현실에 어떤 문제를 제기해줄까. 나는 그것을 공히 '유사성의 전치(轉置, relocation)'를 통한 '씌여지지 않은 것의 읽기' 작업이며, 상호 참조체계의 제공과 새로운 해석언어를 갖는 과정, 부단히 새로운 인터-아시아(inter-asia)적 관계상 구축의 기초공정으로 의미화하고자 하였다.

그리고 거기서 확인한 것은 정전체제를 안으로는 남방기획과 같은 아제국주의기획에 의해, 밖으로는 대륙 중국에의 흡수통일을 통한 분단모순의 해소라는 명분과의 대응 혹은 대치와도 같이 정전체계가 역사적으로 동일한 형태로 응결되어 있는 것이 아니라 부단히 재편의 동학을 가지고 비국가체제

---

60) 백원담, 「타이완 문화연구의 쟁점과 전망: 문화연구라는 정향(定向)과 인터 아시아적 전화 문제」, 『중국현대문학』 제63호, 2012.

라는 보다 가중된 존립기반의 위기 속에서도 강고하게 유지·온존되고 있다는 것이다.

자본의 전지구화와 지역화의 추세 속에서 아시아가 탈중심화와 재중심화로 이행해가는 가운데 이러한 아시아의 지역적 부상과 그 권역 내 재중심화의 동력들은 국민국가 중심의 정책연구로서 지역연구를 촉발시키고 확산해온 바 있다. 한국에서는 1990년대 문민정부가 세계화담론을 유포하며 학제간 연구의 필요성을 운위하며 지역학을 추동해온 과정이 그러한데, 패권적 정책과학으로서의 미국산 지역학을 그 침략성에 대한 성찰은커녕 자본의 전지구적 지역화에 편승하는 지배이데올로기로 채택함으로써 한편으로는 이중봉쇄된 미국의 패권적 냉전질서를 보정하는 이데올로기국가장치로 작동시키고 다른 한편으로는 아시아의 경제통합을 추동하는 패권적 지역화의 담론을 양산해가는 것이다.

타이완에서 지역연구는 리뎡후이 정부의 남방담론을 추동하는 아제국주의(亞帝國主義) 이데올로기를 생산하고 사회적 동의를 구해가는 문제의 집점을 형성해왔다. 천꽝싱은 이에 대해 '제국의 눈'이라는 상을 가시화하면서 일본제국주의의 식민통치시절 아제국주의 욕망 속에서 남양전선으로 달려갔던 아픈 역사를 성찰하며 리뎡후이정권의 대동남아시아 자본투자를 위한 지식/권력 관계의 재구축에 복무하는 비판담론계의 행보를 '제국주의 문화상상의 복제'로 통찰한 바 있다.[61]

주지하다시피 한국과 타이완은 식민화와 반공이라는 역사적 유산을 공유하고 있다. 그리하여 "일본제국주의에 의한 식민과 해방의 경험, 미국 주도의 냉전 체제에의 편입과 유사한 분단현실, 제3세계 근대화모델에 의한 압축

---

61) 천꽝싱, 앞의 책, 57-62쪽 참조.

적 근대화역정, 권위주의정권에 의한 훈육의 경험, 무엇보다 1987년이라는 역사적 시침이 타이완에서는 계엄령의 해제와 한국에서는 87년 체제의 성립을 가르키는 등 민족주의, 근대성, 국가폭력, 민주주의 등 공통된 일반논점과 문제경험을 확인하는 구체적인 현상 비교는 아시아의 제3세계적 근대성 형성에서 '고유한' 혹은 중심적인 현상을 야기하는 제3세계 아시아의 구조적 위치 및 근대성, 그 이후의 역사경험들을 성찰하게 한다."[62] 그러나 냉전과 반공 문제의 경우 본격적인 논의가 이루어진 것은 최근의 일로 앞으로 식민화의 경험과 중첩하여 공통의 기억과 체험을 나누고 소통하고 상호발견을 통해 과거 자체를 바꿀 수는 없지만 과거-현재-미래의 관계성을 조직하는 방식과 태도를 변화시키려는 노력들을 지속해나가야 할 것이다.[63]

그것은 한국과 타이완이라는 두 사회 공간이 식민과 냉전이라는 중첩된 근대역정을 겪어오면서 이루어온 동형구조와 그 역사적 지속성의 문제에 대한 이해를 돕기 위해 그 '유사성'을 전치(轉置 relocation)하는 작업으로부터 시작될 수 있을 것이다. 그런 점에서 한국과 타이완이 동아시아 분단체제라는 동형구조를 이루며 미국이라는 타자를 내재화하는 냉전기 아메리카나이제이션과 국민당정권에 의한 문화부흥의 정체화맥락, 1970-80년대 향토문학논쟁과 교원민가운동 등 사상문화운동의 흐름과 탈정치화된 만다린 팝의 아시아적 소비맥락에 대한 논의지평들을 분단한국의 문화구성 맥락과 전치시키면서 냉전 아시아가 탈냉전의 그것으로 전화되며 새롭게 정체화되는

---

62) 백원담, 「타이완 문화연구의 쟁점과 전망: 문화연구라는 정향(定向)과 인터 아시아
적 전화 문제」.
63) 성공회대학교 동아시아연구소와 타이완 국립 칭화대학 타이완문학연구소가 공동
으로 조직한 '마주-세움'을 통해 제국주의나 냉전의 구조에 다초점적으로 접근하는
작업은 한국-타이완 비교문화연구회의 『전쟁이라는 문턱: 총력전하 한국-타이완의
문화구조』로 그 첫 행보의 성과를 남겨두었다.

탈냉전 아시아, 그 공간화실천들을 광범위하게 포괄해나갈 필요가 있다.

한편 홍콩의 문화연구자 로윙상은 사회주의 중국 내부에서 서구 식민지로 존재했던, 즉 '내부의 외부'이자 '외부의 내부'였던 홍콩이라는 지역을 대상으로 아시아 냉전 경험의 복잡한 구조를 분석하고 아시아에서 냉전연구의 중요한 관점을 제기한 바 있다.[64] 아시아에서 냉전의 문제는 2차대전 후의 아시아 민족주의 운동과의 연계 속에서 사고할 때 냉전의 결정력과 영향력을 온전히 규명할 수 있음을 역설해온 것이다. 그의 작업에서 국민당과 공산당 그리고 영미 세력의 각축장이었던 홍콩은 1945년 이후 이들 각 세력들간의 상호 충돌과 상호 용인 과정에서 생겨난 수많은 정치난민, 경제난민, 지식인 난민의 집합지이기도 했음이 규명되었다. 그리고 국제적인 냉전체제가 심화되어감에 따라 이 지역에 대한 냉전적 재편 역시 본격적으로 진행되었음을 살펴내는데 이 과정에서 '경제도시'로 표상되기까지 홍콩이 거쳐온 경로와 그 냉전적 유산의 무게를 추적해내어 냉전의 시야를 확장해내기에 이르렀다. 이처럼 냉전 아시아의 문화풍경은 통약불가능한 차이들을 현시하고 있는데 특히 홍콩과 타이완의 경우 냉전기 사회주의중국과는 전혀 다른 맥락에서 냉전의 중층구조를 이루고 있음은 아시아 냉전의 체제화와 내재화연구에 시사하는 바가 크다 하겠다.

싱가포르의 렁유는 동남아시아에서 냉전경험을 이해하는 데 있어서 유럽·미국 중심의 문화냉전학의 틀을 바로 전이시키는 것이 타당한가라는 문제를 제기한 바 있다.[65] 아울러 동서구분을 둘러싼 일반담론이나 공산주의/ 자본

---

64) 로윙상, 「변동하는 중국의 문화민족주의: 홍콩 문화냉전의 충격들」, 『냉전아시아의 문화풍경』 II, 2009.

65) 렁유, 「복수성 관리하기: 냉전 초기 싱가포르 주변의 정치학」, 『냉전아시아의 문화풍경』 I, 125-47쪽.

주의라는 지정학적 대결에 입각한 관점이 갖는 문제점을 싱가포르에서의 냉전경험을 통해 논파해내고 있는데, '중심'과 유관하지만 결코 '중심'으로 환원될 수는 없는 '주변부' 냉전의 특수한 분파적 성격과 그 긴장을 파악하는 그의 작업은 1950년대 싱가포르를 비롯한 동남아시아 지역의 다양한 식민사회가 냉전서사에 어떻게 응답했는지를 논하고 있다. 이는 한국 학계 혹은 아시아 안팎에 아직 충분하게 알려지지 않은 동남아시아 지역 냉전문화의 역사와 구조를 서구 및 동북아 지역과의 비교 속에서 구체적으로 파악해 나가는 좋은 시좌(時座)를 제공해주는 방법을 알려준 의미를 갖는다.

아시아에서 냉전연구 그리고 한국전쟁연구는 국제정치학이나 관계학의 맥락에서 냉전적 전략연구로 수렴되는 구조가 강력한 자장을 이루고 있음은 부정할 수 없는 사실이다. 그러나 문화연구의 영역에서는 천꽝싱이 식민–지리–역사유물론을 문화연구의 새로운 분석틀로 제기하고 문화연구의 아시아적 전치(轉置)를 역설하는 가운데 박래품이 아니라 자기근거를 가지는 진보운동과 비판적 사상전통의 현재적 개진의 맥락 위에 있음은 부정할 수 없는 사실이다. 따라서 식민화와 냉전의 내재화맥락을 탈경계적으로 마주–세움과 같은 관계의 다각화와 관계의 다면화의 추동이 곧 아시아에서 탈식민적 탈냉전적 학지를 건설하는 중요한 경로가 아닌가 한다. 그런 점에서 기존의 공고한 학과체계에 구속되지 않는 다소 유연한 구조, 문화연구로의 정향은 불가피한 것이 아닌가 한다.

최근 아시아에서는 현실 사회의 문제를 탈경계적 문제의 보편으로 놓고 의제화하는 공론장이 조성되고 있는 것이 종종 확인되는데 이는 무엇보다도 현실사회주의의 패퇴와 함께 도래한 전지구화시대에 매체와 교통의 발달이라는 하부구조의 변화와, 자본과 노동의 이동, 문화횡단 등으로 인해 접궤의 기회가 많아진 것은 물론 문제의 복합적 상호의존성에서 기인한다고 할 수 있다. 상황적 사회문제가 일국적 경계 안의 계급모순으로 환원되지만은 않는다는 점에서 이러한 중층적 문제군에 새로운 분석틀 제공에 대한 사회적 요구는 어느 때보다 가중되는 가운데 그것을 일국 차원에서 수렴할 수 없기 때문에 문제와 해결의 가교가 조성되고 있는 것으로 볼 수 있는 것이다. 이에 부응한 새로운 학술담론들 또한 부단히 양산되면서 특정 분과학문에 한정되지 않는 간학문적 수용과 적용의 추세를 이루는 가운데 분과학문의 경계를 넘는 간학제적이고 비학제적이며, 개방적이며 무엇보다 공간적 확장에 대한 사유 지평이 넓어지고 그런 점에서 공간지리학적인 '상'의 사고가 필요한 지점에서 문화연구로의 정향이 정당화될 수 있을 것이다. 여기서 가장 경계해야 할 것은 물론 탈정치화의 문제가 아닌가 한다.

1부

냉/열전과 국민의 탄생

2 한국전쟁과 신중국의 정치운동
─신민주주의체제의 폐기와 인민민주전정의 강화

이남주

1. 서론─국가건설과 계급투쟁

제국주의와 봉건주의를 반대하는 중국민중의 투쟁과 새로운 국가건설의 주도권을 확보하기 위한 중국공산당(이하 중공)과 중국국민당 사이의 투쟁은 1949년 10월 1일 중공이 이끄는 중화인민공화국이 건립되면서 일단락되었다. 제국주의, 봉건주의, 관료자본주의와의 투쟁을 승리로 이끈 중공은 1953~6년에 사회주의 개조를 완수하고 문화대혁명에 이르기까지 사회주의와 공산주의의 실현이라는 방향으로 신중국을 이끌어갔다. 당연하게 보이는 변화이지만 건국 초기 신중국이 이러한 발전경로를 걸을 것이라고 예측했던 사람은 많지 않았다. 신중국을 건립하는 과정에 중공이 사회주의와 구별되는 신민주주의의 실현을 당면한 정치목표로 내걸었기 때문이다.

1940년 1월 마오쩌둥(毛澤東)이 제시한 신민주주의론은 중국의 민주주의 혁명을 자산계급을 대표하는 정치세력이 아니라 노동계급을 대표하는 중공이 이끌어야 한다고 주장하면서 중국 민주주의혁명의 성격을 근본적으로 새롭게 규정했다.[1] 그 전에는 중국이 사회주의혁명단계가 아니라 반제반봉건을 목표로 하는 자산계급민주혁명단계에 있고 이 단계에서는 혁명적 자산계급이 주도적 역할을 해야 한다는 것이 중공과 소련공산당 내의 일반적인 인식이었다. 이러한 논리를 따라 중공은 제1차 국공합작(1924년~1927년)에서 중국국민당에 가입했고, 2차 국공합작(1937~1945년)에서는 조직과 군대의 독립성은 유지했지만 장제스(蔣介石)와 중국국민당의 통치정당성을 인정했다. 그러나 항일전쟁을 위한 제2차 국공합작 시기에 중국국민당과 중공 사이의 마찰은 계속 격화되어가고 있었다. 이러한 상황에서 마오쩌둥은 신민주주의론을 제시해 민주혁명단계에서도 중공이 주도적 역할을 해야 한다는 논리를 구축하면서 중국국민당과의 본격적인 대결을 이론적으로 준비한 것이다.

신민주주의체제는 중공이 이끄는 것이지만 사회주의체제와는 명백히 구별되는 것이다. 우선 경제적으로는 사적 소유제 등 자본주의적 요소의 제한적 발전을 용인하며 이것이 반(半)사회주의적, 사회주의적 요소들과 공존하는 체제이다. 정치적으로는 노동계급, 농민계급 이외에 소자산계급과 민족자본가계급 등 4개의 혁명계급이 연합한 인민민주통일전선이 신중국을 이끄는 것이었다. 중공의 주요 지도자들은 건국 이후 상당 기간 이러한 신민주주의체제가 유지될 것이고,[2] 이 체제 내에서 소자산계급과 민족자본가계급들에게 사회주의의 우월성을 보여주고 이들이 자발적으로 사회주의로의 발전에 참여하는 평화적 방식을 통해 사회주의로의 이행이 이루어질 것이라고 주장했

1) 楊奎松, 『中共與莫斯科的關係』(東大圖書公司, 1997), 443-48쪽.
2) 1948년 9월 마오쩌둥은 "언제 (자본주의에 대해) 전면적인 진공을 할 것인가? 전국적 승리 이후 15년이 필요할 것이다"라고 언급한 바 있다(薄一波, 『若幹重大決策與實踐的回顧』[中共中央黨校出版社, 1991], 47쪽).

다.3) 이러한 주장들에 비추어 보면 1953~6년 사이에 진행된 사회주의로의 이행은 건국방침의 중대한 수정이다.4)

사실 건국 초기부터 중공 내에서는 신민주주의에 대한 이해에 적지 않은 차이가 나타났고, 사회주의로 나아가고자 하는 당내외의 다양한 세력들이 신민주주의체제에 강하게 도전했다. 이 시기 중공은 한편으로는 신민주주의 체제 내에는 경제를 회복시키고 정치적으로 사람들이 신정권을 수용할 수 있도록 하는 것, 이를 위해 사회 내 주요 집단들을 안심시키고 그들의 이익에 대해 가시적인 양보를 하는 것과 다른 한편으로는 계획적 발전의 전주로서 (중공의) 공고한 조직적 통제를 구축하는 것 사이에서의 선택에 직면하고 있었다. 그런데 1950년 후반부터 중공의 선택은 중공은 자본주의적 요소와 사회주의적 요소 사이의 관계에서 공존과 평화적 경쟁이 아니라 후자의 전자에 대한 투쟁이 강조하면서 점차 후자의 방향으로 기울어졌다. 이 글에서 주목하는 점은 이러한 변화가 한국전쟁의 발발과 중국의 참전과 함께 진행되었다는 점이다.5) 1952년 1월 5일 마오쩌둥(毛澤東)은 「베이징시위원회 산판 투쟁보고 전송문에 대한 지시(中共轉發北京市委關於三反鬥爭的報告的批

---

3) 저우언라이(周恩來)의 설명에 따르면 건국 초기 임시 헌법에 해당되는 「중국인민정치협상회의공동강령」을 작성하는 과정에서 신민주주의는 과도적 시기이고 반드시 더 높은 단계인 사회주의와 공산주의 단계로 발전해야 한다는 취지를 공동강령의 총강에 명확히 규정해야 한다는 주장도 있었으나, 인민이 자신들의 실천을 통해 이러한 발전 방향이 가장 좋은 길이라는 것을 인식할 때만 진정으로 이러한 목표를 인정하고 이를 위해 노력하게 될 것이라는 데 동의가 이루어져 총강에 위의 내용이 포함되지 않았다고 한다(『周恩來選集』 上卷, 368쪽).

4) 신민주주의론 폐기 요인들과 의미에 대해서는 다음 글을 참고. 이남주, 「마오쩌둥 시기 급진주의의 기원: 신민주주론의 폐기와 그 함의」, 『동향과전망』 78호, 2010년 봄.

5) 프레더릭 C. 트위스, 「새로운 정권의 건립과 공고화」, 로드릭 맥파커 엮음, 『중국현대정치사』, 김재관·정해용 옮김, 푸른길, 2012, 39-40쪽.

語)」에서 "이를 계기로 자산계급이 지난 3년 동안 이 문제와 관련해 우리 당에 가한 '미쳐 날뛰는(猖狂進攻)' 식의 공격에 대해 단호하게 반격해서 큰 타격을 주어야 한다"며 민족자본가계급에 대한 공격을 개시할 것을 선언했고,[6] 같은 해 6월 6일 「'민주당파공작에 대한 결정<초고>'에 대한 지시(關於民主黨派工作的決定<草稿>的批語)」에서 "지주계급과 관료자본가계급을 타도한 이후 중국 내부의 주요모순은 노동계급과 민족자본가계급 사이의 모순이며 따라서 이후에는 민족자본가계급을 중간계급이라고 불러서는 안된다"며[7] 신민주주의 단계에서 협력대상인 민족자본가계급을 사실상 적대적 계급으로 규정했다. 그리고 1952년 9월 24일 중앙서기처 회의에서 "우리는 향후 10년~15년 내에 사회주의로의 이행을 완성해야 하며 10년 혹은 그보다 더 시간이 지난 이후에야 비로소 이행이 시작되는 것은 아니다"라며 사회주의로의 이행을 목표로 제시했다.[8]

공산주의의 실현을 최종목표로 하는 중공이 이끄는 신중국이 사회주의로 이행하는 것은 예정된 수순이라고 할 수 있지만 이러한 변화가 예정보다 빠르게 진행된 것이 중국이 한국전쟁에 참전한 것과 시기적으로 겹쳤던 것은 우연이 아니다. 중국인민지원군은 1950년 10월 19일 북한 내로 진입하고 10월 25일 전투에 참여하기 시작했다. 당시 중국은 한국전쟁의 발발과 미국의 참전으로 심각한 안보위협을 느꼈고, 특히 인천상륙작전의 성공에 이어

6) 『建國以來毛澤東文稿』 第三冊, 21쪽.

7) 같은 책, 458쪽.

8) 薄一波, 앞의 책, 213쪽. 물론 이는 확정된 방침은 아니었고 대외적으로 공포된 것도 아니다. 당시 공안부장이자 서기처 서기이던 뤄루이칭(羅瑞卿)이 마오쩌둥의 발언을 다른 사람들에게 알려주었다는 이유로 처분을 받은 것에 대해 마오쩌둥은 자신이 사전에 전달범위를 명확하게 하지 못한 탓이니 이와 관련해 불필요한 논란을 벌이지 말라고 지시한 바도 있다(『建國以來毛澤東文稿』 第三冊, 609쪽).

미군이 지휘하는 유엔군과 남한의 국군이 38선을 돌파해 압록강까지 진출하자 위기감은 더 커졌다. 이에 따라 중국도 참전을 결정했지만 군사력에서 압도적 우위에 있는 미군과의 전쟁은 결코 쉽지 않았다. 인명손실도 클 수밖에 없었고, 전쟁을 위한 물자동원도 신생국가에게 시급한 경제건설과 민생개선에 큰 부담이 되었다.9)

이러한 긴장된 분위기 하에서 중국의 주요 도시에서는 "전판운동(鎭反運動)"10)과 "산판운동(三反運動)"11) 등의 정치운동이 대대적으로 전개되었고, 이를 거치면서 도시에서는 민족자본가계급과 소자산계급의 경제적 기반과 정치적 영향력이 급속도로 약화되었다. 당시 농촌에서는 전개되던 토지개혁운동은 여전히 토지분배를 주요 내용으로 했고 토지의 사적 소유제를 유지시켰던 것에 반해 도시를 중심으로 전개된 이 두 개의 정치운동은 사적 소유제를 결정적으로 위축시키고 사회주의적 요소를 강화했다는 점에서 신민주주의론의 조기폐기에 결정적인 영향을 주었다. 따라서 그 동안 한국전쟁과 함께 진행된 도시 정치운동에 대해서는 새로 건설된 정권의 공고화라는 측면을

---

9) 인민지원군의 사망자 수는 계속 논란의 대상이 되어왔는데 중국 항미원조기념관의 최근 조사결과에 따르면 183,108명에 달했다(http://news.xinhuanet.com/2010-10/26/c_ 12704233.htm). 전비로는 68억 위엔을 지출했고, 소련에 36억 위엔의 장비구입으로 인한 부채를 졌다.
10) 반혁명진압(鎭壓反革命)운동의 줄임말로 1950년 10월부터 시작되어 1951년 5월부터 정리단계에 들어갔으며 10월에 전국적 규모의 전판운동은 종결되었다.
11) "산판(三反)"은 "반낭비, 반부패, 반관료주의(反貪汚, 反浪費, 反官僚主義)"를 의미하며 "산판운동"은 1951년 11월 말부터 시작되어 1951년 3월 하순부터 정리단계에 진입하고 중공중앙은 1952년 10월 25일 산판운동 종결에 관한 보고를 채택(批准)했다. 1951년 1월부터는 사영기업가들을 대상으로 하는 "우판운동(五反運動)"이 같이 진행되었기 때문에 "산판우판운동"이라고도 불린다. 우판은 뇌물공여(行賄), 세금탈루(偸稅漏稅), 원자재 사기(偸工減料), 국가재산편취(盜騙國家財産), 국가경제정보탈취(盜竊國家經濟情報) 등 주로 사영기업가들에 의해 행해지는 불법행동을 반대한다는 의미이다.

주목하는 경우가 많았는데, 이뿐만 아니라 권력의 성격이 변했다는 점과 계급투쟁이 정치의 주요한 측면으로 부각되었다는 점을 더 주목할 필요가 있는 것이다.

그 동안 한국전쟁으로 조성된 긴장된 정세가, 특히 정권에 대해 증대되는 위협이 신중국 초기의 온건한 정책을 더 억압적인 것으로 변화시켰다는 지적이 없었던 것은 아니다.[12] 그렇지만 이에 대한 본격적인 분석과 그것이 중국의 이후 변화에 미친 영향을 분석한 연구는 많지 않다. 또한 이 글은 이 시기 도시에서 진행된 정치운동이 한국전쟁으로 인한 환경변화의 수동적 반응이라고 주장하는 것은 아니다. 중국공산당, 특히 마오쩌둥 등 당지도부가 한국전쟁이라는 상황을 이용해 어차피 진행되었어야 할 일들을 추진한 측면도 무시할 수 없다.[13] 이러한 점들을 고려해 이 글에서는 한국전쟁과 도시에서의 정치운동이 어떻게 상호작용을 했으며 그 과정에 국가건설방침의 중점이 어떻게 변화했는가를 살펴보자.[14]

2. 신민주주의국가와 인민민주전정정권

정치협상회의공동강령 1조는 "중화인민공화국은 신민주주의 즉 인민민주주의 국가이며, 노동계급이 영도하고 노동연맹을 기초로 하며 제민주계급과 국내외 민족을 단결시키는 인민민주전정을 실시한다"고 규정했다. 인민민

---

12) 모리스 마이스너, 『마오의 중국과 그 이후 1』, 김수영 옮김, 이산, 2004, 117쪽.
13) 프레더릭 C. 트위스, 앞의 글, 64-66쪽.
14) 이 글에서는 『건국이래마오쩌둥문고(建國以來毛澤東文稿)』 1, 2, 3권과 『인민일보(人民日報)』를 주요 텍스트로 삼아 분석을 진행했다. 전자는 마오쩌둥의 인식과 전략의 변화를 살펴보는 데 유용하며 후자는 마오의 전략이 어떻게 집행되는가와 그 과정에서 나타나는 다양한 정치세력간의 상호작용을 간접적으로 엿볼 수 있는 자료이다.

주전정(人民民主專政)의 성격은 민주계급들 즉 노동자, 농민, 소자산계급, 민족자본가계급, 그리고 기타 애국민주인사의 인민민주통일전선 정권이며 그 목적은 제국주의, 봉건주의, 관료자본주의에 반대하고 중국의 독립, 민주, 평화, 통일, 부강을 위해 투쟁하는 것이다. 맑스레닌주의적 전통에서는 민주와 전정(독재)이라는 형식논리적으로 대립하는 두 개념이 결합되는 것에 대해 명확한 설명이 존재해왔다. 계급사회에서는 민주는 특정계급의 민주이며 이는 다른 계급에 대한 독재와 결합될 수밖에 없는 관계라는 것이다.15) 이러한 논리에 따르면 신민주주의체제에서 인민민주전정은 인민은 민주적 권리를 누리지만 반동계급과 반동파에 대해서는 전정을 실시하는 것을 의미한다.16) 저우언라이(周恩來)는 건국 직전 「공동강령초안의 특징(人民政協共同綱領草案的特點)」이라는 연설에서 인민과 국민을 구분하며 인민민주전정을 설명한 바 있다. 그는 인민을 "노동계급, 농민계급, 소자산계급, 민족자본가계급, 그리고 반동계급에서 각성하고 넘어온 애국민주인사들"로 규정하고 "관료자본가계급, 지주계급은 새사람(新人)으로 개조되기 이전에는 인민의 범주에는 포함되지 않지만 국민에 포함되며, 이들은 인민의 권리를 향유할 수 없고 국민의 의무를 준수하도록 해야 한다. 이것이 인민민주전정이다"라고 주장했다.17) 중공이 신민주주의체제 내에서 인민민주전정 내에서 민주와 전정의 관계를 논리적으로 명확하게 설명하기는 했지만 현실에서 민주와 전정

---

15) 그리고 민주의 실현방식에 있어서도 자산계급민주와 사회주의민주에는 큰 차이가 있다. 사회주의민주는 민주집중제를 핵심원리로 하며 경쟁적 다당제, 권력분립 등 자산계급민주의 핵심범주를 배격한다.

16) 마오쩌둥은 국공내전의 최종적 승리를 앞둔 1949년 6월 30일 발표한 「인민민주전정을 논함(論人民民主專政)」에서 새로운 권력의 성격에 대해 구체적으로 설명했다(『毛澤東選集』 第四券 [人民出版社, 1991], 1468-82쪽).

17) 『周恩來選集』 上卷, 368-69쪽.

의 관계를 효과적으로 구분하고 운영하는 것은 결코 쉽지 않았다.

우선 인민과 반동계급의 구분이 그리 명확하지 않다. 인민에는 민족자본가계급까지 포함되는데 이들과 반동계급으로 분류되는 관료자본가계급의 구분이 주관적 판단이 개입되는 정치적 기준에 의존하는 경우가 많기 때문이다. 더욱이 저우언라이의 앞의 설명에서는 반동계급에서 각성하고 넘어온 애국민주인사들까지 인민민주의 주체로 포함시켰기 때문에 인민과 비인민의 구분은 더 모호해졌고 정치환경의 영향에 따라 큰 변화가 발생할 수밖에 없었다. 건국 초기에는 중공은 인민의 범위를 가능한 넓게 설정했지만 점차 그 범위가 좁아졌는데 이러한 변화는 상당 부분 중공 지도부의 정세인식 등 정치적 판단에 의해 좌우되었다.

또 다른 문제는 중공이 항일전쟁 시기부터 장제스와 국민당을 반대하는 정치세력들을 자신의 주위에 결집시키기 위해 자산계급민주주의의 범주에 속하는 정치적 민주와 자유를 강조했기 때문에 더 복잡해졌다. 미국과의 관계를 개선하려는 시도과정에서도 중국공산당의 정치노선이 미국이 추구하는 가치와 충돌하지 않는다는 점을 설득하기 위해서 자유, 민주 등의 개념을 강조했다. 중공은 1949년 1월부터 미국과의 관계를 단절하고 국제관계에서는 소련과의 동맹을 추구하는 일변도정책을 명확하게 하기 시작했지만,[18] 정치민주에 대한 인식에서는 여전히 자산계급민주의 핵심범주가 중국정치에 적지 않은 영향을 미치고 있었다.

즉 건국 초기에는 민주와 전정의 결합이 어떻게 실현되어야 하는지에 대한 구체적인 이해가 없었고 국민당과의 전쟁이 마무리된 이후에는 통치정

---

18) 楊奎松, 앞의 책, 584-85쪽. 마오쩌둥은 「인민민주전정을 논함(論人民民主專政)」에서 제3의 길은 없다고 단언하고 소련을 중심으로 하는 반제국주의전선에 서야 한다고 주장하면서 일변도방침을 대외적으로 천명했다.

당성 확보를 위해 전정의 실현보다는 인민의 권리를 보호하는 것을 주요 내용으로 하는 민주의 실현이 더 시급한 과제로 부상했다. 뿐만 아니라 중공은 정치사회적 안정을 위해 인민의 범위를 최대한 확대시켜 전정의 대상을 최소화시켰다. 중공은 국민정부로부터 이탈한 의거(起義) 장군과 군대들을 받아들였고 신해방구에서는 국민정부의 공무원들도 정부운영을 위해 계속 활용하는 등 구권력과의 단절도 확실하게 하지는 않았다. 이러한 조치들은 새로 건국한 국가의 정당성 강화와 안정을 위해 필요한 조치였다. 그러나 이는 신민주주의 국가 내부에 새로운 문제를 초래했다. 기층에서 중공의 지도력을 강화하는 것을 어렵게 만들었고, 이에 대한 기층간부들의 불만이 높아졌던 것이다. 이러한 갈등은 건국 초기부터 출현한 것으로 보이는데 이것이 곧장 계급투쟁의 강화와 민족자본가나 소자산계급에 대한 전정의 강화로 이어지지는 않았다. 이 시기 중공중앙과 마오쩌둥이 정치세력의 폭넓은 연합을 유지하는 것을 중시했으며 이를 위해 기층에서 지나치게 급진적 행위가 출현하는 것을 자제시키고 민족자본가들과의 협력을 강조했기 때문이다.

1949년 12월 초 발표된 「중공중앙화중국의 향촌공작간부의 불량작풍에 대한 결정(中共中央華中局關於糾正鄕村工作幹部不良作風的決定)」은 "향촌에서 비적을 토벌하고 악질 토호를 제거하는 투쟁 중에서 비적과 악질토벌이 온갖 못된 짓을 벌여 군중이 분노하게 되는 문제와 함께 우리 간부들의 사상성분도 순수하지 않은 문제도 있어 함부로 구타하고 함부로 죽이는 잘못이 쉽게 발생할 수 있다. 이처럼 중요하고 관건적인 문제에 대해 각급 책임자들은 반드시 적절한 방법으로 잘못된 작풍을 엄격하게 점검하고, 광범한 간부들이 스스로 교정하면서 잘못된 작풍을 제지할 수 있게 해야 한다"라고 강조했다.[19] 마오쩌둥은 이 문건을 검토하면서 "화중의 각 성에서만이 아니라, 화동, 서북, 서남, 그리고 상황이 유사한 다른 지역에서도 모두 이러한 유의 잘못을 교정하는 일에 역점을 두어야 한다. 특히 함부로 구타하고, 죽이고, 체포하는 것(亂打亂殺亂捉)을 반드시 방지하고 금지시켜야 하며 이러한 현상을 절대로 방기해서는 안된다"라고 지시했다.20) 마오쩌둥의 1950년 4월 「전국통전회의공상조토론의 기록문에 대한 지시(在全國統戰會議工商組討論的一份發言紀錄稿上的批語)"에서도 민족자본가들과의 협력을 중시하는 입장이 계속 견지되고 있다. 그는 전국통전회의에서 일부 참가자가 "오늘날 주요한 투쟁대상은 자본가계급이다(今天鬥爭對象, 主要是資産階級)"라고 발언한 것을 비판하고 "오늘날 주요한 투쟁대상은 제국주의, 봉건주의와 그 앞잡이인 국민당반동파의 잔여세력이며 민족자본가계급이 아니다"라고 지적했다. 같은 지시에서 자산계급과 사영공상업의 발전을 제약해야 한다는 여러 발언들을 마찬가지로 잘못된 입장이라고 비판했다.21)

이러한 지시들에서 아래로부터는 계급투쟁을 강화하려는 급진적인 경향이 출현하고 위로부터 이를 제약하는 상호작용이 건국 초기부터 발생하고 있음을 확인할 수 있다. 마오쩌둥과 중공중앙이 급진주의적 경향을 통제하려고 한 것은 오랜 전쟁으로 원기가 손상된 중국이라는 국가를 관리해야 하는 책임을 지게 된 입장에서 계급투쟁을 고무시키는 것이 정치적으로나 사회경제적으로 감당하기 어려운 혼란을 발생시킬 수 있다는 판단 때문이었다. 그런데 한국전쟁이 이러한 방침을 전환시키는 중요한 전환점이 되었다. 전쟁과 계급투쟁의 관계를 어떻게 인식하고 있는지는 마오쩌둥이 토지개혁 과정에서 부농의 토지를 몰수대상에서 제외해야 한다는 언급에서 잘 나타나 있다. 마오쩌둥은 "과거 북방의 토지개혁은 전쟁 중에 진행되었고 전쟁 분위기가

19) 『人民日報』, 1949. 12. 6.
20) 『建國以來毛澤東文稿』 第一冊, 173쪽.
21) 『建國以來毛澤東文稿』 第一冊, 292-94쪽.

토지개혁 분위기를 덮어주었다. 현재는 기본적으로 전쟁이 없기 때문에 토지 개혁이 매우 돌출적으로 드러날 것이고 사회에 주는 충격도 특별히 클 것이고 지주들이 아우성치는 소리도 특별히 날카롭게 들릴 것이다"라고 했다.[22] 바꾸어 말하면 전쟁이라는 상황이 계급투쟁의 강화로 초래되는 사회적 충격을 통제하는 데 유리한 환경을 제공할 수 있다는 것이다. 실제로 1950년 6월 한국전쟁이 발발한 이후 중국의 상황은 이러한 방향으로 발전해갔다. 중국 내에서 계급투쟁이 격화되었고 인민전정이 강화되기 시작한 것이다. 특히 도시에서는 민족자본가계급의 경제적, 정치적 기반을 무너뜨리고 인민전정이 뿌리를 내리면서 신민주주의체제가 단명을 하고 사회주의로 조기에 이행할 수 있는 조건이 마련되었다.

3. 전판운동―인민민주전정의 강화

1) 한국전쟁과 전판운동의 전개

1950년 6월 25일 한반도에서 전면전이 발생한 이후 중국의 지도부는 전쟁의 전개과정에 지속적으로 주의를 기울였다. 초기에 북한군이 우위를 점하고 있었지만 중공은 미국이 참전한 상황에서 전세가 변화할 가능성을 계속 주목했고 만약의 사태에 대한 준비에 나섰다.[23] 7월 7일 중공 중앙군사위원회는 "국방보위문제에 관한 회의(保衛國防問題會議)"를 소집해 4개 군(軍)을 안동시(安東, 현 단동시) 등에 집결시키고 동북변방군(東北邊防軍)을

---

22) 『建國以來毛澤東文稿』第一冊, 272쪽.

23) 미국정부는 전쟁이 발발한 지 36시간 내에 남한을 돕기 위해 군대를 파견할 것을 결정했고, 6월 27일 UN 안보리(소련은 결석)는 북한의 침략을 규탄하고 이에 제재를 요구하는 결의안을 통과시켰다. 미국의 트루먼 대통령은 이와 함께 미7함대에게 타이완해협으로 진입할 것을 명령했다.

조직한다는 결의안을 통과시켰다. 공교롭게는 같은 날 유엔안보리는 유엔군을 조직하는 결의안을 통과시켰다. 9월 15일 미군의 인천상륙작전이 성공하면서 북한군이 수세에 몰리기 시작하자 중국은 본격적으로 참전을 고려하기 시작했고 미국에게는 38선을 돌파하면 대응하지 않을 수 없다는 입장을 전달했다. 그 와중에 미군 전투기가 북중변경 지역에 사격을 가해 중국의 민간인 사상자가 발생하는 등 중국 내의 긴장감은 더 고조되었다.[24] 결국 남한 국군이 38선을 돌파하던 10월 1일 김일성은 중국 주평양대사관을 방문해 중국의 참전을 요청했고, 마오쩌둥에게 군사지원을 요청하는 서한을 박헌영을 통해 중국에 전달했다. 중공은 10월 2일 중앙서기처 회의, 10월 4일과 5일에는 정치국 확대회의에서 이와 관련한 토론을 전개했고 10월 5일 회의에서 참전 방침을 결정했다. 마오쩌둥은 10월 18일 인민지원군에게 압록강을 건너 북한 경내로 진입하라는 명령을 내렸고 10월 19일 북한 경내로 진입한 인민지원군은 10월 25일부터 전투에 참여하기 시작했다.

중공 지도부들에게 한국전쟁은 고립된 사건이 아니라 미국의 타이완에 대한 개입, 그리고 인도차이나반도의 전쟁확대와 연결된 미국의 중국에 대한 침략전략의 일환으로 간주되었다.[25] 이러한 상황에서 장제스의 국민당이 대륙에 대한 반공공세를 강화할 가능성과 대륙에서 국민당 반동파의 교란활동에 대한 경계심도 증가했다. 당시 중국 남부에서는 토비에 대한 토벌작업, 즉 국민당 잔여세력과의 전쟁이 계속되고 티베트 문제도 해결되지 않은 상태였기 때문에 이러한 경계심이 근거가 없는 것은 아니었다. 이러한 상황에서

24) 중국의 발표에 따르면 1950년 8월 27일 안동시, 지안(輯安) 등의 도시에, 9월 22일에는 다시 안동시에 미국의 전투기가 사격을 가하거나 폭탄을 투하해 사상자가 발생했다.
25) Chen Jien, *China's road to the Korean War: The Making of the Sino-American Confrontation* (New York: Columbia University Press, 1994), p. 128.

중공도 대내적으로 반혁명세력에 대한 공세를 강화하기 시작했다.

한국전쟁이 발발한 지 얼마 지나지 않은 1950년 7월 23일 정무원과 최고 인민법원은 「반혁명진압활동에 관한 지시(關於鎭壓反革命活動的指示)」를 공포했다. 이 지시에서는 "일부 지역, 특히 신해방구에서 국민당반동파의 잔여세력은 제국주의의 지시 하에서 여전히 무장폭동과 잠복, 암살 등의 활동을 전개하고 특무토비를 조직하고 악랄지주와 결탁하거나 일부 낙후분자를 선동해, 인민정부에 반대하는 등의 각종 반혁명활동을 전개함으로써 사회치안을 파괴하고 인민과 국가 이익에 위해를 가하고 있다"며 반혁명활동에 대한 주의를 높일 필요성을 강조했다. 그리고 이러한 평가에 기초해 "적극적으로 인민을 지도해서 공개되거나 숨어 있는 모든 반혁명분자들을 단호하게 일소하고, 빠르게 혁명질서를 건립하고 강화해서, 인민의 민주권리를 보장하고 생산건설과 각종 필요한 사회개혁을 순탄하게 진행하는 것은 각급 인민정부의 중요임무의 하나"라고 지시했다.

이를 1950년 3월 18일자의 중공중앙 「반혁명활동진압에 관한 지시(關於鎭壓反革命活動的指示)」와 비교해 살펴보면 반혁명활동을 진압하는 것을 정부의 핵심과제로 제시했다는 점에서는 변화가 있지만 내용적으로는 여전히 "진압과 관대함(鎭壓與寬大)"을 결합시키고 진압의 대상을 현행 반혁명분자로 제한하는 방침은 기본적으로 계속 유지되었다. 반혁명활동의 진압방침에서 중요한 변화는 1950년 10월 10일 중공중앙이 새로운 「반혁명활동진압에 관한 지시(關於鎭壓反革命活動的指示)」가 하달한 이후에 출현했다.

이 지시에서는 "적지 않은 간부와 당위원회가 승리 이후에 혹은 교만함과 적을 얕잡아 보는 사상, 혹은 새로운 환경에서 진부한 자유주의 사상의 영향으로 인해 통일전선 중에 관문주의에 반대하는 문제와 대적투쟁에서 단호하게 반혁명활동을 진압하는 문제, 반혁명활동을 진압하는 올바른 활동과 함부로 구타하고 함부로 죽이는 문제를 혼동해 '진압과 관대함'을 결합시키는(鎭壓與寬大相結合) 정책을 일방적인 관대함(片面的寬大)으로 오해하고 있다"며 우경적 편향을 비판했다. 그리고 이러한 편향이 "반혁명의 위세를 부추기고", "군중의 원망을 불러일으켰"다고 강조하고 "한없이 관대함(寬大無邊)"의 우경적 편향을 극복할 것을 요구했다.26)

이 지시에서 반혁명분자에 대한 진압이 철저하지 못했던 것에 대한 군중과 기층의 불만을 강조한 것은 아래로부터의 급진적인 활동이 초래하는 혼란과 부작용을 경계했던 이전까지의 입장에서 크게 변화했음을 의미한다. 이러한 변화에 한국전쟁이 초래한 긴장감이 큰 역할을 했다는 것을 부인할 수 없다. 『중국청년(中國靑年)』 사설 「반혁명분자와 단호한 투쟁을!(堅決與反革命分子作鬥爭!)」은 "이러한 반혁명분자의 총사령부와 대본영은 중화민족의 가장 위험한 적인 미제국주의이다. …미국이 조선을 침략하는 전쟁이 발발한 이래 미국이 동방에서 침략전쟁을 확대하려는 의도는 날로 명확해지고 있다. 이를 틈타 많은 반혁명분자들이 더 미친 듯이 활동을 전개하고 있다"라고 한국전쟁 발발 이후의 엄중한 상황이 반혁명분자에 대한 진압의 필요성을 높이고 있음을 강조했다.27) 그러나 전판운동이 당장 국가와 당의 중심사업이 되었던 것은 아니다. 당시 마오쩌둥의 신경은 한국전쟁의 전황에 집중되어 있었다. 『건국이래마오쩌둥문고(建國以來毛澤東文稿)』의 제1권에 따르면 마오쩌둥은 10월 이후 거의 매일 인민지원군의 움직임과 관련한 지시를 하고 있지만, 반혁명진압과 관련한 지시는 「서남국 반혁명진압활동 보고에 대한 지시(中共中央關於西南局鎭壓反革命活動報告的批語, 1950년 11월 15일)」, 「베이징시위 반혁명진압활동 보고에 대한 지시 및 답신(中共中央關於

---

26) 『建國以來重要文獻選編』 第一冊, 420쪽.
27) 『人民日報』, 1950. 10. 22.

北京市委鎭壓反革命活動報告的批語的負電, 1950년 11월 22일)」, 「반혁명분자진압의 책략문제 대한 회신(關於鎭壓反革命分子的策略問題的電報, 1950년 12월 19일)」, 「중남국의 반혁명진압에 대한 제2차 지시의 전달과 이에 대한 지시(中央轉發中南局關於鎭壓反革命的第二次指示的批語, 1950년 12월 30일)」 등 4 차례에 불과하다. 지시내용에서도 안정적이고(打得穩) 정확할 것(打得准)을 매서울(打得狠) 것과 함께, 오히려 그보다 더 강조하는 등 반혁명진압활동의 과도한 확대에 대해 조심스러운 입장을 취하고 있었다.

인민지원군이 1차, 2차, 3차 전투(戰役)에서 승리를 거둔 이후에야 마오쩌둥은 국내문제로 주의를 돌렸고 전판운동의 지도에 본격적으로 나섰다.[28] 1951년 1월 17일 각 중앙국에 대한 지시에서 "비교적 평화적 방법으로 토지개혁을 진행한 지역에서 비적두목, 악질토호, 특무를 지나치게 적게 죽인 곳에서는 지금까지 지주들의 위풍이 가라앉지 않고 있고, 곤궁한 군중이 나서지 못하고 있다"고 평가하고 비적두목, 악질토호, 특무들을 "인민의 지지를 바탕으로 단호하게 사형에 처해야 한다(堅決地處以死刑)"고 요구했다.[29] 그리고 1951년 1월 상하이시에 대한 지시에서는 "1년 내에 1~2천 명을 처단해야 비로소 문제를 해결할 수 있다. 올봄에 3~5백 명을 처단해 적의 기세를 누그러뜨리고 인민의 힘을 북돋는 것이 매우 필요하다"고 강조했다.[30] 2월 들어 전국의 주요 도시에 전판운동이 본격적으로 전개되기 시작했으며 1951년 2월 21일 중앙인민정부가 「반혁명처벌조례(懲治反革命條例)」를 공포한 이후 최고조에 이르렀다.[31] 2월 하순부터는 반혁명분자들의 집중적인 체포,

---

28) 逢先知·金沖及, 『毛澤東傳』 (中央文獻出版社, 2003), 193쪽.

29) 『建國以來重要文獻選編』 第二冊, 36-37쪽.

30) 같은 책, 47쪽.

31) 이 조례는 처벌대상이 되는 반혁명활동의 범위를 매우 광범위하게 규정하고 있다. 예를 들어 10조에서는 정부를 전복하기 위한 활동이나 파괴활동이라기보다는 사회갈

군중집회에서의 반혁명분자에 대한 고발, 공개재판 등의 활동이 집중적으로 전개되었다. 5월 들어 마오쩌둥이 6월 1일부터 반혁명분자에 대한 체포와 사형에 대한 비준권을 상급 지방정부(전자는 지급으로, 후자는 성급으로)로 회수할 것(1950년 5월 7일)과 사형을 선고하되 집행연기를 할 수 있도록 하는 조치의 도입(1950년 5월 8일)을 지시하면서 전판운동은 수습단계로 들어갔다.32)

한국전쟁의 발발이 전판운동의 전개에 중요한 계기가 된 것은 사실이지만 한국전쟁이 대륙 내의 반혁명활동을 위의 사설 등이 주장하는 것처럼 정부를 위협할 정도로 증가시켰는지는 명확하지 않다. 당시 공안국장인 뤄루이칭(羅瑞卿)의 보고에 따르더라도 1950년 하반기에 베이징의 치안은 더 안정되었다고 할 수 있기 때문이다.33) 물론 한반도에 미군의 북진과 동북지방에 대한 위협 등이 심리적 불안감을 증가시키고 유언비어가 퍼지는 현상이 출현하는 등 민심동요가 없었다고는 할 수 없겠지만, 당시 인민일보에 발표된 주요 반혁명분자의 사례 중에도 한국전쟁 발발 이후의 활동과 연관된 것은 많지 않았다. 그리고 전판운동이 대중적 차원으로 확산된 것은 앞에서 설명한 것처럼 중국군과 북한군이 미군을 38선 이남으로 밀어내면서 중국이 한국전쟁으로 인한 직접적인 위협에서 벗어난 1월 이후의 일이었다. 따라서 전판운동은 한국전쟁에 대한 반응이라기보다는 중국 내부의 모순이 한국전쟁으로

등에 더 가까운 인민을 선동해 인민정부의 식량징수, 세금징수, 병역 등의 정령실시를 파괴하는 것, 민족들, 민주계급들, 민주당파들, 인민단체들, 인민과 정부 사이를 이간시키는 것.

32) 『建國以來重要文獻選編』 第二冊, 275쪽과 282-85쪽. 전판운동은 6월부터 4개월간의 정리단계를 거쳐 10월 사실상 종결되었다.

33) 뤄루이칭이 베이징시 제2기 제4차 각계인민대표회의에서 1950년 하반기에 "도둑과 비적들의 활동이 크게 줄고 매월 발생하는 강도사건도 작년 1월의 26건에서 금년 10월에는 3건으로 줄었다"라고 보고했다(『人民日報』, 1950. 12. 30).

조성된 정치적 긴장을 매개로 전면에 부상한 것으로 보아야 할 것이다. 특히 마오쩌둥과 중공중앙이 한국전쟁을 계기로 반혁명진압활동을 강화하기 시작했다고 할 수 있는데 그렇다면 이들이 전판운동을 통해 추구한 정치적 목적은 무엇이었을까? 그것은 형식적 민주보다는 전정을 강화하는 방향으로 국가건설방침을 전환시키는 것이었다.

2) 전판운동과 "전정"의 강화

전판운동은 처음부터 인민민주전정의 강화 혹은 공고화를 주요 목표로 제시했다. 신민주주의체제에서 인민민주전정을 권력의 성격으로 규정하고 있었으니 이는 당연한 일이라고 할 수 있다. 그러나 앞에서 설명한 것처럼 민주와 전정의 관계가 다소 모호했던 건국초기의 상황에서 전판운동이 민주와 전정에 새로운 내용을 부여했다는, 특히 신중국의 정치에서 전정이 정치적 정당성을 획득하도록 만들었다는 점은 중요한 의미를 갖는다.

이를 잘 보여주는 것이 1950년 11월 3일 중앙인민정부정무원이 공포한 「인민사법공작을 강화하는 것에 관한 지시(關於加强人民司法工作的指示)」이다.[34] 국가가 건설된 이상 반혁명에 대한 진압은 사법적 절차를 거쳐야 하기 때문에 사법공작 역시 "무한한 관대함(寬大無邊)"이라는 편향을 극복하는 것을 주요과제로 삼을 수밖에 없다. 위의 지시는 같은 해 7~8월의 전국사법공작회의와 10월 최고인민법원 대행정구 분원과 화북 5성2시 원장회의를 거쳐 만들어진 것인데 관대무변의 편향을 극복하고 전판활동의 강화를 사법공작의 핵심과제로 제시했다. 동시에 이 지시는 인민사법공작을 인민정권의 주요 수단의 하나로 규정하고 인민사법공작건설을 올바르게 추진하기 위해

---

34) 『人民日報』, 1950. 11. 5.

서는 "반드시 신구법률의 원칙의 차이를 분명히 해야 한다"한다는 점과 "실천 중 구법률의 반동적 관점과 그 영향을 명확하게 해야 한다"는 점을 강조했다. 신구법률의 차이를 명확하게 한다는 것이 무엇을 의미하는지는 다음의 사례들을 통해서 구체적으로 확인할 수 있다.

11월 5일자 인민일보에는 위의 지시와 함께 최고인민법원이 8월 14일 허베성(河北省) 통시엔전구분원(通縣專區分院)이 15년형을 선고한 반혁명분자 리보런(李伯仁)에게 사형선고를 내렸다는 사실도 보도했다. 당시 통시엔전구분원은 그의 행위가 "직무로 인한 범죄(職務犯罪)"였다는 이유로 하급인 지현(薊縣) 사법처가 사형을 선고한 판결을 15년형으로 감형시켰는데 최고인민법원이 이를 다시 사형선고로 수정한 것이다. 인민일보는 이를 "관대무변"의 경향을 수정하는 데 중요한 의미가 있는 결정이라고 평가했다. 이 보도에서는 "우리는 직무범죄라는 용어에 동의할 수 없다. 리보런과 같이 장기적으로 반혁명활동에 종사한 죄인에게 그의 직업은 그가 악한 짓을 하는 도구에 불과하고, 그가 흉악하기 때문에 그에 맞는 직업을 갖게 된 것이다"라고 단정했다. 이러한 설명은 당시 자산계급민주주의에서 만들어진 법률 개념이 인민민주전정 강화에 장애가 되고 있다는 점과 중공이 전판과정에서 이러한 구법률의 개념과 법인식을 부정해가고 있음을 보여준다.

또한 1951년 2월 15일자 인민일보에는 「중공정딩현위원회의 난스자좡촌 반동분자의 간부모해사건을 잘못 처리한 것에 대한 반성(中共正定縣委會對錯誤處理南石家莊村反動分子陰謀殺害幹部案的檢討)」이, 3월 3일에는 「중공 정딩현위원회의 반동분자의 간부모해음모를 잘못 처리한 것에 대한 재반성(中共正定縣委對錯誤地處理反動分子陰謀殺害幹部案件的再檢討)」이 각각 게재되었는데 이 사례도 당시 전정과 법의 관계가 새롭게 형성되어가고 있음을 잘 보여준다. 사건의 경과는 다음과 같다. 1950년 4월 정딩현 내의 한 촌에서 촌간부가 법적 수속을 거치지 않고 반혁명활동의 혐의가 있는 사람을 체포하고 구타한 사건이 발생했다. 이 사건을 보고받은 정딩6구(正定六區)의 당위원회는 "체포증이 없이 제멋대로 사람을 구금하고 사설법정을 세우는 것은 위법"이라는 이유로 촌간부를 비판하고 반혁명활동 혐의자를 석방했다. 그런데 8월 31일자 스자좡일보(石家莊日報)에 이들 촌간부들의 행위를 비판하는 독자투고가 게재되며 이 문제가 쟁점으로 부상했다. 정딩현 당위원회는 이에 대한 조사를 거쳐 "촌간부가 법적 절차를 거치지 않고 사람을 체포하고 구타하는 것은 법률기율을 위반하고 인권을 보장하지 않은 행위로 당의 정책을 파괴해 중대한 손실을 발생시켰다", "그 반동정도가 어떻든지 촌간부가 이처럼 정부법령을 준수하지 않고 인권을 침범하는 것은 제재를 받아야 한다"는 등 촌간부의 잘못을 비판하는 글(正定縣委給地委及石家莊日報的報告)을 스좌장일보에 보내고 관련자를 징계했다.

그런데 1951년 2월 2일자 인민일보에 정딩현의 처리가 관대무변의 잘못된 경향을 보여준 것이라고 비판하는 독자투고(「中共正定縣委處理反動分子陰謀殺害幹部案件有錯誤」)와 독자의 이러한 비판이 정당하다는 것을 자세히 설명하는 인민일보 기자의 조사결과(「本報對於這一事件的調査」)가 동시에 같이 게재되면서 사건처리의 방향이 변화했다. 반혁명활동이 최고조에 이르는 시점에서 정딩현 당위원회는 이 사건의 처리에서 잘못이 있었다는 것을 인정하는 두 차례의 자기비판을 하게 된 것이다. 정딩현 당위원회는 2월 15일자의 자기비판에서는 "반혁명분자진압을 인권을 침범했다고 간주한 것은 잘못된 것이다"라고 인정했다. 그리고 3월 3일자 자기비판에서는 "앞의 반성문 중 이 문제에 대한 인식에서 잘못이 있었다. 당시 반동분자를 엄하게 진압해야 하지만 촌간부의 방법도 적절하지 않다고 생각했다, 아직 간부를 모해하려는 반동분자를 엄하게 진압해야 하며 그들에 대해서는 민주는 없다는 것을 인식하지 못했다는 사실을 인식하지 못했다"라며 민주와 전정의 관계에 대해 더 명확한 입장을 표명했다. 즉 인민의 적에게는 민주가 없다는 점이 정치생활의 실질적인 원칙으로 작용하기 시작한 것이다.

즉 전판운동을 거치며 중국에서는 비로소 전정이 인식적인 측면과 실천적인 측면에서 국가방침으로 확고한 자리를 잡게 되었다고 할 수 있다. 이러한 전환이 불과 몇 달 만에 이루어진 것에는 한국전쟁이 조장한 정치적 긴장이 중요한 역할을 했다.

4. 산판운동과 민족자본가정책의 변화
―계급연합에서 계급투쟁으로

1) 산판운동의 전개

1951년 10월 전판운동이 공식적으로 마무리된 지 얼마 지나지 않아 산판운동이 시작되었다. 산판운동은 민족자본가계급의 경제적 기반을 무너뜨리고 정치적 영향력을 축소시켜, 사회주의로의 이행을 커다란 정치적 저항이나 경제적 혼란이 없이 추진할 수 있는 정치사회적 조건을 만들었다. 그러나 산판운동이 처음부터 민족자본가계급을 투쟁의 대상으로 삼았던 것은 아니었다. 시작은 당과 국가기구 내의 부패청산이 목표였는데 점차 민족자본가에 대한 투쟁이 주요 목표가 되었다.

중공 동북국 서기 까오강(高崗)은 1951년 8월 31일 동북국의 한 회의에서 부패현상과 관료주의작풍을 비판하고 이에 반대하는 투쟁을 전개할 것을 촉구했고, 동북지역에서 이 지침에 따른 정치운동이 시작되었다. 까오강의 보고의 요지는 『인민일보(人民日報)』 1951년 9월 17일자에 보도되었고, 그 이후에도 동북지방의 반부패·반관료주의운동 상황이 인민일보의 보도를 통해 전국적으로 알려지기 시작했다.

당시 중앙 차원에서는 항미원조전쟁 1주년을 맞은 1951년 10월 증산절약운동을 새로운 주요과제로 제시했다. 10월 23일 중국인민정치협상회의 제1기 전국위원회 제3차회의(中國人民政治協商會議第一屆全國委員會第三次會議)의 개회사에서 마오쩌둥은 "이 필요하고 정의로운 투쟁을 계속 진행하기 위해 우리는 항미원조공작을 계속 강화해야 하며, 생산을 증가시키고 절약해서 인민지원군을 지원해야 한다(需要增加生產, 厲行節約, 以支持中國人民志願軍)"며 증산절약을 중심임무로 제시한 것이다. 이러한 상황에서 마오쩌둥은 동북지방의 운동과정에서 드러난 부패문제에 더 관심을 갖게 되었고, 11월 20일 반부패반관료주의의 전개와 관련한 동북국의 보고(11월 1일)를 전국의 당, 정, 군 기구에 전달하면서 "반부패반낭비반관료주의와 투쟁을 단호하게 진행해야 한다"고 지시했다. 그리고 인민일보 11월 23일자에 「부패행위와 단호한 투쟁을 전개해야 한다(向貪汙行爲作堅決鬥爭)」는 사설이 게재되면서 산판운동의 개막을 알렸다. 즉 동북지방에서 시작된 반부패반관료투쟁이 전국적인 산판운동으로 발전하는 데에는 동북지방의 운동과정에서 밝혀진 심각한 부패현상과 함께,[35] 항미원조전쟁으로 조성된 긴장이 중요한 계기가 되었다. 항미원조전쟁으로 조성된 긴장된 분위기와 이에 대한 지원을 위한 경제적 사회적 부담이 반부패에 대한 인민의 분노를 고조시키는 데 중요한 요소가 되었기 때문이다.

12월 1일 중공중앙은 "인원과 기구의 간소화, 증산절약, 부패낭비관료주

---

35) 11월 1일 동북국은 까오강의 반부패반관료주의운동의 전개상황에 대한 보고를 마오쩌둥에게 제출했는데 마오쩌둥은 이를 통해 당정군 내에 심각한 부패문제가 존재한다는 점을 인식했다. 선양시에서 발견된 부패상황은 『人民日報』 10월 31일자에 소개되었는데 비교적 규모가 큰 4개의 부패사건에서만 국가손실액이 40억위엔(구권, 1955년 1월부터 1원이 구권 1만원에 해당되는 신권을 발행했다)을 초과했다.

의에 반대하는 것에 관한 결정(關於實行精兵簡政, 增産節約, 反對貪汙, 反對浪費和反對官僚主義的決定)"과 이에 대한 마오쩌둥의 지시와 수정사항을 당내에 전달했다. 이 결정에서는 부패사건의 계속적인 발생은 1949년 3월 중공 7기 2차 중전회에서 "자산계급의 당에 대한 침식의 필연성과 이러한 중대한 위험을 방지하고 극복할 필요성"에 대한 지적이 완전히 올바른 것이었고 현재는 전당이 이 결의를 집행해야 하는 "중요한 시기"라는 점을 강조했다. 그리고 국가, 당, 인민단체에서 일하는 당원들이 직권을 이용해 부패하고 낭비하는 것은 모두 범죄행위라고 경고하고,[36] "기세 드높게(大張旗鼓地) 모든 공작인원과 유관한 군중의 운동을 발동시키고, 학습・고백・고발(學習, 談白和檢擧)을 요구하고, 주요 책임자가 직접 독촉하고 점검해야 한다"는 운동방향을 제시했다.[37] 그리고 부패와의 투쟁을 반관료투쟁과 결합시켜 진행시켜야 한다는 점을 강조했는데 여기서도 알 수 있듯이 산판운동은 당내를 대상으로 시작된 것이다.

이러한 방침이 결정됨에 따라 당내에서 산판운동에 대한 학습, 고백, 고발 등의 활동이 전개되었다. 그 과정에서 중앙과 지방에서 이 운동을 지도하기 위해 "절약검사위원회(節約檢查委員會)"도 조직되었다. 그러나 운동이 심화됨에 따라 산판이 증산절약보다 더 핵심적 목표로 부상했다. 초기에는 대대적인 군중운동 방식으로 반부패운동을 전개하는 것에 대한 당내의 의구심이

---

36) 부패와 낭비의 관계는 산판운동에서 매우 미묘한 문제이다. 부패와 낭비는 성격이 다르다는 점을 인정하면서도 산판운동에서는 이 둘의 위험성을 동일한 것으로 규정했고, 『人民日報』 11월 29일자에는 이러한 원칙에 따라 「부패는 범법이나 낭비는 범죄가 아니라는 사상은 잘못된 것이다('貪汙犯法, 浪費沒罪'的思想是錯誤的)」라는 글이 게재되기도 했다. 그러나 이는 운동의 대상을 과도하게 확대시키고 잘못된 처벌을 하는 부작용을 초래한 중요한 원인이 되기도 했다.

37) 『建國以來重要文獻選編』 第二冊, 535-36쪽.

적지 않았던 것으로 보이며, 일부 지역을 제외하고는 고백과 고발이 활발하게 진행되지도 않았다. 따라서 1951년 12월 하순부터 마오쩌둥과 중공중앙은 군중운동의 전개를 가로막는 주요 원인으로 관료주의를 더 강하게 비판하고 이를 극복하기 위해 지도부들이 솔선수범하는 모습을 보일 것을 강조했다. 이에 따라 12월 말부터 1월 초에 지방정부와 중앙의 주요 기관에서 지도부들의 자기비판이 집중적으로 진행되었다. 이를 거쳐 산판운동은 대대적인 군중운동으로 발전했는데, 그 과정에 운동의 중점에도 변화가 발생했다. 1952년 1월 9일 열린 중앙, 화북, 경진양시 간부대회가 전환점이 되었다.

라디오로 생중계된 이 대회에서 중앙인민정부절약검사위원회주임(中央人民政府節約檢查委員會主任) 보이보는 보고를 통해 산판운동은 "본질적으로 자산계급의 낡고 타락한 사상에 반대하는 투쟁이다. 즉 자산계급이 지난 3년 동안 공인계급과 중국공산당에 대해 미쳐 날뛰는 식의 공격을 가한 것에 단호하게 반격을 가해 이러한 반동적 진공을 격퇴하고 자산계급의 반동적이고 추악한 사상과 행위를 정치적으로 개조하고 이에 법률적 제재를 가하는 것이다"라고 강조하면서 공격의 목표를 관료주의에서 자산계급으로 전환했다. 운동의 성격에 대한 이러한 규정은 1951년 12월 말부터 시작되었다. 마오쩌둥은 1951년 12월 30일의 한 지시(轉發西南軍區黨委關於三反鬥爭的一周通報的批語)에서 "산판투쟁을 무산계급과 자산계급 사이의 대전쟁(無產階級和資產階級之間的大戰爭)"이라며 산판운동의 계급투쟁적 성격을 강조했다.[38] 1951년 1월 5일의 한 지시(「中共轉發北京市委關於三反鬥爭的報告的批語」)에서는 "자산계급의 지난 3년간의 진공이 전쟁보다 더 위험하고 엄중하다"고 평가하기도 했다. 보이보의 1월 9일 연설도 마오쩌둥의 이러한

---

38) 『建國以來重要文獻選編』 第二冊, 646쪽.

지시를 근거로 한 것이었다.

이 대회 이후 인민일보 등에는 산판운동의 성과로 적발된 정부기구 내 대형 부패사건에 대한 보도가 대대적으로 게재되기 시작했다. 그리고 주요 대도시들에서는 대형 부패분자(老虎, 이중에서도 특대형 부패분자는 大老虎라고 불렸음)를 비판하고 처벌하는 대규모 군중집회가 열렸다. 예를 들어 2월 1일에는 베이징에서 대형부패분자를 공개재판하는 군중대회(公審大貪汚犯大會)가 진행되었는데 마오쩌둥은 다른 대도시에서도 이러한 방식으로 대규모 군중대회를 진행할 것을 요구했다. 이러한 군중운동은 2월에 최고조에 이른 후 3월 중순부터는 운동의 확대에서 성과를 공고화하고 정리하는 단계로 전환되었다.

베이징시에서 공상계를 대상으로 하는 산판우판(三反五反)운동의 전개 과정을 살펴보면 다음과 같다. 1월 8일 베이징시공상업연합회(工商業聯合會)는 긴급회의를 개최해 뇌물제공행위가 있는 사람은 철저히 고백(有行賄行爲的立即徹底坦白交代)할 것을 요구했다. 이러한 요구에 맞추어 8일 시작되기로 한 베이징시절약검사위원회(北京市節約檢查委員會)의 조사(檢査)를 3일 연기했다. 1월 8일과 10일 베이징시공상연합회는 각종 회의와 소조 모임을 개최해 고백과 고발(坦白和檢擧)을 동원했고, 10일까지 고백, 고발 자료가 1만 건을 넘었다. 1월 12일부터 베이징시절약위원회는 공상업자를 대상으로 본격적인 조사에 나섰다. 그리고 류위엔징(劉元敬) 등 5인의 공상업자를 체포했다. 류위엔징은 베이징시공상연합회집행위원이자 인민대표회의의 대표일 정도로 공상업계의 지도적 인물이었기 때문에 공상업계에 상당한 충격을 주었다. 1월 15일 베이징시절약검사위원회 주임 류런(劉仁)은 공상계의 요청에 따라 16일부터 18일까지 공상업계에 대한 검사를 잠시 중단한다는 방침을 발표했고 조사작업은 19일 재개되었다가 춘절을 맞이해 1월 23일 다시 중단되었다. 그리고 2월 2일 베이징시 군중대회가 개최되기 직전인 2월 1일 진행된 정부원 회의에서 베이징시 시장 펑전(彭眞)은 "지금까지 기관 내부에서 1억 위엔 이상의 대형 부패분자 37명을 적발했고, 공상업자 중에서는 불법적 행위로 국가재산 1,000만 위엔 이상을 편취한 사람 987명을 적발했다. 이중에 1억 위엔 이상은 192명이고 국가재산을 2,000억 위엔 이상을 편취했다"고 산판운동의 결과를 보고했고, "베이징시에서 이미 문제를 고백한 공상업자는 32,000여 명에 달하며 전체 공상업자의 65%에 해당한다"고 밝혔다.

베이징시 공상업계의 65% 이상이 불법적 행위를 고백했다고 하니 민족자본가의 경제적, 정치적 지위의 급락을 피할 수 없는 결과가 되었다. 이에 따라 중공과 민족자본가의 관계도 근본적으로 변화할 수밖에 없었다. 민족자본가계급이 더 이상 중요한 협력대상이 될 이유가 없게 된 것이다. 그러나 당시 공상인들의 불법적 행위를 중공에 대한 "미쳐 날뛰는 진공(猖狂進攻)"이라고 규정하고 대대적인 비판과 탄압을 가하는 것에 대해 공상인들과 민주인사 내에서는 적지 않은 불만 혹은 배신감이 표출되었던 것으로 보인다. 산판운동이 최고조에 달하던 1951년 2월 『인민일보』 등에서 이 문제를 여러 방식으로 다룬 것이 이를 잘 보여준다.

2) 중공과 민족자본가계급 사이의 관계 변화

1월 9일 보이보의 보고에서 자본가계급에 대한 반격을 강조한 이후 중공은 언론과 지도부들을 통해 이를 산판투쟁의 주요 방향으로 강조하기 시작했다. 『공인일보(工人日報)』 18일자에는 「단호하게 자산계급의 미쳐 날뛰는 진공을 격퇴하자」라는 사설이, 『천진일보(天津日報)』 16일자에는 「불법상인이 반뇌물투쟁에 저항하려는 음모를 분쇄해야 한다(必須粉碎不法商人抵抗反行賄鬥爭的詭計)」는 사설이 각각 게재되었다. 인민일보 1952년 1월 24

일자에는 까오강이 1월 10일 중공중앙동북국고급간부회에서 행한 보고「자산계급사상의 당에 대한 침식을 극복하고 당내의 우경사상을 반대하자(克服資産階級思想對黨的侵蝕, 反對黨內的右傾思想)」의 전문이 게재되었다. 이 보고는 자본가계급에 대한 정책에서 우경적 편향이 존재한다고 지적하고 자본가계급의 당에 대한 침식을 그 주요 원인으로 들었다. 그리고 자본가계급의 당에 대한 침식방식을 "끌어들이기(拉過去)"와 "침투시키기(派進來)"의 두 유형으로 나누어 자세히 설명했다. 이를 통해 자본가계급이 중공과 노동계급에 대해 계획적이고 조직적인 진공을 하고 있다는 점과 이에 대한 반격의 필요성을 보여주려는 것이다.

이러한 주장들에 대해 당시 공상계와 민주당파의 지도자들은 적극적으로 호응하고 나섰다. 1월 13일 민주건국회베이징시 분회(民主建國會北京市分會)에서 황예페이(黃炎培)는 "공상계가 '4불공약(四不公約, 뇌물제공, 탈세, 사기행위, 불법커미션제공 등을 하지 않는다는 약속)'을 체결해 신뢰와 명예를 회복할 것"을 호소했다. 사영기업가들이 산판운동의 주요 대상이 되어가는 상황에서 이에 대한 선제적 대응으로 이들의 피해를 줄이고자 하는 시도로 볼 수 있다. 같은 날 민주건국회의 소집인인 난한천(南漢宸)은 "정부가 공상계의 병을 치료할 수 있도록 돕는 것은 바로 연합을 위한 것이다. …즉 통일전선을 강화하기 위해 친구계급이 올바른 발전을 하도록, 좋은 합작을 할 수 있도록 하는 것이다. 사회주의를 위한 조건을 만드는 것이지 민족자본가계급을 소멸시키고 사회주의를 실행하려는 것은 아니다"라고 발언했는데 이 역시 산판운동으로 민족자본가의 정치, 경제적 지위가 변화할 것이라는 우려를 해소하기 위한 발언이다.

그러나 민족자본가계급에 대한 공격의 수위는 중공의 의도를 선의로 해석하고 이를 수용하는 방식으로만 대응할 수 있는 수준을 넘어섰다. 이에 따라 공상업자들 내에서 불안감이 높아졌을 뿐만 아니라 여러 불만들이 제기될 수밖에 없었다. 이러한 목소리를 직접 확인할 수는 없지만, 당시 언론에 게재된 글에서 간접적으로 파악할 수 있다. 예를 들면 천진일보(天津日報)의 한 사설 「공상계 불법분자의 황당한 논리를 엄히 꾸짖는다(嚴斥工商界中不法分子的謬論)」는 공상업자들 내에서 제기된 주요 불만을 "산판운동은 공산당과 인민정부 내부의 일인데 어찌 우리가 공격대상이 되었는가?", "인민민주통일전선방침이 변화했다", "뇌물제공은 어쩔 수 없이 한 것이다. 뇌물제공과 수뢰는 똑같이 죄를 물을 수 없다" 등으로 요약하고 이러한 문제제기에 반박했다.[39] 같은 사설에서 "공상업계에 100% 정책을 집행할 것을 요구할 수 없다", "뇌물은 습관으로 오래 전부터 있었던 일이다", "선물제공을 하지 않으면 사업을 하기 어렵다"는 등의 불만도 소개했으나 정치적으로 중요한 의미를 가지고 있는 것은 앞의 문제제기들이다. 당시 이와 관련한 여러 글들을 참조하면 공상업계에서 제기된 주요 불만은 다음 세 가지로 정리할 수 있다.[40]

첫째, 뇌물을 받은 사람과 준 사람 중 전자에 더 많은 책임이 있는 것이 아닌가? 당과 정부 기구 내에 부패가 생기니 공상업자들이 장사를 하기 위해 뇌물을 줄 수밖에 없는데 왜 민족자본가에게 주요 책임을 묻는가? 이러한 의문에도 불구하고 1951년 12월 말부터 마오쩌둥 등 중공지도부는 이미 부패문제는 주로 공상업자들의 불법적 행위에 의해 발생된 것으로 규정하기 시작했다. 그리고 이러한 주장을 정당화시키기 위해 언론에는 착실했던 당원

---

39) 『人民日報』, 1952. 1. 20.

40) 「工商界來一次徹底的 "大掃除"(章乃器)」(『人民日報』, 1952. 2. 2); 「關於資産階級三年以來猖狂進攻的看法(民主建國會常務委員 孫起孟)」(『人民日報』, 1952. 2. 5); 「馬寅初對上海解放日報記者發表談話 駁斥資産階級的荒謬論調」(『人民日報』, 1952. 2. 11); 「資産階級有沒有猖狂進攻? 是我們 "制造階級鬥爭"嗎?(王芸生)」(『人民日報』, 1952. 2. 13); 「駁斥資産階級的謬論 資産階級沒有向工人階級猖狂進攻嗎?」(『人民日報』, 1952. 2. 28) 등.

이 공상업자들의 지속적이고 끈질긴 뇌물공세에 의해 무너진 사례들을 소개하며 공상업자들이 더 주요한 문제라는 점을 부각시켜갔다.

둘째, 설사 개별 공상업자들의 불법행위가 있다고 하더라도 이를 "자산계급의 미쳐 날뛰는 식의 진공(資産階級的猖狂進攻)"이라는 식으로 성격을 규정하는 것이 적합한가? 사실 뇌물제공, 탈세 등이 조직적 세력에 의해 주도된 것이 아니고 정부에 대한 직접적인 공격도 아니기 때문에 이러한 비판이 상당한 설득력이 있었을 것이다. 중공은 한편으로는 중공 제7기 2중전회에서 마오쩌둥이 자산계급의 당에 대한 침식의 필연성과 위험성을 경고한 바 있다는 사실을 다시 강조하며 공상업자들의 공세가 중공과 신중국에 심각한 위협이라는 점을 부각시키고, 다른 한편으로는 민족자본가계급이 중공에 대해 조직적 저항을 하고 있다는 점을 보여주는 사례들을 제시하기도 했다. 그 대표적인 사례가 총칭시가 1월 중순에 적발하고 2월 29일부터 인민일보 등에 대대적으로 보도되었던 "목요일회식모임(星四聚餐會) 사건"이다. 당시 총칭시 철강업계의 공상업자들이 정기적 모임을 진행했는데 중공은 이를 공상업자들이 탈세, 뇌물공여 등을 모의하고 국영경제에 손실을 끼친 조직적이고 계획적 활동으로 규정하고 이를 대대적으로 비판하는 선전을 강화했던 것이다.

셋째, 민족자본가계급을 포함하는 인민민주통일전선은 중화인민공화국의 기본방침이고 공동강령에도 포함된 내용인데, 민족자본가계급에 대한 반격은 중공 자신이 제시한 방침에 위배되는 정책이 아닌가? 이에 대해서는 앞의 난한천의 논리처럼 산판운동은 민족자본가를 소멸시키기 위한 것이 아니라 진정한 친구로 만들기 위해 돕는 것이고, 이를 통해 통일전선이 더 강화될 것이라는 논리로 대응했다.

그렇지만 이러한 의문과 불만과 관련한 논의가 주 34)에 나타나는 것처럼 1952년 2월 내내 이어지고 있는 것을 보면 중공의 논리가 쉽게 받아들여지지 않았던 것으로 보인다. 그런데 이러한 상황을 타개하는 과정에서 한국전쟁과 관련된 사건들이 중요한 역할을 했다. 2월 3일 펑전 베이징시 시장의 보고 중에 "베이징시는 이번 투쟁 중 위법행위를 한 자본가가 인민지원군에게 대량의 모래가 섞인 음식을 팔고, 심지어는 부상병을 위한 고무의족을 재생고무로 만든 위법활동을 발견했다"고 밝혔다. 이 보고 직후에는 주목을 받지 못한 내용이었으나 2월 10일자 인민일보 독자투고란에 이를 엄격하게 처벌할 것으로 요구하는 내용의 글이 게재되면서 중요한 이슈로 부상하기 시작했다. 인민일보 2월 15일자에는 한커우시의 사영공상업자인 리인팅(李寅廷)이 부패한 면화로 구급붕대를 만들어 인민지원군에게 해를 끼쳤다는 이유로 2월 2일 체포되었다는 소식이 게재되었다.[41] 다음 날에는 상하이시 인민정부가 인민지원군의 약품 구매용 자금을 편취한 상인 왕캉녠(王康年)을 2월 4일 체포했다는 소식이 게재되었다.[42] 그리고 같은 날 중국인민지원군귀국대표단 단장 리쉐산(中國人民志願軍歸國代表團團長李雪三)이 2월 12일 "약품 구매용 거금을 편취해 투기활동을 하고 지원군에게 저질 혹은 가짜 약을 제공한 왕캉녠, 전선에 납품한 소고기통조림 재료로 상한 고기, 말고기를 섞어 납품한 장신량(張新根), 쉬먀오신(徐苗新) 등의 악덕상인의 행위로 지원군 부상병의 건강회복과 전사의 영양에 엄중한 해악을 미친 것"에 분노를 표명했고 강한 처벌을 요구했다는 사실도 보도되었다. 이후 천진, 난징, 선양 등에서 유사한 사건들이 적발되었다는 보도가 이어졌다.

인민지원군에 대한 납품업자들의 부패문제는 항미원조운동을 전개하는 중국 내에 큰 파문을 일으킬 수밖에 없었고 이를 규탄하는 군중집회들이 이어졌다. 이는 산판운동 과정에서 공상업자의 처지를 결정적으로 악화시켰

41) 『人民日報』, 1952. 2. 15.
42) 『人民日報』, 1952. 2. 16.

고 민족자본가에 대한 반격을 성공적으로 마무리하는 데 큰 기여를 했다. 정치적 기반이 취약한 민족자본가들이 중공의 공세에 대항하는 것이 애초에 쉽지 않은 일이었으나, 중공의 공세가 상대적으로 큰 갈등과 혼란이 없이 진행되는 데에는 인민지원군에 피해를 끼친 공상업자들의 불법행위들이 인민의 공분을 일으킨 것이 중요한 역할을 했다. 결국 산판우판운동을 거친 이후 민족자본가들은 정치적으로나 경제적으로 원기에 결정적인 타격을 받았고, 중공이 국민경제와 도시를 관리하는 데 이들에게 크게 의지하지 않아도 좋은 상황이 되었다. 인민민주통일전선도 적어도 민족자본가들에 대해서는 상징적 의미 이상의 의미를 갖기 어렵게 되었다. 이러한 변화는 마오쩌둥이 신민주주의에서 사회주의로의 전환을 가속화시킬 수 있는 조건을 만들어주었다.

5. 결론

한국전쟁으로 인한 안보에 대한 위기의식, 중국인민지원군의 참전에 따른 경제적·인적 손실, 여기에 더해진 항미원조운동이라는 정치운동이 결합되면서 중국의 정치적 분위기는 건국 초기와 근본적으로 달라졌다. 이러한 분위기 하에서 전개된 산판운동과 전판운동은 중국 내의 정치사회적 역학관계와 국가건설방침의 근본적 변화를 촉진했다. 전판운동이나 산판운동을 한국전쟁에 대한 피동적 반응으로만 볼 수 없다. 앞의 분석이 보여주는 것처럼 이 운동들의 본격적인 전개는 한국전쟁으로 인한 위협이 상당 정도로 감소된 이후 이루어졌기 때문이다. 오히려 마오쩌둥과 중공중앙이 한국전쟁을 자신의 추가 목표를 달성하는 데 적절하게 활용한 측면을 무시할 수 없다.

이 시기에 대한 중국의 공식적인 평가도 대체로 긍정적이다. 한국전쟁에서 미국과 군사적으로 대등한 힘을 보여주면서 중국의 국제적 지위가 공고해 졌을 뿐만 아니라, 항미원조운동의 발동 등으로 대중을 효과적으로 동원함에 따라 경제건설도 비교적 순탄하게 진행되었다는 것이다.[43] 전판운동과 산판 운동에 대해서도 부분적인 잘못은 있으나 전자는 건국 초기 인민민주전정을 강화시키고 후자는 대규모 경제건설에 바람직한 사회환경을 조성하였다는 것이 주된 평가이다.[44] 한편, 한국전쟁으로 중국은 불필요한 비용과 희생을 감내해야 했다거나, 정치운동 과정에서 무고한 희생자가 많았다는 것을 근거 로 공식적인 역사서술에서 이 시기의 변화에 대한 긍정적인 평가에 도전하는 경우가 증가하고 있기도 하다. 이러한 비판도 눈여겨 볼 필요가 있으나 피해 자의 수만 강조하는 것으로는 특수한 상황에서 발생했던 사건의 의미를 정확 하게 설명하기 어렵고 앞의 공식적인 서술에 대한 근본적인 도전이라고 보기 도 어렵다. 이 글에서 강조하고자 하는 것은 한국전쟁을 계기로 전개된 정치 운동이 표면적으로 신중국의 권력을 강화하고 사회주의로의 진전을 위한 정치사회적 환경을 구축했다고 할 수 있지만, 그 이후 신중국 역사에 부정적 인 유산을 남겼다는 사실에도 주목할 필요가 있다는 사실이다.

우선 "자산계급민주주의"라는 틀에서 완전히 벗어나지 못한 상태의 인민 민주전정을 자산계급민주주의와 완전히 단절된 인민민주전정으로 진전시켰 다. 당시 인민민주전정의 강화라고 설명된 이러한 변화는 자산계급민주주의 와 구별되는 민주적 메커니즘의 건설보다는 전정의 강화로 귀결되었다. 특히 반인민에 대한 민주적 권리의 박탈과 이들을 새로운 체제의 규범에 따라 행위하게 만들기 위한 강제적 수단의 사용 등이 신중국에서 정치생활의 주요 메커니즘으로 확고히 자리를 잡게 만들었다. 그리고 이후 신중국 역사가 보여

---

43) 逢先知·金沖及, 『毛澤東傳』 (中央文獻出版社, 2003), 190-91쪽.
44) 같은 책, 201-2쪽과 235쪽.

주는 것처럼 반인민, 혹은 반무산계급이라는 정치적 범주가 어떻게 규정되는가에 따라 전정의 대상이 계속 변화하며 결국 문화대혁명이라고 하는 정치적 재난으로 이어지기도 했다.

또한, 건국 시기 핵심적 정치노선이었던 연합정부와 통일전선도 정치적 의미를 사실상 상실했다. 초기 통일전선의 중요한 축인 민족자본가계급이 경제적으로 몰락하고 정치적 위신이 추락했기 때문이다. 연합정부와 통일전선이라는 틀이 반우파투쟁까지 유지되기는 했으나 상징적 의미 이상을 갖지는 못했다. 건국 초기의 마오쩌둥은 이들과 연합을 유지하는 데 주의를 기울였다. 이들이 도시에서 정치사회적 영향력이 컸고, 국가경제를 관리하는 데 이들의 협력이 필요했기 때문이다. 그러나 도시에서 국영부문의 비중이 커지면서 점차 이들에게 의존할 필요성은 크게 낮아졌고 오히려 국영부문의 발전에 장애요인으로 간주되어 갔다. 결국 산판우판운동을 거치면서 마오쩌둥은 민족자본가계급에게 정치적 사형선고를 내렸고 이들의 몰락을 촉진했다.

이러한 두 가지 변화는 1953년부터 시작된 사회주의 개조가 비교적 순탄하게 진행될 수 있는 정치적, 경제적 조건을 만들었고, 냉전시기 다른 사회주의국가의 경험을 보면 시기 문제이지 언젠가는 이루어질 수밖에 없었던 것이기도 하다. 그러나 언젠가는 이루어질 변화라고 하더라도 속도와 방식의 차이가 중국의 이후 변화가 다른 길을 갈 수 있는 가능성을 조기에 차단했다는 점에서 문제점을 찾을 수 있다.

무엇보다도 국공내전에 이어 한국전쟁에 참전하면서 조성된 전쟁분위기는 신중국의 정치에서 전쟁방식, 적대적 투쟁으로 문제를 해결하는 것을 일상화시켰고, 전판운동과 산판운동이 보여주는 것처럼 이러한 방식이 큰 효과를 거둘 수 있게 만들었다는 점은 중국정치에 부정적인 유산이 되었다. 특히 민주적 권리의 실현보다는 전정이 중국정치의 주요한 측면으로 부상한 것은 연합정부 등 신민주주의체제의 정치가 가지고 있는 가능성을 지나치게 일찍 제약하는 결과를 초래했다.

최근 중국에서도 신민주주의체제에 대한 관심이 높아지고 있다.[45] 이는 소위 자산계급민주주의를 수용하지 않으면서도 중공이 영도하는 정치체제의 경직성을 극복할 수 있는 가능성을 찾으려는 시도의 일환으로 볼 수 있다.[46] 그러나 이를 위해서도 단순히 신민주주의체제로의 회귀를 주장하는 것이 아니라 실현가능한 민주적 형식과 메커니즘에 대한 진지한 연구가 필요하다.[47] 신중국에서 전판운동과 산판운동이 전개되기 이전에도 이미 기층의 급진주의와 정치사회적 안정을 추구하려는 중앙의 정책기조 사이에도 긴장관계가 출현하고 있었다. 인민민주전정에서는 이러한 긴장을 관리하고 조절할 수 있는 정치사회 시스템이 구축되지 않았고 결국 중공은 한국전쟁을 계기로 전판운동과 산판운동을 발동하며 그 긴장관계를 해소시켰고, 급진주의는 민주주의의 확장이 아니라 전정이라는 형식으로만 신중국 정치에 수용되어갔던 것이다.

---

45) 예를 들어 최근 장무성(張木生)이 최근 중국이 신민주주의로 회귀해야 한다고 주장해 관심을 끈 바 있다(張木生, 『改造我們的文化歷史觀』 [軍事科學出版社, 2011]).

46) 이러한 경향과는 달리 사회주의적 경험과 역사를 부정하고 신민주주의론 내에 존재하는 민주정치의 유산을 전유하려는 입장에서 신민주주의로의 회귀를 주장하는 경우도 있다(杜導正, 「新民主主義的回歸與發展」, 『炎黃春秋』, 2009년 제4기, 8-10쪽). 이는 신민주주의론에 대한 자유주의적 해석이라고 할 수도 있다.

47) 유용태는 중국에서 소련의 프롤레타리아독재(무산계급독재)와 영미모델의 부르주아독재를 넘어서려는 고민과 노력들이 1920년대부터서 1940년대 사이에 신민주주의라는 이름으로 출현했고, 여기에 오늘날 중국의 정치발전에 기여할 수 있는 가능성의 유산이 포함되어 있다는 점에 주목할 필요가 있다고 주장했다. 그러한 유산으로는 대의방식에서 직업대표제의 도입, 민의기구의 구성과 운영에서 선거/투표와 함께 협상의 역할 강화, 경제민주와의 결합 등을 들었다. 유용태, 「신민주주의, 20세기 중국의 정치유산」, 『역사 속의 민주주의』 제55회 전국역사학대회 발표문(2012년 12월 26일).

3

평화염원과 정치동원:
1950년의 "평화서명운동"

청카이(程凱)

1. 서론

1950년 1월, 신중국과 소련은 「중·소 우호동맹 상호조약」을 체결하는데, 이 조약을 통해 중국은 점차 고조되고 있던 냉전 구조 속에서 하나의 "편향적" 선택을 하게 된다. 50년대 초기, 중·소 관계의 밀월기가 시작되자, 중국은 전면적이고도 직접적으로 소련의 영향을 받게 되었고, 따라서 "소련의 오늘은 바로 우리들의 미래다"라는 인식이 한동안 사회 공통의 인식이 되기도 하였다. 그러나 가령 그러한 제도 이식과 경제 원조, 문화 수입 등 중·소 관계 가운데 직관적으로 인식할 수 있는 부분을 넘어 더 구체적이고 유동적인 정치 과정과 정치 형태에 주의를 기울여 본다면, 우리는 중국 공산당이 신중국의 정치, 경제 그리고 문화의 건설 추진 과정에서 단순히 소련이 그때까지 축적해온 경험에만 의존하고 있지 않았음을 발견할 수 있다. 사실 그와는 반대로 마오쩌둥(毛澤東) 등 중공의 영도자들이 지속적으로 관심을 기울이고 있던 문제는 어떻게 혁명 시기에 형성된 일련의 정치 감각과 혁명

경험, 혁명 이론과 공작의 방법들을 충분히, 그리고 유효하게 정권 건설과 경제 건설, 사회 통합, 문화 개조 등 각 방면에 운용하면서, 나아가 혁명주체가 더욱 진일보한 "재혁명화(再革命化)" 및 혁명 변질의 방지를 확보할 것인가에 있었다. 이는 신중국의 정치, 경제, 사회, 문화 형태가 일면 소련과 매우 큰 유사성을 유지하면서도 다른 측면 즉, 실제 운행 기제 및 내재적 동력의 측면에서 상당한 차이가 존재했음을 보여주고 있고, 이는 바로 중국 혁명 자신의 특색을 만들어내고 있었다.

혁명 방식과 건설 방식에 있어서의 중·소 간 미묘하면서도 근본적인 차이는 그들로 하여금 점차 노선 상의 구별을 뚜렷하게끔 만들었고, 이후 철저한 분열을 향하도록 하였다. 이 같은 차이는 물론 사상 전통 및 사회 성분의 구성과 관련되어 있지만, 그러나 또한 쌍방이 상당 부분 역사, 정치, 사회, 문화의 상이한 조건 아래 혁명과 건설을 진행한 점에 기초하고 있었다. 외부적으로 보면 2차 세계대전 후 세계 구조에 있어서 이미 공고한 위치를 차지하고 있던 소련과 광범위한 승인을 받고 있지 못하던 신중국은 세계 형국에 대한 다른 태도와 이해, 그리고 다른 요구를 가지고 있었다. 더욱 중요한 것은 쌍방이 처해 있던 내부 현실과 상황에 있어서도 매우 큰 차이가 있었다는 점이다. 소련은 이미 고도의 사회 통합과 사상 통합, 그리고 공업화를 달성했으며, 문화에 있어서는 "고급문화"류의 "문화혁명"을 추구하고 있었고, 또 자본주의와 "평화적 경쟁"을 할 수 있는 충분한 자본을 갖추고 있던 것에 반해, 다른 한쪽인 중국에서는 방치되거나 지연된 각종 사업들이 모두 대기 중에 있으면서, 경제 기초는 박약하고 각종 경제 성분 또한 그 관계가 매우 복잡했다. 또 민중의 정치 참여도와 정치 훈련은 매우 부족했으며, 조직화의 정도 또한 매우 저급한 단계에 머물러 있었다. 사회는 혼란스럽고, 지방은 파벌들이 즐비했을 뿐만 아니라, 사회주의 사회 건설이라는 것은 말할 것도 없이, 실령 행정의 통합과 재정의 통일, 경제 안정에 성공하였더라도, 건국이라는 사명의 완성은 여전히 막중하고도 어려운 임무였다. 따라서 또한 바로 이 같은 "현실"에서의 극심한 낙후로 인해, 중국 공산당은 통상적이면서 착실하게 한걸음씩 나아가는, 즉 순차적이고 점진적인 방식으로 진행되는 건설에 만족할 수 없었고, 따라서 오히려 혁명당의 "정치우세"와 혁명적 방식에 대한 호소를 더욱 강화하고 확산시키면서, 주관적 능동성을 강하게 자극하고, 서로 다른 계급의 (건국과 신민주주의 사회 건설로부터 사회주의 사회의 건립에 이르는) 정치 사명을 하나의 건설 과정으로 모으면서, 이상적인 목표가 현실의 방향을 이끌도록 하고 있었다.

이 같은 방식은 실질적으로 혁명당과 혁명 간부, 그리고 민중에게 부단히 진행되는 동원과 교육 실천의 토대를 제공하고 있었다. 이로 인해, 신중국 건설 초기 특징 가운데 하나는 전 인민적 정치운동이 끊임없이 진행되었다는 점을 들 수 있다. 1950년의 토지개혁과 "평화서명운동"으로부터 조선전쟁의 발발 후, 항미원조(抗美援朝)운동, 그리고 반혁명 진압 운동, 산판우판(三反五反)운동에 이르기까지, 이들 운동들은 상호 계승 관계를 구성할 뿐만 아니라, 때로는 동시에 전개되기도 하면서 지속적인 사회동원을 조성하고 있었다. 이 같은 동원들은 일반 민중들을 겨누고 있었을 뿐만 아니라, 더 나아가 행정과 정치 부문, 그리고 공산당 자신을 겨누고 있었다. 동시에 전 인민적 운동과 서로 상응해 진행된 또 다른 공산당 내부 및 문예계의 정풍 운동까지도 그 겨눔의 대상이었다. 바꿔 말하면, 연이은 이러한 운동의 목적은 하나의 입체적인, 즉 "외층", "중층", 그리고 "내층"[1]을 포함하는 전면적인 정치 교육과

---

1) 중공이 일으킨 "반혁명 진압운동" 때, 반혁명 진압 작업은 외층, 중층, 내층으로 구분되어 진행되었다. "외층"을 정리한다는 의미는 사회 속의 반혁명 분자들을 검열, 정리하는 것을 가리키고, "중층"은 군정 기관 내부를 가리키며, "내층"은 당내를 가리킨다.

정치 훈련의 체계를 만들어 내는 것에 있었다. 이러한 과정을 통해 일반 민중에게 교육의 기회를 제공할 뿐만 아니라, 그 기초 위에서 민중에 대한 조직을 실현하고, 더 나아가 기관의 공작 인원이나 간부, 당 단체로 하여금 훈련이 되도록 하고자 하였다.

　　건국 초기 일련의 정치운동 가운데, 지금까지 비교적 드물게 논의된 것이 바로 1950년의 "평화서명운동"이다. 이 운동은 비록 오래 지속되지는 못했지만, 그러나 오히려 "전국적 승리 이후 최대 규모의, 가장 조직적인 첫 번째 선전 운동"2)이었다. 이 운동이 주목을 받지 못한 이유에는, 우선 급격한 형세의 발전에 따라 더 오래 지속되고, 또 더 깊이 있게 진행된 "항미원조 운동"으로 빠르게 전환되면서 그 빛이 가려졌기 때문이고, 다른 측면으로는 이 운동이 중국 공산당의 자기 수요와 판단에서 시작된 것이 아니라, 소련과 "평화민

2) 「中共中央關于繼續進行和平簽名運動的指示(1950年 8月 4日)」, 『宣教工作通訊』, 1950年 23期.

주 신영"의 평화운동에 발맞추기 위해 추진된 것이기 때문이기도 하다. 그러나 이 운동이 (유럽을 중심으로 하는) 발원지로부터 빌려온 이념과 자원, 전개 방식을 중국으로 이식되어온 이후의 형태와 대비해 보면, "전쟁과 평화" 문제에 있어, 냉전의 쌍방과 사회주의 진영 내부가 마주하고 또 참조하고 있던 동일하지 않은 현실과 그로 인해 만들어진 상이한 이해 및 대응 방식이 곧바로 드러난다. 그 안에는 협력과 일치도 있고, 또한 착위와 차이, 그리고 변이도 존재한다. 이 운동의 추진 방식, 중앙의 요구, 부서와 지방의 집행 상황 그리고 실행으로부터 기층이 만들어낸 각종 문제에 이르기까지 우리는 여기서 건국 초기의 정치운동에서 찾아볼 수 있는 공통의 "품격"을 분명히 발견할 수 있고, 그 가운데는 이 시기 공산당의 소망과 노력 방향 그리고 마주하고 있던 현실에서의 곤경과 시련까지도 반영되어 있었다. 동시에 중국이 조선전쟁에 개입하고, "평화서명운동"이 "항미원조 운동"으로 전환됨에 따라, (평화의 호소로부터 전쟁 동원으로 전환되는) 이 고르지 못한 모순된 두 운동이 어떻게 서로 맞물리고, 또 전자에 의해 다져진 이념이 어떻게 후자의 밑그림으로 전환되었는지를 살피는 것은 "항미원조 운동"을 새롭게 이해하는 것에 있어서도 또 다른 참조 체계를 제공할 수 있을 것이다.

2. 사회주의 진영으로부터 유래한 평화운동:
이 운동의 가능성과 한계

소위 "평화서명운동"은 1950년 3월 19일 "세계평화대회" 상설위원회 제3차 회의(스톡홀름 회의)에서 서명된 간단한 선언으로부터 기원한다.

우리들은 인류에 대해 대량 살상을 가할 수 있는, 두려운 무기인 원자 무기의 금지를 요구하는 바이다.

우리들은 엄격한 국제적 관리의 수립을 요구함으로써, 이 결의의 집행을 보장한다. 우리는 어떤 정부든 먼저 원자 무기를 사용해 어떤 국가를 반대하는 것이, 바로 인류를 반대하는 범죄이며, 이는 당연히 전범으로 간주되어야 한다고 인정한다. 우리는 전 세계의 모든 선량한 사람들이 이 선언에 서명할 것을 호소하는 바이다.[3]

본 세계평화대회에서의 "이전 통과된 모든 선언 중 가장 짧은 이 선언"이 도리어 가장 광범위한 효과를 만들고 있었다. 1950년 11월까지, 전 세계적으로 이 선언에 서명한 연인원이 5억 명에 달했다.

반전 평화를 목표로 하는 민간 조직의 하나인 "세계평화대회"는 1949년 4월에 시작되어, 제1차 대회에 "72개국으로부터 온 2200여 명의 대표"가 참가했다. 이시기는 체코의 정변, 베를린 위기, 그리고 <북대서양 조약기구>가 막 등장하면서 유럽에서 "냉전"적 대치 구도가 이미 초보적으로 형성되고 있던 시기였다. 그리고 "세계평화대회"가 호소한 일련의 요구들은 한층 더 서방 진영을 겨누면서, "평화민주" 진영의 정치적 지향과 밀착해 있었고, 게다가 대회의 주요 참가자들은 주로 친 공산당 인사와 공산당의 외부 호위 조직이 많았다. 이 때문에 "세계평화대회"는 일찍부터 공산당의 정치 도구로 여겨지기도 했다. 이 같은 사실은 "세계평화대회"에 참가하는 개인이나 단체들로 하여금 줄곧 "공산당" 혹은 친 공산당이라는 꼬리표를 달게 하였다.

그러나 이 같은 시선은 "세계평화대회"에 대한 이해를 협소하게 만들었다. 사실 참가 구성원이나, 조직 성분, 활동 방식, 그리고 정치적 지향의 측면을 포괄해서 볼 때, "세계평화대회"는 훨씬 더 풍부하고 복잡한 스펙트럼을

---

3) 『世界和平運動文献(1949~1954)』(世界知識出版社, 1955), 21쪽.

갖추고 있었다. 소련의 이 평화운동에 대한 자리매김을 보면, "오늘날 평화보 위운동은 실질적으로 무당파적 민주 운동이며, 그 성질 또한 매우 광범위해서 각기 다른 형식과 다른 정도를 통해 수억 명의 인민에게 보급된 인민 운동"[4] 이라 인식되고 있었다. 줄곧 적극적으로 이 평화운동에 참여한 소련의 작가 에렌버그는 회고 속에서 평화회의에 대한 그의 소감을 다음과 같이 묘사하고 있다.

대표 대회가 정말 신문에서 단언하는 것처럼 공산주의의 것이란 말인가? 내가 보기엔 그렇지 않다. 발기 위원회의 성원이나, 축하 연설, 참가자의 명단을 좀 자세히 살펴보면, 공산주의 사상과 거리가 매우 먼 정치 활동가, 작가, 예술가들 의 이름들을 쉽게 발견할 수 있다. …전 멕시코의 대통령 카더나스, 벨기에의 여왕 엘리자베스, 작가 하인리히 만, 샤갈, 찰리 채플린, 극작가 샤라루크 등이 있다. 대표 대회의 소집을 지지하는 각종 조직 가운데, 나는 제네바의 시계 기술 자 연합회, 파나마 대학, 아르헨티나 예술가 협회, 튀니지의 소상공인 연합회, 노르웨이 가정 부녀자 연합회, 시리아 아동 보호 연맹, 그리고 기타 공산당과 서로 통하는 부분이 매우 적은 조직 등 아주 다양한 조직들을 발견했다. 나는 대표 회의 상에서 공산주의자에 포함되기 힘들 뿐만 아니라, 사회주의자에 도 포함되기 힘든 인물들의 발언들을 들은 적이 있다…[5]

평화대회의 상설 조직 가운데 공산당원과 친 공산당 인사는 절대적으로

---

4) 維斯科夫, 『世界人民的反戰同盟』(時代出版社, 1956), 24쪽.
5) 愛倫堡(에렌버그, 소련의 작가 俄文名 Илья Григóрьевич Эренбýрг, 英文名 Ilya Grigoryevich Ehrenburg, 1891. 1. 27~1967. 8. 31), 『人·歲月·生活』(海口: 海南 出版社, 1999), 313쪽.

많은 수를 차지하고 있었지만, 평화대회와 평화이사회가 광범위한 영향력을 만들어낼 수 있었던 것은 바로 핵심적 역할을 한 조직자나 지도자들 중 당파적 입장의 한계를 초월하는 능력을 가진 사람들이 있었고, 그렇게 함으로써 평화운동으로 하여금 "직업적 정치가들"에 의해 조정되거나 혹은 정치적 메가폰에 휩쓸리게 되는 것을 막을 수 있었던 것이다. 에렌버그의 회고록 가운데는 이 운동의 지도자 중 한 사람인 이브·파치가 그에게 "당신의 친구들에게 평화를 반대하는 적들을 향해 투쟁을 벌여야 하고, 평화주의자나 혹은 그 같은 사람들을 반대해서는 안 된다는 것을 설명해 주십시오. 그들은 이미 공산당의 관점에 대해서도 찬성하지 않고, 또 나의 관점에 대해서도 찬성하지 않지만, 그러나 진심으로 평화를 원하고 있고, 또한 우리들의 운동에 참가할 준비도 되어 있습니다…"6)라고 말한 사실이 기록되어 있다. 사실 "평화주의"를 반대하고, 또 일반적으로 전쟁을 부정하는 것에 반대하는 것이 공산당의 일관된 기본 원칙이다. 그러나 오히려 1951년 2월 개최된 "세계 평화 이사회" 제1차 회의에서는 "지속적으로 세계 정부의 건립을 옹호하는 인물들, 중립을 옹호하는 인물들, 그리고 평화주의적 집단들과 연계"해야만 한다고 결정하는데, 그 이유가 "이 같은 연계와 합작이 평화 사업에 도움이 되기 때문"7)이라고 설명하고 있다.

회고록에서 에렌버그는 또 오랫동안 평화대회의 주석직을 맡았던 프랑스의 핵물리학자 졸리오 퀴리(Jean Frédéric Joliot-Curie)가 이 운동에 미친 영향을 전문적으로 기술하기도 한다.

내 입장에서 볼 때, 평화를 보호하는 이 운동은 졸리오 퀴리의 개인 성품, 핵물리

---
6) 같은 책, 320쪽.
7) 維斯科夫, 앞의 책, 68쪽.

학사로서 그 자신이 갖는 책임감, 그리고 각기 서로 다른 사상의 소유자들을 하나로 단결시키는 그의 재능과 분리되어 생각될 수 없다. 그는 줄곧 "적이 아니라, 경쟁자다"라는 표현을 써왔다. 그는 단지 전쟁을 일으키고자 하는 이들을 적으로 간주했고, 이 운동이 친 공산당적인 이유로 가입하지 않으면서, 자신의 방법을 통해 평화를 지키고자 했던 사람들에게 대해서는 그들을 경쟁자로 불렀다.

……

물론 만약 졸리오, 이 사람이 없었다 하더라도, 우리들의 운동은 그래도 동일하게 발생했을 것이다. 그러나 내 생각에 그 같은 사람이 없는 운동은 비교적 협애하고, 또 무미건조했을 것이다. 전쟁은 물론, 전쟁을 반대하는 투쟁도 모두 정치겠지만, 단 정치를 직업으로 하는 사람들은 설사 이 운동 중이라도 여전히 자기의 습관과 말, 그리고 자신의 공식을 벗어날 수 없었을 것이다. (바로 이 같은 이유로 인해, 졸리오은 직업 정치가의 티가 전혀 없는 이브·파치가 운동에 참가하는 사실을 매우 중시했다.)[8]

에렌버그는 졸리오 퀴리에게서 개인의 도덕적 품격으로서의 관용뿐만 아니라, 한 걸음 더 나아가 정치를 "협애"와 "무미건조함"의 인식 방법 그리고 직업 정치가의 못된 습관들로부터 어떻게 구해낼 수 있는가 하는 문제에 대한 해결 능력을 발견해낼 수 있었다. 이 두 가지 인식방법은 공통적으로 정치 본래의 위기를 조성하면서, 동시에 냉전의 피할 수 없는 부산물들과 더 심화된 경직화의 원인들이었다. 프랑스의 철학자 사르트르는 1951년 11월 세계 평화 이사회의 비엔나 회의에서 냉전의 인식론적 결과를 다음과 같이 기술한다.

8) 愛倫堡, 앞의 책, 356쪽.

당대의 사상과 정치는 우리들을 살육의 장으로 이끌었는데, 왜냐하면 그것들이 추상적이기 때문이었다. 세계는 양쪽으로 갈려서, 어느 반쪽이 다른 반쪽을 두려워하고 있다. 한 사람 한 사람이 행동을 하는 데 있어서, 이웃 사람의 의도와 소망을 알지 못하면서, 추측을 통해 "다른 사람"이 하는 말을 믿지 않고, 자기가 한 그 추측—상대들도 장차 이 같이 행동할 것이다—으로부터 출발해 "다른 사람"의 말을 해석하고, 그에 대한 태도를 강구한다. 이때 취할 수 있는 태도는 단지 한 종류로, 천 년 간 이어져온 바보 같은 소리가 이를 말해준다. 그 멍청한 소리는 바로 "평화를 원한다면, 전쟁을 준비하라"인데, 이런 논리는 추상이 획득한 승리이다. 사람들은 지금 이같이 추상적으로 변화하고 있는 중이다. 사람 하나하나가 모두 이 "다른 사람"이면서도, 또 바로 그 사람들로 하여금 근심하게 하는 상상 속의 적들인 것이다.9)

평화대회에서 특히 주의를 기울인 것은 바로 문학가, 예술가, 과학자, 철학자들의 역할인데, 그들의 사회적 목소리와 호소력에 착안하는 것을 제외하고도, 훨씬 더 중요한 의미는 이들의 정치 이해와 정치 행동을 이용해서 직업적 정치가의 정치 행위를 상호 제약하여 균형을 이루게 하는 것이다. 이들은 권력 균형과 투쟁의 각도로만 정치의 과정과 결과를 보지 않는다. 핵물리학자로서 졸리오 퀴리가 고통을 통감한 것과 같이, 원자 무기의 출현으로 인해 "보통 사람들이 과학을 증오하기 시작하는 현상"이 나타났다. 단순한 "과학주의"의 입장에서 보면, 과학자는 과학연구의 사회적 결과에 대해 책임을 질 필요가 없는데, 왜냐하면 과학적 발견을 어떻게 이용할 것인가 하는 결정권은 과학자의 손에 쥐어져 있지 않기 때문이다. 그러나 졸리오 퀴리와

9) 같은 책, 388쪽.

같은 과학자들은 점차 과학 연구의 사회적 결과물들이 과학에 대한 이해와 인식에 있어서 그 의도와는 반대로 자신을 침식해 들어올 수 있다는 사실을 의식하게 되었던 것이고, 말하자면 핵무기를 제조하는 행위가 과학자를 포함한 그 사회 내부의 개체 생명들에게 위험을 미칠 뿐만 아니라, 더 나아가 과학 자체를 위협하면서, 사람들의 과학적 가치와 의미에 대한 믿음까지도 위협하게 되었음을 의식하게 된 것이다. 여기서 보면, 이들은 바로 과학 자체의 존엄성과 가치를 옹호하는 기초 위에서 자신의 과학에 대한 책임감을 사회 영역으로 확장하면서, 다시 한 걸음 더 나아가 정치 영역에 이르게 하는 의식을 조성하고 있었다. 이 같은 과정은 문학가, 예술가, 철학자, 종교가, 그리고 사회 활동가들에게서 동일하게 발생 가능했었다. 평화운동은 바로 이 같이 서로 다른 영역에서의 위기의식으로부터 만들어진 사회적 책임감을 하나로 묶으면서 영향력을 발휘하는 데 힘을 모으고 있었다.

평화운동에 대해 말하자면, 이데올로기적 장벽을 넘어서는 것 이외에, 돌파해야 하는 또 다른 한계는 바로 어떻게 지식인 단체 형식의 조직과 활동 상태로부터 일반 민중에 대한 효과적인 동원의 상태로 진입해 "평범한 사람들"에게 역량을 발휘하느냐 하는 것이었다. 이에 대해 말하자면, 반핵 서명운동이 바로 하나의 전환점이라 할 수 있다. 이 운동이 성공하게 된 기초는 "반핵"이라는 각국, 각 파벌, 각 계층이 모두 공통적으로 가지고 있는 우려의 문제, 즉 평화 추구 가운데의 "최대공약수"를 찾아냈다는 데 있다. 이 운동의 의제는 매우 간단명료하면서도 또 최대한 정치성이 배제되어 있었는데, 그렇게 함으로써 이 운동으로 하여금 더 광범위한 정치적 활용성과 포용성을 갖게끔 하였다.

핵무기 장비 방면에 있어, 당시 미국이 우세를 점하고 있었기 때문에, 반핵 선언은 소련에게 유리한 것으로 인식되었다. 당시 서방 신문들은 스톡홀름 선언을 이른바, "트로이의 목마"라고 일컬었다. 어떤 기자가 평화대회의 대표에게 원자탄을 비난하는 것은 모스크바 침략계획을 방해하기 위한 것이 아닌가라고 물었다. 하지만 다수의 일반적인 민중의 입장에서 보면, 핵무기에 대한 공포는, 그리고 전쟁에 대한 증오감은 특정한 정치적 경향에 대한 의심을 훨씬 더 뛰어넘고 있었다. 에렌버그는 다음과 같은 예를 든다.

내가 20년대부터 이미 알고 지내던 덴마크 기자이자, 지난 세기의 급진주의자 치얼까이비는 내게 자신이 이미 스톡홀름 선언에 서명을 할 것인가의 여부에 대해 고민하고 있다고 말했다. 그는 전쟁을 증오하였으나, 원자 무기를 금지하는 것이 단지 한쪽 진영에서만 유리하다고 여겼다. 자신의 부인에게 이 선언이 한쪽 진영을 편드는 것이라 여기는지 물었는데, 그녀의 대답은 '아마도 그런 것 같아요'라고 한 후, '그렇지만 원자탄은 우리들의 아이들을 노리고 있잖아요'라며 서명을 했다는 것이다. 1,100만 명의 남녀가 대체로 이와 동일한 감정 속에서 선언에 서명했을 것이다.[10]

현실 정치에 대한 분석에서 볼 때, 당시의 반핵 구호는 분명히 소련에게 훨씬 더 유리했다. 이로 인해, 편파적인 혐의에도 불구하고 반핵을 지지한 것은 아마도 보통사람들이 당파에 쉽게 이용되었다는 점을 의미하는 것인지도 모른다. 그러나 보통 민중의 정치 감각은 정교한 정치 분석과 복잡한 권력 관계 판단에 기초하고 있지 않을 뿐만 아니라, 오히려 더 많은 그들의 권익과 관련해 직접적으로 혹은 단순하게 연결되어 드러난다. "추상의 승리"는 물론 민중의 인식 방법에 영향을 미치고 있었지만, 단 직관적인 감각 또한 그들로

10) 같은 책, 362쪽.

하여금 교조적 인식 틀을 돌파할 수 있게끔 하고 있었다. 비록 그들이 통상적으로 정치 실천에 있어 주동적인 어느 한 쪽도 아니고, 또 정치 동원에 마주했을 때에야 움직였지만, 그러나 정치적 결과에 대한 진정한 책임자들은 일단 이 점을 의식하기 시작하면, 그 가운데 몇몇 사람들은 주체적으로 그 행동에 참여하기도 하고, 더 나아가 용기와 적극성을 배가한 모습을 드러내기도 하였다.

"평화민주 진영"에 있어서, 이 서명운동은 정부의 추진에 따라 현저한 성과를 얻었기 때문에, 그 보급 정도에 있어 심지어 어느 정도의 형식화라는 혐의11)까지도 받고 있었다. 그러나 서방에 있어, 그리고 제3세계 국가에 이르기까지 이 서명운동이 갖는 의미는 훨씬 더 많은 보통 사람들에게 반핵과 반전의 의지를 표명할 수 있는 기회를 부여한 것에 있었다.

나는 바르샤바에서 여러 명의 프랑스 여성, 이태리 여성, 아르헨티나 여성, 그리스 여성들을 만났는데, 그녀들은 많은 가정을 찾아가 문을 두드렸다. 나는 아직도 이태리에서 온 인쇄공 여성 한 명을 기억하고 있는데, 그 이름은 페미나였고, 그녀는 18,000개의 서명을 모았다. 그녀는 여자 천주교 교도, 수녀들 그리고 마치 공산당을 귀신을 두려워하는 것처럼 무서워하는 부녀자들을 어떻게 설득했는지 이야기했다. 브라질의 부녀자들은 작은 종잇조각들이 담겨 있는 상자들을 가지고 다니면서, 글자를 모르는 농민들에게 +표시를 하도록 했다. 아프리카의 대표들은 사람들에게 서명을 대신해 칼로 흠집을 낸 나무 조각을 보여주기도 했다.12)

---

11) 소련과 동구 국가의 경우, 아마도 "성인 전체"가 서명에 참가했을 것이다.
12) 愛倫堡, 『人·歲月·生活』, 362쪽.

최종적으로 이태리, 프랑스 등 서구 국가들에서 서명을 한 서명자 수가 1,500만 명이라는 놀라운 수에 이르렀다. 더욱이 냉전이데올로기가 아주 공고한 미국에서도 그 서명자 수가 300만 명에 이르렀다. 이로 인해, "미국과 미국화된 신문"들이 이 운동을 "공산당 운동"이라고 부르고 있었을 때, 이는 "그들이 스톡홀름 선언에 서명을 한 수억 명의 모든 인민들에게 공산당이라는 칭호를 부여한 것"을 의미했다.[13]

이는 분명히 여론과 정치 사이의 투쟁을 의미했다. "반핵"의 고지를 점령하고 있었기 때문에 "평화민주" 진영은 일정부분 우세를 취하고 있었다. 사실, 미·소 양측은 각기 서로 상대방을 평화의 가장 큰 위협으로 여기고 있었는데, 이 같은 의식은 본래 적에 대한 "본질적인 인정"으로부터 유래했다. 말하자면, 소련은 자본주의와 제국주의의 본질이 확장과 침략이라 여기고 있었고, 미국은 공산주의가 필연적으로 전복과 혁명에 기대면서, 게다가 러시아의 경우는 또한 영토와 세력 범위를 확장하는 전통을 가지고 있다고 여겼다. 쌍방은 각자 이 같은 기초 위에서 상대방의 의도와 행동들을 추측하고 있었다.

객관적으로 2차대전 이후의 형국은 총체적으로 보면, 사회주의 진영에 유리하게 돌아가고 있었는데, 바로 파시즘의 흥기와 종식이 자본주의의 정치 위기를 폭로하고 있었기 때문이고, 또 전후 서방의 오래된 자본주의 국가들 또한 도처에서 위축되고 있었기 때문이다. 이는 미국으로 하여금 소련의 확장 의도에 대해 더 민감한 예측을 하게끔 했고, 그리하여 일종의 전 지구적 범위 내에서의 "적극적 억제" 전략을 채택하도록 하였다. 또 이로 인해, 미국은 여러 부분에서 각 지역의 진보 혹은 해방 세력과 대립하였고, 그 결과 수많은

---

13) 愛倫堡, 「和平擁護者」, 『保衛和平』 (北京: 人民文學出版社, 1955), 318쪽.

지역 내에서 정치와 군사적 충돌을 악화시켰다. 그리고 소련도 비록 주변의 안전지대와 완충지대 상에서 확장에 있는 힘을 다 쏟았지만, 혁명이데올로기는 이미 대대적으로 위축되고 있었다. 스탈린은 「소련 사회주의 경제문제(蘇聯社會主義經濟問題)」라는 글에서 "오늘날의 평화운동은 그 목적이 인민군중들로 하여금 평화를 보호하고, 새로운 세계대전과 그로 인한 투쟁을 방지하는 것을 환기시키는 데 있다. 따라서 그것이 품고 있는 목적은 자본주의를 무너뜨리고, 사회주의를 건설하는 데 있는 것이 아니라, 다만 평화를 보호하기 위한 투쟁이라는 민주적 목적에만 한정되는 것이다"[14]라고 규정한다. 이 이론이 지지하고 있는 바는 이미 교조화에 빠져 있는 사회단계론, 즉 "공산당이 혁명의 문제를 해결하는 것은 사회 발전의 규칙을 따르는 것이고, 이는 맑스 레닌주의 학설의 기초이다. 맑스 레닌주의 학설은 단지 어떤 일정한 역사적 조건 아래에서만, 그리고 일정정도 객관적이며, 주관적인 근거가 갖추어졌을 때, 또 일정한 계급적 역량이 준비된 상황 하에서, 혁명이 발생한다"[15]는 주장이었고, 여기서 스탈린은 식민지든 아니면 자본주의 지역이든 막론하고 모두 사회주의 혁명의 조건을 갖추지 못하고 있다고 여겼다. 이런 논리는 소련으로 하여금, 평화운동을 이해하고 또 이용하는 데 있어서, 주동적으로 맑스주의 일반 원칙으로부터 훨씬 더 현실적 목표성이 풍부한 전략적 고려로 물러날 수 있도록 하였다.

아주 분명한 점은, 현재의 평화보위운동은 혁명운동이 가지고 있는 특징이 없다는 점이다. 자본주의 진영의 각국 공산당들은 혁명의 구호 및 임무가 만약 평화

---

14) 斯大林, 「蘇聯社會主義經濟問題」, 『斯大林選集(下卷)』 (北京: 人民出版社, 1979), 565쪽.
15) 維斯科夫, 『世界人民的反戰同盟』, 24쪽.

수호 투쟁의 임무 및 구호와 서로 뒤섞인다면, 평화보위운동만을 쇠퇴시킬 것이며, 따라서 전면성과 무당파성을 잃게 될 것이라는 점을 명확히 알고 있었다.

......

오늘날의 평화보위운동은 그 성원들과 목적을 보았을 때, 모두 계급적이거나 혁명적인 운동은 아니다. 이 운동의 목적은 사회를 개조하는 것에 관한 근본 문제를 해결하기 위한 것도 아니고, 또 한 사회제도로서 다른 한 사회의 제도를 대체하기 위함도 아니며, 또 어떤 계급의 정치권력 문제를 해결하기 위함도 아니다. 이 운동의 목적과 임무는 다만 목전의 전쟁을 방지하고, 당면의 평화를 지키고자 하는 소망을 실현하는 데 있다. 평화를 보위하는 운동이 승리를 거뒀을 때, 호전적인 정부는 아마도 무너질 것이며, 잠정적으로 평화를 유지하기 위해 준비하는 정부로 대체될 것이다. 하지만 이는 혁명의 문제는 아니다.

......

오늘날 평화를 쟁취하기 위한 투쟁에 있어서 평화운동의 참가자들이 중요한 이유는 전쟁 도발의 일반적 원인을 폭로하고 이 문제에 대한 일반적 관점을 규정하는 것에 있는 것이 아니라, 일체의 새로운 전쟁 도발을 거부하는 순박한 사람들의 힘을 모아 현존하는 평화를 보존하기 위해 연합해서 투쟁하는 데 있다.16)

만약 이 시기 소련이 현실을 마주하는 "외연적이고 유연한 정치" 입장을 가지지 않았다면, 평화운동 또한 적절하고도 유효한 방식의 전개가 어려웠을 것이다. 소련은 일반적으로 평화보위운동을 "무당파의 민주운동"과 "인민운동"으로 규정했을 뿐만 아니라, 더 나아가 "각국의 평화보위운동이 구체적인

---

16) 維斯科夫, 『世界人民的反戰同盟』, 23-25쪽.

조건과 각 해당국의 인민들이 마주하고 있는 평화를 쟁취하고자 하는 우선 임무가 결정하는, 그 나라의 가장 적절하고 실행 가능한 형식으로 전개되고 있으며", 이로 인해 평화대회는 "광대한 인민 민중에 대해, 그리고 각국 정부와 의회에 대해 필수적으로 운영 가능한 평화 쟁취의 구체적 투쟁 강령"을 제정하도록 요구하고 있다.[17]

그 외에도, 미·소의 평화 문제에 대한 이해의 차이를 만들어냈던 것은 본래 각자가 가지고 있던 "안전" 관념의 차이에서부터 기원한다. "세계혁명"의 이상을 포기한 후에, "소련의 대외 정책에 있어서 절대적인 고려 대상은 바로 모스크바가 이해하고 있는 '안전'에 대한 집중"이었고, 이에 그 안전을 획득할 수 있는 경로는 바로 주변 지역에 친소 정권과 "완충지대"를 세우는 것이었다. 이와 비교해, "미국인들은 '안전'에 대해 이와는 상이한 이해 방식을 가지고 있었다. 그들은 그들 자신의 안전을 위해서 하나의 개방된 세계가 필요하며, 여기에 개방된 동구도 포함되어야 한다고 여겼다."[18] 이는 소련의 입장에서 보았을 때, 미국이 유럽과 동아시아에 대해 간섭하는 사실을 자기 자신의 "안전"을 보호하는 범주를 넘어, 일종의 침략으로 여겼던 것에 반해, 미국 입장에서는 동유럽과 동아시아가 경제와 정치 개방을 유지하는 것이 바로 자신의 "안전"에 대한 보장이라고 여겼던 것이다. 이로 인해, 평화 문제에 있어서 소련은 훨씬 더 "현실"인 태도를 보였고, 반면 미국은 더 자신의 가치 신념을 고수하는 태도를 보이며 더욱 "이상화"되었다.

스톡홀름 선언이 발표되었을 때, 전쟁의 암운은 유럽에 여전히 집중되어 있었지만, 원자 무기의 위협은 주로 미·소 사이에서 발생하고 있었다. 두

---

17) 維斯科夫, 『世界人民的反戰同盟』, 56, 62쪽.
18) 沃爾特·拉費伯爾(Walter Lafeber), 『美國, 俄國和冷戰(1945～2006)』(北京: 世界圖書出版公司, 2011), 19쪽.

달 뒤 조선에서의 전쟁 발발은 "제3차 세계대전"이 마치 눈앞에 다가온 것처럼 느끼게 했지만, 그 전장은 유럽이 아니라 동아시아였다. 어느 연구에 의하면, 스탈린이 지지한 북조선이 먼저 공격을 가한 것은 일본의 새로운 무장과 중국 혁명의 성공이 미칠 아시아 지역에서의 연쇄적 영향을 억제하기 위함이었다고 진단한다.[19] 이후 중국 군대의 개입과 또 연합군의 패퇴에 따라, 핵무기를 사용하는 것이 처음으로 현실적으로 고려되었고, 그 폭탄의 투척 대상은 다름 아닌 중국과 조선이었다.

조선의 군사행동은 전면적으로 반핵과 반전의 현실적 목표 지향성을 강화하고 있었고, 또 민중들이 스톡홀름 선언 위에 서명한 염원들을 대대적으로 추동하고 있었다. "스톡홀름 선언에 대한 서명이 주로 1950년 6월 25일 이후, 바로 조선의 군사 행동 개시 이후에야 비로소 모아지기 시작했다는 점은 절대 우연한 일이 아니다. 예를 들면, 이태리에서는 전체 1,700만 명의 서명 가운데 1,300만 명의 서명이 이 시기에 모아졌고, 미국의 300만 서명 가운데 절대적인 대다수가 제2회 세계 평화보위 대회 이전인, 바로 1950년 6월 25일 이후 모아졌다."[20]

19) 같은 책, 87쪽. 沈志華는 『毛澤東, 斯大林與朝鮮戰爭(마오쩌둥, 스탈린 그리고 조선전쟁)』에서 조선전쟁의 발발과 신중국 사이의 관계를 더 깊이 구체적으로 제시하고 있다. "스탈린에 의해 동의되고, 신중국과 체결된 「중・소 우호동맹 상호조약」은 소련으로 하여금 얄타 체제와 1945년 중소조약을 통해 획득한 원동 지방의 권익을 잃게 되거나 혹은 곧 잃게 만들 것이었는데, 그 주요 내용은 바로 장춘철도와 뤼순항, 그리고 다롄으로부터 보증 받던 소련의 태평양 출입구와 부동항을 가리킨다. 스탈린은 중국의 동북을 대신해, 조선을 소련의 대아시아 정치, 경제의 권익을 대표하는 지역으로 대체할 수 있다고 여겼다. 이는 그가 김일성이 군사적 수단을 동원해 조선을 통일하고자 하는 계획에 동의하게 되는 가장 주요한 원인이자, 동기였다. 당연히 이로 인해 중공의 대만에 대한 해방 전쟁을 억제할 수 있었는데(미국을 더 자극하는 것을 피하면서), 이 또한 스탈린의 고려 속에 있었을 가능성이 높다." 沈志華, 『毛澤東, 斯大林與朝鮮戰爭』(廣州: 廣東人民出版社, 2004), 13쪽.

　　서명을 모으던 초기 미국의 어느 평론가는 "공산당원들로 하여금 그들
자신의 결의에다 서명을 하게 해봤자, 그 한 묶음의 종잇조각들을 가지고
무엇도 바꿀 수 없을 것"이라고 경멸적으로 말하기도 했다. 물론, 최종적으로
미군이 조선전쟁 중에 핵무기를 사용하지 않는다는 결정을 평화서명운동이
직접 이끌어낸 것은 아니며, 오히려 이 결정은 근본적으로 완전히 군사적,
정치적 고려에 뿌리를 둔 것이기는 했다. 그러나 광범위한 지지를 받던 여론

20) 維斯科夫, 『世界人民的反戰同盟』, 59쪽.

또한 그 가운데서 서로 제약하며 균형을 이루는 작용을 하고 있었다. "나는 워싱턴으로부터 한 편의 기사를 접하게 되었는데, 그 기사에서는 미국이 왜 지금까지 북한을 향해 원자탄을 투하하지 않는지에 대해 다각도로 설명하고 있었다. 그 필자는 미국이 아직 원자 무기를 사용하지 않은 원인은 '이 일이 아마도 많은 국가에서 좋지 않은 인상을 만들어낼 것'이기 때문이라고 쓰고 있다. 이렇게 보자면, '한 묶음의 종잇조각'들이 완전하게 원자폭탄 투하의 실제 걸림돌이 되고 있었던 것이다."21)

"한 묶음의 종잇조각들이 그 무엇도 바꿀 수 없다"는 생각은 사실 여러 방면으로부터 기인했고, 이는 평화운동의 비판자도, 또 평화운동의 지지자도, 그리고 군인, 정치가, 또 보통 민중으로부터도 온 생각이었다. 그러나 이 평화운동은 바로 민중 가운데 흩어져 있는 무력감에 기초한 정치의식을 모아서 일종의 정치적 역량을 만들어낸 것으로, 그것이 지닌 균형 제어 작용의 유효성은 각종 외재적 조건과 자신의 인식이 가지고 있는 한계에 의해서 때로는 성공하기도 하고, 때로는 실패하기도 하였다. 그렇지만 이 운동은 정치를 단순히 정치가나 권력에게 줘버리는 것에 대해 지속적으로 저항하였다.

반핵 서명운동이 "성공"적이었다고 불리는 것은 이 운동이 직접적으로 핵무기의 사용 결정에 영향을 미쳤기 때문이 아니라, 오히려 효과적으로 평화운동을 확산, 심화시켰다는 데 있고 또 평화운동이 가지고 있던 각종의 한계들을 돌파했기 때문이다. 게다가 바로 계급성 문제에서의 성공은 평화운동이 진일보한 정치적 요구를 하도록 고무했는데, 예를 들면 5대 강국—미국, 소련, 중국, 영국, 그리고 프랑스—사이에 상호평화조약을 체결하도록 제안한 것이었다. 이 같은 새로운 반핵서명운동은 비록 "평화민주" 진영으로부터 더욱

---

21) 愛倫堡, 「和平擁護者」, 315쪽.

아낌없는 지지를 받았고, 서명인의 수 또한 기록적인 6억 명에 다다랐지만, 그러나 보통 일반인에 대한 영향은 도리어 전자에 미지지 못했다. 왜냐하면, "이러한 서명이라는 것이 보통 사람들에게는 단지 추상적인 형식에 불과했기 때문이다. 모두들 히틀러가 얼마나 많은 불가침 조약을 맺었는지를 기억하고, 또 국제 형세를 연구하는 사람들은 1951년에 트루먼과 마오쩌둥이 같은 원탁 옆에 앉아 있는 것이 상상도 되지 않는, 얼마나 이상향과 같은 것인가를 잘 알고 있었기 때문이었다. 그 외에 서명이라는 것은 또 한 번만 가능하지, 매년 다시 할 수도 없는 노릇이기 때문이었다. 장편 소설의 서술 가운데서든 아니면 사회활동 가운데서든, 누구든 가장 좋은 것은 모방자가 되지 않는 것이다."[22] 아마도 여기서 가장 중요한 것은 5대 강국이 체결하는 평화공약의 호소에는 예를 들면, 중화인민 공화국으로 하여금 중국을 대표하고, 대만의 국민당 정부를 배척하는 것과 같은 일련의 명확한 정치적 지향성과 보통 사람이 파악할 수 없지만, 오히려 의심이 가는 정치적 의도들이 함께 포함될 수 있었다. 마치 직접 연합국을 비판하는 것은 평화공약의 체결 방식으로 "대국 일치의 원칙"을 재건하는 시도이면서, 동시에 미국에 의해 조종되는 연합국에 대해 저항하는 것과 같은 것이었다. 사실 조선전쟁의 격화에 따라, 평화운동의 의제는 점점 더 많은 정치적 경향성을 드러내게 되었는데, 이는 바로 냉전의 대립이 심화시킨 결과였으며, 또 평화운동이 냉전의 구도 속에서 더 진일보하게 유효성 있는 역할을 하는 데 방해가 되는 굴레가 되기도 하였다.

　　냉전의 구도 아래에서, 각 진영 내부에는 부단히 평화와 민주, 그리고 자유 등의 문제에 대한 점진적 경직화 경향과 대립되는 이해가 만들어지고

---

22) 愛倫堡, 『人·歲月·生活』, 396쪽.

있었다. 자기편의 이데올로기 선전에 이미 불만이면서, 또 상대방의 이데올로기적 입장에 대해서도 불만인 사람으로 말하자면, 혹은 이 양대 진영의 틈바구니에 끼어 있으면서도 쌍방 모두에게 비판적 견해를 가지고 있었던 사람의 입장에서 보자면, 바로 어떻게 쌍방의 대립을 상대화하는 "중간지대"를 만들어내어, 또 그 가운데서 다른 종류의 인식 가능성과 실천 가능성을 만들어내는가가 지극히 중요한 문제로 등장했다. 전후의 평화운동은 입장과 정치 경향성을 가지고는 있었지만, 그렇다고 입장이나 경향성에 의해 완전히 결정되거나 제약된 것이 아니라, 한 걸음 더 나아가서 포용성과 창조력이 풍부한 인식과 실천의 장소를 만들어내고 있었다.

3. 중국에서의 "평화서명운동": 조화, 착위 그리고 변이

중국이 소련을 영수로 하는 "평화민주" 진영에 속해 있었기 때문에, "평화서명운동"은 관방의 전폭적인 지원을 받았다. 1950년 5월 9일, 중앙 인민정부 정무원 산하에 "세계 평화보위를 위한 서명운동의 전개"에 대한 지시가 송부되었다. 1950년 5월 15일 "세계평화보위대회" 중국 지부인 "중국평화보위대회"의 호소 아래, 중화전국총공회, 중국신민주주의청년단, 중화전국민주청년연합회, 전국학생연합, 전국부녀연맹 등 군중 단체들이 연합하여 각지에서 "평화서명운동"의 전개를 요구하는 통지가 발송되었다.

이때 즉, 1950년 5월 신중국이 마주하고 있던 최우선 과제는 자신의 위치를 어떻게 전쟁의 궤도로부터 점진적으로 건설의 궤도로 조정할 것인가 하는 문제였다. 하이난 섬의 해방에 따라 대륙은 이미 기본적으로 통일이 완성됐고, 타이완과 시장(西藏)의 해방은 곧 달성될 것으로 기대되고 있었다.

1950년 6월 6일, 중공 제7회 중앙위원회 3차 전체회의에서 마오쩌둥은 「국가 재정 경제 상태의 기본적 향상 쟁취를 위한 투쟁(爲爭取國家財政經濟狀況的 基本好轉而鬪爭)」이라는 제목의 보고를 행하였다. 이 글의 평가에서 "전쟁의 고비는 이미 기본적으로 넘어갔다"[23]는 것이었고, 이어서 신중국의 가장 중요한 임무는 "계획적으로 경제 건설을 진행하는 조건을 만들어 내는 것에 있다"라고 진단한다. 이로 인해 앞으로 3년간 세 가지 부문의 작업에 집중할 것을 요구하였다. 그 세 부문은 토지개혁의 완성, 지금까지 존재해온 공업과 상업의 합리적 조정, 국가기구가 필요로 하는 경비의 대폭적인 절약이었다. 평화 발전을 위한 환경 조성의 희망으로부터 마오쩌둥은 당시의 국제 환경을 면밀히 분석하면서, 평화민주 진영의 확대와 중소조약의 체결로 새로운 전쟁, 곧 3차 세계대전은 피할 수 있을 것이라 진단하고, 단지 실패한 국민당만이 새로운 전쟁에 희망을 걸고 있다고 평가한다.[24]

분명 그때까지 기나긴 전쟁(예를 들면, 1937년 전면적인 항전의 개시로 부터 따진다면, 전국 범위의 전쟁은 이미 11년간 지속되었고, 여기에는 그 전의 수 년 간의 국부적 내전은 포함되지 않는다)을 경험한 중국인의 입장에 서 볼 때, 평화라는 것은 모두가 갈망한 지 오래된 것이었다. 그러나 스톡홀름 선언에서 천명하는 평화 입장과 평화를 옹호하는 방식은 신중국에게는 모종의 낯설음이 존재했고, 중국의 맥락과는 다양한 어긋남이 존재했다. 「중공 중앙의 세계 평화보위를 위한 서명운동에 대한 지시(中共中央關于保衛世界 平和簽名運動的指示)」에서는 "중국은 지금 여전히 해방전쟁 가운데 처해

23) 毛澤東, 「做一個完全的革命派」, 『建國以來毛澤東文稿』 第一冊 (北京: 中央文献 出版社, 1996), 416쪽.
24) 毛澤東, 「爲爭取國家財政經濟狀況的基本好轉而鬪爭」, 『建國以來毛澤東文稿』 第 一冊, 391쪽.

있는 관계로, 그리고 중국 인민들이 국제 사정을 잘 알고 있지 못한 관계로 장제스 일당의 스파이들이 퍼뜨리는 3차대전에 대한 거짓 선전이 어느 정도 자기의 시장을 가지고 있는 것 또한 사실"이라고 인정하면서, 이 때문에 "새로운 전쟁을 반대하고, 원자무기를 반대하는 선전 운동을 할 때", 반드시 일정한 지도와 해석이 부가되어야 한다고 주장한다.[25] 이 때문에 선언은 비록 보기에 간단하고 단순할지라도 투표용지에다 직접 내맡겨 버려질 그럴 종류의 일은 아니었다. 이처럼 "밖으로부터 들여온" 선언과 관련해 더 중요한 일은 그것의 의미와 내함, 지향들을 설명하는 것이었고, 이는 처음 시작부터 이 운동이 단순한 민중의 투표 운동이 아니라, 민중을 겨냥하고 있는 일종의 선전과 교육운동이었음을 의미한다.

이 교육운동의 핵심 문제는 바로 어떻게 "정확하게" "전쟁과 평화를" 대할 것인가에 있었다. 그러나 이 근본 문제에 대한 직접적인 파악 외에도, 더욱 중요한 것은 이 문제를 둘러싼 구체적인 인식들을 어떻게 해석할 것인가에 있었다.

우선 분석이 필요한 부분은 이와 같이 서구로부터 촉발된 평화서명운동과 중국 사이에 어떤 관계가 있었는가 하는 문제이다. 결국 핵무기의 위협, 반핵의 필요성, "반인류"에 대한 고발, 인도주의적 염려, 이런 것들은 선언이 가지고 있는 관념과 인식에 있어서 상당 부분 유럽적 분위기를 반영하고 있지만, 중국의 입장에서 보았을 때 이런 가치들은 현실과 큰 격절감과 거리를 드러내고 있었다. 따라서 각 단체의 연합 통지에서는 "이 운동 가운데 청년들은 국제주의 인식을 제고해야 한다"[26]는 점을 특히 강조하고 있었다.

---

25) 「中央關于保衛世界和平簽名運動的指示(1950年5月)」, 『宣教工作通訊』, 1950년 19기.

26) 「關于參加和平簽名運動的通知」, 『中國靑年』 제40기, 1950. 6. 3.

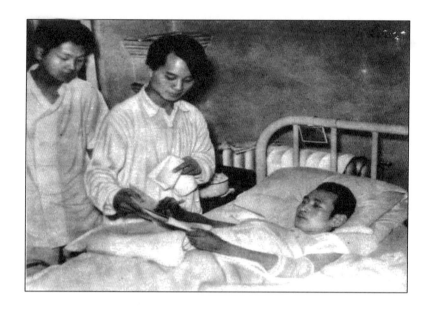

　여기서 "국제주의"는 "세계혁명"이라는 전제 하의 초국적 공산주의 운동
과는 이미 다르며, 그것은 사회주의 국가, 신민주주의 국가 그리고 자본주의
국가들에 대해 가지는 평화민주 역량의 연대와 정체성을 가리킨다. "신애국
주의"의 선전 가운데 "국제주의"를 강조하는 방식으로부터 알 수 있듯이,
이 운동은 주로 새로운 국가 정체성을 지향하나, 국가의식을 초월하고 있지는
않다. 이는 물론 협애한 애국주의를 반대하지만, 그렇다고 국가의식의 제거를
의미하지는 않았으며, 반면 국가 의식의 자족성을 타파하면서, 국가 의식을
강화하는 전제 아래 그것을 "진영" 의식과 연결하고 있었다. 따라서 이와
같은 새로운 "국제주의" 의식 가운데에는 "자기본위"의 경향성이 포함되어
있었다.

　평화서명을 선전하는 것에 있어서, 특히 눈에 띄는 내용은 바로 서명이
"평화민주 진영" 국가 인민의 "피압박 민족 인민과 자본주의 국가 내 평화를
애호하는 인민들"에 대한 지지이며, 여기서 형성된 유비는 항일 전쟁, 해방전

쟁 기간에 "우리가 사회주의 국가, 국제 평화민주 단체 그리고 일체의 평화를 애호하는 민주 인사의 성원을 입었을 때, 얼마나 흥분과 위안을 얻었던가!"[27) 라는 기억과 연결되고 있었다. 다시 말하면, 평화서명은 타인에 대한 "성원" 의 의미가 많았던 반면, 자기와 직접적으로 관련된 일은 아니었다. 본래 "국제 주의"의 심화는 "진영" 의식을 세움으로써 자연스럽게 연대감을 만들어내는 것인데, 그러나 국제주의가 일단 "자기 본위"의 기초 위에서 세워지면, 이는 곧 기초가 불안정한 추상의식으로 흐르기 쉽다는 것도 의미했다. 이 때문에 운동의 추진 과정에 있어서 서명과 중국 일반 백성들 자신의 권익 및 도의가 밀접한 관련이 있음을 어떻게 설명할 것인가가 가장 까다로운 문제가 되었다. 따라서 진정한 민중에 대한 유효한 선전은 여전히 일반적인 "평화보위", "전 쟁 반대", "침략 억제"라는 구호를 통해서 이뤄졌고, 이 때문에 서명운동 가운 데 "반핵"의 내용은 기본적으로 더 보편성을 가지는 "평화보위", "침략전쟁반 대"의 내용으로 대체되었다.

그 다음, 일반 민중의 심리 측면에는 전쟁에 대한 자연스러운 공포 심리 와 그리고 일반 백성이 통제할 수 없는 전쟁 의식이 존재하고 있었다. 이와 같은 일종의 피동적 의식과 피해 의식은 서로 교차하면서, 많은 사람들로 하여금 대규모 서명운동을 벌이는 것이 "곧 3차 세계대전이 일어날 것"을 의미하는가를 되묻게 했고, 평화를 선전하고 또 평화를 위한 투쟁을 선전하고 는 있었지만, 오히려 이런 선전이 전쟁에 대한 공포를 초래하고 있던 상황이 바로 이 서명운동 가운데 끊임없이 충돌했던 현실의 상황이었다. 따라서 서명 과 함께 전개된 교육 가운데 특히 교정되어야 할 부분은 바로 이 같은 "대결" 이 군인이나 관원, 정부가 결정한다는 관념이었고, 다시 민중의 소망과 의지

27) 「青年團員要熱烈響應世界和平簽名運動(社論)」, 『中國青年』 제41기, 1950. 6. 17.

가 본래 역량을 갖고 있으며, 심지어는 전쟁의 승부나 정부 및 국가의 정책 결정에 영향을 미치거나 좌우할 수 있다는 것을 강조하는 것이었다. 이런 부분과 혁명전쟁 시기 민중들에게 주입된 의식은 일맥상통하는 부분이 있었고, 반면 비교적 특수한 부분은 즉, 민중은 승리를 위해 투쟁하는 관념은 쉽게 받아들일 수 있었지만, "평화를 위한 투쟁"에 대해서는 좀 낯선 부분이 있었다는 점이다. 그래서 그 외에 건립해야 하는 중요한 의식은 바로 "평화"가 "대결하지 않는 것"이 아니며, 또한 일종의 소극적 상태가 아니라 오히려 적극적으로 쟁취해야만 하는 것이고, 소위 "평화는 앉아서 기다리는 것이 아니다"라는 의식이었다. 동시에 "평화"는 적과의 "강화"가 아니며, 또한 한 쪽에서 전쟁을 피하고자 한다고 해서 피할 수 있는 것도 아님을 강조하는 것이었다. 왜냐하면, "제국주의는 언제든 곧 바로 전쟁을 시작하고자" 했기 때문이었다. 그리하여,

제국주의의 전쟁 계획을 타도하려면, 반드시 전 세계의 인민을 동원하는 것이 필요하고, 끊임없이 그들의 전쟁 계획을 공격해서 온 힘을 다해 그리고 정확한 시기에 그것을 파괴하고, 쇠약하게 만들어야 한다. 이는 공허한 말뿐인 것이 아니라 반드시 실제 행동을 취해야만 한다. 2차 세계대전 전에 사람들은 평화를 요구하기도 하였고, 또 전쟁을 반대하기도 하였다. 그러나 그때의 전 세계는 지금과 같이 조직적인 평화 진영이 없었고, 그래서 각국 인민들의 평화 쟁취 활동들은 매우 미약하고 무력했다. 오늘날, 세계 민주평화 진영은 이미 소련의 영도 하에 형성되었고, 이는 평화에 대한 가장 큰 보루다. 그러나 이미 이 같은 보루가 있다고 해서, 앉아서 평화를 기다릴 수는 없는 것이고, 시시각각으로 경계하고 투쟁하며, 제국주의의 모든 전쟁 태세를 좌절시켜야만 한다. 우리는 제국주의를 향해 평화를 구걸하는 것이 아니라, 제국주의를 압박해서 그들이

전쟁을 포기하지 않을 수 없도록 해야만 한다. 만약 전 세계 인민들이 성실하게 이같이 한다면 우리들은 아마도 제국주의로 하여금 불가불 평화를 받아들이도록 압박할 수 있을 것이다.[28]

여기서 보면, 한쪽으로는 "인민의 역량"과 "실제적인 행동의 채택"이 필요함을 강조하면서, 또 다른 방면에서는 인민의 역량과 의지는 "조직화된 평화 진영"의 영도에 의해 실질적인 효과를 발휘할 수 있음을 강조하고 있다.

이와 동시에 초보적으로 국제주의를 갖추고 있으면서 "평화민주" 등의 관념 의식을 지지하는 청년과 지식인 가운데서는 인식상 "다양한 수준의 동일하지 않은 단편성"이 만들어질 수 있었다. 이 같은 "단편성"은 이론과 관련된 단절에서 오는 것이 아니라, 이에 대한 수용상의 차이와 어떤 측면으로는 과장된 운용에서 기인한다. 예를 들면, 기왕 제국주의의 본질이 전쟁에 있다고 여긴다면, 이는 곧 전쟁이 피할 수 없는 것이 되고, 이로 인해 반전 운동은 의미가 없어진다. 또 혹은 전쟁이 필연적으로 제국주의를 쇠약하게 만든다고 여기는 것은 그로 인해 전쟁이라는 것이 평화민주 진영에 대해서는 유리한 것이 된다. 이는 한 층 더 나아가서 제국주의는 반드시 실패할 것이라 믿고, 심지어는 따라서 "늦게 공격하는 것보다 일찍 공격하는 것이 낫다"라는 화법에까지 이르게 되는 것이다. 맑스주의는 늘 현실에 대한 인식이 직관에 있지 않고, 오히려 "이론"에 의거해서, 또 그것의 중개로 전개된다고 강조하는데, 그러나 얄팍하고 간단한 이론에 기댄 이해와 논리의 전개로 현실을 파악하는 것은 필연적으로 부단히 왜곡을 만들어낼 뿐만 아니라, 심지어 억측에 이르게까지 했다. 이는 "교조"나 혹은 "파편성"이라 불릴 수 있는데, 이

---

28) 吳冷西, 「戰爭與和平」, 『中國青年』 제41기.

같은 인식 방식은 자연 의식에 기초하고 있는 "인식 착오"와 함께 지나친 비관과 지나친 낙관 사이의 대립관계를 만들어내고 있었고, 따라서 이처럼 위험한 상황은 조속히 교정되어야만 했다.

사실, 바로 혁명의 형세는 부단히 변화하고 있기 때문에 소위 혁명이론과 혁명원리는 현실에 근거해서 끊임없이 다시 조정될 필요가 있었다. 예를 들면, "제국주의"에 대한 인식에 있어서 일관되어야 하는 부분도 있지만, 또한 시대의 변화에 따라 변화해야 하는 부분도 있었다. 제국주의와의 전쟁에 대한 관계에 있어서, 이전의 혁명 세대가 강조한 것은 전쟁이 혁명을 유도할 수도 있고, 또 제국주의의 파멸을 가속화할 수도 있다고 했지만, 2차대전 이후의 구도 아래에서 공산당은 이미 많은 국가에서 정권을 획득했고, 정권을 유지하려는 의도가 이미 혁명전쟁을 일으키고자 하는 의도를 넘어서고 있었다. 그래서 이 시기 공산당은 사회주의가 평화적 경쟁을 통해 자본주의를 이길 수 있다고 강조하기 시작했다.

평화적이고 안정적인 환경은 우리 중국 인민과 소련 그리고 각 신민주주의 국가 건설에 유리하다. 소련의 경험은 이미 인민들의 국가가 평화적으로 건설되는 데 있어서 제국주의를 능가할 수 있다는 것을 증명했다. 오랫동안 평화를 보장할 수록 인민 민주 진영의 역량 또한 커지고 있으며, 전 세계 인민의 각오와 조직이 더욱 강력해지면 질수록 제국주의의 곤경은 날로 늘어나고 또 그들의 위기는 더욱 심각해진다. 이는 최후에 제국주의 통치를 무너뜨리고, 지속적인 평화의 도래를 쟁취하는 데 훨씬 더 유리하다.[29]

이 같은 대전제 아래 제국주의는 물론 여전히 "종이호랑이"로 간주되었

29) 같은 글.

지만, 그러나 "전쟁은 필경 파괴이다"라고 강조하는 것은 인민에게 불리했고, 더욱이 빠른 시간 내에 평화 건설을 진행해야 하는 사회주의와 신민주주의 국가에게는 더욱 불리했다. 이는 설령 일반인들의 자연적인 입장에 영합하는 것처럼 보일 수도 있지만, 그러나 일련의 자각적 분석을 통해보면, 이에 대한 인식의 제고에 이를 수도 있다. 이는 또한 서명운동이 하나의 교육운동으로 묘사되도록 노력해야 하는 목적이기도 했다. 인식과정 그리고 잘못된 인식과의 투쟁과정은 도달해야 하는 결론보다 더 중요했다.

비록 공산당의 계획에서 볼 때, 서명운동을 교육운동으로 바꾸려는 시도는 실제 상황에서 매우 이상적인 목표일지라도, 쉽게 도달하기 어려운 과정이었다. 상하이에서의 서명운동에 대한 결산 중 다음과 같은 언급이 있었다.

당시에는 시간을 장악해서 깊이 있는 동원의 계획을 만들지 못했고, 각급 간부들 또한 평화서명운동이 제국주의 전쟁광들을 타격할 수 있는 유력한 무기일 뿐 아니라, 군중교육을 진행할 수 있는 아주 좋은 기회임을 충분히 인식할 수 없었다. 심지어 어떤 사람들은 평화서명이 중국이라는 국내 사정에 부합하지 않는다고 여겼고, 따라서 이러한 작업에 대해 신념이 부족했다. 이 운동의 진행 초기에는 간부들 사이의 사상이 서로 원활하게 소통되지 않았기 때문에, 군중들이 서명에 참가하도록 하는 선전과 동원도 그다지 잘 이루어지지 않았다. 결과적으로 이 운동을 형식적으로 만들었으며, 그래서 6월 중순에 이르기까지 서명한 사람이 고작 80여 만 명에 불과했다.[30]

소위 "평화서명이 중국 내 사정에 부합하지 않는다"는 주장은 여러 가지

30) 程光銳, 「四百萬人的簽名是怎麽徵集的?─介紹上海和平簽名運動中的工作經驗」, 『人民日報』, 1950. 9. 7.

문제들을 반영하고 있었다. 먼저 "평화"문제의 위상이 여전히 민중들과의 절박한 상관성을 찾지 못하고 있었다는 점이다. 사실 민중으로 하여금 "전쟁과 평화" 문제를 이해시키기 위한 교육에서의 이론적 분석은 여전히 "일반적 관점"의 측면에 머물러 있었다. 이 외에도 서명이라는 형식이 무엇을 의미하고 과연 효용이 있는가 하는 문제는 대다수 민중 입장에서 볼 때, 의문시되지 않을 수 없었다. 결국 서명은 정치적 소망을 드러내는 방식으로서 개인의 독립 의지와 공민권, 민주 투표 등 현대의 다양한 민주 실천 방식들 그리고 자각의식과 연결되어 있었다. 그러나 이런 것들은 절대 다수의 중국 민중 입장에서 보면, 비교적 낯선 것들이었다. 이는 서명운동이 대도시로부터 중소 도시와 농촌의 운동으로 전환된 후에 더욱 분명하게 드러났다. 어떤 시골 마을에서 "생산에 박차를 가하고, 세계 평화를 보위하자!"라는 선전 구호에 대해, "생산에 박차를 가하는 것은 우리들의 일이고, 세계 평화를 보위하고 장제스 일당을 무찌르는 것은 해방군의 일이니, 우리들의 서명은 별 쓸모가 없을 게야!"라고 한 것처럼 말이다. 심지어 어떤 이들은 서명을 하는 것이 징병을 위한 것이라 여기기도 하였다.[31] 사실, "서명"이나 "원자탄" 같은 개념에 대해 많은 하층 민중들이 명확한 인식을 가지지 못했기 때문에, 그로 인해 울지도 웃지도 못할 오해들이 만들어지기도 했다.[32] 심지어 허베이나 차하얼(察哈爾) 일대에서는 서명으로 인해 발생한 "거세"의 유언비어로 인해 한때 인심이 흉흉하기도 했다.[33] 이 같은 몰이해와 인과 관계를

---

31) 劉修正, 楊今豪, 凌峰, 「青年服務部和平簽名宣傳隊」, 『中國青年』 제47기, 1950. 9. 9.

32) 1950년 6월 동북국 선전부가 발표한 「沈陽保衛世界和平簽名運動簡報」를 보면, 어떤 일반 백성들은 발음 상 "서명[簽名,qiānmíng]"을 "끌고 가다[牽民,qiānmín]"로 오해하여, 이사를 하거나 거주지를 옮겨야 하는 것으로 알았다. 『宣教工作訊』, 1950년 19기.

33) 소위 "거세"의 유언비어는 1950년 7월 화베이(華北) 북부(허베이, 차하얼, 수이위엔

이루고 있었던 것들은 바로 서명운동 가운데의 형식주의 경향이자, 서명을 위한 서명이었다.

어떤 농촌단체 지부서기는 여전히 평화서명의 의미가 뭔지 명확하지 않은 채, 곧 바로 지부대회를 소집해서 단원들로 하여금 서명을 하게 했는데, 그 대회 지부서기가 말하기를 "위에서 긴급한 임무가 내려 왔는데, 우리들에게 이 책에다 서명을 하게 했으니, 모두들 다 서명해 주시오"라고 했다. 일부 간부와 단원은 선전동원 작업이 진행될 때, "평화로워지려면 그저 이곳에 서명을 하면 되는 것이오"라고 옆에서 거들었다. 이들은 군중이 문제를 제기해도 대답을 할 수가 없었다.[34]

[綏遠])지역에서 갑자기 돌았다. 유언비어의 주요한 내용은 소련이 원자탄을 만들 때, 남성의 고환, 여성의 유방과 자궁, 아이들의 창자들을 잘라다 그 원료로 사용하고, 마오쩌둥은 평상복을 입은 부대를 각지에 파견해 그것들을 수집한 후에 소련에게 준다는 것이다. 유언비어는 많은 지방에서 공황을 불러일으켰다. "장쟈코우(张家口) 지역에서는 1950년 7월 27일부터 8월 8일까지 13일 동안, 군중들이 아무 이유 없이 난동을 피운 횟수가 166 차례나 발생했다." 이 유언비어가 전파된 지역의 주요한 사회적 특징은 "보이지 않는 사회적 통제로부터 보이는 사회적 통제로 넘어가는 과도기에 있으면서, 정부의 통제가 상대적으로 미약한 곳이었다." 이 일대는 본래 농경과 유목의 과도적 지대였으며, 일탈자들이 많아, 토비가 창궐하고, 회도문과 같은 종교적 비밀 결사단체들의 세력이 강하고, 대부분이 평화해방지구에 해당됐다. 또 전통 세력이 강해서, 공산당의 통제가 깊이 들어가지 못한 곳으로 문맹률이 비교적 높아 90%에 이르는 지역이었다. 연구자들의 추측에 의하면, "이 같이 문맹률이 높은 지역에서 핵무기가 도대체 무슨 물건인지 모르는 광대한 민중들로 하여금 원자탄의 사용을 반대하는 서명을 하도록 한 것은 일반 백성들로 하여금 오해를 불러일으키기에 매우 용이했다. 특히, '탄(彈, dàn)'과 '단(蛋, dàn)'은 발음이 유사한 해음(諧音)관계이자, 게다가 미국과 소련은 당시 원자탄을 가지고 있는 두 개의 국가들로, 민중들의 심중에는 '양인(洋人)'과 원자탄 및 생식기의 '딴(蛋)'을 외국이라는 몇 가지 개념과 결부시켜 가치없는 것이라고 폄하하고자 하는 의도가 있었다"(李若建, 『虛實之間—20世紀50年代中國大陸謠言研究』 [北京: 社會科學文献出版社, 2011], 79쪽, 115쪽).

그런데 형식에 흐르고 있던 평화서명운동에 관점의 개선과 시야의 확장을 가져온 결정적 계기는 바로 조선전쟁의 발발이었다. 운동의 제1단계에서 서명은 주로 대도시에서 집중되었고, 5월 중순부터 6월 하순에 이르기까지 2,671만 명의 서명이 모아졌다. 그러나 1950년 6월 25일 조선전쟁이 발발함에 따라, 미국의 제7함대가 타이완 해협에 진입하고, 미국이 중국 내전에 개입하며, 이웃 나라들을 위협하는 형국이 이미 형성되었다. 항의의 뜻을 표하기 위해, 중국 세계평화보위대회 위원회와 기타 인민단체들은 공동으로 "중국 인민의 미국의 대만과 조선에 대한 침략반대 운동위원회"를 조직하였고, 7월 17일부로 전국 범위에서 "미국의 대만과 조선 침략반대 운동주간"을 전개하였다. 훗날 운동의 총결에서 "미국의 침략을 반대하는 운동이 왕성하게 전개된 것은 전국 인민에 대해 첫 번째 유효한 정치교육이 진행된 것이었고, 중국 인민들로 하여금 미국의 침략자적 진면목을 더 여실히 인식하게끔 하였으며, 한 걸음 더 나아가 세계 평화를 보위하기 위한 투쟁의 중요성을 이해하게 하였다. 그리고 이를 통해 중국의 평화서명운동으로 하여금 새로운 단계로 진입시켰다"[35]고 평가하였다. 7월 말에는, 평화선언의 서명인 수가 5,000만 명 이상으로 급증하게 되는데, 8월 26일에는 8,600만 명에 이르렀다. 이는 6월 말의 서명자 수에 비해서 2배 이상 증가한 것이었다. 그러나 8월 중순 이후 미군이 38선을 넘는 작전을 전개할 가능성이 점점 커지자, 중국평화대위원회는 8월 13일 "평화서명운동의 확대 및 2억 명의 서명참가 쟁취" 구호를 제출한다. 9월 중 미군은 인천상륙작전을 실행한 후, 매우 빠른 속도로 압록강변에 도달했는데, 이때 미국의 전투기들은 이미 중국의 국경 안으로

---

34) 「加强和平簽名的宣傳」, 『中國靑年』 제47기, 1950. 9. 9.

35) 中國人民保衛世界和平反對美國侵略委員會, 「中國和平簽名運動的總結」(<新華社>, 1950년 11월 22일 보도).

진입해 들어오고 있었다. 전쟁의 긴박한 형국 속에서 "애국정서의 발동"이라는 상황 아래 서명자 수가 급격히 증가해 8월 13일에서 8월 25일 사이 12일간 1,934만 2,711명이 추가로 서명했고, 이전 3개월여 이래 서명 총 인원의 32%가 증가했다. 10월 10일에는 서명자 수가 이미 1억 7,569만여 명에 이르렀고, 11월 중순까지는 최종적으로 2억 2,373만여 명까지 증가해, 예정된 목표를 초과했다.

서명인의 숫자가 급증한 것은 하나의 결과지만, 진정하게 발생한 변화는 바로 "제국주의 침략전쟁"이 이론으로부터 자신의 가까운 현실에서 발생할 수 있었다는 점이었고, 이로 인해 "반전"과 "평화를 위한 투쟁" 또한 다른 사람의 상관없는 일에서 자신과 밀접하게 관련된 일이 되어버렸다. 이로부터 생긴 결정적 변화는 평화서명운동이라는 기회를 빌려, 광범위한 반전 동원에

대한 정부의 태도가 전례 없이 적극적으로 변화했다는 점이다. 1950년 8월 14일, 『인민일보』는 「전국에서 2억 명의 평화서명자 쟁취를 위한 분투(爲在全國爭取兩萬萬個和平簽名者而奮鬪)」라는 사설에서 다음과 같이 언급하고 있다.

> 전국 인민은 평화서명운동이 단순히 하나의 서명운동이 아니라, 우리 전국 인민들이 참가한 첫 번째 전례 없는 정치 수업이었으며, 또 우리 전국 인민의 역량을 처음으로 유례없이 대대적으로 검열하고, 또 크게 보여준 것이라는 사실을 반드시 인식해야 한다. …세계 평화를 보위하는 것은 바로 우리 모든 중국인들의 생명과 재산을 보위하는 것이다. …조선 인민들의 영웅적이며 용감한 투쟁이 소련, 중국, 동유럽의 8억 명을 중견으로 삼는 전 세계 인민의 반침략 투쟁에 더해지면서, 제국주의 전쟁광들에게 패배를 안기는 것이 완전히 가능하게 되었다. 이러한 진리는 반드시 전 중국의 모든 두메산골, 모든 가정에서 보편적 상식이 되어야만 한다.

이 때문에 "평화보위 선언 작업에 있어서, 무성의하고 형식적인 태도는 반드시 중단되고 교정되어야만" 했고, "그 예로, 평화서명을 모으는 작업에 있어서 이들이 광범위하면서도 진지하게 운동의 사상에 대해 교육을 받지 않는 등의 현상들이 이에 해당된다"고 지적됐으며, 따라서 "반드시 고쳐져야 할 부분은 누구든 평화서명을 대수롭지 않게 보는 시각이며, 반면 군중의 인식을 교육하는 것은 바로 이 운동이 행하는 동원에 있어서 중대한 의미를 갖는다"라는 견해가 확정되었다.[36]

36) 「對于保衛世界和平的宣傳的意見」, 『中國靑年』 제46기, 1950. 8. 26.

여기서는 전쟁과 평화 문제에 대한 혹은 전쟁 반대에 대한 일반적인 토론을 하는 것이 아니라, 당시 그 순간 진행되고 있던 조선 반도에서의 전쟁에 대한 반대였다. 문제는 조선 반도에서 발발한 전쟁이 중국인 한 사람 한 사람의 생명 및 재산과 어떻게 밀접한 상관성을 갖는가를 보여주는 것이 관건이었다. 그리고 그 배후의 더욱 핵심적 문제는 과연 조선의 전쟁에 중국이 반드시 개입할 필요가 있는가 하는 문제였다. 당연히 실제 조선전쟁은 이미 중국의 "해방전쟁" 과정에 영향을 미치고 있었으며, 미국에서도 이미 "억제" 전략에서 공격과 적극적 간섭이라는 방향으로 정책 조정이 이뤄지고 있었다. 물론 신중국은 조선전쟁에 대해 군사적 개입을 선택하지 않을 수도 있었지만, 그런 선택이 미국으로부터 끊임없이 만들어지고 있던 강경 태도와 압박의 위협을 약화시키거나 혹은 회피할 수 있게 만드는 것을 의미하는 것 또한 아니었다. 이런 상황 속에서 "국제주의"는 이미 일반적이고 추상적인 원칙의 입장이 아니라, 일종의 곤경의 의미를 갖는 "순망치한"의 절박한 상관성을 드러내고 있었다.

바로 이 같은 현실 상황에 기초해서, 평화운동에게 일련의 구체적 내함이 부여되었는데, 바로 "반전"은 "반침략"으로 강화되었고, 그 구체적 지향은 "반미"였으며, 더불어 "반침략"의 목적은 "승리의 결실을 보위"하고, 미국과 장제스, 그리고 일본이 실패 후에 다시 재기하는 것(이는 미국의 대만해협 문제 개입과 미국에 의한 일본의 재무장 반대의 선전과 궤를 같이하고 있었다)을 막는 데 있었다. 이는 반전평화선전으로 하여금 민중들의 절실한 이익과 감정에 결합할 수 있는 연결 지점을 획득할 수 있게 하였다. 이로부터 민중들에 대한 선전에 있어, 가장 효과적 호소 수단은 바로 일반 민중들이 가지고 있는 항일전쟁과 국공 내전의 기억을 자극하는 것이었다. 특히 일본의 침략과 점령은 중국 민중들에게 가장 극심한 고통을 가져왔고, 그 기억 하나

하나가 과거의 고통에 대한 "싱도" 대회의 주요한 내용이 되었다. 선전대는 이러한 상황의 발전 추세에 따라, 미국이 가는 길은 바로 일본이 갔던 길을 가는 것이며, 조선을 먼저 점령한 후에는 다시 중국을 침략할 것이라고 선전하였다. 게다가 미국은 지금 일본을 재무장시키며, 또 장제스를 지지하는 데 박차를 가하고 있으므로, 침략을 반대하지 않는다면 해방 전 고통의 나날들이 다시 돌아올 것이라고 선전했다. 이로 인해, 과거에 가장 극심한 고초를 겪은, 해방 후 "투쟁" 의식이 가장 강한 사람들이 계속 적극적으로 서명운동에 참여하게 되었다. 실제 서명운동 성공의 중요한 기초는 해방 초기 민중들의 공산당과 정부, 그리고 심지어는 지도자 개인에 대한 믿음을 적극적으로 자극하는 것에 의해서 만들어졌다. 평화서명 선전대는 촌구석의 시골에서 서명의 필요성을 설명할 때, 계속 "마오 주석께서도 친히 서명을 하였다"고 언급하면서, 이를 통해 시골 사람들의 서명에 대한 걱정과 의심들을 제거해 나갔다.[37]

그러나 민중에 대한 선전효과는 단지 보통 사람들의 손익 계산을 자극하여 호소하는 것에만 있는 것이 아니었다. 선전활동에 있어서 진정으로 적극적이며, 또 능동적인 작용을 발휘한 것은 보통 사람들의 사회적 책임의식이었고, 따라서 선전의 목적은 여전히 훨씬 더 많은 사람의, 더욱 광범위한 사회적 책임의식을 자극하는 것에도 있었다. 예를 들면, 선전운동 가운데 주목할 만한 현상은 부녀자들의 역할과 그들의 작용이었다. 광범위한 평화서명운동의 호소 가운데, 전국부녀연맹은 서명 중 3분의 1의 비중을 차지하는 여성을 위해 투쟁해야 한다고 주장했다. 그러나 실제 아주 많은 지방에서 여성의 서명은 50% 혹 심지어는 70%에까지 이르렀다. 게다가 각지에서 갑자기 한

---

37) 劉修正, 楊今豪, 凌峰, 앞의 글.

꺼번에 출현한, 선전에 적극적인 많은 사람들 가운데는 수많은 가정의 부녀자
들이 있었다. 마치 베이징의 서명운동 중에 두각을 나타낸 50여세의 두 명의
아주머니, 까오위취엔(高玉泉)과 장양스(张楊氏) 등이 있는 것과 같다. 전족
한 이 두 명의 아주머니들은 매일 스스로 식량을 챙겨 많은 곳을 돌아다니며
지방 선전을 해서, 모두 8,234명의 서명을 모았다. 이와 관련된 보도 가운데,
우리는 이들의 경력 중 대표적인 내용을 발견할 수 있다. "까오위취엔은 서른
살에 과부가 되어 수절했고, 장양스 또한 스무 살에 남편에게 버림을 받았다.
일본 통치시기에 까오위취엔의 아들은 강제 징병으로 끌려 나갔으나, 체격이
좋지 않아 그것을 면했다. 그녀들은 모두 구사회에서 수난 받던 여성들로,
천신만고 자녀를 키워왔다." 여기서 알 수 있는 것은 이와 같이 생존을 위해,
그리고 가정을 지키기 위해 몸부림치는 생활은 구사회 속에 있는 가난한 이들

에게는 매우 보편적인 일이었으며, 그러한 상황 속에서 가정을 초월하는 사회 의식이나 책임의식은 만들어지거나 혹은 발휘되기 대단히 어려웠다는 점이다. 해방 후, 그녀들의 자녀들은 각자 일자리를 찾았고, 어떤 이들은 교사, 어떤 이들은 학생, 어떤 이들은 군대에서 의무 작업을 하면서, 생활상의 일정한 보장을 얻었다. "자녀들의 영향과 2구의 중소우호협회 8지회와 제8파출소 동지들의 교육으로 인해, 그녀들은 먼저 8지회의 회원이 되었다. 일정한 학습을 거쳐, 그녀들은 소련의 국가, 사회에 대한 명확한 인식을 갖게 되었다. …그녀들은 적극적으로 작업했을 뿐만 아니라, 학습 또한 매우 열심히 했다. 매일 새벽 학습에 반드시 참석했고, 집으로 돌아가 시간이 있을 때 공부를 하면서, 일하다가 모르는 자구와 마주쳤을 때, 기록해 두었다가 나중에 다른 사람들에게 묻기도 하였다. …장양스는 학업 노력과 문화 수준 고양에 스스로 힘을 기울였을 뿐만 아니라, 동서와 함께 학습에 참가하기도 했다."[38] 이런 생활 속의 경력들로 볼 때, 그녀들에게 "해방"은 추상적인 개념이 아니었을 뿐만 아니라, 생활 속 일련의 실질적 변화와 하나로 연결되어 있었다. 먼저, 뒤숭숭한 생활에서 벗어나 안정감을 갖게 되었고, 자녀들은 생활상의 보장을 얻게 되었다. 그 다음, 그녀들 자신의 생활 또한 단순히 가정을 위한 노동에서 사회적 역할을 담당하고, 문화와 정치를 배우기 시작했으며, 그로부터 새로운 사회 인식과 사회적 책임을 세워나가기 시작했다. "그녀들은 인민 정부의 영도 아래, 생활이 많이 개선되면서, 자녀들도 직업을 얻었고, 또 먹는 것이나 입는 것에 걱정을 느끼지 못했다. 스스로 문화를 학습해야 하며, 자기의 직업에서 능력을 제고시켜야 한다고 생각했다. 또 사회를 위해 역할을 해야 하고, 자녀들의 뒤에 숨어 있을 수만 없다고 생각했다." 여기서 "자녀들의 뒤에

---

38) 王柏, 「簽一個名, 就增加一分力量」, 『新中國婦女』 제14기, 1950년 9월.

숨어 있을 수만 없다고 생각한 것"은 실제에 대한 보충의 의미이자 또한 진정한 동기였고, 따라서 그녀들이 만들어간 사회 책임의식은 여전히 자녀와 가정을 매개로 하고 있었음을 보여준다. 사실, "산"과 "구"의 사회전환 과정에서, 자녀와 청년의 신속한 "진보화"와 부모, 가정의 상대적 "보수화", 혹은 "낙후화"가 만들어낸 격절과 대립은 아주 눈에 띄는 사회현상들을 만들어내고 있었다. 이로 인해, 원래 가정 속에서 제자리를 맴돌던 부녀자들이 사회활동에 적극 참여하게 된 것은 정치적 적극성의 표현일 뿐만 아니라, 한층 더 자녀들의 보폭을 따라 잡으려는 내재적 요구에 기인한 것이었다. 게다가 그녀들의 적극성은 파급되는 효과가 컸는데, 이는 그녀들이 직접 가정의 구성원들과 그 일상생활에 영향을 미치기 때문이었다. 여기서 보면, 평화서명의 내용은 물론 그녀들에게 자연적인 감화력을 가지고 있었지만, 그러나 한층 더 중요한 점은 이를 계기로 그녀들의 사회적 책임의식이 촉발되기 시작했다는 데 있다.

물론 일반 민중의 경우, 가령 집중적인 조직과 동원이 없다면, 사회적 책임감 그리고 연대의식이 꼭 반드시 자연스럽게 표출되지 않았을지도 모른다. 그렇기 때문에, 서명운동의 심화를 위한 또 다른 필수 조건은 각급 조직이 진행하는 동원 역량을 충분히 자극하는 것이었다. 조직의 역할을 강조하는 것은 공산당이 조직을 건립하고 또 조직적으로 운동을 진행시키는 데 있어서 줄곧 효과적인 경험을 제공했다. 운동의 초기, 각 대도시에서는 28개의 "중국 세계평화보위대회" 분회와 지회가 만들어졌다. 운동단계의 심화에 있어서, 정부는 그 지역의 인민단체, 민주당파, 정부기관, 부대들의 광범위하고도 충분한 선전 활동을 재삼 강조하였다. 「전국 2억 명의 평화서명자 쟁취를 위한 분투(爲在全國爭取兩萬萬个和平簽名者而奮鬪)」라는 사설에서는 다음과 같이 언급한다.

선전 동원의 진행 방식은 여러 가지가 있을 수 있다. 그러나 어떤 방식을 사용하든, 전체적으로 일정한 수량을 책임지는 선전 공작 인원이 있어야만 한다. 대체로 서명운동을 진행하고 있는 지방에서는 먼저 일군의 서명운동에 참여할 선전원을 모으는 것이 가장 우선이다. 각 민주정당 당원, 각 인민단체 회원, 특히 농민협회 회원, 소년어린이 대원, 청년 단원 그리고 학교 안의 학생과 교사, 부대의 정치공작원, 그리고 모든 종류의 예술창작자, 이들 모두 선전원으로 충당될 수 있다. 그들은 거리에서, 시장에서, 또 회의 중에 서명을 모을 수 있고, 또 집집마다 가정방문을 통해서도 모을 수 있으며, 모든 남녀노소에게 평화선언에 서명해줄 것을 요구할 수 있다. …우리들에게는 수십 만, 수백 만의 이 같은 평화 전사들과 선전원들이 있으며, 따라서 우리나라의 조직성과 견고성은 대대적으로 제고되었고, 우리들은 선전전선에 있어서 그야말로 무적이다.[39]

운동 초기에 존재했던 무성의하고 형식적인 현상을 겨누며, 서명을 위한 서명운동을 어떻게 진정한 교육운동으로 전환시키는가가 이 운동의 질적 향상을 위한 관건이 되었다. 상하이의 운동 총결 가운데서는, "과거에 큰 대회를 열거나, 또는 큰 퍼레이드를 여는 등의 구식 선전방식은 이미 소용이 없다"고 하면서, "평화서명운동은 매우 구체적인 작업이며, 반드시 각 계층으로 깊이 들어가 군중을 향해 광범위하게 선전하고 동원하는 것이 필요하다. 그래야만 바로 한 사람 한 사람들로 하여금 평화서명의 위대한 의미를 이해하게 할 수 있고, 또 한 사람 한 사람 개인으로 하여금 자원해서 평화선언에 자신의 이름을 서명할 수 있도록 할 수 있기" 때문이다.[40] 이로 인해, 그들은 일련의 경험을 총결하였는데, 우선 간부의 사상에 대한 학습과 숙지는 "선 간부, 후 군중 조직, 그리고 다시 무조직적 군중으로 추진해 나간다"는 원칙을 세운다. 각 계층 별로 추진해 하되, 그 다음은 (크고 작은 신문, 텔레비전 광고, 영화관, 극단, 선전대, 선전 소조 등의) 각종 선전 도구를 이용해서, (보고서, 만담, 만화, 시가, 속보, 생활신문, 거리선전, 골목좌담회, 바람을 쐬는 저녁 모임, 가정방문, 화장연출, 개량연극, 북치는 부대, 앙가부대, 설서, 광고 등) 생활 속의 활발한 선전방식을 운용한다. 그 다음은 적극적인 참여자가 자신의 역할을 맡는다. 군중을 향해 학습을 강조함과 동시에, 새로운 작업 방법을 창조해 내고, 군중들의 질문과 의심에 대해 인내를 가지고 대답해 준다.[41] 이 같은

39) 「爲在全國爭取両萬萬個和平簽名者而奮鬪」, 『人民日報』, 1950. 8. 14.
40) 程光銳, 「四百萬人的簽名是怎麽样徵集的?—介紹上海和平簽名運動中的工作經驗」, 『人民日報』, 1950. 9. 7.
41) 총결 중에는 다음과 같은 언급도 있다. "이 운동 가운데 작업 인원의 군중에 대한 시기적절한 학습은 군중의 지혜가 만들어낸 아주 많은 새로운 작업의 방식들을 모아냈다. 군중은 줄곧 선전 작업자들에게 문제를 제기하거나, 때로는 군중 스스로가 제기한 문제들에 대해서 토론을 펼치기도 했다. 예를 들면, '왜 서명을 하는가?', '3차 세계대전은 발발할 것인가 아닌가?', '조선전쟁은 누가 일으킨 것인가?' 등의 문제에 대해…이러

상황은 성진(城鎭) 혹은 농촌 선선에 있어서 똑같이 존재했다. 서명운동을 농촌 깊숙이 진입시키기 위해 각지에서는 "평화서명 선전대"가 조직되어 시골로 내려가 선전을 하면서, "낮에는 북을 치고, 사진을 전시하고, 설창을 하는가 하면, '평화의 꽃'을 피우고, 강연을 하는 등 공농(工農) 대중과 일반 시민들이 즐겁게 받아들이는 활동방식으로, 저녁에는 군중대회를 열어 생산건설과 재해구호에 박차를 가하자고 역설하면서, 세계평화 보호의 의미와 함께 어떻게 세계평화를 지킬 수 있는가 하는 선전 교육작업을 광범위하게 진행했다."[42]

사실 운동의 확대 전개에 따라 평화서명은 "해방 이래 가장 광범위한 군중성을 갖춘 첫 번째 선전활동"이 되었다. "이 같은 운동을 통해서, 장대하고 건전한 각급 조직과 동시에 훈련되고 교육된 공작 간부들이 돌격운동과 일상작업을 서로 결합한 작업 방식을 초보적으로 학습하게 되었다."[43] 게다가 이 운동은 다음 단계의 선전 운동인 "항미원조(抗美援朝)"로 전환하기 위한 기초를 다졌다. 중국군의 조선 출병에 따라, 전쟁 동원은 점차 주도적으로 해결해야 할 문제가 되었다. 그러나 여기서 주목할 점은 "항미원조"의 전쟁 동원은 "평화보위" 운동의 연장선상에서 전개되고 있었다는 점이다.

한 문제들이 한 마디의 말로 분명하게 설명될 수 없는 것처럼, 일부 군중들의 인식은 명확하지 않았기 때문에, 종종 상반된 의견이 나와 서로 각자 변론을 펼치기도 했다. 그러나 도리는 이야기할수록 더욱 명백해졌고, 마지막에 남는 문제는 결국 명확하게 판단할 수 있게 되었다. 선전 작업 인원들은 그러한 변론들로부터 경험을 흡수하고, 그 다음 선전작업이 진행될 때에 선전원들을 군중들 가운데로 배치하여, 문제를 제기하게 하거나 상반된 의견을 제출하게 하고, 다시 질의와 응답을 진행시키거나 변론을 하게 해서, 한 가지 문제에 존재하는 각 층차의 지점 지점에 대해 하나씩 대답하고 변론하는 과정을 통해 명확한 해석을 제공하고, 군중들로 하여금 철저하게 이해하게 한 후, 자동적으로 서명을 하게 하였다."
42) 劉修正, 楊今豪, 凌峰, 앞의 글.
43) 程光銳, 「四百萬人的簽名是怎麼樣徵集的?—介紹上海和平簽名運動中的工作經驗」, 『人民日報』, 1950. 9. 7.

이 "평화"라는 주제는 오히려 전쟁상태에서 한층 더 진실하고, 가치있는 것으로 변화했다. "항미원조보가위국(抗美援朝保家衛國, 미국에 대항하고 조선을 지원하여, 가정을 보호하고 국가를 지키자!)"라는 구호는 일단 제기된 후에 아주 빠르게 이전의 반전과 반핵의 서술들을 대체했다. 비록 조선전쟁에 개입하는 것과 "가정을 보호하고 국가를 지키자!"는 구호 사이에 어떤 관계가 있는지 직관적으로 파악할 수는 없을지라도, 그러나 이전의 평화운동 단계에서 만들어진 "국제주의" 의식, 침략 전쟁에 대한 반대의식, "보위승리과실(保衛勝利果實, 승리의 열매를 지켜내자)"라는 의식은 분명히 "보가위국(保家衛國) 즉, 가정을 보호하고 국가를 지키자!"는 구호를 위한 유효한 밑바탕을 만들어내고 있었다.

조선전쟁의 참여로 인해 핵무기의 위협은 중국의 코앞에 다가오게 되었다. 설사 그렇다 하더라도, 스톡홀름 선언에 내포된 철저한 반핵의식은 중국의 맥락에서는 진정으로 수용되지 않았다. 왜냐하면 핵무기에 대한 반인도적, 반인류적 규정은 사실 원자탄의 파괴력에 대한 공포를 포함하고 있었기 때문이다. 반면 "원자탄은 전쟁의 승부를 결정할 수 없다. 전쟁의 최후 승부는 교전국의 사회, 경제, 정치, 군사, 그리고 정신력의 총화에 의해 결정되며 또 사람에 의해서 결정되지, 무기에 의해서 결정되는 것은 아니다"[44]라는 내용처럼, 중국의 맥락에서 원자탄은 그렇게 두려운 것이 아니고, 더욱이 전쟁의 승부를 좌우하는 것은 아니라는 주장이 반복해서 강조되었다. 평화서명 가운데의 반핵선전은 그 치명적인 파괴력 때문이 아니라, 오히려 미국의 원자탄에 대한 맹목적인 숭배 때문에 강화되었고, "원자탄 사용을 반대하는 것은 바로 미제국주의를 반대하는 것이며, 또 그들의 침략전쟁계획 가운데

---

44) 吳冷西, 「戰爭與和平」, 『中國靑年』 제41기, 1950. 6. 17.

가장 중요한 한 수에 대해 반대하는 것"이 되었다. 따라서 전체 서명운동 가운데 반전과 반침략의 주제는 반핵의 주제를 훨씬 넘어서고 있었다. 게다가 핵무기 문제와 관련해 진행된 전면적인 선전 가운데 가장 부각된 부분이 바로 그 파괴력의 제한성이었다.[45] 이후 핵무기 제조 금지 방면에 있어서, 중국이 지속해온 입장과 평화운동 사이에는 또한 상당한 낙차가 존재했다. 중국은 줄곧 핵무기를 독립적으로 제조할 수 있는 것이 바로 안전보장의 근본 전제를 확보하는 것이라 여겼다. 지금까지 보면, 1964년 중국이 사면초가의 상황 속에서 첫 번째 원자탄의 제조와 폭발에 성공한 것은 여전히 건국 이후 군사, 과학 기술 영역에서 확보한 위대한 성과로 받아들여지고 있다.

4. 결론

중국에서 평화서명운동이 갖는 맥락을 고찰하는 데 있어서, 특히 주목할 만한 것은 이 운동과 유럽에서 시작된 평화운동 사이의 구별과 착위, 그리고 자신의 상황과 조건에 의해 전개된 자기의 의제와 방식을 이 운동이 어떻게 겨누고 있었는가 하는 문제가 될 것이다. 사실 평화서명운동의 의미는 신중국에게 마치 한바탕의 전투훈련과 같았고, 이후 전개된 일련의 전 국민에 대한 정치교육과 정치제도의 선도가 되었다. 마치 1950년 8월 4일 중공중앙이

---

45) 『中國靑年』에는 이미 히로시마에서 원자탄의 폭발을 실제 경험한 유학생의 글을 실은 적이 있고, 그 설명에서 "원자탄이란 것이 그렇게 대단한 무기는 아니다"라고 적고 있다. 원자탄이 터진 지역에 대한 "2년 안에 풀과 나무가 살지 못하고, 닭이 알을 낳지 못한다"라는 사회 전언을 겨냥해, 필자는 "내 눈으로 직접 보았는데, 히로시마 폭탄 폭발 지구 중심 500미터 이내의 지역에서도 폭발이 있은 후, 2주가 지나지 않아서 풀에 새싹이 돋고, 또 닭들도 일상처럼 알을 낳고 있었다"라고 증언하고 있다. 由明哲, 「原子彈轟炸廣广島目擊記」, 『中國靑年』 제52기, 1950. 11. 25.

발표한「평화서명운동의 지속적 진행에 관한 지시(關于繼續進行和平簽名運動的指示)」를 보면, "평화서명운동의 전개는 단지 장대한 전 세계 인민들이 제국주의 전쟁에 반대를 표시하는 적극적 여론 조성을 위한 것일 뿐만 아니라, 정치와 조직에 있어서도 대단히 중대한 의미를 지니고 있다"라고 언급한 것과 같이 이 운동의 정치적 의미에는 "전국 도시 농촌 각 계층의 남녀노소"로 하여금 "지역에 예외 없이, 한 차례의 큰 수업을 받게 했고" "그들로 하여금 목하 세계의 대세를 이해하게끔 했으며" "더욱이 이로부터 상시적으로 보급되는, 전국 단위로 군중과 밀착된 광대하고 강력한 선전네트워크 건설 준비"라는 의미가 포함되어 있었다. 구체적으로 보면, "당의 단원, 인민단체 회원, 그리고 조직되지 않은 군중 가운데 적극적인 사람들이 각급에 맞게 지휘되는 선전대오(예를 들면, 공산당과 연계되어 있는 선동가와 연설가 혹은 선전원)가 되었고, 이들은 한 번의 구령에 전부가 출동하여 신속하게 성과를 얻을 수 있는 체제가 되었다."[46] 다시 말하면, 평화서명운동이 서방사회에서 획득한 주요한 성공의 경험이 이미 존재하고 있었던 정치조직과 사회단체, 종교단체, 사회집단 네트워크의 정치 입장과 판단, 그리고 조직력을 충분히 자극하고 또 그것을 운용했다는 데 있었다면, 신중국에서의 평화서명운동은 바로 사회에서 대립하고 있는, 과거로부터 이어져온 인식구조와 조직방식을 새로운 정치인식과 조직방식으로 다시 재구성하는 과정과 연결되고 있었다.

사실, 공산당이 건국 초기에 건립한 "인민민주독재(人民民主專政)"는 사회혁명화의 실천 가운데 내적으로 연결되어 있었지만, 동시에 모순을 포함하고 있는, 두 가지 현실을 해결하고자 했는데, 그 하나는 바로 민중의 낮은 정치 참여도였고, 나머지 하나는 민중의 부족한 정치 인식 수준이었다. 따라

---

46)「中共中央關于繼續進行和平簽名運動的指示(1950년 8월 4일)」, 『宣教工作通訊』, 1950년 23기.

서 "그들로 하여금 반드시 정치활동에 참여하도록 하는 것"은 무엇보다 형식에 빠진 참여가 되서는 안 되었으며, 그 주체성과 자주성을 충분하게 자극함으로써 "민중"들로 하여금 "인민민주독재"의 기초로서의 "인민"이 되도록 하는 것이었다. 따라서 "민주의 방식을 통해 부단히 그들을 교육, 설득하는 과정"47)이 필요했다. 그러나 일반적으로 말하면, 민중으로 하여금 정치 참여도를 높이게 하고자 해서 제출된 정치구호와 요구가 그렇게 수준이 높거나 혹은 민중 자신의 요구와 이해를 뛰어넘기는 힘들다. 스톡홀름선언의 예상 밖 성공은 상당 부분 그것이 가지고 있는 간결한 내용이 최대한도로 일반 민중의 심리에 부합하면서 얻어진 결과였다. 반면, 중국 공산당의 요구는 한편으로는 가장 광범위한 참여를 희망했으나, 그러나 이러한 광범위한 참여는 일반인의 심리에 영합하는 것의 대가가 아니라, 한층 더 정치적 분별력과 자주성의 제고를 전제로 해서 건립되는 폭넓은 참여였던 것이다. 중공혁명 경험 가운데 줄곧 강조되어온 "보급"과 "제고(提高)"의 변증법적 관계는 이 문제에서도 독특한 형식으로 드러나고 있었다. 이로 인해, 평화서명운동에 대한 계획을 시작할 때부터, 중공중앙은 스톡홀름에서의 선언이 원래 가지고 있는 단순한 내용에다 일련의 비교적 복잡한 정치이해로서의, 서명에 대한 전제를 부가했다. 예를 들면, "전쟁을 반대하고, 평화를 유지하는 것에 대해 간단하게 설명해서는 안 되고, 침략전쟁을 반대하고 세계평화를 옹호한다"라고까지 언급해야만 하는 것이었다. 이는 전쟁에 반대한다는 것은 전쟁을 두려워하는 것이 아니며, 핵무기는 금지되어야 하지만, 그렇다고 원자탄이 전쟁의 승부 등을 결정할 수 있는 것이 아님도 강조하는 것이었다.48) 이는 서명으로 그 본래의 바람과 소망만을 드러내는 것에 최종 목적을 둔 것이 아니라, 서명

---

47) 毛澤東, 「做一個完全的革命派」, 『建國以來毛澤東文稿』 第一册, 417쪽.
48) 「中央關于保衛世界和平簽名運動的指示(1950年5月)」, 『宣敎工作通訊』, 1950년 19기.

을 통해 민중들로 하여금 "우리들의 전쟁과 평화에 대한 전체 관점"을 이해시키는 것에 그 목적이 있음을 의미하는 것이었다.

그러나 서명운동 가운데 있었던 각종 경험에 대한 "교훈"적 보도를 투과해서 보면, 우리는 한편으로는 서명행동 및 적극적인 사람들에 의한 선전네트워크 조직이라는 실천을 통해 상당한 효과를 거두었으나, 또 다른 한편으로는 전 인민의 정치교육 실현이라는 최종적인 목표와는 여전히 상당한 거리가 있었다는 점을 알 수 있고, 또 당 단체의 간부로부터 "조직이 없는 군중"에 이르기까지 그 인식 정도가 여전히 많은 부분에서 이상적이지 못한 상태에 머무르고 있었으며, 때로는 심지어 굉장히 실망스러운 상태에 머무르고 있었음을 알 수 있다. 이 운동의 높은 요구수준과 운동보급 사이의 실제 상황 차이는 대단히 많은 의미적 징후들을 담지하고 있었는데, 이는 이후 일련의 정치운동 가운데 끊임없이 반복해서 출현하곤 했기 때문이다. 이 문제는 사실 민중과 혁명주체, 양쪽 방향 모두에서 기원한다. 민중 정치의식의 "낙후"는 너무나 쉽게 두드러져 보이지만, 그렇다고 새싹을 뽑아서 빨리 자라게 하는 식으로 제고하기 또한 어렵다. 그러나 여기서 더 중요한 것은 혁명당이 민중 스스로의 정치적 소망과 표현을 어떻게 대하고 있었는가 하는 문제였으며, 실제 이 운동과정에 있어서 완전히 자신들의 정치적 요구와 이해에 기초해 민중들의 모습을 빚어내고 또 그 실제를 돌아보지 않고 있었으며, 게다가 이로부터 빚어낸 정치감각 또한 그 수단에 대한 의존성에서 벗어나지 못하고 있었던 것은 아닌가 하는 의문이 남는다. 따라서 이 운동이 진정 자각적 정치의식으로 전환되었는가의 문제는 바로 혁명의 성공 후, 공산당이 자신과 전체 사회의 진일보한 "혁명화"를 추구해가는 과정에서 마주했던 어려움과 곤경을 드러내 보여준다.

현재의 시각에서는 1950년의 이 평화서명운동을 일회적인 "정치쇼", 즉 정부가 뒤에서 조정한 연출로 긴주하기 쉽다. 그러나 동원 자체와 그 이후 지속된 발전, 즉 "항미원조" 운동이 대상으로 겨눴던 사회문제, 그리고 발휘했던 정치기능으로부터 볼 때, 분명히 "정치쇼"의 의미로만 단순하게 개괄될 수는 없다. 이 운동의 본래 정치적 이념과 실천의 의미가 어디에 있으며, 또 중국의 맥락 가운데 주도자로서의 중국 공산당이 이 운동 중에 주입한 자신의 정치적 소구는 어떠했는가 하는 문제, 또 이 운동이 전개되는 과정에서 이용한 여러 사회, 정치, 사상 요소들, 그리고 현실과의 충돌 과정 속에서 발생한 여러 조정과 변형들은 모두 더 깊이 파악되어야 할만한 가치를 지니고 있으며, 이로부터 건국 초기 중국 사회, 정치, 사상적 상황을 분석할 수 있는, 또 하나의 절입점을 만들어낼 수 있는 것이다.

이 운동 가운데는 민중들의 반전평화에 대한 진실한 소망과 현실정치에서 전쟁을 통해 안전을 보장하고자 했던 선택, 그리고 공산당의 "국제주의"적 입장과 일반 인민들의 "가정을 보호하고 국가를 지키자"는 의지, 또 평화운동의 인도주의적 소구와 혁명의 "반(反)평화주의"적 경향 등 다중의 모순적 요소들이 함께 교직되고 있었다. 바로 이 같은 모순적 요소들의 상호 작용이 중국에서 평화운동의 전개방식을 좌우했다. 사실상 항미원조 운동의 전개에 따라 평화운동 또한 점차 대체되었고, 이 운동은 이후에 다시 새롭게 실험 가능한 선택 항목으로 복귀하지는 못했다. 이 같은 운동 맥락의 약화와 소실은 당대 중국에 대해 도대체 무엇을 의미하고 있는 것인가? 이는 아마도 역사로 돌아가 다시 그 면모를 발굴한 후, 한 걸음 더 나아가 질문되어져야 할 문제일 것이다.

번역_이보고

4

번신(翻身)하는 국민과 냉전:
항미원조 시기 중국의 반미대중운동[*]

임우경

1. 또 하나의 한국전쟁, 항미원조운동

중국의 국가부주석 시진핑(習近平)은 한국전쟁 참전 60주년 기념식에서 "항미원조(抗美援朝)전쟁은 평화를 지키고 침략에 맞선 정의로운 전쟁"¹⁾이었다고 말했다. 그 발언은 북한의 남침을 부인하는 것으로 해석될 수 있기 때문에 발언 직후 한미 양측으로부터 반발을 샀다. 시진핑의 관점은 사실 개인적인 것이 아니라 중공의 일관된 공식 입장이다. 1950년 당시 중국은 한국전쟁을 "미국이 남조선 이승만 괴뢰정부로 하여금 조선민주주의인민공화국으로 진공(進攻)하게 함으로써 야기된 조선내전"²⁾으로 정의했다. 하지만

---

* 이 글은 필자의 논문 「한국전쟁시기 중국의 반미대중운동과 아시아 냉전」(『사이間 SAI』 제10호, 2011. 5)을 수정, 보완한 것이다.

1) 「紀念中國人民志願軍抗美援朝出國作战60周年座谈会在京举行」, 『人民日報』, 2010. 10. 26, 제1면. http://news.xinhuanet.com/2010-10/26/c_12700057.htm (2011년 3월 11일 검색).
2) 周恩來, 「周恩來外長關於杜魯門聲明的聲明」(1950. 6. 28.), 『反對美帝侵略亞洲: 朝鮮人民爲祖國統一而鬪爭』(新華書店, 1950), 4쪽.

1990년대 한국전쟁과 관련된 러시아 비밀문서가 공개된 이래 한국전쟁이 소련과 중국의 사전 승인 하에 북한의 남침으로 시작되었음이 밝혀지게 되었다. 물론 남침유도설처럼 여전히 이러저러한 의문들이 제기되고 있지만, 그것이 북한의 남침이라는 사실 자체를 부정할 만한 결정적인 것은 아니다. 그에 따라 중국의 역사학계도 차츰 남침설을 수용하기 시작했고 2000년을 전후로는 공식 교과서에서도 북침설이 사라지고 '조선내전'이라는 중립적 기술이 일반화되기 시작했다.[3]

중국이 이처럼 북한의 선제공격을 암묵적으로 인정하면서도 여전히 중국의 참전은 정의로운 행위였다는 입장을 고수하는 것은 얼핏 모순되어 보인다. 하지만 그 안에는 일관된 논리가 존재하는데, 그것은 바로 중국의 참전을 미제의 침략에 대한 저항으로 강조하는 것이다. 그와 관련하여 중국당국은 최근 인민일보에 6월 25일 시작된 '조선내전'과 10월 25일 중국 참전 이후의 '항미원조전쟁'을 구분해야 한다는 주장을 소개함으로써 위와 같은 입장을 간접적으로 드러내기도 했다.[4] 조선내전과 항미원조전쟁의 구분은 한국전쟁을 내전과 국제전쟁의 단계로 구분하는 것으로서 사실 중국지도부 사이에 완전히 새로운 관점은 아니다. 한 예로 1950년 초대 북한 주재 임시 대리대사를 지냈던 차이청원(柴成文)은 내전에서 누가 먼저 발포했는가는 중요하지 않으며 설령 북한이 먼저 발포했다고 해도 그 책임은 한반도 내전에만 해당할 뿐 그 후 벌어진 국제전쟁의 책임은 전적으로 트루먼과 미국에 있다고

3) 조운찬 베이징특파원, 「한·중 '시진핑 발언 파문' 확산」, 『경향신문』, 2010. 10. 29, 인터 넷판. http://news.khan.co.kr/kh_news/khan_art_view.html?artid=201010292223145&code=970204 (2011년 3월 11일 검색).
4) 항미원조전쟁 60주년을 전후하여 인민일보 인터넷 홈페이지에 연재된 국방대학교 수 쉬옌(徐焰)의 강연록 「抗美援朝的回顾与思考—纪念抗美援朝战争60周年」 참고. http://msn.people.com.cn/GB/170492/13110856.html (2011년 3월 11일 검색).

주장했다.5) 더구나 미국은 한국전쟁 발발 직후 출병을 결정하고 대만해협에 함대를 파견하고 중국동북지역에 대한 정찰과 폭격을 감행함으로써 중국의 안전을 직접적으로 위협했음에랴.

그렇게 보면 설령 최근 중국정부가 북침설을 철회했다고 해도 그것은 조선내전에 한정된 것일 뿐, 중국의 참전이 미제국주의의 침략에 대한 저항이 었다고 본다는 점은 1950년 당시의 그것과 변함없음을 알 수 있다. 중국에게 한국전쟁 참전은 예나 지금이나 바로 미제국주의와의 전쟁이었던 것이다. 중국이 여전히 항미원조전쟁을 정의로운 전쟁이었다고 주장할 수 있는 것도 바로 그 때문이다. 전쟁 당시 대부분의 전쟁서사에서 남한은 부재하거나 기껏 해야 '미제의 괴뢰정부'로만 등장하는데, 이 역시 항미원조전쟁에서 중국의 주적이 미국으로 간주되고 있었음을 보여준다. 중국에게 한국전쟁은 사실상 '중미전쟁'이었던 셈이다.

하지만 아무리 명분이 있는 전쟁이라도 실제 중국이 한국전 참전을 결정 하기가 결코 쉬운 일은 아니었다. 당시 맥아더와 미국이 중국의 개입 가능성 이 적다고 판단할 수밖에 없었던 객관적 상황들이 존재했기 때문이다. 우선 중국은 장기간의 항일전쟁 및 내전으로 인한 전쟁피로감에 시달리고 있었다. 무엇보다 물가폭등, 생필품의 부족, 기반시설의 파괴, 도시의 넘쳐나는 실업 자, 농촌의 자연재해와 같은 경제적 곤란 사태를 극복해야 했다. 정치적으로 는 장개석 국민당 잔당과 비적 소탕, 토지개혁과 신혼인법 실시와 같은 사회

---

5) 러시아 문서가 공개되기 전인 1990년에 이미 차이청원은 한 인터뷰에서 한국전쟁은 애초 내전이었으며, 국공내전에서도 누가 먼저 발포했는가를 문제삼은 적 없듯이 한국 전쟁에서 누가 먼저 발포했는가는 중요치 않다고 말한 바 있다. 중국공산당이 먼저 국민당에게 발포했다고 해도 인민을 억압하고 있던 국민당 쪽에 정의가 있다고 할 수 없다는 것이다. 주지안룽(朱建榮), 『마오쩌둥은 왜 한국전쟁에 개입했을까』, 역사넷, 2005, 33쪽, 51쪽.

주의적 개혁을 통한 정권 창출, 그리고 티벳, 신장, 타이완의 '해방'과 같은 난제들에 직면해 있었다. 군사적으로도 500여만 명의 전쟁유경험 육군이 있다고는 해도 장비는 낙후했고 해군과 공군은 이제 걸음마 단계였으며 지방에는 여전히 막강한 무장세력이 존재했다. 사정이 이러하고 보면 참전을 둘러싼 중앙정치국 회의에서 마오쩌둥과 한두 명을 제외한 거의 모든 위원들이 참전을 반대하거나 신중론을 폈던 것도 이상한 일은 아니다.6)

그렇다면 당시 일반대중들은 중국지도부의 참전 결정을 어떻게 받아들였을까? 지도부조차 동의하기 어려웠던 참전이고 보면 일반인들이 참전 이유를 납득하기 쉽지 않았음은 어렵지 않게 짐작할 수 있다. 실제로 중국의 참전 이후 각종 간행물에는 참전의 필요성을 회의하는 독자들의 질문이 끊이지 않았다. 대개는 이제야 내전이 종결되고 좀 살만한가 싶은데 왜 군이 또 이웃나라의 전쟁에 개입해야 하는가, 일제 지배 때 중국인들을 괴롭혔던 '고려방자'들을 왜 도와야 하는가, 항일전쟁 때 중국을 도와준 우방이자 원조물자를 나누어 주고 교회와 학교와 병원을 지어준 고마운 나라 미국과 왜 싸워야 하는가라는 것이었다.7) 특히 항일전을 함께 한 우방이자 세계 최강대국인 미국과, 그것도 중국이 아닌 조선을 침략한 전쟁에 왜 중국이 끼어들어야 하는가를 이해시킨다는 건 결코 쉬운 일이 아니었다.

더구나 현실적으로 전쟁수행이 불가능해 보이는 앞서와 같은 상황 속에서 전쟁의 승패를 가늠하는 관건은 바로 국민들을 설득하여 미국에 대한 적대감을 고취하고 참전에 대한 동의를 얻어내는 것이 아닐 수 없었다. 어쩌

---

6) 중국의 한국전 참전 결정 과정에 대해 더 자세한 것은 박두복 편저 『한국전쟁과 중국』, 백산, 2001에 실린 글들을 참고.
7) 임우경, 「한국전쟁 시기 중국의 애국공약운동과 여성의 국민 되기」, 『중국현대문학』 제48호, 2009년 3월, 서론 참고.

면 한반도에서 직접 미군과 싸우는 것보다 국내에서 자국민을 상대로 왜 미국과 싸워야 하는가를 설득시키는 일이야말로 더 지난한 또 하나의 전쟁이었을지 모른다. 1950년 10월 25일 중국인민지원군의 첫 교전과 함께 중국의 한국전 참전이 본격화되었다면, 10월 26일 중국인민항미원조총회의 성립을 필두로 시작된 항미원조운동은 바로 중국 내부에서 전개된 또 하나의 소리 없는 전쟁이었다.

중국의 직접 참전으로 한국전쟁이 냉전시대 첫 국제적 '열전'으로 확대되었다면 중국 내 항미원조운동은 대중을 냉전적 국민으로 변신(翻身)시키는 압축적 '내부냉전'의 과정이었다고 할 수 있다. 원하건 원하지 않았건, 중국은 한국전쟁으로 인해 군사적으로뿐만 아니라 문화적으로도 미소냉전대립의 최전선으로 급작스레 떠밀리게 되었다. 그 결과 이제 막 건국한 중국에서 반미의식은 국민 정체성의 가장 중요한 기반이 되었다. 국민정체성의 핵심이 항일에서 급격히 반미로 대체되었던 그 전환과정은 아시아에서 일본과 미국이라는 두 개의 제국주의와, 미소를 축으로 하는 새로운 냉전 질서를 교묘하게 중첩시키면서 또 다른 냉전의 아시아적 풍경을 이룬다는 점에서 주의깊게 들여다볼 필요가 있다.

그런데 그동안 중국이 겪은 한국전쟁 관련 연구는 주로 중국의 참전동기 및 중미관계와 전쟁의 기원에 집중되어 있으며,[8] 위와 같이 탈식민과 냉전이 중첩되는 아시아적 전환과정을 보여주는 중국 내 항미원조운동에 대한 연구는 거의 이루어지지 않고 있는 형편이다.[9] 그런 점에서 이 글은 우선 항미원

---

8) 중국과 한국전쟁에 관한 연구동향에 대해서는 김경일, 『중국의 한국전쟁 참전 기원』, 논형, 2005, 제1장 서론 참고

9) 한국전쟁 시기 중국의 항미원조 대중운동에 대한 전문적인 한국 내 연구로는 임우경, 「한국전쟁 시기 중국의 애국공약운동과 여성의 국민되기」(『중국현대문학』 제48호, 2009. 3)가 있고, 그 외에 박두복, 「중국의 한국전쟁 개입원인」(『한국전쟁과 중국』,

항미원조 전쟁에 의료지원을 자원한 상하이 군의학교의 학생과 교사들

조운동이 중국인들의 미국 상상에 가져온 변화를 추적해 보려 한다. 구체적으로 본 논문은 항미원조전쟁 시기 중국당국의 '삼시교육(三視敎育)' 자료와 몇 가지 반미대중운동 사례를 분석할 것이다. 이를 통해 한국전쟁을 거치며 중국에 공식적인 반미이데올로기가 어떻게 구축되고 어떤 새로운 미국이미지가 대중 속에 유포되는지, 대중은 어떻게 그에 동의/거부하면서 냉전적 국민 정체성을 형성해 가는지, 그리고 그것이 아시아의 냉전을 사고하는 데 어떤 시사점을 던져주는지 생각해 보고자 한다.

2. 항미원조운동과 대미인식의 전환

1) '친밀한 적'의 발견

2차대전 후 미국은 소련에 대한 견제와 동북아시아에서 친미국가의 건설

백산, 2001), 김옥준, 「중국의 한국전 참전과 국내정치」(『국제정치논총』 42집 1호, 2002), 박정수, 「동북조선인민보를 통해 본 조선족의 625전쟁」(『한국사학보』 제37호, 2009. 11)가 한국전 당시 중국의 국내문제를 다루고 있다.

이 중국정책의 주된 목표였으므로 줄곧 장개석을 지원하면서 공산당 활동을 견제했다. 내전이 발발하자 미국은 중립적 입장에서 국공대립을 조정하고 중국내전을 억제하며 중국에 연합정부를 설립하고자 추진하였다. 하지만 그 와중에도 장개석에 대한 지원을 중단한 것은 아니었다. 그러다가 1948년 공산당의 승리가 확실시되자 비로소 미국은 국민당에 대한 원조를 중단하고 비밀리에 중국공산당과 접촉하여 새로운 관계 정립 가능성을 타진했다.[10] 그러나 케넌의 봉쇄정책이 설득력을 얻고 중국 대신 일본을 미국의 우방이자 원동의 전략기지로 선택함에 따라 미국은 결국 그간의 대중정책을 선회하여 중국으로부터 퇴각하게 되었다.[11]

내전시기 위와 같은 미국의 표리부동하고 일관되지 않은 대중정책은 중공 지도부에 깊은 불신과 배신감을 심어주었던 듯하다. 1949년 8월 5일 미국이 이 시기의 대중정책을 종합적으로 분석한 『미국과 중국 관계―1944~1949년 시기를 중심으로』(이하 『중미관계백서』)를 발간하자 중국의 신화사는 즉각 「별 수 없이 죄상을 드러내다」, 「환상을 버리고 투쟁을 준비하자」, 「스튜어트여 안녕!」 등 마오쩌둥이 쓴 것으로 추정되는 사설 여섯 편을 연달아 발표했다. 이 사설들은 『중미관계백서』가 미국이 중국인민의 가장 큰 적일 뿐 아니라 그들의 정책이 실패하고 말았음을 자인한 것이라며 소리 높여 미국을 비난했다.[12] 그 때문에 심지어 재일 중국인 학자 주지안룽(朱建

10) 田晴, 「美國對華政策與新中國"一邊倒"政策的確立」, 『遼寧工程技術大學學報(社會科學版)』 제7권 4기, 2005. 7.
11) 王偉, 「論戰後初期美國對華援助(1945~1949)」, 『東北師大學報(哲學社會科學版)』, 1997년 제6기.
12) 進步出版社 主編, 『論美帝白皮書:無可奈何的供狀』(天津: 中利印刷廠, 1949. 9), 지금도 많은 중국학자들은 이 백서의 발간이 초기 미국의 대중정책 실패에 대한 변명이자 중국으로부터의 퇴각을 합리화하기 위한 사전 포석작업이었다고 본다. 張麗, 「"脫身"與干涉―1949年美國對華政策探析」, 『牧丹江師範學院學報(哲學社會科學版)』, 2002

榮)은 중국이 한국전쟁 참전을 결정하게 된 중요한 요인으로 바로 이 시기 형성된 중공지도부의 지독한 '대미 알레르기'를 꼽기도 한다.[13] 어쨌든 내전 발발 이후 줄곧 '반소도 반미도 아닌' 중립적 입장을 취하며 현실주의적 이득을 꾀하고자 했던 중국공산당은 전후 미소의 대결 속에서 의도치 않게 점차 미국을 등지며 '소련 일변도' 정책으로 나아가게 되었고,[14] 한국전쟁 참전은 그 과정에 결정적 쐐기를 박은 셈이라고 할 수 있다.[15]

하지만 중국공산당 지도부의 반미의식이 일반 대중들 사이에도 보편적인 것은 아니었다. 1905년 중국 주요도시에서 벌어졌던 반미운동[16]을 시초로 간간이 반미감정이 고조된 사건들이 없었던 것은 아니지만 대다수 일반인들은 사실 미국에 대해서 잘 알지 못했으며 안다고 해도 미국에 호감을 가진 사람이 많았다. 5.4신문화운동 이래 많은 사상가와 지식인들에게 미국은 중국이 나아갈 길을 상상하는 데 이상적인 '서양-현대' 모델로서 줄곧 참조되

년 제6기.

13) 주지안룽, 앞의 책, 84-94쪽 참고.

14) 田睛, 앞의 글, 355-57쪽.

15) 사실 중공은 사회주의 연대 차원에서 소련의 편에 서있긴 했지만 아직은 소련과도 껄끄러운 관계였다. 2차대전 후 소련은 중국의 혁명에 적극적이기보다 중국동북지역에서의 특권을 회복하고 중국에 대한 영향력에서 미국과 평형을 이루는 데 목표를 두었다. 실제로 얄타회담에서 미국은 소련이 중국공산당을 지원하지 않는 대신 1905년 소련이 러일전쟁으로 상실했던 영토를 일본으로부터 돌려받는 데 동의했다. 소련은 국공 내전 발발 후에도 중공을 적극 지지하기는커녕 미국과 마찬가지로 국민당을 지원했다(베른트 슈퇴버, 『냉전이란 무엇인가』, 최승완 옮김, 역사비평사, 2008). 소련이 신중국 지지로 정책을 전환한 것은 1948년 중공의 승리가 확실시되면서부터였다. 이런 상황에서 미국이나 소련 어느 쪽을 택하든 반대쪽의 견제를 당할 수밖에 없었기 때문에 중국은 소련과 미국 사이에서 적절한 거리를 유지하려 했던 것이다. 한국전쟁으로 중국은 원하든 원하지 않든지 이 거리를 유지할 수 없게 되었다.

16) 요시자와 세이치로, 『애국주의의 형성: 내셔널리즘으로 본 근대 중국』, 정지호 옮김, 논형, 2006, 제2장 참고.

었다. 또 미국인들이 세운 학교, 교회, 병원, 선전기관들의 활발한 활동도 미국에 대한 좋은 이미지가 형성되는 데 큰 역할을 했다. 2차 세계대전에서 보여준 미국의 활약은 문명과 민주의 나라일 뿐만 아니라 군사적 경제적으로도 세계최강국이라는 이미지를 확실히 심어 주었다. 게다가 항일전쟁과 내전 시기 미국이 중국에 제공한 경제적 군사적 원조활동은 중국인들에게 미국은 원조를 아끼지 않는 고마운 나라, 항일운동을 함께 한 우방이라는 인식을 남겨 주었다.

그중에서도 특히 미국에 호의적이었던 것은 학교와 교회 관련 엘리트들이었다. 이는 서양선교사가 중국에 설립한 교회학교 중 미국계 학교가 가장 많았던 것과도 관련된다. 한 비공식 통계에 의하면, 1926년까지 미국인이 설립한 교회학교만 해도 화북지역 88개, 화중지역 154개, 화남지역 256개였다고 한다.17) 1920년대 중반에는 전국적인 비기독교운동이 전개되기도 했는데, 그만큼 교회학교의 영향력이 컸다는 반증이기도 하다.18) 교회학교가 체계적으로 친미적 문화와 사상을 재생산하는 근대제도적 영역이었다면, 비제도적 영역에서는 할리우드 영화와 문학, 소비문화가 대중들의 미국 상상에 적지 않은 영향을 미쳤다. 항미원조 당시 어떤 이는 이들 대중문화가 미국은 천당이고 문명국이며 미국인들은 자유롭고 진실되며 인자하다는 이미지를 심어주었다고 주장했다.19) 민족자본가, 미국유학파 지식인, 기독교신자, 교

---

17) 孫懷仁,「美帝怎樣在經濟上侵略中國」, 文匯報社會大學編輯室 編,『敵視美帝,卑視美帝,蔑視美帝』(上海: 上海文匯報, 1950), 69쪽.

18) 당시 교회학교의 국어교사였던 왕흥성은 교회학교가 "영어를 중시하고 국어는 경시"한 결과 졸업생들이 영어는 매우 유창하게 구사하면서도 중국어는 "메모 한 장도 제대로 쓰지 못할 정도"라며 교회학교의 폐단을 지적하고 중국문학, 특히 중국신문학 교육의 중요성을 강조했다. 1920년대 비기독교운동과 1930년대 중국신문학교육에 대해서는 임우경,「노라의 자살: 현대 민족서사와 장애령의 <覇王別姬>」,『중국현대문학』제38호, 2006. 9. 참고.

회학교 교사와 학생, 그리고 서구적 대중문화의 소비계층을 중심으로 미국식 사고와 문화가 쉽게 수용되고 그에 대한 좋은 이미지가 일상 속에 유포되었던 것이다.

한편 식민적 교육제도나 문화적 소비와 거리가 있었던 일반대중 사이에서도 미국에 대한 호감이 형성되었던 데는 생활 속에 파고든 미국 상품의 역할도 컸던 것으로 보인다. 1947년 미국의 대중수출이 중국의 전체 수입량에서 차지하는 비율은 50.15%로[20] 수입제품의 절반 이상을 미국제품이 차지하고 있었다. 또 특히 미국문화를 소비하기 어려웠던 하층민들의 미국 상상 형성에는 미국 원조물자의 역할도 빼놓을 수 없다. 『중미관계백서』에 의하면 일본이 항복한 이래 미국이 국민당정부에 제공한 원조만 해도 30억 달러(중공당국의 계산에 의하면 44억 달러)[21]에 이르렀다고 한다. 이들 원조 물자는 서구적 현대문화나 소비문화를 접할 기회가 적었던 하층민들의 경우 미국이라는 나라를 실감하게 되는 경로가 되었을텐데, 다음 인용문은 이를 잘 보여준다.

"(2) 딸 잉잉은 어려서 총명하고 공부도 잘 했는데 특히 영어를 좋아했다. 그 애는 늘 "미국은 세계에서 제일 부강한 나라야. 난 꼭 영어를 열심히 공부해서 미국으로 유학갈 거야."라고 말하곤 했다. (3) 8.15 승리하던 해에 미군이 톈진에 들어왔다. 뒤이어 미국제품들도 톈진으로 들어왔는데, 화장품이며, 시계며, 만년 필이며 모두 어찌나 그리도 예쁜지 우리 모두 눈이 다 돌아갈 지경이었다. (4) 멀지 않아 구제물자도 들어오기 시작했다. 나도 그 중에 양복바지 몇 개를 얻어

19) 梅朶, 「美帝影片的侵略面貌」, 文匯報社會大學編輯室 編, 앞의 책 116-20쪽.
20) 孫懷仁, 앞의 글, 66쪽.
21) 王偉, 앞의 글, 48쪽.

왔는데 옷감이 그렇게 좋을 수가 없었다. 좀 많이 낡은 게 흠이긴 했지만 그래도 감탄이 절로 나왔다. 그때부터 나와 잉잉은 모두 미국을 숭배하기 시작했다."[22]

이처럼 일상 속에 자리 잡고 있던 미국에 대한 호감은 항미원조전쟁을 위한 동원이 시작되자 노골적인 반감이나 거부의식으로 표출되었다. 많은 사람들이 "미국은 중국에 학교와 병원을 지어주고 밀가루를 나누어준 고마운 나라"인데 왜 그런 나라와 싸워야 하느냐고 의문을 제기했던 것이다. 사람들은 "미국의 과학과 물질문명은 세계에서 제일"이고 "미국이 수많은 물질문명을 창조하여 전 세계가 그것을 향수하게 되었으며", "미국은 모든 사람이 한 장의 투표권을 지닌 민주국가"인데 그런 "문명국인 미국이 중국을 침략할 리 없다"고 여기기도 하고, "미국인의 학교설립은 중국인에 대한 우의를 보여준 것이며 많은 혁명 간부가 바로 그곳에서 배출되었다"며 미국을 두둔하기도 했다. 심지어 어떤 사람은 과거 중국에서 벌어진 미군의 폭행은 단지 "개별적인 사건"에 불과할 뿐이며, 미국이 경제적으로 중국을 침략했다면 그건 중국인이 "못나서" 그런 것이라고 주장하기도 했다.[23]

---

22) 연재만화, 顧炳鑫, 「我要控訴! 我要向美帝討還血債!(1)」, 『現代婦女』 제2권 1기, 1951. 1, 32쪽.

23) 侯松濤, 「抗美援朝中的三視教育」, 『黨史研究與教學』, 2007년 6기, 41쪽.

그러나 미국이라는 적과의 일전을 앞두고 미국에 대한 호감보다 더 큰 문제는 적으로서의 미국에 대한 일반인들의 두려움이 매우 컸다는 것이다. 그 두려움은 무엇보다 일본에 투하된 원자폭탄의 위력에 대한 간접경험에서 비롯되었다. "우리는 조선전쟁에 개입해서는 안 된다. 원자탄이 떨어지면 당해낼 수가 없다"며 세계에서 유일하게 원자폭탄이 있는 나라와 싸운다는 것은 미친 짓이라고 생각하는 사람들이 적지 않았다. 또 내전 당시 미국의 현대적 군장비로 무장한 국민당과의 전투 경험도 병사들 사이에 미국에 대한 두려움을 낳는 중요한 원인이 되었다. 그 때문에 "미국은 경제대국이고 무기도 선진적인 데 비해 해방군은 너무 구식"이라 미국과 싸운다는 건 불가능하다고 여기는 사람도 많았다. 또 "미국이 힘이 세니까 항일전쟁 때 중국이 도움을 요청한 건데 지금 일본보다도 더 센 미국과 싸운다면 어떻게 승리를 보장하겠는가"라고 회의하는 사람도 있었다.

특히 전쟁을 직접 수행해야 하는 군인들에게 세계 최강의 군대와 싸워야 한다는 것은 큰 두려움이 아닐 수 없었다. 당시 군인들 사이에는 "압록강은 저승문, 한 번 가면 못 오지(鴨綠江是鬼門關, 有去無回)"라는 말이 회자되었으며 그만큼 승리에 대한 신심이 없는 전쟁이었기 때문에 지원 입대하는 적극분자들조차 매우 '비장'한 분위기였다고 한다.[24] 한 예로 1950년 8월, 제13집단군 정치공작회의에서 진행한 각 부대 사상현황 분석에 따르면, 적극분자가 50%, 중간분자가 40%였는데, 나머지 10%는 "한국전 참전의 위대한 의의에 대한 인식이 분명하지 않고, 평온한 생활에 애착이 있어 고된 전쟁을 혐오하고, 미제 군대와의 교전과 원자폭탄에 대한 공포를 갖고" 있었다고 한다.[25] 최소한 병사의 절반 정도는 미국에 대한 두려움을 가지고 있었고

24) 같은 글, 같은 쪽.
25) 주지안롱, 앞의 책, 200쪽.

전쟁에 대한 신심이 결여되어 있었다는 얘기다.

위와 같이 일반인들 사이에 미국에 대한 호감과 숭상, 그리고 두려움이 팽배한 가운데 미국을 대상으로 전쟁을 벌인다는 것은 불가능했다. 국민이 납득하지 못하는 명분 없는 전쟁은 이제 갓 건립된 신생정권의 존립까지 위협할 수 있는 위험천만한 일이 아닐 수 없었다. 중국당국이 전쟁에 대한 국민의 동의를 구하고 그 위에 전쟁에 필요한 각 방면의 동원을 가능하게 만들기 위해서는 무엇보다 먼저 중국이 왜 미국과 싸울 수밖에 없는가를 설득해야 했다. 좋든 싫든 미국은 이제 중국인민의 '철천지원수'이자 '적'이 되어야 했다. 그러려면 우선 미국에 대한 호감부터 뿌리 뽑아야 했다. 중국당국은 그간 일상 속에 편재해 있던 미국에 대한 호감과 숭상을 각각 '친미(親美)'와 '숭미(崇美)' 심리로, 그리고 두려움을 '공미(恐美)' 심리로 규정했다. 그에 따르면 '친미', '숭미', '공미' 심리는 바로 미제국주의의 문화적 침략의 결과 내부 식민화가 얼마나 심각하게 진행되었는지를 보여주는 증거에 다름 아니었다. 미제국주의는 이미 오랫동안 그 진면목을 숨긴 채 내 안에, 내 이웃 속에 뿌리내리고 앉아 우리를 잠식하고 있던 무서운 존재가 된 것이다. 이렇게 미국은 '친밀한 적'으로 재발견되기 시작했다. 따라서 중국당국에게 미국과의 전쟁은 한반도에서 북진하고 있는 미군과의 싸움일 뿐만 아니라 중국 내부에 도사리고 있는 '친밀한 적'과의 싸움이기도 했다. 항미원조시기 중국의 반미대중운동은 바로 자신과의 싸움, 자신을 새롭게 바꿔내는 자아투쟁이었고 새로운 국민이 탄생하는 과정이기도 했다.

2) 대미인식의 재구성

일찍이 마오쩌둥은 "무엇이 정치동원인가? 우선 전쟁의 정치적 목적을 군대와 인민에게 알리는 것이다. 왜 전쟁을 해야 하는지, 전쟁이 그들 자신과 어떤 관계가 있는지를 사병 하나 하나 인민 한 사람 한 사람이 모두 분명히 이해하도록 만들어야 한다"[26]고 강조한 바 있다. 이제 미국과의 일전을 눈앞에 두고 마오쩌둥이 말한 정치동원은 더 더욱 필수불가결했다. 전쟁을 수행하기 위한 객관적 조건이 턱없이 불리한 데다, 일반 대중 사이에 편재했던 친미나 숭미 심리는 대미전쟁의 필요성 자체를 회의하고 부정하게 만드는가 하면 공미 심리는 설령 그 필요성을 인정한다 해도 애써 그것을 외면하게 만들며 패배주의를 조장하고 특히 미군과 대면해야 할 군인들의 사기를 떨어뜨렸다. 그리하여 항미원조전쟁에서 정치동원의 핵심은 바로 미국을 가장 즉자적이고 위험한 '적'으로 재구성하는 것이었다. 그것은 전쟁의 승패를 가늠하는 관건이라 해도 과언이 아니었다.

그런 맥락에서 중공중앙은 한국전쟁 발발 직후 혹시 모를 전쟁에 대비하여 동북변방군을 설치하고 군을 대상으로 7월 17일부터 23일까지 반미 캠페인 주간을 실시했다. 해당 정치동원의 중점은 '미국에 대한 두려움'을 타파하는 데 있었다. 앞서 살폈듯이 이는 군대 내부에 반미교육을 진행하지 않으면 안 될 정도로 미국과의 전쟁을 꺼리는 분위기가 만연해 있었기 때문이다.[27] 그러다가 10월 25일 본격적인 참전이 이루어지자 다음날인 26일 중공중앙은 중국인민항미원조총회(원명: 中國人民保衛世界和平反對美國侵略委員會)를 설립하는 한편 전국인민을 대상으로 시사선전교육과 정치동원을 하도록 지시했다. 이른바 '항미원조보가위국운동'이 공식적으로 전개되기 시작한 것이다.

그 기본적인 사상교육 내용은 1) 미국이 조선침략전쟁을 벌임과 동시에 대만을 침략하여 중국의 안전을 심각하게 위협하므로 더 이상 좌시할 수 없게 되었다, 2) 전국인민은 미제국주의에 대해 통일된 인식과 입장을 가지되,

---

26) 『毛澤東選集 2』第二券 (北京: 人民出版社, 1991), 481쪽.
27) 주지안롱, 앞의 책, 197-203쪽 참고.

항미원조 시사학습 중인 여성들

3) 친미 반동사상과 잘못된 공미 심리를 타파하고 미제국주의를 적대시(仇視), 천시(鄙視), 경시(蔑視)해야 한다는 것이었다.[28] 이 선전교육의 목표는 각종 선전형식을 통해 미국에 대한 인민들의 적개심을 고취함으로써 이데올로기상 통일된 입장을 형성하며, 이를 토대로 전 국민이 전쟁수행에 자발적으로 기여할 수 있도록 이끄는 것이었다. 그리고 그 이론적 정당성을 구성하는 것의 핵심이 바로 미제를 적대시, 천시, 경시해야 한다는 이른바 삼시교육이었다. 당시 배포된 시사학습자료들에 의하면 삼시교육은 대개 다음과 같은 내용으로 구성되었다.

먼저 적대시 교육은 친미심리를 겨냥한 것으로, 미국이 중국의 철천지원수임을 강조하여 적개심을 고취하는 데 중점이 두어졌다. 미국이 중국의 원수인 이유로는 당장 미제국주의가 이미 대만과 동북변경까지 침략하여 중국의

---

28) 田居儉, 「抗美援朝運動與三視敎育」, 『高校理論戰線』 2000년 12기, 20쪽.

안전을 위협하고 있다는 사실이 강조되었고, 그밖에 중국에 대한 미국의 방해 정책들이 예시되었다. 예컨대 미국은 내전시기부터 지금까지 장개석 일당에게 무기와 물자를 제공해왔고, 원수 일본의 재무장을 추진하고 있을 뿐 아니라 중국의 연합국 가입을 방해하였다고 한다. 또 중국과 소련을 견제하기 위해 태평양에 광범위한 군사기지망을 건설하고 있으며 특무기관을 설립하고 요원을 양성하여 중국에 침투시키고 있기 때문에 이들에게 당하지 않기 위해 주변을 잘 살펴야 한다고 환기시켰다.

그런데 이런 사실들보다 대중에게 가장 유효하게 인상을 남길 수 있는 것은 과거 미국이 어떻게 중국을 침탈했는지 구체적 사례를 드는 것이었다. 그리하여 아편전쟁 이래 미국이 어떻게 중국을 침략했는지 소소한 것까지 연보가 만들어졌다. 그중에서도 특히 과거 미군에 의한 강간, 폭행, 살인 사건과 같은 구체적 만행사례는 대중의 대미 적개심을 고취하는 데 가장 효과적이었다. 예컨대 앞절에서 소개한 인용문(각주 23)도 실은 딸이 미군에게 윤간당한 후 자살해 버린 한 엄마의 억울함을 호소하는 이야기 중 도입부였는데, 그 이야기의 끝을 소개하면 다음과 같다.

"(24) 4년동안 억울하게 참아 왔는데 해방이 되어 비로소 나는 이게(역주-딸의 강간사건이 남들에게 알려지는 것) 망신스러운 일이 아님을 깨닫게 되었다. 나는 반드시 억울하게 당했다고 말해야만 한다. 미제가 내 딸을 죽였다고 성토해야 한다! 미제는 우리의 철천지원수니 복수해야 한다! 미국이 다시 또 우리 중국을 침입하도록 허락할 수 없다. 우리는 반드시 조선을 도와 미국강도를 아시아 바깥으로 쫓아버려야 한다!"[29]

---

29) 顧炳鑫, 「我要控訴! 我要向美帝討還血債!(2)」(연재만화), 『現代婦女』 제2권 2기, 1951년 2월, 32쪽.

이 이야기는 원래 대공보(大公報)에 실렸던 「톈진 진(金) 부인의 성토: 내 딸은 어떻게 속았나?」라는 글을 상하이의 여성잡지인 『현대부녀(現代婦女)』가 일반인들이 더 보기 좋도록 24컷짜리 만화(이른바 연환화)로 재구성하여 2회에 걸쳐 연재한 것이다. 이렇게 강간, 상해, 살인과 같은 구체적 만행사례들은 사람들의 반미심리를 정서적으로 부추기는 데 효과적이었다. 때문에 각종 매체들에는 이와 같은 사례 소개가 많이 실렸을 뿐 아니라 위 이야기처럼 다양한 양식으로 반복 재생산되었다. 항미원조 초기 『신중국부녀(新中國婦女)』에도 일제와 미군에 의한 피해와 고통을 환기시키는 기사를 많이 볼 수 있다. 그중 어느 선전활동 수기에는 한반도에 상륙한 미군이 조선 여성들을 어떻게 강간했다더라, 갓난아이가 미군의 포격에 엄마가 죽은 줄도 모르고 엄마 젖을 물고 울고 있었다더라 하는 이야기가 선전활동 중 일반여성들의 관심과 이해를 끌어내는 데 매우 효과적이었다고 소개하고 있다.

두 번째로 천시 교육은 주로 숭미 심리를 겨냥한 것이었다. 미국은 그리 대단한 문명의 나라가 아니라 사실은 경멸해야 할 정도로 비도덕적인 나라라는 것이다. 그에 따르면 대내적으로 미국은 소수의 자본가가 지배하는 나라로 미국이 민주국가라는 것은 거짓선전에 불과하며, 그 실질은 인민을 착취하고 공산당을 탄압하며 각종 파시스트 단체가 창궐하고 있는 파시즘 반동의 본영이라고 한다. 또 대외적으로 미국은 직접 무력침략을 감행하는 것은 물론이고 식민지 국가의 반동파를 지원하고 민주세력을 진압하며 경제원조를 통해 다른 자본주의 국가들을 통제하고 그들 정부를 파시스트화하여 전쟁준비를 하도록 강제한다고 주장했다. 이처럼 천시 교육은 미국이 얼마나 파렴치하고 한심한 반동국가인가를 강조함으로써 미국이 문명국이고 예의바르고 자비로운 나라라는 대중의 상상을 깨는 데 목적이 있었다. 그렇게 한심한 반동국가는 숭상하기는커녕 천시해야 한다는 것이다.

사실 천시 교육의 내용은 대개 소련을 위시한 사회주의 진영이 미국을 수뇌로 하는 자본주의 진영을 비난하기 위해 이전부터 쭉 구사해온 냉전논리의 연장이었다. 실제로 2차대전 후 사회주의 진영은 미국이 원자탄 사용 금지 및 군비감축에 대한 소련의 제안을 거부하는 한편 서독과 일본을 재무장시켜 침략의 선봉으로 만들고 있을 뿐 아니라 북대서양조약, 범아메리카조약, 태평양조약 등을 통해 원동(遠東) 국가의 반동세력들과 함께 전쟁 준비에 여념이 없다고 비난해 왔다. 그리고 미국이 연합국을 침략의 도구로 전락시키며 전쟁선전에 광분하는 것은 미국의 대자본가들에 식민지를 제공하고 군수물자를 수출할 시장을 제공하기 위함이라고 주장했다.30) 이들 사회주의 진영에 의해 평화세력 대 전쟁세력의 대립으로 해석되었던 진영간 대립논리는 항미원조전쟁이 시작되자 중국 참전의 불가피성과 함께 전쟁의 정의가 중국에 있음을 주장하는 정당화 논리로 활용되었다.

세 번째로 경시 교육은 주로 공미 심리를 극복하기 위한 논리적 근거를 마련하는 데 주안점이 놓여졌다. 시사자료의 분석에 따르면 전쟁침략세력인 미국은 정치적으로 고립될 수밖에 없었다고 한다. 우선 미국은 후방이 너무 멀어 전쟁에 불리할 뿐만 아니라 병력이 부족하고 사기도 낮으며 실전경험이 부족하기 때문이라는 것이다. 게다가 일본이나 독일은 이미 쇠망했고 영국, 프랑스 등도 2차대전에서 국력을 많이 소비한 터라 동맹세력도 보잘 것 없으며, 미국이 세계 각지에 군사기지를 설립했다고는 하지만 주요 전진기지로 삼기에는 아직 많이 부족하다는 것이다. 그와 함께 경시 교육에서 특별히 강조한 것이 바로 미국 원자탄 무용론이었다. 그만큼 원자탄에 대한 공포가 미국에 대한 두려움의 많은 부분을 차지하고 있었기 때문이다. 일본에 원자탄

---

30) 「怎樣認識美國」, 『新中國婦女』 제16호, 1950년 11월.

이 투하된 뒤 마오쩌둥이 전쟁의 승패를 결정하는 것은 원자탄이 아니라 인민의 투쟁이라고 말한 것은 제법 유명한 일인데, 삼시교육이 전개되는 과정에서도 그 논조는 유지되면서 더 보충되었다. 그에 따르면 원자탄이 있다고는 해도 비용 때문에 대량제작이 불가능하고, 기껏해야 대규모 폭격에 불과할 뿐 전쟁의 승패를 판가름 낼 정도는 안 된다고 한다. 더구나 중국처럼 인구가 분산되어 있는 대국에서는 효력이 적고, 맞붙어 싸우고 있는 동안에는 자국병사까지 희생되어야 하므로 마음대로 사용할 수도 없다는 것이다.

시사자료는 이런 이유들로 판단하건대 미제국주의가 정말로 3차대전을 발동한다 해도 강대한 소련을 중심으로 하는 세계평화민주 진영은 그것을 퇴패시킬 역량이 충분하다고 설득했다. 더구나 당시 중소 양대국은 이미 우호동맹을 맺은 상태였기 때문에 양국의 인구만 해도 7억이 넘고 광대한 국토에 풍부한 자원을 가지고 있으며 장기간 혁명과 전쟁에 단련된 용감한 인민군대가 있다는 사실도 강조되었다. 시사자료는 이런 근거들을 토대로 미국이 겉으로는 강해 보여도 사실은 '종이호랑이'에 불과하며 무시해도 무방하다고 주장했다. 삼시교육은 위와 같은 논리적 근거들을 중심으로 한국전쟁 참전의 필요성과 그 정당성을 국내외에 각인시키고 그로부터 전쟁수행의 동력을 끌어내기 위한 기반을 닦는 역할을 했다. 그 과정에서 반미이데올로기는 그간 혁명을 승리로 이끈 위대한 중국인민은 이제 혁명의 열매를 지키기 위해 분연히 일어서 미제에 맞서야 한다는 신중국 애국주의의 근간으로 자리잡게 되었다.

3) 반미이데올로기의 산포

위의 내용을 중심으로 중국당국은 기민하고 조직적인 선전교육을 실시하였으며 이를 위해 각급 영도기관에는 보고원을 두고 모든 당 지부에는

1951년 38 여성의 날 항미원조 가두행진에
참여한 육군 여군들

1951년 38여성의 날 '미국의 일본재무장 반대'
현수막을 들고 가두행진 중인 각계 여성들

선전원을 두어 신문매체와 긴밀한 협조체제를 운영하였다. 삼시교육의 내용
은 신문, 라디오, 시사학습책자, 연환화, 카툰, 쾌판, 슬라이드, 벽보, 사진,
그림자극, 소설, 연극 등 가능한 모든 형식을 통해 반복 생산되고 유포되었다.
기층 단위에서는 군중 속에서 적극분자를 발굴하거나 상호학습을 통해 군중
선전원으로 양성하는 방식을 애용했다. 또한 각 단체, 직장, 행정단위 등의
조직을 통해 다양한 형식의 학습반이 운영되었으며, 각종 회의, 집회, 가두행
진, 성토대회 등이 조직되었다. 한 예로 다음은 동북지역의 일선 학교에서
시사선전교육이 어떻게 조직되었는지 잘 보여준다.

지난 2, 3개월 동안 우리는 시사교육을 정식 수업 교과목으로 채택하고 항미원조
보가위국 교육을 목전 사상정치교육의 중심내용으로 삼았다. 그에 따라 그동안
신문열람, 방과후 활동, 공강, 자습 시간을 이용해 더 바짝 시사교육을 진행했다.
우선 학교가 교내외 당간부나 교원을 지정해 시사보고 및 강연, 시사문제 해설시
간을 열고, 강연이 끝나면 학생들을 조직해 신문읽기, 자료보기, 좌담, 토론회를
열기도 하고 미제의 만행을 성토하거나 과거 일제시기의 비참했던 삶을 기억하

도록 하는 시간을 가졌다. 그밖에도 각 교과목의 실정에 맞게 적당히 시사교육을 결합시켰다. 예컨대 국어수업에는 항미원조보가위국 관련자료를 읽도록 하고, 역사수업에는 미제의 중국침략사 부분을 보충해 넣었으며, 음악수업에는 항미원조 노래를 배우고, 미술수업에는 관련된 선전화를 그리고, 체육위생수업에는 군인체조나 방공, 방독, 구급처치, 수혈, 지혈과 같은 상식을 배우도록 했다. 수업 후에는 연회를 열거나 항전영웅고사 이야기 모임, 시 낭송회, 벽보 출판, 시사 전람과 강연 등을 개최했다. 또 동네나 농촌으로 들어가 시사선전활동을 하게 하거나 <중국인민의 승리(中國人民的勝利)>, <보가위국(保家衛國)>, <그들에겐 조국이 있네(他們有祖國)>, <청년근위군(靑年近衛軍)>과 같은 사상정치교육적 의미가 담긴 영화를 보도록 했다.[31]

학교 자체가 대표적인 이데올로기 국가장치이기 때문에 아무래도 학교에서의 시사선전교육이 가장 활발하고 조직적이며, 그 대상이 혈기 넘치는 청년학생들이라는 점에서 선전교육의 효과도 두드러져 보였다. 『신중국부녀』 1951년 1월호에 실린 연경대(燕京大) 여학생들의 항미원조운동에 대한 보고서도 그 한 예이다. 보고서에 따르면 연경대 여학생들은 우선 항미원조투쟁에 대한 개인의 각오와 결심을 다지기 위해 "엄마에게 보내는 편지" 쓰기 활동을 펼쳤고 73인이 서명에 동참했다. 또 일선장병들에게 위문편지를 쓰는 것은 물론이고 장갑, 양말, 스웨터 등 위문품을 직접 만들어 보내는 활동도 진행했다. 그 외 시사학습반과 농촌선전대를 조직하여 직접 선전활동을 진행하는가 하면 병기공장에서 열린 노동자들의 성토대회에 동참하기도 했다.

특히 연경대 신방과 학생과 교수들은 정부에 <미국의 소리 The Voice

---

31) 董純才, 「最近展開時事敎育的幾點經驗」, 『人民敎育』 제2권 3기, 1950년 12월, 14쪽.

of America> 청취를 금지하여 '사상의 국방'을 굳건히 하도록 요구하였다고 한다. <미국의 소리>는 1942년 미국정부가 설립한 라디오방송국으로, 1950년대 반공의식을 고취하는 선전전의 주요무대로 활용되었다. 한국전쟁이 발발하자 미국정부는 거액을 들여 29개 채널에서 24개 언어로 신속하게 전쟁소식을 전했다. 중국어는 표준어뿐 아니라 광동어, 상하이어, 객가어, 티벳어 등 지방언어로 하루에 열시간이 넘도록 방송을 하였기 때문에 많은 중국인들이 <미국의 소리>를 통해서 전쟁소식을 접할 수 있었다.[32] 거기다 <미국의 소리>가 전하는 전장의 시사 소식은 중국의 신문보다 빠를 뿐 아니라 중국보도에서 듣지 못하는 내용을 들을 수 있다는 점에서 당시 많은 사람들이 <미국의 소리>를 즐겨 들었던 것으로 보인다. 인민일보는 <미국의 소리>가 미제국주의의 침략전쟁을 옹호하기 위한 선전전의 도구라고 비난하면서 전국 각지에서 펼쳐지고 있는 <미국의 소리> 청취반대운동을 소개했다. 연경대에서 <미국의 소리>가 국가와 인민의 이익을 파괴하고 세계전쟁을 부추기는 언론이므로 청취를 금지해야 한다는 선언을 한 것도 그런 맥락에서 이루어진 것이다.

그 외에도 연경대 학생들은 스튜어트가 연경대를 설립한 것은 문화침략인가 아닌가, 미국이 중국에 학교와 병원을 설립하거나 선교활동을 한 것은 침략행위인가 아닌가와 같은 문제를 둘러싸고 열띤 토론을 벌였다고 한다.[33] 여기서 등장하는 스튜어트는 선교사로 연경대 설립자이면서 내전시기에는 미국 주중대사를 역임하는 등 나름대로 중국에 널리 알려진 미국인이었다. 신화사의 『중미관계백서』에 대한 비난 사설 제목 중의 하나가 「스튜어트여

---

32) http://zhidao.baidu.com/question/213344805.html (2011년 4월 20일 검색).
33) 雷潔瓊, 「抗美援朝運動中燕京大女學生的經驗」, 『新中國婦女』 제18기, 1951년 1월, 34-35쪽.

안녕!」이었던 데서 짐작할 수 있듯이, 당시 중공의 시사선전교육 논리에 따르자면, 그는 미제국주의의 문화적 침탈을 대변하는 대표적 인물이었고, 그가 설립한 교회학교 연경대는 바로 숭미, 친미, 공미 사상이 뿌리 깊은 미제 문화 침략의 현장이었던 셈이다. 그런 점에서 연경대의 반미대중운동과 그 성과는 더 큰 의미를 지니는 것이었다.

위의 『신중국부녀』에 실린 보고서는 바로 그런 연경대 학생들이 항미원조 보가위국 시사학습과 선전활동을 거치면서 "과거에는 '미국을 숭배'하고 심지어 '미국인이 아닌 것을 원망'까지 했으나 이제는 중국인으로서 영광스럽고 행복함을 깨닫게" 됐으며 "이전에는 시사에 무관심했으나 이번 운동을 통해 조국이 없으면 아무 소용없음을 깨달았다"[34]고 소감을 전하고 있다. 항미원조운동이 시작된 지 두 달만에 연경대 여학생 58명이 군사학교에 지원했다고 하니 그 소감이 단지 형식적 보고만은 아니었음을 알 수 있다. 연경대 여학생들의 그와 같은 보고는 미제에 대한 적대시, 천시, 경시를 중심내용으로 하는 시사선전교육이 상당한 효과를 거두었음을 보여준다.

연경대에 비해 난징(南京) 금릉여대(錦陵女大)의 경우는 사상적 대립이 더 첨예하고 극적으로 전개되었던 것으로 보인다. 금릉여대의 미국인 교장이 학생과 교사들에 의해 쫓겨나는 사건이 발생했던 것이다. 사건의 발단은 1950년 11월, 미국인 교장이 한 여학생의 영어작문 중 "미제의 조선출병"을 "연합국의 조선출병"으로 수정한 것이었다. 해당 학생은 교장의 작문수정에 대해 "이 같이 황당한 사실 왜곡에 참을 수 없다"고 문제를 제기하고 수차례 항의서한을 발송하며 사과를 요구하였다. 그런데 교장이 끝까지 자기 뜻을 굽히지 않자 학생들은 교장이 무례하고 오만하게 반응했다며 격분하였고,

---

34) 같은 글, 34-35쪽.

수차례에 걸쳐 학생좌담회 및 집회를 열고 연이어 교사학생이 모두 참여한 교장성토대회까지 개최하였다. 결국 미국인 교장이 스스로 사직서를 내는 것으로 사건 자체는 일단락되었지만, 이 사건은 학생들을 반미대중운동으로 뛰어들게 만든 중요한 계기가 되었다.[35]

교장성토대회에서 학생들은 "미제국주의 분자 프로이스가 그동안 학생들에게 제국주의 독소를 퍼뜨렸을 뿐 아니라 우리나라의 노동자 교사 학생을 모욕하고 우롱했으며 작은 은혜와 친절로 동학들의 환심을 산 것임을 깨닫게 되었다", 또 "프로이스 사건을 통해 전교 사생들은 미제국주의의 악독한 문화 침략에 대해 확실히 인식하게 되었고, 친미와 숭미의 미몽을 모두 깰 수 있게 되었다"고 소감을 밝혔다. 흥미롭게도 학생들의 이같은 소감은 역설적으로 교장 프로이스가 평소 학생들에게 상당히 친절하고 호의적이었음을 짐작케 해 준다. 그런데 반미대중운동은 학생들로 하여금 그녀야말로 '친밀한 적'이었으며 그간 그녀가 보여준 호의와 친절이란 제국주의 문화침략의 전형적인 수법이었음을 '각성'하게 만드는 결정적 계기로 작용하고 있는 것이다. 이 각성이란 곧 미국에 대한 기존의 태도와 기억이 새롭게 재구성되는 순간에 다름 아니다. 그리고 이 각성은 곧 "과거에는 조국이란 게 뭔지 몰랐다", "중국인이란 게 영광스러운 것인지 몰랐다는 게 창피하다", "다시는 미국물건을 사지 않겠다", "철저하게 인민의 편에 서야 함을 알게 됐다"와 같은 다짐처럼 중국에 대한 민족적 자긍심과 애국주의로 이어졌다. 미국과 미국인, 그리고 미국문화를 '적'으로 인식하게 되는 그 전환이 바로 애국적 국민으로 탄생하는 통과의례의 역할을 하는 것이다. 교장 퇴출 사건 이후 금릉여대 전교 20%의 여학생들이 "가족, 애인, 개인의 장래, 죽음에 대한 공포를 떨치고

---

35) 李振坤, 「美籍教授費睿思滾出了金陵女大」, 『新中國婦女』 제18기, 1951년 1월, 36쪽.

군사간부학교 입학을 자원한 여학생들의 행렬

조국의 부름에 응하여 군사간부학교에 지원하기로 결심했다"고 하니 과연 반미대중운동의 애국주의적 효과가 적지 않았음이다.

한편 학교와 함께 미제의 문화적 침략의 온상으로 지목되었던 기독교와 천주교의 자정운동도 잇달았다. 1950년 9월 구성된 전국기독교위원회는 "교회는 제국주의가 중국 내에서 행한 죄악과···기독교내부의 제국주의를 숙청하고···미제국주의가 종교를 이용함으로써 반동음모를 배양한 것에 대해 군중에게 똑똑히 인식하도록 해야 한다"는 선언문을 발표하고 서명운동을 벌였다. 또 교회가 운영하고 있던 학교, 병원 등과 외국과의 관계를 단절한다는 이른바 삼자혁신운동(三自: 自給, 自養, 自傳)도 전개했다.[36] 쓰촨성(四川省) 광원(廣元)천주교 중국신부 왕량줘(王良佑)를 위시한 200여명의 신도들은 1) 조국을 사랑하고 인민을 사랑하는 사람으로서 제국주의와의 모든 관계를 단호히 단절하겠다, 2) 친미, 공미, 숭미사상을 일소할 것이다, 3) 자력갱생할 것이며 자급(自給), 자양(自養), 자전(自傳)하는 새로운 교회로 거듭날 것이다, 4) 교회의 성스러움이 다시는 제국주의에 의해 오염되지 않도록 할 것이다라

---

36) 김옥준, 「중국의 한국전 참전과 국내정치」, 『국제정치논총』 42집 1호, 2002, 241쪽.

는 내용의 공개선언을 하기도 했다.[37] 기독교, 천주교 계의 이와 같은 자정운동의 파고를 타고 그해 12월 중국정부는 '미국원조 문화교육, 사회사업기관과 종교단체를 처리 접수하는 데 관한 방침의 결정'과 '외국보조 및 외자경영의 문화교육·사회사업기관 및 종교단체 등록접수의 조례'를 공포하여 미국과 서구의 지원을 받던 모든 기관과 종교단체들을 몰수하기에 이르렀다. 이 과정을 종교단체의 자발적 운동으로 볼 것인가 중국정부의 종교박해로 볼 것인가는 논의의 여지가 있지만[38] 어쨌든 중국에서 종교단체가 이데올로기적으로 순응하고 체제에 맞도록 정비되는 데 한국전쟁이 결정적 계기가 되었음은 분명하다.

또 한편 인민지원군 내부의 사상공작은 특히 병사들의 공미증을 깨는 데 중점이 두어졌다. 군대에서 공미증을 극복하기 위한 정치동원은 첫째, 전쟁의 불가피성을 중심으로 참전의 필요성과 그 정의를 선전하는 것, 또 하나는 미군을 이길 수 있다는 자신감을 심어주는 방향에서 이루어졌다고 한다. 그러나 대부분 미국인의 얼굴도 본 적이 없는 병사들한테 이론적 교육만으로는 효과를 보기 어려웠다. 따라서 미군과 접촉경험이 없는 병사들에 대한 반미교육은 미제가 중국을 침략하고 모욕했던 역사 학습과 함께 피해에 대한 간접체험에 기초한 교육을 중점적으로 진행했다고 한다.

---

37) 田居儉, 앞의 글, 22쪽.
38) 김옥준, 앞의 글, 241쪽. 김옥준은 종교인들의 자정운동이 사실은 중국정부의 종교탄압에 의한 것이었다고 주장한다. 그에 따르면 중국정부가 전국기독교위원회를 구성하여 선언문을 만들게 하고 모든 기독교도들로 하여금 서명케 하였으며 서명하지 않을 경우 제국주의의 앞잡이로 몰았다고 한다. 그리하여 항미원조운동 시기 대부분의 중국인 교도들은 제국주의의 앞잡이 혹은 반혁명분자라는 죄명으로 체포, 구금, 살해, 혹은 노동개조를 당했으며, 외국인 교도들은 미제의 특무 혹은 간첩이라는 죄명으로 추방당했다고 한다. 기독교자정운동을 '박해'로 볼 것인지 이른바 '자발적 동원'으로 볼 것인지에 대해서는 좀 더 면밀한 자료조사와 분석이 필요할 것이다.

예컨대 제13집단군의 경우, 조사결과 국공내전에서 병사의 3분의 1이 부상을 당했고 신체에 총탄 파편이 남아 있었다. 간부들은 이 사실을 이용하여 "그 총탄은 국민당 군대에 의해 생긴 것이지만 그 무기와 탄약은 전부 미국이 제공한 것이었기 때문에 당신들의 부상은 간접적으로 미국의 침략에 의한 것"이라고 교육했다고 한다.[39] 이는 유치해 보이기도 하지만 당시 긴박한 상황에서 무학의 병사들에게는 의외로 효과가 컸다고 한다. 한 보고에 의하면 이러한 교육을 거쳐 "간부와 병사들은 노동자계급으로서의 자각을 높였고, 미 제국주의의 침략적 본질을 확인하였으며, 조선 인민의 해방전쟁을 지지하는 것은 곧 스스로의 가정과 국가를 지키는 것이라는 인식을 갖게 되었다. 미국을 두려워하는 심리도 초보적으로는 치유되어 정면으로 맞서서 반드시 이기겠다는 신념이 생겨났다"[40]고 한다.

위와 같이 삼시교육이 전국적으로 전개됨에 따라 전사회적으로 점차 완전히 새로운 미국이미지가 대중 속에 자리잡게 되었다. 사회심리적 측면에서 항미원조전쟁을 연구한 중국의 허우쏭타오의 조사에 의하면 우선 미국은 중국인민의 원수로서 "도적질로 집안을 일군 머리 두 개의 뱀", "중국인민의 흡혈귀"로 묘사되기 시작했다. 미국의 자선과 원조는 "위선적"이며 "피 흘리지 않고 사람을 죽이는 침략"으로 인식되기 시작했고 미제야말로 "우리 인민의 가장 위험한 적이고 가장 흉악한 적"이라는 인식이 생기기 시작했다. 두 번째로 미국은 "제국주의 침략진영의 괴수"로서 "세계에서 가장 반동적이고 가장 야만적이며 가장 침략적인 제국주의 국가", "인류 도살의 본거지", "전세계 평화를 애호하는 민주인민의 가장 흉악한 적", "세계 반동의 중심"으로

---

39) 주지안롱, 앞의 책 201-2쪽.
40) 杜平, 『在志願軍總部』 (北京: 解放軍出版社, 1989), 26-27쪽; 주지안롱, 앞의 책, 202쪽 재인용.

인식되기 시작했다. 세 번째로 미국은 가장 부패한 제국주의 국가로서 "스파이, 건달, 강도의 나라", "'개의 천당'이고 '인간의 지옥'이며 '미치광이들의 천하'"로 묘사되기도 했다. 또 세계에서 가장 부유한 나라 "미국의 인민은 헐벗고 굶주리고 있으며 전쟁을 원하지 않는다"는 것을 알게 되었다고 한다.[41] 이제 미국은 더 이상 친밀한 이웃이 아니라 가장 위험하고 교활한 '적'으로 인식되기에 이르렀다는 점에서 삼시교육을 중심으로 한 반미이데올로기 구축은 매우 성공적이었다고 할 수 있을 것이다.

3. 반미운동의 패러독스와 소환되는 일제의 기억

항미원조운동이 시작된 지 반년만인 1951년 화동지역에서는 이미 '美國鬼子', '美國赤老'라는 말이 '나쁜놈'의 대명사로 누구나 사용하게 됐을 정도가 되었다 한다. 이제 미국을 좋다고 얘기하는 사람은 아무도 없게 되었고, 만약 좋다고 하는 사람이 있으면 '쥐새끼를 보면 사람마다 모두 잡으라고 소리치는 것'[42]처럼 했다고 하니 단시간의 삼시교육이 일반인들의 대미인식에 얼마나 많은 영향을 미쳤는지 짐작할 수 있다. 새롭게 구축된 미국 이미지는 1972년 닉슨의 중공 방문 때까지 줄곧 매체 속에 반복되며 일상문화 속에 깊이 뿌리내렸다. 닉슨과 마오쩌둥이 악수하는 장면을 보고 오히려 인민들이 어리둥절해하며 쉽게 받아들이지 못했다는[43] 얘기는 그만큼 그동안 반미이데올로기가 중국인민들 삶에 얼마나 깊이 각인되어 있었는지 알게 해준다.

그런데 그 성공적인 대미인식의 전환에는 몇 가지 생각해봐야 할 측면이

---

41) 이 문단에 등장하는 인용문은 모두 侯松濤, 앞의 글, 42쪽에서 재인용.

42) 中共中央華東局宣傳部, 「華東區半年來的抗美援朝運動」, 『人民日報』, 1951. 5. 1, 제6판; 侯松濤, 앞의 글, 42쪽 재인용.

43) 楊玉聖, 『中國人的美國觀』(上海: 復旦大學出版社, 1996), 238, 258쪽.

있다. 첫째, 반미이데올로기 구축의 성공은 어디까지나 공적인 담론영역에서
일 뿐이라는 점에 주의해야 한다. 미국을 좋아하고 숭배하고 두려워하는가,
아니면 미국을 적대시하고 천시하고 무시하는가가 정치적 선진과 낙후를
평가하는 표준이 되고, 학술적으로 전자에는 자산계급이라는 딱지가, 후자에
는 무산계급이라는 딱지가 붙는[44] 마당에 이데올로기와 부합하지 않는 자신
의 생각을 용감하게 표현할 사람은 그리 많지 않기 때문이다. 실제로 반미대
중운동이 한창이던 1951년 6월 베이징시 일부 학교 학생들의 사상조사에
의하면, 일부 사립교회학교 학생들은 여전히 미국옷을 입고 미제 만년필과
칼을 사용했으며 침실에 숨어 몰래 <미국의 소리>를 청취하고, <바람과
함께 사라지다>와 같은 미국 영화나 소설에 대해 토론했다고 한다.[45] 운동
이 전개될수록 점점 더 많은 사람들이 그렇게 침실로 숨어들거나 아예 침묵하
게 되었을 것이다. 기독교자정운동이 정부의 박해와 겹쳐지는 데서도 보이듯
이, 심지어 어떤 이들은 아예 발화의 기회를 박탈당하거나 경계 밖으로 추방
되기도 했을 것이다.

　그렇다면 반미이데올로기 구축이 성공했다는 말은 곧 누군가를—어쩌면
대다수일지도 모르는 사람들을—침묵시키거나 발화의 기회를 박탈하거나 발
화의 장으로부터 아예 추방하는 데 성공했다는 말과도 같다. 그 결과 미국에
대한 기억 중 이른바 친미, 숭미, 공미와 관련된 것들은 불법적이고 반국가적
인 것으로 치부되면서 사적인 기억이나 사회적 무의식 속으로 억압되어 버리
고, 공적 의식의 영역에는 삼시교육이 만들어낸 미국상상만 합법적 권력을
행사하며 신중국의 공식적 집단기억으로 자리잡게 된 것이다. 사실 사회적
기억들이 국가와 집단의 정치적 이해관계에 의해 조작되기도 하고 의도적으

---

44) 侯松濤, 앞의 글, 43쪽.
45) 같은 글, 41쪽.

로 해석되고 동원되는46) 일은 어디서나 일어난다. 남한에서는 '빨갱이'와 그 가족들의 경험에 대한 망각과 침묵을 전제로 반공적 국민정체성이 구성되어 왔다면 중국은 과거 미국에 대한 좋은 기억을 집단적 무의식 속에 묻는 대신 미국을 가장 흉악한 적으로 재구성해냄으로써 반미적 국민정체성이 형성되었다는 점에서 다를 뿐이다.

둘째, 반미이데올로기 구축의 성공이 실제 대중의 삶에 가져온 변화, 즉 일상 속에서 반미의 실질적 내용이 무엇이었는지도 따져볼 필요가 있다. 항미 원조운동 초기의 정치동원은 머지않아 절약, 증산, 반혁명, 반부패, 토지개혁 등 일상영역의 동원으로 옮겨갔다. 위로부터 동원된 대중운동이 개인의 일상을 효과적으로 조직하고 통제할 수 있게 된 데 가장 큰 공헌을 한 것은 바로 1951년부터 본격화된 애국공약운동이었다. 애국공약운동이란 개인, 가정, 마을, 학교, 공장, 기관 등 온갖 크고 작은 단위의 주체들이 스스로 일상 속에서 실천할 수 있는 행동 목표를 세우고 그것을 공개적으로 약속하는 것이었다. 중공당국은 각각의 공약들이 실천 가능하도록 최대한 구체적일 것을 요구했다. 그리고 실행 뒤에는 검토과정을 거쳐 다시 좀 더 현실에 맞게 수정 보완한 다음 실행할 수 있도록 세심하게 지도했다. 그 결과 사소한 일상의 모든 행위가 '미국에 저항하고 조선을 돕는' 애국주의로 인정받을 수 있게 되었는데, 그건 그만큼 항미원조 운동이 대중의 일상을 장악하고 재편하는 데 성공했다는 말이 된다.47)

그런데 바로 여기서 흥미로운 역설 하나를 발견하게 된다. 반미이데올로

---

46) 이태주, 「전쟁경험과 집단기억의 동원—베트남 참전용사 단체를 중심으로」, 『전쟁의 기억, 냉전의 구술』, 선인, 2008, 247쪽.
47) 애국공약운동과 그 역사적 의미에 대해 더 자세한 것은 임우경, 「한국전쟁 시기 중국의 애국공약운동과 여성의 국민되기」 참고.

기에 기반한 애국주의라 인정받았던 그 일상의 실천들이 실제 내용을 보면 반미와 전혀 무관한 경우가 대부분이라는 것이다. "술 담배를 끊고, 시장에 가서 콩나물 값을 깎고, 집안을 깨끗이 닦고, 남편이 직장에 늦지 않도록 아침밥을 좀 더 일찍 차리고, 여가시간에 부업을 하고, 닭을 기르고 추수에 참여하고, 모르는 글자를 익혀 신문을 읽고 편지를 쓸 줄 알게 되는 일이 모두 애국이라는 이름 하에 격려"[48]되었지만, 따지고 보면 그중 딱히 미국과 직접 관련된 것은 없다. 전쟁은 중국이 아닌 한반도에서 일어났고, 중국의 참전 후에도 전쟁터는 여전히 중국이 아니라 한반도였으니 참전했던 군인과 일부 관련자들을 제외하고 국내의 일반인들이 적으로서 미국을 직접 대면하는 일은 거의 발생하지 않았다. 더구나 전쟁 개시 후에는 미국과의 거의 모든 교류 및 접촉 자체가 단절되었으므로 중국대중들의 일상 속에 미국은 사실 줄곧 '부재하는 존재'였다. 일반대중들에게 반미이데올로기 속의 미국은 말 그대로 상상 속의 적 혹은 가상의 적에 불과했던 것이다.

그런 맥락에서 일상의 어떤 행위든 반미애국이 될 수도 있지만 반대로 그중 어떤 것도 실제로는 반미와 무관한 것이 될 수 있었다. 재미있는 것은 바로 이 지점에서 대중의 담론적 자유가 합법적으로 용납될 수 있는, 이를테면 밥 먹는 것도 반미고 똥 싸는 것도 반미라고 주장할 수 있는 틈새공간이 발생한다는 것이다. 어쩌면 반미대중운동이 그처럼 놀라우리만치 빠르고 전면적으로 일상 속에 뿌리내릴 수 있었던 것도 바로 일상의 모든 것이 '반미-애국'이라는 이름으로 정당화될 수 있었던 역설적 틈새공간 덕분일 것이다. 그리고 그것이 가능했던 궁극적 원인은 바로 미국이 일상 속에 부재하는 적이었다는 점, 즉 반미란 텅 빈 기호이자 허위의식이었다는 점에 있다. 국가

---

48) 같은 글, 166쪽.

여성계 일본재무장반대 시위(『신중국부녀』 1951년 2월호 표지사진)

는 현재적 필요와 의도에 따라 부재한 적에 대한 상상에 자의적으로 기의를 부여함으로써 이데올로기를 구성하는데 이때 기의들은 부단히 차연되면서 이데올로기의 자의성과 모호성을 드러낸다. 그 자의성과 모호성이야말로 이데올로기가 지속적으로 유지될 수 있는 힘이기도 하지만, 한편 바로 그 때문에 대중들이 이데올로기의 언어 안에서 스스로를 대변하며 국가의 언어와 경쟁하고 협상할 수 있는 여지, 즉 앞서 말한 틈새공간이 만들어지기도 한다. 반미이데올로기가 그처럼 단시간 내에 일상 속에 뿌리내릴 수 있었다는 것은 이데올로기의 억압성 때문이기도 하지만 한편으로는 그만큼 대중이 협상할 수 있는 틈새공간이 컸음을 반증하는 것이기도 하다.

셋째, 그와 관련하여 상당부분 가상의 적임에도 불구하고 미국에 대한 적개심을 고취하는 데 성공할 수 있었던 것은 많은 부분 일제에 대한 기억을 미국에 투사시켰기 때문이라는 사실에 주목할 필요가 있다. 미국이 한국전쟁에 개입하자마자 중공지도부는 미국이 일제의 침략 전철을 그대로 되풀이하려는 속셈이라며 미국을 비난했다. 그에 따르면 일제가 조선을 침략하고 중국 동북지역을 점령한 뒤 내지로 진공하여 결국 아시아 전역으로 전쟁을 확대했듯이 미제 역시 한반도에서 시작해 중국을 거쳐 아시아 전체를 침략하려 한다는 것이다. 실제 진위여부와는 무관하게 이와 같은 주장은 중국내 반미대중운동에서 상당한 효과를 발휘했다. 미국은 적으로서 구체적 이미지를 떠올리기가 어려웠지만 일제침략이라면 많은 경험과 사례를 통해 구체적으로 적의 이미지를 그려낼 수 있었기 때문이다.

예컨대 『신중국부녀』만 봐도 항미원조운동이 시작된 1950년 11월부터 일제에 의한 피해사례 소개가 눈에 띄게 늘고 있다. 이들 서사는 대개 회고-고발-대비라는 구조로 이루어져 있다. 즉 과거의 삶이 얼마나 비참했는지를 떠올리고, 그 원흉으로서 일제와 지주, 그리고 국민당 반동세력을 규탄한 뒤, 신중국 건립 후 얼마나 살기가 좋아졌는지 과거와 현재를 비교하는 것이다. 그리고 이러한 서사는 자연스럽게 과거 비참한 삶으로 되돌아가지 않기 위해서는 혁명의 과실을 지켜야 하고 그러기 위해 미제와 싸워야 한다는 반미애국주의로 귀결되었다. 이들 중 대부분은 일제침략전쟁 때 강간당하고 살해당했던 끔찍한 경험들을 부단히 소환하고 이를 앞으로 발생할지도 모르는 미제의 침략과 동일시함으로써 반미의식을 획득하고자 한다. 적으로서의 미제 이미지가 텅빈 기호임에도 불구하고 고통의 육체성을 담보할 수 있었던 것은 이렇게 일제에 의한 고통의 기억이 그 빈자리를 채웠기 때문이다. 항미원조운동 중 활발히 벌어졌던 일본재무장반대시위는 일제에 대한 기억을 미제에 대한 규탄으로 전이시키는 가장 전형적인 대중의 공식적 집단행동이었다. 한편 일본과 미국이 두 개의 제국주의로서 겹치는 동안 국민당도 그와 같은 편으로 구획되었다. 국민당이 항일전쟁의 주체였음에도 불구하고 중국에서는 그 공로가 줄곧 언급되지 않거나 평가절하되었는데, 이 역시 항미원조 시기 미제국주의와 공모자로서 국민당을 형상화하고 이를 다시 일제와 연결시켰던 서사전략과 무관하지 않을 것이다.

이처럼 가상의 적으로서 미제의 텅 빈 이미지를 일제의 이미지로 채움으로써 일제와 미제를 중첩시키는 과정은 중국에서 냉전이 진영논리보다는 반제국주의라는 민족주의적 인식과 정서의 토대 위에 건립되었음을 보여준다. 이는 아시아에서 냉전이 형성되는 과정의 독특함을 보여준다는 점에서 차후에 더 면밀히 분석될 필요가 있는데, 그와 관련하여 요시미 순야 역시 일제와 미제의 겹침을 지적하고 있음은 흥미롭다. 요시미 순야는 미국이 제2차대전 후 일본, 한국, 대만, 필리핀, 남베트남, 타이 등을 위성국가로 만들어 제국의 구조를 갖게 되었다는 찰머스 존슨의 주장을 토대로 그 위성국가 시스템이 양차 세계대전 기간까지 일본이 동아시아와 남방을 침략함으로써 구축해낸 제국을 인계하여 재편한 것이라고 본다. 1930년대 일본이 아시아에서 형성했던 제국으로서의 경제체제가 2차 세계대전 후 미국의 대아시아 정책과 일본의 전후 부흥에 중요한 영향을 끼쳤다는 것이다.[49] 미국의 동아시아정책과 한국전쟁 당시 일련의 정책과정에 대한 기존연구를 통해 보건대 미제의 침략이 일제의 전철을 밟는 것이라는 당시 중공의 주장처럼 미국이 의도적으로 일제침략 노선을 되풀이하려고 했다고 볼 수는 없을 것이다. 그러나 찰머스 존슨이나 요시미 순야와 같은 연구자의 관찰을 통해 결과론적으로 보자면 중국의 주장이 아주 맹랑한 것만도 아니다. 미제가 일제와 겹쳐지는 지점에 대한 포착은 아시아에서 탈제국의 길이 또 다른 제국에 대한 저항/편

---

49) 요시미 순야, 「냉전체제와 '미국'의 소비」, 『문화/과학』 42호, 2005년 여름, 121-74쪽.

입 속에 이루어졌으며 그것이 바로 냉전의 아시아적 풍경이기도 했음을 시사해 준다는 점에서 의미심장하다. 그리고 한국전쟁은 바로 그 풍경의 한 가운데에 놓여 있다.

4. 번신하는 국민과 냉전

지금까지 삼시교육을 중심으로 항미원조운동 시기 중국의 반미대중운동의 전개와 그 결과에 대해 간략하게 살펴보았다. 중국은 한국전쟁에 연인원 240여만 명의 군사작전인원을 파견했으며 이 전쟁에서 11만 4천 명의 중국인민지원군이 사망했고 25만 2천 명이 부상당했으며 포로 포함 2만 5천 명이 실종되었다.[50] 그럼에도 불구하고 중국에서 항미원조전쟁은 공식적으로 '승리'한 전쟁으로 평가된다. 그 같은 평가에는 이견이 존재[51]할 수 있으나 적어도 국민동원 차원의 항미원조운동은 크게 성공한 것으로 보인다. 항미원조운동은 평화서명운동, 일본재무장반대운동, 절약증산운동, 애국공약운동, 군인가족우대운동, 비행기헌납운동과 같은 다양한 형태로 이루어졌다. 평화서명운동에 베이징시 여성의 90%가 참여했고 애국공약운동에 전국 농촌인구의 70%가 참여했으며[52] 비행기와 무기헌납을 위한 운동에서는 1951년 6월부

---

50) 沈志華, 「중국의 한국전쟁 참전결정에 대한 평가」, 『한국전쟁과 중국』, 백산, 2001, 273쪽. 한편 쉬옌에 의하면 한국전쟁 당시 전장에서 사망한 사람이 11만여 명이지만 부상 및 기타 이유로 그 후 사망한 사람까지 합치면 한국전쟁으로 인한 중국측 사망자는 모두 18만여 명에 이른다고 한다. 「徐焰少将: 中国抗美援朝牺牲18万人」, <人民网> http://military.people.com.cn/GB/8221/84385/195548/11982237.html (2011년 3월 11일 검색).
51) 예를 들어 중국의 대표적 한국전쟁 연구자인 沈志華는 중국의 한국전 파병이 '얻은 것보다 잃은 것이 많'으며 한국전쟁에 승자는 없다고 말한다, 沈志華, 앞의 글, 273-79쪽 참고

터 1952년 5월까지 선무기 3,710대분에 해당하는 엄청난 모금[53]이 이루어졌다. 삼시교육은 바로 이처럼 다양하게 파생된 대중운동들이 성공적으로 진행될 수 있도록 논리적, 심리적 토대를 제공한 주역이었다고 할 수 있다.

삼시교육을 중심으로 한 반미대중운동의 결과 그동안 산발적이고 소수에 한정됐던 반미의식은 점차 공식적 반미이데올로기로 체계화되었을 뿐 아니라 국민의 기본소양이자 정체성의 핵심으로까지 자리 잡게 되었다. 그런 점에서 허우쏭타오는 삼시교육이 "민족주의와 애국주의를 입구로 삼아 중화인민공화국 초기 건설 시기 민중심리의 통합을 촉진하고 백여년 제국주의 침략으로 만들어진 불량한 심리적 영향을 해소했으며 민족의 자존심과 자신감을 강화"[54]시켰다고 평가한다. 이와 같은 사회심리적 통합 위에 항미원조운동은, 참전 결정 당시의 우려와 달리, 오히려 중국이 단기간에 경제적 기반을 회복하고 정치적 통합을 앞당길 수 있는 결정적 계기가 되었다. 특히 중공은 항미원조운동을 사회주의 정권을 공고히 하기 위한 현안들과 연계시켰다. 전쟁이라는 최대의 긴장국면 속에서 온건적이던 토지개혁노선은 강경노선으로 급선회했으며 국민당 잔당과 반혁명세력을 미제국주의와 연결시킴으로써 그 진압을 위한 대중운동이 순조롭게 전개될 수 있었다.[55]

이처럼 반미이데올로기와 그 대중운동은 단지 전쟁에 필요한 자원을 동원하는 데 그치지 않고 중공의 사회주의적 개조와 그 국민 창출에 있어 불가결한 동력이 되었다. 그런 점에서 반미운동은 소련에 대한 당시 중국인들의 배타적 사상을 제거하고 중공의 소련일변도 원칙을 받아들이게 하는 중소우

52) 劉寧元, 「20世紀50年代北京婦女界的和平運動」, 『北京黨史』, 2006년 2기, 59쪽.
53) 「全國各省市武器捐款統計表」, 中國人民抗美援朝總會宣傳部 編, 『偉大的抗美援朝運動』(北京: 人民出版社, 1954), 211쪽.
54) 侯松濤, 앞의 글, 42쪽.
55) 박두복, 앞의 글, 164-69쪽 참고.

호운동과 짝을 이루는 것이었다. 당시 중국사회에서 소련은 '중국에 대한 제국주의자', '모든 외국들 중 중국 경제회복에 가장 비협조적인 국가' 등으로 인식되었다. 특히 소련의 중장(中長)철로, 여순, 대련에 대한 통제에 대한 불만은 중소우호운동을 추진하는 데 가장 중요한 장애였다고 한다.[56] 이는 앞서 살핀 중국인들의 친미적 태도와는 대조되는 것으로서, 반소 심리를 친소 심리로 전환시키는 것은 친미를 반미로 전환시키는 것만큼이나 중요한 작업이었다. 소련에 대한 배타사상이나 대소일변도 정책에 대한 의구심이 중공의 사회주의적 개혁을 방해하는 심각한 요인으로 작동했기 때문이다. 항미원조 운동은 바로 그와 같은 우적(友敵) 관념을 완전히 전도시키는 과정이었다.

이처럼 항미원조운동을 통해 반미/친소라는 냉전의 논리가 신중국 애국 주의를 지탱하는 근간이자 국민통합의 주된 기반이 되었음은 적어도 동아시 아에서 국민의 형성이 냉전적 정체성을 토대로 하고 있음을 보여준다. 중국과 북한은 반미라는 국민정체성이, 남한과 대만은 반공이라는 국민정체성이 형성되었으며, 양자가 서로 마주보고 대립하면서 동아시아 국가간 국민정체성 의 냉전적 분단선이 창출되고 고착되었다. 만약 한국전쟁이 아니었다면 아무리 전후세계가 미소를 중심으로 한 냉전질서로 편입되기를 강제했다 하더라도 중국대륙에서 반미의식이 그처럼 비중 있는 국민정체성의 일부로 자리 잡지는 못했을 것이다. 항미원조운동 속에서 미제의 이미지를 채우기 위해 일제의 기억이 소환되고 재구성되었던 과정은 또한 아시아의 냉전적 국민정 체성이 과거 반제국주의의 연장선 위에 형성되었음을 시사해 준다. 아시아에 서 냉전의 민족주의적 기초, 즉 냉전과 아시아 각국의 민족해방 실천이 만나는 지점을 어떻게 분석할 것인가는 앞으로 계속 고민되어야 할 과제가 아닐

---

56) 같은 글 161-64쪽 참고.

수 없다. 그와 함께 중국에서 억압되어있던 무의식—이른바 친미, 숭미, 공미 심리—이 닉슨의 방문이나 탈냉전을 계기로 귀환될 때 대중의 '분열적 대미인 식'57)이 형성되는 지평을 어떻게 포착할 것인가도 흥미로운 연구주제임이 틀림없다. 특히 G2 혹은 차이메리카 시대를 맞이하는 지금은 더더욱.

---

57) 張春, 「冷戰後中國人的美國觀: 兩個美國, 三種態度與走向理性」, 『開放時代』, 2004년 제3기, 91-101쪽; 范士明・樸海花, 「愛恨交融中的反美主義: 冷戰後中國人對 美國的看法」, 『國際政治研究』, 2005년 제2기, 52-58쪽 참고

5

"중국"의 재발견

—50년대초 "신애국주의" 운동과 신중국의 "국제관"을 통해 형성된 중국의 "자기"이해[*]

허지시엔(何吉賢)

1950년대 초 "신애국주의" 운동

1950년대 초, 이제 막 새로운 정권이 수립된 중국은 토지개혁과 항미원조, 반혁명진압과 숙청 등 일련의 정치·사회 운동의 복잡다단한 상호 영향속에서 새로운 정권을 위한 안정적인 정치, 사회, 경제적 토대를 구축해 내었다. 이러한 일련의 운동들은 매우 복잡다기한 양상으로 전개되었지만, 사상교육과 이데올로기 영역에서는 50년대 초반 정치·사회운동을 관통하는 몇가지 주요한 흐름이 존재하였던 바, "신애국주의"(교육)운동은 그러한 주요한흐름 가운데 하나에 해당한다. 특히 항미원조운동 속에서 "항미"와 "애국"은상호 분리될 수 없는 것이었으며, 양자는 "항미원조애국운동"이라는 하나의

---

* "Rediscovering China: New Patriotism Movement and the Self-understanding in the Formation of International Perspective of New China."

큰 흐름을 구성해 내었다.

실제로, 사회통합과 국가정체성이라는 각도에서 볼 때, "신애국주의"운동은 중화인민공화국 건립 초기부터 새로운 국가 프로파간다와 교육의 핵심이었다. 1949년 9월 29일 제정, 반포된『중국인민정치협상회의 공동강령』(이것은 일종의 임시헌법과 같은 것이었다) 제42조는 "조국과, 인민, 노동과 과학을 사랑하고, 공공의 재화를 아끼고 사랑하는 것이 중화인민공화국 전체 국민의 공덕(公德)이 되도록 제창"한다고 규정하고 있다. 이후 "5애교육(五愛教育)"(조국, 인민, 노동, 과학, 공공재화 사랑하기 - 역자)으로 발전하게 되는 이 규정은 헌법에 준하는 수준에서 신중국 "인민의 신도덕관"을 제시한 것이었으며, 헌법의 차원에서 국민의 "핵심가치관"을 규정하고 있는 것이었다고 할 수 있다. 이러한 "5애교육"은 일정 정도, 50년대 초반 당시 중국 사회에 널리 퍼져 있었던 신정권에 대한 높은 일체감, 국민들의 주인의식, 생기 넘치는 사회적 분위기를 반영하고 있는 것이었다고 할 수 있는데, 그 가운데에서도 가장 핵심적인 지위를 차지하고 있는 중심축은 다름 아니라 "애국"이었다.

이러한 "신애국주의"는 "항미원조"운동과 결합됨으로써 추상적이고 공허한 정치적 설교가 아니라 전사회적 정치·사회운동으로 구체화될 수 있었다. 특히 "항미애국"운동 중후반기에 이르러서는 거대한 사회운동과 대규모 집회, 최종적으로는 "애국공약" 체결의 과정을 통해 모든 기관과 학교, 공장, 농촌마을, 나아가 모든 개별 가정과 개인들에 이르기까지 전면적으로 운동속에 끌어들임으로써[1] 비로소 "애국은 모든 개인들과 직접적인 연관성을

---

1) 국내 학계의 일반적인 분기법에 따르자면, '항미원조'운동은 네 단계로 구분된다. (1) 1950년 6월부터 10월까지의 운동 개시기 (2) 1950년 10월부터 1951년 2월까지의 고조기 (3) 1951년 2월부터 1952년 4월까지의 보급 및 심화기 (4) 1952년 4월부터 1953년까지의 지속 및 종결기(孫啟泰, 「論抗美援朝運動」, 劉宏煊 編,『抗美援朝研究論文集』[人民出版社, 1990], 326쪽 참고). 평화서명운동과 집회 및 시위 활동들로부터 애국'

획득"하게 되었다.

　그러나 정치사회적 운동이라는 측면에서 볼 때, "신애국주의운동"은 개
개인의 생활과 각기 다른 수준과 정도에서 결합될 수밖에 없었는데, "신애국
주의운동"은 무엇보다도 선전과 교육, 그리고 사상토론을 위주로 하는 운동
이었기 때문에 불가피하게도 지식인 및 청년학생과 상대적으로 더 긴밀한
연관을 지닐 수밖에 없는 운동이었다. 혹자는 "신애국주의"(담론)를 서로 다
른 배경과 입장을 지니고 있었던 지식인들이 공산당 신정권에 스스로를 동일
시하게 되는 중요한 전환 메커니즘으로 규정하기도 하는데,2) 물론 서로 다른
정치적 배경에 따라 (신)애국주의에 대한 논술에는 상당히 복잡한 내용적
차별성이 존재하지만, 개별적 사안들과 관련된 복잡하고 세부적인 문맥을
제쳐놓고 이야기하자면, 현실 정치 운동 속에서 (신)애국주의는 확실히 50년
대 지식인 개조운동의 기본적 출발점이었을 뿐 아니라, 그들의 정치적 아이덴
티티 전환의 열쇠를 함장하고 있는 것이었다고 이야기할 수 있다.

　따라서 일련의 "핵심적 가치관"으로서 신애국주의는 우선 중화인민공화

───
공약, 헌금운동(捐款捐物運動) 등에 이르는 다양한 사회운동들이 각 단계를 관통하여
지속적으로 전개되었다.
2) 첸리췬(錢理群)의 『毛澤東時代和後毛澤東時代』(台灣聯經出版公司, 2012) 제1장
참고. 첸리췬은 이 책 속에서 선충원(沈從文)의 사례를 들어, "애국주의는 국가와 민족
과 함께 그 수많은 역사적 풍파를 헤쳐나왔던 그 세대 지식인들에게는 그야말로 기본
적인 입장에 해당하는 것이었다. 그것은 그들의 사고와 행동의 출발점이자 귀결점이었
으며, 우리가 선충원 세대의 지식인들에 대해 고찰하고 그들을 이해하고자 할 때 반드
시 틀어쥐어야 할 핵심 가운데 하나"(상권, 40쪽)라고 지적하고 있다. 이처럼 선충원은
"애국주의"로부터 출발하여, 본래는 자신과 "충돌"할 수밖에 없었던 신정권을 "이해하
기 위해 노력하는 태도"를 취하게 되었다. 첸리췬에 따르면, 선충원의 "신애국주의"는
국가의 독립과 부강에 관한 꿈, 조직적이고 계획적인 국가에 대한 관념, 당의 지도에
대한 관념, 정치와 분리되지 않고, 군중과 분리되지 않는 태도, 개인을 희생하는 집체주
의적 관념들을 포괄하고 있다(상권, 42쪽).

국이 수립한 각계급과 당파를 아우른 연합정부라는 정치체제에 부합되는 것이었다. 동시에, 신애국주의는 백여 년의 시간 동안 중국 지식인들의 지식과 심리, 정서구조 속에 내재화된 것으로서, "민족의 독립과 국가의 부강"이라는 중국 지식인들의 지향과 일치하는 것이기도 했다. 때문에 혹자는 신애국주의가 "구애국주의" 담론에 일정 부분을 의지하고 있는 것이라고 지적하기도 하였다. 그러나 신애국주의는 공산당이 지도하는, 선명한 "이데올로기"적 지향성을 지닌 정부가 주도적으로 제창한 가치관이었기 때문에 과거의 가치관과는 본질적인 차이를 지니는 새로운 성질의 것일 수밖에 없었다. 그렇다면 "신애국주의"는 어떤 면에서 새로움을 지니고 있는 것이었을까?

먼저, 태어나고 자란 향토와 민족, 문화에 대한 귀속감으로부터 자라나온 집체적 감정으로서의 애국주의는, 현정권이 향토와 민족, 문화의 집체적 이익과 합치되는지 여부에 대한 판단에 따라, 현정권에 대한 강력한 정치적 지지 역량으로 전화될 수도 있고, 반대로 현정권에 대한 저항적 역량으로 전화될 수도 있다. 따라서 신중국 건립 초기부터 시작된 "신애국주의" 교육운동은 처음부터 "새로운 정권과 새로운 정치체제를 어떻게 인식할 것인가"라는 핵심문제에 초점을 맞추고, 정권의 성질과 정치체제의 구성에 대해 다양한 설명과 논증을 전개하였다. 물론 논술의 초점은 정권의 "인민적" 성질에 맞추어졌다. 이때 "인민"이란 계급적 관점을 내재하고 있는 것이었기 때문에 매우 구체적인 내용을 지니고 있는 것이었는데, 그것은 바로 "노동자, 농민, 도시 쁘띠부르주아, 민족부르주아 계급"[3]을 가리키는 것이었다. 정권의 "인민적" 성질로 인해, 민족의 역사, 문화, 심지어 강역에 이르기까지 이 모든 것은 "인민"적 속성을 지니게 되었으며, 계급적 관점에 입각하여 새롭게 서술되어

---

3) 毛澤東, 「論人民民主專政」, 『毛澤東選集』 第4卷 (人民出版社, 1991), 1475쪽.

야 할 필요가 있었다.

다음으로, 무장투쟁을 통해 수립된 혁명정권은 과거 백여 년 동안 중국인들, 그 중에서도 특히 중국 지식인들이 품어왔던 민족독립과 국가부강의 열망을 이어받았으며, 현실정치 속에서 백여 년에 걸친 모든 수모와 불평등 조약의 질곡을 걷어내는 자주적인 외교정책을 실천해내야 했다. 때문에 "신애국주의"의 새로움이란, 한편으로는 중국공산당이 주장해 왔던 반제, 반매판관료, 민족독립의 구호와 일치하는 것임과 동시에 다른 한편으로는 레닌주의와 제3인터내셔널 이래의 공산당원들이 전개해 왔던 민족독립 및 해방운동과 합치되는 것이었으며, 나아가 민족평등, 피압박민족의 독립과 해방을 지향하는 국제주의 역시 그 주요 내용으로 포괄하는 것이었다. 이러한 새로운 "국제관(International Perspective)"이라는 각도에서 이야기할 때, "신애국주의"는 역시 국민의 "자기교육"과 "자기이해"의 기초가 되는 것이기도 했다.

"신애국주의"운동은 다중적인 함의를 지니고 있다. 담론의 층위에서 그것은 새로 성립된 중화인민공화국 정권의 정체성 구성을 위한 합법성 승인의 과정이었으며, 정치적 실천의 층위에서는 집회와 시위, 애국공약 등의 구체적인 실천을 통해 민중을 조직하고 그들의 정치적 열정과 각오를 촉발하기 위한 것이었다. "항미원조" 전쟁은 이 두 층위 운동의 상호 결합과 촉진을 위한 역사적 조건을 제공하였다고 이야기할 수 있다. 무릇 전쟁이란 정상적인 사회적 상황을 벗어난 비정상적 상태로서, 고도의 사회적 동원을 필요로 하게 마련이다. "항미원조"는 일반적으로 성공적인 사회적 동원의 전형적인 사례로 평가되는 바,[4] 그것이 가능했던 원인은 한편으로는 장기간에 걸친 혁명전쟁을 통하여 이제 막 수립된 신정권에 대한 민중의 기대와 신망이 폭넓게

---

4) 항미원조 전쟁 시기의 민중동원에 대해서는 侯松濤의 「抗美援朝運動中的社會動員」 (中央黨校博士論文, 2006)을 참고.

존재했기 때문이었고, 또 다른 한편으로는 "신애국주의" 교육을 핵심으로 하는 "항미원조보가위국" 운동의 구체적 내용이 당시의 민심 혹은 민의와 합치되는 것이었기 때문이기도 했다.

정치·사회적 운동으로서의 "신애국주의"운동은 당과 정부의 법규, 법령, 당과 국가 지도자의 연설과 지시, 사회운동 차원의 다양한 활동 등을 내용적으로 포괄한다. 그러나 이 글은 "신애국주의" 운동에 대한 전면적인 정리를 위한 것이 아니다. 이 글의 목적은 "신애국주의" 운동 속에서 드러나는 내용적 특징에 대한 고찰을 통해 다음과 같은 두 가지 질문에 답하고자 하는 데에 있다. 첫째, "중국"의 주체는 어떻게 형성, 발전되었는가. 둘째, "항미원조"의 배경 하에서 "신애국주의" 운동을 통해 새롭게 등장한 "중국"이라는 주체의 새로운 "국제관"은 어떻게 형성된 것이며, 나아가 이 새로운 "국제관"과 일반적인 민족주의 사이에는 어떠한 관계가 존재하는 것인가.

이와 같은 목적에 근거하여, 이 글에서는 위에 언급한 "담론"적 층위를 중심으로 논의를 전개할 것이며, 해당 시기『중국청년』잡지 속의 "신애국주의운동" 관련 문장들을 주요한 분석 대상 텍스트로 설정하였다. 이 과정에서 이 글은 "신애국주의운동" 속에 나타나는 "청년담론"에 주목함으로써 "신애국주의운동"이 함장하고 있는 내용과 문제들을 들여다보고자 한다.

지면의 제약으로 인해 이 자리에서 "신애국주의"운동 속의 "청년담론"과 기타 일반적인 담론들 사이의 관계에 대해 구체적으로 이야기하기는 어려울 것으로 보인다. 다만 간략히 이야기하자면,『중국청년』속의 "신애국주의"에 관련된 논술들은 (주류적인 위치를 차지하고 있는) 일반적인 논술들에 포함되는 것이면서도 동시에 상대적인 특수성을 지니고 있는 것이라고 이야기할 수 있겠다. "청년정치"는 만청 이래 중국 사회 변혁의 핵심 요소5) 가운데 하나였는바, "청년과 '청년'을 둘러싼 다양한 서술들, 예를 들어 가정, 애정,

청춘의 활력, 생명의 의의, 분투의 목표 등은 '미래'라는 현대적 목표의 소환을 통해 끊임없이 정치화"6)된다고 했던 차이샹의 지적처럼, 50년대 초 『중국청년』 속의 청년 문제에 관한 논술은 정확히 그 연장선 위에 있음을 우리는 발견해낼 수 있다. 물론, 그와 동시에, 이러한 "(청춘, 생명, 행복, 애정, 아름다움, 새로움, 시대, 미래 등과 같이) 끊임없이 반복되는 기표들"은 그 반복의 과정 속에서 점차 공동화되고 끊임없이 그 정치적 에네르기를 소진하게 되기도 한다. 『중국청년』 속의 "신애국주의" 관련 논술들은 확실히 이러한 "청년 정치"의 일면을 잘 보여주고 있는데, 『중국청년』 속의 "신애국주의" 관련 논술들은 청년, 그 중에서도 특히 청년 지식인들의 교육에 주목함으로써 한편으로는 청년들의 생활과 사상 상황에 밀착된 일면을 보여주면서도 그와 동시에 청년 지식인 관련 내용의 비중이 상당히 크기 때문에 불가피하게 이론적 사변성을 강하게 띠면서도 이러한 이론적 사변의 독특성 역시 시간이 지남에 따라 점차 상실해가는 과정을 밟아나가게 된다.

국민교육으로서의 "신애국주의" 교육

일반적으로 "신애국주의운동"은 "항미원조"운동에 수반된 운동으로 알려져 있다. 전체적으로 보자면, 이런 논법이 아주 틀린 것이라고 보기는 어려운데, 그것은 사회운동으로서의 "신애국주의운동" 역시 확실히 "항미원조" 시기에 정점에 도달했던 것이 사실이기 때문이다. 그러나 실제로 "신애국주의"에 관한 설명과 교육운동은 건국 초기에 이미 시작되고 있었다. 1950년

---

5) 이와 관련하여서는 蔡翔의 『革命/敍述』(北京大學出版社, 2010), 제3장 「靑年, 愛情, 自然權利和性」의 제1절 「靑年或者'靑年政治'」를 참고.
6) 같은 책, 125-26쪽.

제1기 『청년잡지』는 "신애국주의"를 중심 주제로 제시하고 "신애국주의" 특집을 싣고 있는데, 편집자는 "이 문장들이 모두가 공동강령을 학습하는 데에 도움이 되고, 청년들이 애국주의와 협애한 민족주의와 관련된 일련의 사상적 문제들을 해결하는 데에 도움이 되[7])기를 기대하고 있다. 분명히 드러나듯이 이 특집에 실린 글들 속에서, "신애국주의"는 "공동강령"에 대한 학습 및 선전과 짝을 이루고 있다. 다시 말하자면 신애국주의는 신정권에 대한 인식, 새로운 국민의식의 수립이라는 목표와의 연관 속에서 제출된 것이다. 때문에 "신애국주의"의 제창 전("애국주의"의 제창)과 후("신애국주의" 재론)의 논술 양상을 비교해 보면, 다음과 같은 네 가지 측면에서 독특한 차별성을 발견할 수 있다.

첫째, 이것은 "국민당 반동정부가 이야기한 '민족부흥', 혹은 '국가지상'"과는 구별되는 참신한 내용을 지니고 있는 "새로운" 애국주의라는 점이 특별히 강조되고 있다. 가장 핵심적으로는 정권의 성질에 변화가 발생함으로 인하여 인민과 국가 사이의 관계 역시 동시에 변화되었다는 점이 강조되고 있다. 이에 관해서는 다음 장에서 자세히 살펴볼 것이므로, 여기에서는 자세히 언급하지 않기로 한다.

둘째, "신애국주의"는 "새로운 도덕관" 혹은 "전국민의 공덕"이라는 차원에서 제창되고 있을 뿐 아니라, 헌법에 준하는 성질을 지니고 있는 『공동강령』 속에 기술됨으로써 이후 진행될 전 사회적 선전과 교육운동을 위한 기본적 조건이 마련되고 있다.

셋째, "신애국주의"의 제창은 전 사회적인 범위에서 전개되는 사상개조 운동의 계기점이자 핵심이었다. "전체 국민"과 관련하여 이야기할 때, 가장

---

7) 「編輯室」, 『中國靑年』 제30기, 1950. 1. 14, 5쪽.

먼저 수립되고 양성되어야 했던 것은 바로 새로운 "인민관"이었다. "신애국주의"의 구체적 내용은 무엇보다도 "모두가 인민의 국가주권, 인민의 역사전통, 인민의 문화, 인민의 영토와 재산을 사랑"[8]하는 것이었기 때문이다. 만일 이것이 일종의 "공덕(公德)" 차원에서 이야기하는 것이라면, 새로운 "인민관"(새로운 인민의 정권이 수립됨으로써 인민이 스스로 국가의 주인이 되었다는 것)이 정립되고 난 뒤에는 "국가를 사랑하는 것" 역시 개개인의 도덕인 "사덕(私德)"의 영역[9]으로 진입할 수 있게 된다. 여기에서 우리는 "공덕"과 "사덕"의 영역 구분이 허물어지고 하나의 논리로 관통되고 있다는 점에 주목할 필요가 있다. 그것은 아래에서 언급하게 될 서양사상사에서의 공사 구분과는 실질적으로 전혀 다른 것이기 때문이다. 이러한 인민관이 실질적으로 구현될 수 있도록 하기 위해서는 각급 간부와 당원, 단원들이 항상적으로 군중노선의 현장과 방법 속에 머물러 있지 않으면 안 된다. 왜냐하면 간부와 당원, 단원들이 일반 군중의 외부에 존재하는 별도의 이익집단이 되지 않는 한, "인민 스스로 주인이 되는" 것을 허용하기 위한 지지대가 마련될 수 있으며, 이러한 상황 속에서만 "국가에 대한 사랑"은 비로소 "새로운 정권에 대한 사랑"으로 순조롭게 이행해갈 수 있을 것이기 때문이다.

넷째, 신애국주의와 국제주의의 결합은 "부르주아 민족주의 민족관"과 다른 것이라는 점이 강조되고 있다. 애국주의와 국제주의의 결합은 1950년대 담론에서는 거의 상투어에 가까운 것이었다. 애국주의에 관련된 거의 모든 담론들은 최종적으로는 애국주의와 국제주의의 결합을 강조하는 것으로 끝을 맺고 있을 정도이다. 그러나 각각의 시기마다 국제주의가 의미하는 구체적인 내용은 제각기 다른 것이었다. 1950년대 초반 "국제주의"가 의미하는 바

---

8) 蕭德, 「論中國人民的新愛國主義」, 『中國靑年』 제30기, 1950. 1. 14.

9) 楊甫, 「人民的新道德觀」, 『中國靑年』 제30기 참고.

는 대부분 소련 및 동구 인민민주국가들괴의 긴밀한 동맹관계였다. 그러나 항미원조 전쟁 발발 이후에는 국제주의가 의미하는 바가 좀 더 구체화되었다. 차제에 이 부분을 좀 자세히 살펴보고 넘어가기로 하자. 건국 직전인 1948년 11월에 류사오치(劉少奇)는 『국제주의와 민족주의에 관하여』라는 책을 저술한 바 있다. 류사오치는 이 책에서 건국에 직면한 공산당인들의 국제 정세에 대한 이해 방식을 기술하고 있는데, 그 중에서도 신애국주의와 국제주의 사이의 결합에 대해 중점적으로 기술하고 있으며, 이 부분은 매우 폭넓게 인용되고 있다. 류사오치의 이 소책자 가운데 다음의 두 단락 속에서 우리는 중국공산당의 국제주의에 대한 이해방식의 기본 양상을 엿볼 수 있다. "공산당인이 만약 자기 민족이 제국주의의 압제로부터 벗어난 뒤에 다시금 부르주아 민족주의의 입장에 서고, 민족 이기주의에 자기를 맡기고, 민족 내 지배계급의 이익을 위해 전 세계 각 민족 노동 인민과 프롤레타리아 대중 공통의 국제적 이익을 희생시키려 한다면, 나아가 반제국주의에 반대하고, 제국주의의 도움을 얻어 다른 민족을 억압하거나 침략하려 한다면, 혹은 보수적이고 배외적인 사상에 기대어 프롤레타리아 국제주의에 반대하고 프롤레타리아와 노동인민의 국제적 단결을 거부한다면…그것은 프롤레타리아 계급과 공산주의를 배반하고 제국주의자를 돕는 것이며, 스스로 제국주의 진영의 졸병을 자처하는 것이다."10) 이 단락에서 류사오치는 국제주의의 계급적 기초가 국제주의적 이념이 형성되기 위한 가장 근본적인 이론적 핵심임을 제시하고 있다. 공산당이 주도하는 민족정권의 수립을 눈앞에 둔 상황에서 이러한 수준의 이론적 순수성이 견지되고 있다는 것은 충분히 이해가 가는 것이면서도 그야말로 존경을 표할 만한 것이 아닐 수 없다. 또 한 단락을 살펴보자. "진정한 애국주

---

10) 劉少奇, 『論國際主義與民族主義』(人民出版社, 1954), 9쪽.

의란 수 천 년 동안 세대를 거듭하며 전해 내려온 자기 조국과 인민, 언어문자와 자기 민족의 우수한 전통에 대한 열렬한 애정을 가리키는 것이다. 이러한 애국주의는 교만하고 배외적인 부르주아 민족주의나 낙후한 가부장제, 소농의 폐쇄주의나 고립주의, 종파주의, 지방주의 등과 같은 민족적 편견들과는 그야말로 아무런 관계도 없다. 순수한 애국주의는 다른 민족의 평등을 존중하며, 전세계 인류의 우수한 이상이 자기 나라에서도 실현되기를 희망하고, 각 나라 인민의 우애와 단결을 주장한다."11) 이러한 서술 속에서 우리는 신애국주의가 국제주의의 계급적 기초에 대한 이론적 인식의 토대 위에서 민족의 평등에 대한 요구를 더하여 가지고 있는 것이며, 신중국의 민족정책과 외교정책의 다양한 가능성을 예시하고 있는 것임을 발견할 수 있다.

항미원조 운동이라는 배경 하에서 전개된 신애국주의 교육운동

"신애국주의"가 다시금 집중적으로 토론되고 나아가 사회운동으로 외화되는 것은 건국 1주년을 즈음해서였다. 이때는 이미 중국이 조선 출병과 조선전쟁에 대한 전면적 개입이라는 문제를 논의하기 시작한 시점이었다. 스튜어트 슈람은 조선전쟁 전후의 『인민일보』를 고찰한 바 있는데, 이 고찰을 통해 그는 중국이 "조선전쟁 발발 이후 몇 개월 동안 여론 동원을 위한 공작에 그리 열정적이지 않았"음을 발견해내고 있다. 그에 따르면 "신문 잡지들은 비교적 적은 편폭을 할애하여 충돌 상황을 보도하고 있으며, 반미를 주장하는 글도 결코 많지 않았고, 그 내용 역시 평상적 수준을 넘어서지 않고 있었다.

---

11) 같은 책, 35쪽.

9월 하순에 이르러서야 변화의 조짐이 발견되기 시작하며 중국 군대가 조선에서 전투를 개시한 이후에 이르러서야 반미 선동이 비로소 고조에 이르게 된다."12) 실제로 1950년 10월 26일, 그러니까 지원군이 조선으로 들어가 전투에 투입된 지 하루가 지나서야 중공중앙은 마오쩌둥이 직접 검토하고 교정을 한 「시사 선전에 관한 지시」를 발표하고, "전체 인민이 당면 정세를 정확히 인식하고, 승리의 신심을 갖고 미국에 대한 공포를 극복할 수 있도록 하기 위하여, 각 지구별로 목전의 시사 문제에 대한 선전 운동을 즉각적으로 전개할 것을" 주장하고 있다.

1950년 9월 23일 출판된 『중국청년』 48기도 "신애국주의" 특집을 다시 싣고 있는데, 이번에는 지난 번보다 편폭도 늘고, 저자 진용도 강화되었음이 눈에 띈다. 편집자는 「편집실」 란을 통해 "신애국주의는 청년들에 대한 장기적인 선전과 교육이 필요한 영역이며, 우리는 차후에 지속적으로 신애국주의와 관련된 글들을 조직할 것"임을 밝히고, 더 적극적인 관련 문장의 투고를 요청하고 있다.13) 한 달 후에 발행된 50기에도 "신애국주의" 특집이 게재되고 있는데, 여기에서도 다시 한 번 "신애국주의와 국제주의는 청년들에 대한 장기적인 선전과 교육이 전개되어야 할 영역"임이 강조되고 있다.14) 이후 "신애국주의"는 잡지의 일상적 주제 가운데 하나가 되었으며, 거의 매 기마다 특집 논문과 사설, 전기, 시사해설 등의 형식을 빌은 관련 문장들이 빠지지 않고 게재되고 있다.

이 시기 "신애국주의"에 관한 논술들은 그 추세와 강조점에 있어 다음과 같은 몇 가지 특징이 두드러지게 나타나고 있다.

---

12) 斯圖爾特·施拉姆(Stuart R. Schram), 『毛澤東』 (紅旗出版社, 1987), 229쪽.
13) 「編輯室」, 『中國靑年』 제48기, 1950. 9. 23.
14) 「編輯室」, 『中國靑年』 제50기, 1950. 10. 21, 26쪽.

1. 애국주의와 현정권에 대한 태도 문제. 이 역시 "신애국주의" 속의 "새로움"에 대한 합리화를 위한 논증과 관련되어 있으며, 거의 모든 관련 문장들은 먼저 이 문제를 우선적 해결 과제로 제기하고 있다. 위광위앤(於光遠)은 이와 관련하여 『애국주의에 대하여』라는 글에서 "현재의 정권에 대해 어떤 태도를 취할 것인가 하는 문제는 모든 애국주의자가 명확히 인식하지 않으면 안 될 문제"라고 지적한다. 그에 따르면 과거의 애국주의자들은 반동 정권에 반대하였지만, 오늘날의 애국주의자들은 현재의 인민 정권을 옹호하고 보호하고자 하는데, 그 이유는 정권의 성질이 변화되었기 때문이다.[15] "한 명의 애국주의자는 서로 다른 성질을 지닌 군대나 정부에 대해 서로 다른 태도를 취해야만 한다. 바꾸어 말하자면, 한 명의 애국주의자는 반드시 서로 다른 성질의 국가기구에 대해 서로 다른 태도를 취해야 하는 것이다."[16] 이 문제에 대한 보다 심화된 인식을 위하여, 리다(李達)는 『신구중국의 국가기구』라는 문장 속에서, 신민주주의 국가기구가 실행하고 있는 것은 의행(議行)이 합일된 인민대표대회 제도이며, 이 제도는 형식적으로 보통선거를 실행하고 있는 삼권분립 제도보다 우수한 것이라는 점을 힘주어 강조하고 있다.[17] 또 다른 글에서 위광위앤은 "신애국주의와 반동적이고 협애한 애국주의", 그리고 "신애국주의와 과거 신중국 수립 이전의 혁명적 애국주의"를 구분하고 있다.[18] 그에 따르면, "각각의 시기마다 애국주의의 사상적 내용은 서로 달라질 수 있다." "만약 누군가가 자신의 고귀한 애국주의적 열정과 혁명적 정치 인식을 결합시키지 못하거나 자신의 애국주의적 열정을 국내외적 형세에 대한 정확한 인식과 사회발전 법칙에 대한 정확한 인식의 기초 위에 정립하지 못한다면

---

15) 於光遠, 「談談愛國主義」, 『中國靑年』 제48기, 1950. 9. 23, 36쪽.
16) 같은 글, 14쪽.
17) 李達, 「新舊中國的國家機構」, 『中國靑年』 제50기, 1950. 10. 21, 26쪽.
18) 於光遠, 「新中國與新愛國主義」, 『中國靑年』 제56기, 1951. 1. 13, 10쪽.

언제라도 반동파에게 이용될 수 있는 위험을 안고 있다."19) 따라서 "우월한 신민주주의 사회제도야말로 신애국주의의 기초"가 되는 것이다.

2. 역사와 민족에 대한 지식의 재구축. "신애국주의"의 구체적인 내용에 대한 서술 과정에서 역사와 민족에 대한 지식의 재구축이라는 문제가 중요한 과제로 부각되고 있다. 논제와 형식 측면에서만 보자면, 이것은 일반적인 민족주의 담론과 별 차이가 없다. 일반적인 상황을 전제로 이야기할 때, 역사와 민족의 지식에 대한 재구축이란 현대적 민족의식 주조 과정의 일환에 해당하는 것이기 때문이다. 겔너가 지적한 바 있듯이, "주지하다시피, 민족주의는 예전부터 존재하던, 역사적으로 전승되어온 다양한 문화 혹은 문화유산들을 이용한다. 비록 이러한 이용이 은밀하게 진행되거나 때로 그 문화들의 외양을 대대적으로 일신한다 하더라도 말이다. 민족주의는 이미 사멸한 언어를 되살릴 수 있으며, 전통을 창조할 수도 있고, 지극히 허구적인 순박함과 순수함 역시 되살려낼 수 있다. …민족주의는 문화를 보호하고 부흥시킨다고 주장하지만, 그들이 보호하거나 부흥시키는 것은 민족주의 스스로가 날조해낸 것이거나 민족주의에 의해 완전히 다른 형태로 개조된 그 무엇인 경우가 대부분이다…"20) 이러한 전통의 재창조, 역사와 문화, 민족에 관한 지식의 재구축은 신애국주의에 관한 논술 속에서도 중요한 부분을 차지하고 있다. 이와 같은 계통적 재기술 속에서 역사는 "인민사관"에 입각하여 새롭게 서술되고21) 굴원, 두보, 루쉰 등과 같은 역사문화 구성의 주요 인자들 역시 애국주의적 표준에 따라 새롭게 해석된다.22) 뿐만 아니라, 중국의 역사, 국토와

---

19) 於光遠, 「新中國與新愛國主義」, 『中國青年』 제56기, 1951. 1. 13, 11쪽.
20) 厄內斯特・蓋爾納(Ernest Gellner), 『民族與民主主義』(中央編譯出版社, 2002), 74쪽.
21) 金璨然, 「愛祖國的曆史」, 『中國青年』 제57기, 1951. 1. 27 참고.
22) 楊晦의 「魯迅的愛國主義」, 黃旣의 「荊軻, 屈原, 嶽飛和續範亭」, 馮至의 「愛人民, 愛國家的詩人—杜甫」, 遊國恩의 「熱愛人民的詩人—白居易」, 艾思奇의 「嶽飛是不是

산하, 심지어는 자연과학과 관련된 인민의 창조(4대발명 등) 등도 재기술된다.[23] 그러나 이러한 재기술은 일반적인 의미에서의 민족주의 주조 과정과는 근본적인 차별성을 지니고 있다. 웨이쥔이(韋君宜)는 「골동품과 새로운 시각」에서 이 문제에 관한 집중적인 해석을 시도하고 있다. 웨이쥔이는 역사 재기술 과정 속의 몇 가지 요소들은 과거 국민당이 선양해 마지 않던 "민족부흥", "국가지상주의"와 별 차이가 없는 것처럼 보이기도 한다고 이야기한다. "오늘날 우리가 애국을 이야기하려고 하면, 그 이야기하고자 하는 애국이라는 것이 우리가 지난날 구 사회에서 이야기하던 '애국'과 아무런 차이가 없는 것처럼 보이기도 한다. 때문에 그 애국과 맑스레닌주의 사이에는 아무런 관계도 없는 것처럼 보일 수도 있다." 그러나 웨이쥔이는 이러한 관점이 완전히 잘못된 것이라고 지적한다. "조국의 과거 속에서 우리가 사랑하고자 하는 것은 노동인민이고, 그 인민의 반항과 창조이며, 그 모든 인민에게 유리하며 인민에 속한 사물들"이고, 따라서 "우리가 나라를 사랑한다는 것은 노동인민을 사랑하고 노동인민의 역사를 사랑하는 것"[24]이기 때문이다. 여기에서 강조점은 매우 분명하다. 그것은 바로 역사 서술에 계급적 시각을 끌어들이고, 계급혁명과 민족주의를 결합시키는 것인데, 이는 어떤 의미에서는 중국공산당 혁명의 특수성이 자리잡고 있는 지점임과 동시에 모순이 자리잡고 있는 지점이라고 이야기할 수 있겠다. 이와 관련하여 모리스 마이스너는 20세기 중국 지식인이 처한 독특한 상황에 대해 언급하면서 "민족주의와 반전통의 불가사의한 결합이야말로 현대 중국지식인 역사 속에서 가장 뚜렷한 특징 가운데 하

一個愛國者?」 등이 각각 『中國靑年』 제49, 50, 55, 58, 64기에 게재되고 있다.

23) 錢偉長의 「中國古代的科學創造」(『中國靑年』 제57기), 程鴻의 「偉大祖國的山河」 (1, 2) (『中國靑年』 제60기, 61기), 錢偉長의 「中國古代三大法發明」(『中國靑年』 제61기) 등 참고.

24) 韋君宜, 「老古董和新看法」, 『中國靑年』 제65기, 1951. 5. 19, 6쪽.

나"25)라고 지적한 바 있다. 그러나 맑스주의적 지식인들에게 있어서, 맑스주의는 그들에게 민족주의와 반전통의 결합을 완성하기 위한 계기를 제공해 주고 있는 것이기도 했다. "맑스주의자에게 민족주의는 사회혁명이라는 목표를 위해 복무할 수 있는 것이었다. 그러나 민족주의로부터 탄생한 중국의 맑스주의는 시종일관 이러한 새로운 이론적 해석과 운용의 방식에 대한 일종의 제약으로 작용했다."26) "신애국주의"에 관한 담론은 중국의 맑스주의자들이 민족주의와 "반전통(iconoclasm)"(이는 동시에 새로운 전통의 창조이기도 하다)을 결합시켜 내었음을 보여주는 새로운 예증이라 할 수 있다.

3. 애국주의와 개인의 일상. 첫 번째 단계의 "신애국주의" 담론이 국가 정치권력에 대한 인정과 관련된 선전 교육에 여전히 치중하고 있는 것이었다면, 항미원조 개시 이후의 "신애국주의" 운동 및 관련 담론들은 "애국주의"적 의식을 개개인의 일상생활과 결합시키고자 하는 데에 훨씬 더 치중하고 있는 것이었다. "애국주의"적 의식과 개인의 일상을 어떻게 결합시켜낼 것인가 하는 것이 이 단계 "신애국주의" 운동의 중점이 되었다는 것은 바꾸어 말하자면, "신애국주의" 정신이라는 것은 항미원조 전장에서만 발휘되는 것이 아니라, 모든 생산부문, 모든 사업단위에서 전개되는 인민의 헌신적인 노동 속에서 실질적 행동으로 전화되어 나타나야 하는 것이었음을 의미한다. 위광위엔은『중국청년』에 실린 글 속에서 다음과 같이 이야기하고 있다. "진정으로 자기 조국을 사랑하는 청년은 자신의 직장이나 학교에서 자신의 조국에 대한 열정을 실제적 행동으로 옮길 수 있어야 하며, 또 반드시 그렇게 해야 할 것이다."27) 항미원조 초기 단계에 청년 학생들이 가장 먼저 전개한 운동은

---

25) Maurice Meisner, *Mao's China and After* (New York: The Free Press, 1986), p. 11.
26) Ibid, p. 18.
27) 於光遠, 「談談愛國主義」, 『中國靑年』 제48기, 1950. 9. 23.

청년들에게 군사간부학교 참여를 권장하는 운동이었다. 그리고 "애국공약" 운동 과정을 통해 애국주의와 개인 일상생활의 결합은 전국민적인 운동으로 확산되었다. 1950년 11월 7일 북경 상공업계의 '다섯 가지 애국 공약'은 전국적인 반향을 불러와 전국의 공, 농, 학계로 확산되었다. 1951년 3월 10일 『인민일보』에 「애국공약 운동의 보급」이라는 사설이 실리면서 애국공약 운동은 최고조에 달하게 되었다. 구체적으로 "자각적으로 항미원조 운동을 모든 사업을 밀고나가는 동력이 되도록 해야 한다. 다시 말해 항미원조의 사상교육이 자연스럽게 구체적인 임무들 속에 자리잡을 수 있도록 해야 하며, 운동의 결과가 각 부문 사업의 진일보한 성과로 (애국공약 체결이나 생산계획 등의 수립 등을 통해 표현될 수 있을 것이다) 나타나야 할 것이다."[28] 실제로 "애국공약"은 거의 모든 기관, 공장, 학교, 마을과 가정으로 퍼져나갔으며, 통계에 따르면 전인구의 80%가 애국공약을 체결하는 수준에 이르렀다.[29] 요컨대, 각각의 단계마다 서로 다른 운동 형식과 내용들을 통해 운동이 개인의 실제적 업무와 결합되도록 끊임없는 추진력을 제공하였다. 이것은 전체적인 관점에서 볼 때 분명히 "신애국주의" 운동이 지속, 심화된 결과이며,

---

28) 「中南局關於貫徹中央關於普及和深入抗美援朝的宣傳教育工作, 響應世界和平理事會和准備紀念"五一"的辦法的補充規定」(1951年3月28日), 『中共中央中南局文件輯存』(中共中央中南局辦公廳, 1954), 2314쪽.

29) 全國政協文史資料委員會編, 『支援抗美援朝紀實』(中國文史出版社, 2000), 9쪽. 이 통계의 수치에 대해서는 좀 더 분명한 사실 확인이 필요할 것으로 보인다. 왜냐하면 각각의 서로 다른 사회 집단에 대한 좀 더 진전된 통계가 주어지지 않는 한, "애국공약" 운동의 파급력이 구체적으로 어떤 상황에 이르렀는지를 파악하는 데에는 여전히 한계가 있을 것이기 때문이다. 한 가지 더 지적해 두어야 할 것은, 모든 정치 사회적 운동이 그러하듯이, "애국공약" 운동 역시 형식주의적인 측면, 과장되고 강제된 측면이 존재하기 때문이다. 이에 관한 좀 더 상세한 내용은 侯松濤의 앞의 글, 제4장 2-2절 「與各種實際工作相結合的具體實踐—以愛國公約的制定與實施爲中心」 부분을 참고할 것.

동원에 대한 재동원이었다고 이야기할 수 있을 것이다.

4. "신애국주의"와 국제주의의 결합은 이 단계에서도 여전히 피해갈 수 없는 문제 가운데 하나였다. 『중국청년』을 살펴보면, 일상적인 주제들을 제하고 볼 때, "신애국주의"와 국제주의의 결합과 관련된 또 하나의 논점이 출현하고 있음을 발견할 수 있는데, 그것은 바로 세계주의(cosmopolitanism)를 국제주의의 대립면으로 설정하여 비판하는 것이었다. 이러한 새로운 비판 대상이 등장하게 된 배경에 소련과의 관계 문제가 놓여 있음은 물론이다. 이와 관련하여 웨이쥔이는 그의 소련 방문기 속에서 "소련에서는 소비에트 애국주의가 구체적인 투쟁 대상을 지니고 있음을 강조하고 있는데, 그것은 바로 미국의 세계주의"라고 지적하고 있다. 웨이쥔이는 "이러한 세계주의는 세계 모든 나라를 독립적 공업과 자신의 영토와 주권, 그리고 자주적인 문화를 갖추지 못한 미국의 식민지로 만들고자 하는 야욕을 감추고 있는 것이다. 우리는 이러한 미제국주의의 사상적 침략에 맞서 투쟁해야 하며, 이때 우리의 사상적 무기는 바로 인민의 애국주의여야 한다"[30]고 주장한다. 『중국청년』 또 다른 기고자인 쉬방이는 세계주의와 국제주의의 차이와 관련하여 더욱 급진적이고 직접적인 답변을 제시하는데, 그에 따르면 세계주의와 국제주의는 "절대적으로 대립되는 두 개의 세계관이며, 거기에는 어떠한 공통점도 없다." "국제주의는 프롤레타리아의 세계관으로, 그것은 일체의 민족 억압에 반대하고 전세계 모든 민족의 평등을 주장하며, 노동자계급과 모든 노동인민의 단결을 강화하고, 피억압 민족의 해방투쟁을 적극적으로 지원하며, 이를 통해 착취를 소멸시키고, 민족에 대한 압제를 소멸시키고, 전세계 모든 민족이 완전히 평등한 지위를 획득할 수 있도록 함으로써 최종적으로는 민족의

---

30) 韋君宜, 「我更感到祖國的可愛」, 『中國青年』 제56기, 1951. 1. 13.

경계를 해소하고 공산주의 사회로 나아가고자 하는 것이다." 그러나 이와 반대로 "세계주의는 반동적 부르주아의 세계관이며, 파시스트 제국주의의 사상이다. 세계주의의 실질적 내용은 하나의 제국주의 국가가 전세계와 기타 모든 민족을 통치하는 것이다. 그것은 민족을 억압하는 정책이고, 약탈과 전쟁이며, 미국이 세계를 집어삼키고 제패하기 위해 동원된 사상적 무기에 지나지 않는 것이다."[31] 쉬방이의 논리는 상당히 급진적인데, 그에 따르면 "계급 이익의 일치로 인해 전 세계 프롤레타리아는 국제주의자가 되"는 것이다. 따라서 전세계의 억압 민족, 즉 제국주의 국가의 프롤레타리아에게는 "(노동자에게는) 조국이 없"으며, 그곳에서는 민족운동 역시도 철지난 것이 될 수밖에 없다. 그러나 피억압민족의 경우는 상황이 전혀 다르다. "자기 민족이 아직 피압박 상태에 있는 조건에서는 계급해방을 이야기할 수 없다. 오로지 민족의 해방이 있어야, 비로소 계급의 해방이 있을 수 있다. 이러한 혁명적 민족해방운동은 프롤레타리아 국제주의 운동의 매우 중요한 구성요소"[32]가 되는 것이다. "계급해방"과 "민족해방"을 확연히 구분되는 두 개의 단계로 보는 관점은 상당히 급진적인 것이라 할 수 있지만, 현실 정치 속에서 그것은 역시 신민주주의 담론과 잘 어울릴 수 있는 것이었다.

신애국주의운동 속의 "적/아" 논리: 모델로서의 소련과 미국에 대한 "삼시운동(三視運動)"

모델로서의 소련

신중국 수립 이전 중국의 대외관계에는 세 가지 원칙이 존재했다. 첫째는

---

31) 許邦儀, 「談談國際主義與愛國主義」, 『中國靑年』 제50기, 1950. 10. 21, 15쪽.
32) 같은 글, 13쪽.

"분가하여 따로 일가를 세운다"는 것이다. 이것은 과거 정부와 외국 사이에서 수립된 외교 관계와 조약을 인정하지 않으며, 각국은 중국의 영토 주권을 존중하고 국민당 정권과의 모든 외교 관계를 단절하는 것을 전제로 신정권과 새로운 수교 담판을 진행해야 한다는 것이다. 둘째는 "방을 깨끗이 치워놓고, 다시 손님을 초대한다"는 것이다. 이것은 제국주의 국가들의 내부 교란을 방지하기 위하여, 자본주의 여러 나라들의 외교적 승인을 서두르지 않고, 먼저 국내외 제국주의의 중국에 대한 위협을 말끔히 제거하고 난 뒤에 다시 중요 자본주의 국가들과 수교 문제를 거론한다는 것이다. 셋째는 "일변도(一邊倒) 전략"이다. 이는 미소 대립으로 대변되는 냉전 상황 하에서 신중국은 결연히 소련의 편에 설 것이며, 눈앞의 이익에 집착하여 미국과 소련 사이에서 줄타기를 하지 않겠다는 것이었다. 이 세 가지 원칙 가운데에는 "파괴"(과거 정부가 수립, 체결한 외교 관계와 조약을 인정하지 않는다는 것)도 있고, "건설"(소련 쪽으로 확실히 기울어짐으로써 긴밀한 동맹관계를 수립하겠다는 것)도 있으며, 내부에 입각점을 마련하겠다는 것(방을 깨끗이 청소하여 중국에 대한 제국주의의 영향력을 완전히 제거하겠다는 것)도 있고, 외국의 모델을 취하고자 하는 부분(미국과 소련 사이에서 줄타기를 하지 않고, 단호히 소련의 편에 서겠다는 것)도 있다. 이는 분명한 자기의식에 기초한 외교전략이라고 이야기할 수 있을 것이다. 이는 혁명정권의 혁명적 이데올로기를 체현하고 있는 것임과 동시에 현실적인 국가 이익에 대한 고려 역시 포함하고 있다. 보다 중요한 것은 이러한 전략이 독립적이고 자주적인 외교정책의 수립을 가능케 하는 것이었다는 점이다. 물론 이 가운데 가장 중요한 것은 소련과의 관계였다. 이는 소련과의 긴밀한 동맹관계를 유지함과 동시에 중국의 국가이익을 보장하며, 국가 주권의 확실한 보장 위에서 자주독립을 실현하기 위한 것이었다.

신중국 건국을 전후한 시점에 중공의 지도자들에게 대외관계와 관련된 가장 중차대한 문제는 무엇보다도 소련과의 관계를 어떻게 순조롭게 풀어나가느냐 하는 것이었다. 마오쩌둥은 1948년에 발표한 「신민주주의론」을 통해 분명하게 "일변도" 전략을 제출하였다. 1949년 6월~8월에는 류사오치가 소련을 방문하고, 뒤이어 연말에는 마오쩌둥이 방문단을 이끌고 직접 소련을 방문했다. 그리고 방소 직전인 10월 3일에 중국과 소련은 정식으로 국교를 수립하였다. 신중국 지도자들이 빈번하게 소련을 방문한 주요 목적은 물론 이미 수교 자체에 있지 않았다. 중요한 것은 1945년 소련과 구 국민당 정부 사이에 체결된 「중소우호동맹조약」의 내용 가운데 어떤 부분을 수정하고 어떤 내용을 새로 추가할 것인가 하는 것이 중요한 문제였다. 새로운 「중소우호동맹상호원조조약」은 1950년 2월에 체결되었으며, 조약은 법률의 형식을 빌어 중소 사이의 동맹관계를 확인하고, 미소 냉전 체제 하에서 중국이 소련의 편에 확고히 설 것임을 분명히 하였다. 이것은 현실적 국제관계 속에서 일본의 군국주의 부활과 역시 동북아시아에 강력한 군사적 존재감을 과시하고 있던 미국을 겨냥한 것이었다. 동시에 조약은 중국 동북 지역에서 소련이 차지하고 있었던 몇 가지 권익을 중국이 회수하는 일정에 대한 규정을 포함하고 있었다. 예를 들자면, 중장철도(中長鐵路)의 소유권과 경영권, 대련항의 소유권 및 병력 주둔권 등이 여기에 포함되었다. 선즈화(沈志華), 양쿠이송(楊奎松) 등의 연구자들은 스탈린이 김일성의 한반도 무력통일 주장에 최종적으로 동의함으로써 조선전쟁을 발발케 한 직접적 원인이 바로 중소조약의 체결에 있다고 본다. 소련이 중장철도와 여순과 대련 등의 부동항을 중국에 되돌려 주게 되었기 때문에 불가피하게 소련이 동북아에서 바다로 진출하기 위한 또 다른 부동항을 찾지 않을 수 없게 되었다는 것이다.[33] 중소조약의 체결은 한편으로는, 마오쩌둥이 이야기한 바와 같이, 중국으로 하여금 "굳건한 동맹"

을 갖게 함으로써 2차 세계대전 종결 후 냉전 구도가 급속히 고착화되고 냉전과 '열전'의 경계가 상당히 모호했던 국제 정세 속에서 국가 안보에 대한 일정한 보장을 확보할 수 있게 해주었다. 그러나 중국은 이를 통해 냉전 구조 속으로 깊이 빠져들게 됨으로써 냉전적 양극 체제 하의 동남아와 극동 지역에서 이전보다 더 큰 국제적 책임을 짊어지지 않을 수 없게 되었다. 다른 한편, 중소조약의 체결을 통해 중국은 구 국민당 정부가 얄타 체제 하에서 소련에게 넘겨주었던 일련의 국가 권리를 회수할 수 있게 되었는바, 이는 소련이 공동의 이데올로기를 공유하는 좋은 이웃이라는 모범적 이미지를 강화시켰을 뿐만 아니라, 과거 정부가 남겨 놓은 불평등 조약을 깨끗이 정리해냄으로써 신중국 정권이 진정으로 자주적이고 독립적인 외교정책을 실현해 나가기 위한 조건을 창출하였다.

「중소우호동맹상호원조조약」을 비롯한 일련의 조약과 협정이 체결된 후, 중국은 중소동맹에 부응하기 위하여 국내에서의 대규모 선전 활동을 전개하였다. 이 선전 활동은 그 규모에 있어서도 과거의 사례를 넘어서는 것이었지만, 그 내용에 있어서도 주목할 만한 몇 가지 특징을 보여준다. 우선, 중소동맹은 결코 단순한 외교적 사건 가운데 하나라는 수준에서 취급되지 않았다. 중소동맹은 전국의 모든 부문 및 평범한 인민들과도 모두 관련되어 있는 일로 인식되고 있다. 다음, 중소동맹의 의의를 선전할 때, 일반적으로 10월 혁명 이래 소련의 중국(혁명)에 대한 지원과 협조가 거론되었다. 예를 들어 10월 혁명 이후 신정권의 건립과 국민혁명, 항일전쟁, 해방전쟁 과정에서

---

33) 沈志華, 『冷戰在亞洲: 朝鮮戰爭與中國出兵朝鮮』(九州出版社, 2012)을 참고하라. 특히 「朝鮮戰爭爆發的歷史真相」 그리고 「中蘇條約與蘇聯在遠東的戰略目標」 등의 절을 참고할 수 있다. 楊奎松의 『中華人民共和國建國史研究』 제2책 (江西人民出版社, 2009)의 제4장 「中國出兵朝鮮的因與果」 역시 참고할 만하다.

소련이 보여준 실질적인, 혹은 도의적인 지지들이 언급되는데, 이는 혁명 정권으로서의 소련이 여타 국가나 정권들과는 전혀 다른 국가임을 부각시켜 주었을 뿐 아니라, 그 배후에 깔린 국제주의의 요구를 상기시켜 주는 효과를 발휘하기도 하였다. 이 때문에 중소동맹은 국제주의의 모범적 사례로 널리 선전되었다.[34] 셋째, 중소조약에 대한 선전 과정에서, 중소조약은 과거 구 정부와 여러 제국주의 국가들 사이에 체결된, 특히 국민정부와 미국 사이에 체결된 각종 경제원조조약과 자주 비교의 대상이 되었다. 이때, 새로운 조약 속에 약속된 신중국에 대한 소련의 지원은 "무조건적"인 것이라는 점이 부각 됨으로써, 이 새로운 조약은 구 중국의 여러 가지 굴욕적인 불평등조약이나 국민정부에 대한 미국의 경제원조를 명분으로 하는 경제적 침략과는 전혀 다른 것이라는 점이 강조되었다.[35] 조약 가운데 이후에 쟁론의 대상이 되었 던 몇 개 조항들, 예를 들어 "(제4조)중소 양국의 공동 이익과 관련된 일체의 중요한 국제적 문제들에 대해서는 모두 상호 협상의 과정을 거친다"는 조항 이나 경제적 협력의 구체적 부가조건에 관한 문제 등은 선전 과정에서 전혀 언급되지 않았다. 그러나 이 조약이 일체의 부가적 조건을 수반하지 않은 참신한 조약이라는 점이 지속적으로 강조되고 있는 점이나, 선전 활동 속에서 발견되는 선명한 자기본위적 태도 등은 국제조약에 대한 중국인들의 새로운 이해와 접근 방식을 분명히 드러내 보여주고 있다. 물론, 이는 이후 논쟁의 씨앗을 함장하고 있는 것이었다.

중국과 소련의 전면적인 결맹은 소련을 정치, 사상, 문화 영역에서 중국 이 학습해야 할 일종의 모범으로 제시하기 위한 조건을 마련해 주었다. 1950

---

34) 『中國青年』 제33기의 사설 「擁護中蘇友好同盟互助條約」(1950. 2. 25)을 참고
35) 吳冷西의 「中蘇新約的曆史意義」(『中國青年』 제34기[1950. 3. 11]와 35기[1950. 3. 25]에 나뉘어 실림)와 蔣齊生의 「中蘇新約和美蔣條約的對比」(『中國青年』 제35기) 등 참고

년대 초 중국에서 소련은 확실히 무소부재의 요소 가운데 하나였다. "신애국
주의"운동과 관련하여 보더라도 소련은 현존하는 모범이었을 뿐 아니라, 수
없이 많은 논술들 속에서 확인되고 있는 바와 마찬가지로, 소련식 애국주의
담론과 교육은 신중국 애국주의 교육의 기본적인 이론적 원천이라 할 만한
것이었다. 당시의 신문과 잡지, 그리고 출판 기관들은 소련의 애국주의를
소개하는 문장과 서적들을 대량으로 쏟아내고 있는데, 여기에는 소련의 다양
한 업종과 다양한 사회 집단, 초중등 학생, 청년 단원으로부터 지식인, 노동자,
농민에 이르는 다양한 애국주의 교육의 경험과 방법들이 포함되어 있으며,
사회주의와 애국주의 교육 사이의 관계에 대한 이론적 문장과 서적들, 예를
들면 소련 사회과학원 철학연구소의 바시리예프, 흐루스토프가 주편한『신
애국주의론』(作家書屋, 1951), 마츄스킨(Н. И. Матюшкин)의『소비에트
애국주의: 사회주의 사회의 거대한 동력』(作家書屋, 1953), 마츄스킨의『소
련의 애국주의와 국제주의』(中華書局, 1952) 역시 출판되고 있었다.

그렇다면 소비에트 애국주의에 대한 소개와 논술의 중점은 어디에 있었
는가? 중국이 배워야 할 만한 것들로 어떤 것들이 강조되고 있는가? 소련의
저자들의 소비에트 애국주의에 대한 논술 속에는 기본이 되는 하나의 논리가
존재한다. "소비에트인들은 조국의 애국주의자들이다. 이는 그들이 자기 민
족의 언어와 선진적이고 인민적인 전통과 관습, 나아가 제 나라의 자연경관을
깊이 사랑하고 있기 때문만은 아니다. 우리가 소비에트 조국을 사랑하는 이유
는 우리가 사회주의 제도 하에 있기 때문이다. 자기 민족의 언어, 인민의
전통, 자연 조건까지 그 모두가, 우리에게 있어서는, 이제까지 어떤 시기의
노동인민도 가져 보지 못했던 그런 의의를 지닌 것이다." 왜냐하면 "여기에서
는, 사람들은 인류 전체의 역사상 처음으로 진정한 인간으로서의 생존 조건
하에 처하게 되었으며, 여기에는 노동인민이 자나깨나 꿈꾸어 왔던 이상,

즉 합리적인 사회제도와 사회적 평등, 그리고 진정한 자유의 이상이 이미 실현되어 있36)"기 때문이다. 이러한 논리는 중국 저자들의 신애국주의에 대한 논술 속에 그대로 차용되고 있으며, "신애국주의" 논술을 위한 입론의 출발점이 되고 있다.

한편, 바실리예프 등의 『신애국주의에 관하여』 역자 서문에서 번역자가 "소련이 있었기에, 전세계 노동인민의 애국적 감정은 진정한 표현 형태를 획득할 수 있었다. 그것은 전세계 노동인민 상호간의 사랑과 협동, 존경과 혈맹관계, 위대한 국제주의의 토대 위에 수립된 신애국주의, 즉 최고 형식의 애국주의로 표현되고 있다."37) 이는 신애국주의 운동의 모델로서의 소련이라는 것이 무엇보다도 계급담론에 대한 동의와 공동의 이데올로기적 기초 위에 수립된 것임을 보여준다. 이것은 냉전 구조 속에서 사회주의 그룹 사이의 동일시의 기초를 구성하는 것임과 동시에 신애국주의의 중요한 특징 가운데 하나이다.

소련의 애국주의 교육 경험에 대한 번역과 소개 외에, 당시의 적잖은 작가와 문화 관료들 역시 자신의 소련 방문 경험이나 기타 경험담을 통해 소련의 애국주의 교육에 대한 체험들을 기술하고 있다. 이런 유형의 글들은 매우 많은데, 궈모뤄, 마오둔, 땅링 등과 같은 당시의 주요한 관료 작가들 모두가 이와 관련된 글을 남기고 있다. 이 가운데 주목해볼 만한 것은 웨이췬이의 '소련 여행기'인 「나는 조국의 사랑스러움을 더욱 깊이 느끼게 되었다」라는 문장이다. 이 글에서 웨이췬이는 소련을 둘러본 몇 달 간의 이야기를 풀어놓으면서 "소련에 가 본 뒤로, 나는 더욱 내 조국을 사랑하게 되었으며, 내 조국의 사랑스러움과 사랑해야만 할 이유들을 더욱 깊이 인식할 수 있게

---

36) 馬秋什金(Н. И. Ма тюшкин), 『什麼事蘇維埃愛國主義』(人民出版社, 1956), 34쪽.
37) 伐西裏耶夫, 赫路斯托夫 主編, 『論新愛國主義』(作家書屋, 1951[초판]), 2쪽.

되었다"는 소회를 밝히고 있다. 웨이쥔이는 또 이러한 점이 후쓰(胡適)과 같은 미국 유학생들과 전혀 상반되는 것임을 특별히 지적하고 있는데, 그에 따르면, 이들 미국 유학생들은 미국에만 가면 오로지 미국의 생활방식과 미국적 가치만을 최고로 여기며 자기 나라의 전통과 문화를 부정하는 데 반해, 소련의 교육은 오히려 "우리가 애국주의를 발양하도록 고무하며, 인민의 중국을 열렬히 사랑하도록 고무하며, 중국의 역사와 중국의 문화를 사랑하도록 고무하고 격려한다."[38] 물론 이처럼 서로 다른 이데올로기를 낳게 되는 배경에는 미국과 소련의 서로 다른 가치관이 자리 잡고 있다. 미국이 신봉하는 것은 불평등한 국제분업의 기초 위에 수립된 "세계주의"이며, 그것의 목적은 다른 나라의 경제적 이익과 주권을 침탈하는 것인 데 반해, 소련이 신봉하는 것은 "인민의 애국주의"이며, 그것은 모든 나라의 독립과 발전을 고무하고, 각 나라 인민이 자기 나라의 역사와 문화적 전통을 사랑하도록 격려하는 것이기 때문이라는 것이다.

미국에 대한 "삼시운동(三視運動)"

신중국이 미국을 대하는 태도는 시간이 지남에 따라 점차 협소화되고 경화되는 양상을 보인다. 이러한 변화의 과정은 대체로 미소 냉전의 형세와 무관치 않다. 중화인민공화국 건국 이전 신정권은 미국의 외교 기관과 일정한 외교적 연계를 유지하고 있었다. 해방군이 난징(南京)을 점령하고 난 뒤 주중 미국대사인 스튜어트(John Leighton Stuart)는 국민당 정부를 따라 철수하지 않고, 난징에 머물러 있으면서 공산당 신정권과 모종의 대화를 모색하고 있었다. 공산당 측에서도 전 옌징대학 학생이었던 황화첸(黃华前)을 파견하여

---

38) 韋君宜, 「我更感到祖國的可愛」, 『中國靑年』 제56기, 1951. 1. 13.

스튜어트와의 대화를 시도한 바 있다. 그러나 전후 미소 간 냉전 국면이 형성되어 있는 조건 속에서 중국 신정권이 취할 수 있는 선택의 여지는 그리 크지 않았다. "일변도" 외교의 국면이 대세를 형성하게 되면서 중국이 선택할 수 있는 것은 어떻게 하면 미국을 대표로 하는 서방 정권들과의 관계가 일정 수준의 활력을 유지하도록 할 것인가 하는 정도에 지나지 않았다. 1949년 6월 30일 마오쩌둥은 「인민민주 독재에 관하여」라는 글을 통해, "일변도" 외교정책을 공개적으로 선포하였다. 그리고 이를 전후로 하여, 중미 관계와 깊은 관계를 지니고 있는 선양(沈陽) 주재 미국 영사관 사건(Ward 사건[39]이라고도 한다)이 발생하였으며, 이를 계기로 중공은 미국과 서방 국가들에 대한 외교정책에서 이른바 '밀어내기(挤走)' 전술을 확립하게 된다.[40]

1949년 8월 5일, 미국 국무원은 『미국과 중국의 관계』라는 제목의 백서를 발행하고, 마오쩌둥은 이 백서와, 당시 국무장관이었던 애치슨이 트루먼 대통령에게 보낸 편지를 겨냥하여 1949년 8월 14, 18, 28, 29일과 9월 16일에 각각 「환상을 버리고 싸움을 준비하자(丟掉幻想, 准備鬥爭)」, 「안녕, 스튜어트(別了, 司徒雷登)」, 「왜 백서에 대해 토론해야 하는가(爲什麼要討論白皮書)」, 「"우의"인가, 침략인가("友誼", 還是侵略?)」, 「유심론적 역사관의 파산(唯心歷史觀的破產)」(이 다섯 편의 글은 모택동선집 4권 마지막에 부분에 모두 수록되어 있다.-역자)을 잇달아 발표함으로써, 중국 현대사에 미국이

---

39) 1948년 11월, 선양 군사관제회는 선양 주재 미국 영사관의 무선통신 장비를 몰수하고, 뒤이어 Ward를 포함한 몇 명의 인사들을 간첩 활동 혐의로 기소하였다. 이 사건의 전개 과정과 그에 대한 분석은 楊奎松의 「美領館事件與新中國對美政策的確立」, 『中華人民共和國建國史硏究』(江西人民出版社, 2009)를 참고

40) 중국은 군사관계 체제를 이용하여 미국과 영국 등의 재중국 외교기관들에 대해 자유로운 활동의 여지를 남겨주지 않았다. 이렇게 시간이 지남에 따라 그들은 자연스럽게 철수하지 않을 수 없게 되었다. 이에 관해서는 『周恩來年譜』(人民出版社, 1989), 796쪽을 참고

미친 영향과 신중국의 미국에 대한 태도를 분명하게 기술하고 분석한 바 있다. 여기에서 우리는 마오의 분석 가운데 다음과 같은 두 가지에 주목해볼 필요가 있다. 첫째, 백서를 겨냥하여 마오는 중국이 근현대사를 거쳐 오며 서방으로부터 받은 능욕의 역사를 차례대로 정리해내고 있으며, 미국을 중국 침략의 선봉으로 규정하고 있다. 이에 따르면, 미국은 1844년 망하조약(望夏條約)을 통해 처음으로 중국에서 치외법권을 획득한 서방 국가이며, 전후 국공내전 기간 동안 거대한 물자와 인력을 동원하여 국민당 정권을 지원하기도 했던 나라이다. 더불어 마오는 다음과 같이 지적하고 있다. "미제국주의는 다른 제국주의 국가에 비해 더 긴 시간 동안 정신적 침략에 집중해왔다. 이들은 종교사업을 통해 '자선'사업과 문화사업을 지속적으로 확대해왔다."[41] 둘째, 마오는 분석 과정에서 미국인들이 중국의 이른바 "민주적 개인주의자"들에게 희망을 걸고 있음을 특별히 강조하고 있다. 이러한 사람들은 "미국에 대해 환상을 품고 있다. …이들은 미제국주의자들의 이러저러한 감언이설에 쉽게 마음을 빼앗겨서는 장기간에 걸친 고통스러운 투쟁을 거치지 않아도 이 제국주의자들이 인민의 중국을 평등하고 호혜적으로 대접해 줄 것으로 착각하고 있다."[42] 마오는 이들이 바로 미국이 중국에서 가지고 있는 "얄팍하기 그지없는 사회적 기초"라고 이야기하는데, 실제로 이들이 머지않아 시작된 "신애국주의" 운동 과정 속의 "삼시운동"이 겨냥하고 있는 주요 대상들이었다. 마오는 또 "중국의 지식인들 가운데 일부는 여전히 다른 사람들과 다를 바 없는 흐리멍텅한 사상을 지니고 있으며, 미국에 대한 환상을 버리지 못하고 있다. 따라서 이들에 대한 설득과 논쟁, 교육과 단결을 위한 사업이 반드시 필요하다. 그들이 제국주의에 속아넘어가지 않고, 인민의 편에 서게 만들어야

41) 毛澤東, 「"友誼", 还是侵略?」, 『毛澤東選集』 第四券 (人民出版社, 1991), 1506쪽.
42) 毛澤東, 「丢掉幻想, 准備鬥爭」, 『毛澤東選集』 第四券, 1485쪽.

한다"43)고 지적한다. 그들 역시 이후 끊임없이 전개된 반미 선전과 운동의
주요한 대상이자 동력의 제공자들이 되었다.

　항미원조 전쟁 발발 이후, 전쟁 초기에는 사회적으로 미국과 조선전쟁의
상황에 대한 서로 다른 관점이 혼재하였으며, 이로 인해 이른바 "친미, 숭미,
공미(恐美)"의 심리가 존재하고 있었다. 따라서 "항미애국운동"의 주요한 내
용 가운데 하나로 "미국을 적대시(仇美)하고, 멸시(蔑美)하고, 천시(鄙美)"하
는 "삼시운동(三視運動)"이 시작되었다. "삼시운동"의 일차적인 목표는 당시
관과 군 내부에 존재하던 전쟁에 대한 두려움과 혐오의 정서를 제거하고자
하는 데에 있었다. 그러나 "삼시" 교육이 폭넓게 확대되어 전개되도록 만든
좀 더 중요한 이유는 일반 민중들 사이에 자리잡고 있던 숭미, 친미, 공미의
심리를 바로잡고자 하는 데에 있었다. 때문에 "삼시운동"을 이해하기 위해서
는 두 가지 층위로 나누어 분석을 전개해볼 수 있겠다. 첫 번째 층위에서,
미국에 대한 적대는 백여 년의 시간 동안 중국이 서방 열강으로부터 당한
능욕과 침략의 역사를 돌이켜 뒤집는 것이다. 미국은 이 역사의 중요한 참여
자 가운데 하나일 뿐 아니라, 당시의 역사적 조건에서 보면, 무엇보다도 이
역사의 체현자이며, 이러한 역사를 다시금 구현해내고자 하는 핵심 역량이었
다. 때문에 수많은 글들 속에서 미국은 과거에 중국을 침략한 주요 국가였던
일본의 자리를 대체하는 존재로 표상된다. 이 층위에서 보자면 수많은 중국인
들, 특히 서구의 영향을 깊게 받은 지식인들의 심리 속에 오랜 기간에 걸친
문화적, 전면적 침략의 심리적 결과물이라 할 수 있는 숭미, 공미의 심리가
존재하고 있었으며, 그 심리의 이면에는 자기 문화와 전통의 기초에 대한
멸시의 심리가 자리잡고 있었다. 『중국청년』에 실린 글 속에서 필자는 "중국

---

43) 毛澤東, 「別了, 司徒雷登」, 『毛澤東選集』 第四券, 1485쪽.

은 낙후하고, 중국인민은 창조력이 결핍되어 있으며, 중국인들에게는 과학적 두뇌가 없다는 일종의 민족적 자비 심리가 여전히 일부 사람들의 마음 속에 남아 있다. 심지어 일부 청년들에게서도 이런 사례가 발견"된다는 것을 인정하고 있다. 글의 필자는 이것이 "제국주의와 그 주구들이 중국인민들 사이에 퍼뜨린 제국주의를 숭배하고 자기 국가 민족을 멸시하는 자비 심리"의 반영이라고 판단한다. 때문에 이는 반드시 제거되어야 하며, "고도의 민족적 자존감과 자신감"을 불러일으켜야 한다고 주장하고,44) 중국의 역사와 문화전통, 심지어 지리와 자연과학 분야에서의 공헌들에 대한 새로운 기술을 통해 인류역사에 대한 중화민족의 공헌을 긍정적으로 재기술하고자 한다.

항미원조 총회의 주석이었던 궈모뤄는 항미원조운동을 총결하는 자리에서 다음과 같이 이야기한 바 있다. "우리 인민 80%가 이미 애국주의 교육을 받았으며, 이를 통해 기본적으로 미제국주의의 지난 백여 년에 걸친 군사, 정치, 경제, 문화적 침략과 회유, 기만이 남겨 놓은 친미와 숭미의 반동사상, '공미(恐美)'의 잘못된 심리를 씻어내었다. 동시에 미제국주의를 적대시하고, 미제국주의를 멸시하며, 미제국주의를 천시하는 마음가짐을 갖게 되었다. 민족의 자존심과 자신감을 대대적으로 고취하였으며, 공동의 적에 대한 적개심과 미국의 침략을 물리치겠다는 더 굳은 결심을 갖게 되었다. 이것은 우리 인민의 항미원조 운동이 사상 전선에서 거둔 위대한 승리이며, 이 사상적 토대 위에서 미국의 침략을 철저히 격퇴하기 위한 물질적 역량이 자라나온 것이다."45) 펑더화이 역시 1953년 9월 12일 발표된 「중국인민지원군 항미원조 사업에 대한 보고」에서 "항미원조 운동은 전국 인민으로 하여금 애국주의와 국제주의에 관한 교육을 받을 수 있게 하였다. 이를 통해 민족의 자신감과

---

44) 循心, 「關於愛國主義的幾個問題」, 『中國靑年』 제56기, 1951. 1. 13.
45) 郭沫若, 「偉大的抗美援朝運動」, 『人民日報』, 1951. 10. 1.

자존심이 대대적으로 고양되었으며, 공동의 적에 대한 적개심과 미국의 침략을 물리치고 말겠다는 굳은 결심을 갖게 되었다. 바로 이러한 토대 위에서 침략에 저항하고 극동의 평화와 세계평화를 지켜낸 지원군과 조선인민의 강력한 물질적 역량이 자라나왔다"46)고 이야기한 바 있다.

또 하나의 층위는 미국으로 대표되는 고도의 물질문명에 기초한 소비적 현대성이라는 문제를 어떻게 인식하고 처리할 것인가 하는 문제와 관련되어 있다. 미국식 생활방식과 가치관에 대한 반대에 기초하여 "미국을 멸시하고, 미국을 천시한다"는 것이다. 항미원조 전쟁 초기, 중국 정부는 미국이 중국에 세웠던 교회와 학교, 자선 조직 등과 같은 문화 및 교육 기관들을 폐쇄하였다. 이에 발맞추어 관련 학교의 교사와 학생들은 다양한 토론회를 개최하고 신문과 잡지에 이들 교사와 학생들의 체험담들을 게재하여 자신의 경험을 통해 미국에 대한 인식의 전환과정을 이야기하기도 하였다. 『중국청년』에 실린 한 편의 문장은 쉬더마오(徐德楙)라는 여학생의 변화 과정을 소개하고 있다. 이 여학생은 어려서 미국식 교육을 받고 자랐으며, 상하이에 있는 교회 학교에서 중학 과정을 마치고 이후에는 옌징대학에 입학했다. 이 학생은 미국의 물질문명을 내심 흠모하여 "화려한 미국 잡지와 미국 영화에 깊이 심취"하였으며, 미국에는 "상하이의 국제빌딩보다 훨씬 높은 빌딩들이 즐비"하며, 걸어다니는 대신 차를 타고 다니고, 옷은 세탁기가 빨아주고, 여성들은 꽃처럼 아름답게 꾸미고 하루 종일 춤을 추며 즐길 수 있다는 것을 알고 있었다. 쉬더마오의 이상은 어서 빨리 대학에 들어가, 대학을 마치고 나면 멋지고 돈 많은 남편을 만나 미국 무역 회사의 타자수와 같은 직업을 갖게 되는 것이었다. 쉬더마오는 "중국에 태어난 것이, 미국인이 아니라는 것이 너무나

---

46) 中國人民抗美援朝總會宣傳部編, 『偉大的抗美援朝運動』(人民出版社, 1954), 397쪽.

원망스러웠다."[47] 그러나 상하이가 해방될 즈음이 되어 그녀의 그러한 생활 방식은 더 이상 지속될 수 없게 되었다. 1950년에 옌징대학에 입학한 뒤, 그녀는 군중운동에 참가하면서 다른 자극을 받게 되었다. 항미원조 교육운동에 참여하게 되면서부터 그녀는 미국의 번영이라는 것은 모든 사람이 함께 누릴 수 있는 것이 결코 아니라는 것을 이해하게 되었으며, 그것이 미국 내 통치자가 자기 세력을 대외적으로 확장하기 위한 물질적 기초가 되는 것임을 알게 되었다. 특히 하방 선전대에 참가하면서 "노동인민에 대한 관점이 변화되고, 그에 따라 노동인민에 대한 사랑이 깊어졌으며, 결국은 그녀 역시 신중국과 공산당, 마오주석을 사랑하게 되었다. 그녀는 한 걸음 더 나아가 자기 자신이 노동인민을 무시하고, 공산당을 무시하여 그들은 어찌해 볼 도리가 없는 촌놈들이라고 생각했기 때문에 자기 스스로 중국인민의 역량을 발견하지 못한 채, 중국은 앞날의 희망이 없는 나라라고 생각하고 심지어 자신이 중국 사람이라는 것을 원망하게 되었던 것임을 분명히 이해할 수 있게 되었다."

어떤 연구자는 항미원조 전쟁 시기의 동원에 대해 평가하는 글에서 "항미원조 전쟁은 중국인민이 애국주의를 핵심으로 하는 민족정신을 집중적으로 과시한 사건이었다"고 지적한 바 있다. 중국인민이 보여준 "전에 없던 수준의 단결과 고도의 자각은 1840년 이래, 중국인민이 기나긴 세월 동안 제국주의의 능욕을 당하는 과정에서 갖게 되었던 민족적 감정으로부터의 대대적인 해방이었다. 전쟁의 정치적 동원은 중국인민의 마음 속에 억압되어 있던 애국주의의 씨앗을 촉발하고, 민족자강 민족자립의 의식과 믿음을 일깨웠으며,

---

47) 陸英傑, 「我現在才真正感到做一個中國人的光榮!─記燕京大學學生徐德林在抗美援朝運動中的轉變」, 『中國靑年』 제57기, 1951. 1. 27. 이하 쉬더마오와 관련된 내용은 모두 이 글에서 인용한 것임.

이를 통해 군건한 의지를 가지고 세계 최강의 대국을 물리칠 수 있었다."[48] 이러한 측면에서 본다면, 우리는 항미애국운동이 중국 당대사 속에서 가장 성공적인 사회운동의 사례 가운데 하나라고 이야기할 수 있을 것이다.

"신애국주의"와 민족주의

오늘날 통용되는 학계의 일반적인 관점에 따르면, 민족주의는 애국주의의 변종이며, 애국주의와 외국공포증이 결합됨으로써 만들어진 것이다. 물론 이 민족주의와 애국주의 사이에는 긴밀한 연관성이 존재하는 것이 사실이지만, 그럼에도 불구하고 이 양자는 궁극적으로는 구분될 수 있는 것이다. 레닌의 정의에 따르자면, "애국주의는 수 천 수 백 년의 시간을 통해 굳어진 자기 조국에 대한 가장 깊이 있는 감정"[49]이다. 그렇다면, 애국주의라는 것은 일종의 감정이며, 그 대상은 조국, 즉 자신이 태어나고 자란 향토와 인민과 문화를 사랑하는 것이다. 그러나 현대 민족주의 이론은 일반적으로 현대 민족국가를 "현대적 인공물"로 간주하고 있다. 베네딕트 앤더슨의 논법에 따르면, 그것은 일종의 "문화적 인공물(cultural artefacts)"[50]이며, 겔너에게 현대 민족국가는 정치와 문화의 경계가 중첩된 지점에서 구성된 산물이다. "민족의 정의는 문화와 정치체제를 일치시키기 위해, 문화에 자신의 정치적 지붕을 씌우기

48) 王樹華·文育富, 「抗美援朝戰爭政治動員評析及啟示」, 『軍事歷史』, 2009년 제3기.

49) 列寧, 「皮梯利姆·索羅金的寶貴自供」, 『列寧全集』 제28권 (人民出版社, 1956), 168-69쪽.

50) 本尼迪克特·安德森(Benedict Richard O'Gorman Anderson)說, "我的研究起點是, 民族歸屬(nationality), 或者, 有人會傾向使用能夠表現其多重意義的另一個字眼, 民族的屬性(nationness)以及民族主義, 是一種特殊類型的文化人造物(cultural artefacts)." 『想象的共同體: 民族主義的起源與散布』, 吳叡人 譯 (上海人民出版社, 2003), 4쪽 참고.

위한 노력"51)인 것이다. 앤더슨이 분명하게 지적하고 있는 것처럼 현대 민족 국가는 "상상된 공동체"이다. 민족주의 역시 감정이라는 측면을 지니고 있지 만, 민족주의의 대상은 분명히 민족이며, 동일한 (그것이 상상된 것이든 실존 하는 것이든 간에) 혈통, 동일한 문화, 동일한 운명을 지닌 "공동체"이다. 때문에 그것은 애국주의에 보다 그 지향하는 바가 훨씬 더 복잡하다. 나아가 혹자가 주장하듯이 민족주의는 종종 "공덕(公德)"으로 상상되고, 애국주의는 상대적으로 "사덕(私德)"으로 상상되는 경향이 강하다. 그밖에 타자를 대하는 태도의 차이 역시 애국주의와 민족주의를 구분하기 위한 본질적 차이 가운데 하나이다.52) 역사와 현실의 각도에서 볼 때, "애국주의의 민족주의화" 경향은 폭넓게 존재한다. 때문에 애국주의와 민족주의의 진정한 변별을 위해서는 "애국주의는 일종의 '개인적 판단' 혹은 '사덕'임을 견지하고, 민족주의의 이 른바 '공덕'에 기초한 부적절한 요구에 단호히 반대"하는 태도가 필수적으로 요구된다.

아울러 우리는 이러한 관점이 기본적으로 구미 세계의 경험에 기반하고 있는 것임을 알 수 있다. 루스 풀은 서양 정치사상사의 각도에서 애국주의와 민족주의라는 두 가지의 확연히 구분되는 전통을 변별해내고 있는데, 그에 따르면 애국주의는 서구의 공화 전통 속에서 중요한 지위를 차지하고 있는 것이다. 좀 더 거슬러 올라가자면 그리스의 고대 도시국가와 로마의 공화정 시기나 이탈리아의 문예부흥 시기로 거슬러 올라갈 수도 있으며, 대체로 그것 은 17~18세기 서구와 북미의 정치적 생활 속에 비교적 뚜렷한 형태로 발견 된다. 이 전통의 핵심은 정치적으로 매우 역동적인 공민, 그리고 공화를 해칠

---

51) 厄内斯特 · 蓋爾納(Ernest Gellner), 『民族與民族主義』 (中央編譯出版社, 2002), 58쪽.
52) 좀 더 자세한 내용은 潘亞玲, 「愛國主義與民族主義辨析」, 『歐洲研究』, 2006년 제4기를 참고.

가능성이 있는 정치적 과두와 부패에 대한 경계, 공화국의 외래 침략자에 맞서기 위한 군사적 대비이다. 애국주의가 수용하는 대상은 "향토(homeland)", 즉 생활공간으로 구성된 공화국이라는 정치체이다. 이에 비해 민족주의는 훨씬 늦게 출현하였다. 그것은 완전히 다른 정치적 프로세스에 해당하며 그것이 수용하는 대상은 국가(nation)이다. 민족주의는 포퓰리즘의 정치적 교의이며, 민주적 체제 속에서도 그 본성은 달라지지 않는다.53)

중국의 경험은 이와 큰 차별성을 지니고 있다. 전근대 시기 중국은 '제국' 체제를 이루고 있었다. 황제 권력 하에서 신민의 제국에 대한 충성은 "향토"에 대한 충성과 "천도(天道)"에 대한 동일시를 통해 더 많이 구현되는 바, 이는 모종의 원초적 애국주의와 닮아 있다. 때문에 중국의 애국주의 전통에 관한 논술은 종종 고대로까지 거슬러 올라갈 수 있다. 이러한 애국주의적 의식과 정감은 전통 중국이 현대 중국으로 전화되는 과정에서 변화되었으며, 현대적인 애국주의로 탈바꿈하였다. 주목해야 할 것은 중국의 현대 국가와 현대 민족주의도 이와 같은 시기에 출현했다는 점이다. 다시 말하자면 현대적 의미에서의 애국주의와 민족주의가 중국에서는 대체적인 동시성을 지니고 있다는 것이다. 이러한 역사적 배경 속에서 현대 중국의 애국주의(혹은 맹아적인 민족주의 의식)는 눈여겨 볼만한 다음과 같은 세 가지 요소를 지니게 되었다.

1. 근대 이후 중국은 줄곧 서구 열강과 일본의 침략의 위기 속에 있었다. 따라서 이러한 애국주의와 민족주의 의식은 일정 정도 이상 위기에 대한 정서적 반응이라는 성질을 지니고 있는 피동적이고, 반발적인 성격의 의식이다. 구지에강(顧頡剛)은 항전 시기 동안에 커다란 논쟁을 불러일으킨 「중화민

---

53) Ross Poole, "Patriotism and Nationalism," in *Patriotism: Philosophical and Political Perspectives* (Burlington, VT: Ashgate Publishing Limited, 2008), pp. 129-46.

족은 하나」라는 글을 쓴 바 있는데, 이 글 속에서 다음과 같이 민족을 정의하고 있다. "민족이란 정치적 현상(現象)(국가로 조직된 강력한 주변 존재의 압박)으로 인해 조성된 심리적 현상이다. 그것은 언어나 문화, 체질 등과 관계지어질 수 있지만…민족은 결코 언어문화나 체질이라는 토대 위에 구축되는 것이 아니다. 왜냐하면 이러한 것들은 모두 자연발생적인 것들이지만, 민족은 사람들의 의식에 의해 구성된 것이기 때문이다." "따라서 '언어, 문화, 체질' 등은 민족을 구성하는 조건이 아니다. 민족을 구성하는 조건은 단 하나 '단결의 정서'일 뿐이다. 민족의 구성이란 정신적인 것이지 물질적인 것이 아니며, 주관적인 것이지 객관적인 것이 아니다."[54] 구지에강의 이와 같은 정의가 어떤 한계를 지니고 있는 것이든 간에 그가 강조하고 있는 민족의식의 형성과 외부세력의 압박 사이의 관계를 강조하는 이해방식은 확실히 선명한 시대의 흔적을 지니고 있는 것이다.

2. 현대 중국의 애국주의와 민족주의 의식의 탄생은 자본주의적 생산과 유통의 전면적이고 국제적인 확산, 전 지구적 식민지 개척과 제국주의 전쟁이라는 시대적 배경 하에서 이루어진 것이다. 때문에 그것은 처음부터 외향적 추세를 지니고 있는 것이었으며(주동적으로든 아니면 피동적으로든), 전체 세계로 진출하고자 하는 성질을 지니고 있는 것이었다. 다른 한편으로 전세계적 범위에서 전개된 사회주의 운동, 민족해방 운동, 그리고 중국혁명의 장기간에 걸친 경험은 현대 중국의 애국주의와 민족주의에 짙은 "국제주의"적 색채를 더해주었다.

3. 이러한 애국주의, 혹은 민족주의 의식의 탄생과 전파는 중국의 백여년에 걸친 사회혁명, 전쟁과 조건을 공유하고 있는 것이다. 이 과정은 시간적

---

54) 翦伯贊, 「論中華民族與民族主義—讀顧頡剛續論"中華民族是一個"以後」(『中蘇文化』 제6권 1기, 1940. 4. 1)에서 재인용.

으로 매우 길고 그 사회적 파급의 넓이와 심도 역시 세계적으로 찾아보기 어려운 것이었다. 이러한 혁명과 전쟁은 필연적으로 광범위한 사회적 유동과 고도의 융합, 그리고 상호작용을 수반하게 되는 바, 어떤 의미에서는 그 역시 사회계층 사이의 벽을 허물고 사회질서를 재구축하며, 국가 내부의 민주와 국제질서에 대해 새로운 요구를 제기하는 과정이기도 했다.[55]

"신애국주의" 운동은 이론적 층위에서나 사회운동의 층위에서나 모두 극도로 실천성을 강조한 운동이었다. 그것은 일반인의 일상생활 및 그 구체적 행위와의 연관성을 매우 강조한다. 청년 학생들에게 애국주의적 실천을 설파하는 문장 속에서 저자인 쑤더(蕭德)는 "애국적 열정이 실질적 효과를 거두도록 하라"고 힘써 강조한다. 그는 "위대한 조국은 결코 단순한 감상의 대상이 아니다. 입으로만 '좋다, 좋다' 이야기하고, 실제로 조국을 위해 아무런 힘도 보태지 않는다면, 이처럼 물질적 역량으로 전환되지 못하는 애국적 열정은 그야말로 허망한 것이다."[56]애국적 열정을 일종의 "물질적 역량"으로 구현해 내기 위해서는 사회와 직장으로부터 가정과 개인에 이르는 전 영역의 구체적인 행위들이 정확하게 안배되어야 한다. 집회와 시위는 그 가운데에서 상당히 일상적으로 활용된 방식 가운데 하나였다. 1951년의 "5.1"대집회는 통계에 따르면 전국민의 절반 이상이 참가하였다.[57] "크고 작은 각종 집회, 인민대표

---

55) 찰스 테일러(Charles Taylor)는 오늘날의 사회는 애국주의와 분리될 수 없다고 주장한다. 그 이유는 두 가지 측면에서 살펴볼 수 있다. 자유롭고, 민주적이며 일정 수준 이상 평등한 사회는 공민들 사이의 강한 동일시를 필요로 하며, 소극적 자유와 개인의 권리를 중시하는 사회는 공민들의 참여를 필요로 한다. 동시에 민주사회 역시 사회적 동원을 필요로 하는데, 사회적 동원을 위해서는 반드시 공동의 아이덴티티가 요구된다. 이때 애국주의는 둘도 없는 선택일 수밖에 없다. Charles Taylor, *Why Democracy Needs Patriotism? From For Love of Country: Debating the Limits o Patriotism* (edited by Joshua Cohen (Beacon Press, 1996) 참고.

56) 蕭德,「和學生們談愛國主義的實踐」,『中國青年』제70기.

대회로부터 노동자대회, 농민대회, 부녀자대회, 학생대회 문예계 대회, 반혁명분자 진압 공개 심판 대회에 이르기까지 모든 집회는 항미원조 선전과 교육을 위한 장이 될 수 있는 것이었다."[58] 이러한 운동식 동원이 상대적으로 외재적인 것이었다면, 훨씬 더 내재화된 방식도 존재했다. 예를 들어 각 지역마다 각각의 생산모범을 세우는 것이 그것이었다. 당시 신중국은 현대적 공업의 기초가 매우 박약했으며 산업노동자의 수 역시 극히 적었다. 게다가 이 얼마 안 되는 산업 노동자들 대부분은 사영기업의 노동자이거나 사영기업에서 이제 막 국영기업으로 전환된 기업의 노동자들이었다.

때문에 새로운 생산과 정치 체제 하에서 자신이 자리하고 있는 공장과 일정한 동질감을 획득하고, 이러한 새로운 동질감에 기초하여 새로운 노동관을 형성할 것인가 하는 것이 새로운 문제로 대두되었다. 여기에는 하나의 전환 메커니즘이 존재했는데, 그 전제는 바로 새로운 정권과 새로운 정치 체제에 대한 동일시를 발생시키는 것이었다. 다시 말하자면 현재의 정권이 인민민주독재 정권이라는 점을 인식하도록 하는 것이었다. "내가 바로 인민이다. 이 민주 독재 속에는 나의 몫이 있다. 내가 바로 조국의 주인공이며, 주인공의 책임감을 가져야 하며 자기 조국에 관심을 가지고 온 힘을 다하여 조국이 더 잘되도록 해야 한다. 이런 생각에 도달하면 자신의 온 몸이 에너지로 충만해지며, 작업에 임하여서는 '내가 하는 이 일은 나의 조국을 위한 것이다. 제대로 해내지 못한다면 그것은 곧 이 나라의 주인공으로서의 직책을 잃어버리는 것이 되고 만다.'"[59] 따라서, 이와 같은 주체의 지위 변화가 관건적인 것이었다. 『중국청년』은 이러한 도시 공장의 생산모범 외에도 후펑(胡

---

57) 廖蓋隆, 「更高地舉起愛國主義的偉大旗幟」, 『愛國運動論集』 (海燕書店, 1951), 17쪽.

58) 「川南區黨委關於1951年普及和深入抗美援朝運動的計劃」(1951. 3. 15), 『西南工作』 제52기 (中共中央西南局, 1951), 43쪽.

59) 蕭德, 「和學生們談愛國主義的實踐」, 載70期.

風)의 「위대한 열정이 위대한 인간을 창조한다」,[60] 주커시(竹可彆)의 「영웅적 감상, 영웅의 마음」[61] 등과 같은 일련의 전투영웅 이야기도 소개하고 있는데, 이 영웅인물에 대한 서술 과정 속의 강조점 및 어조와 관련하여 주목할 만한 것은 이러한 영웅인물들이 가난한 농민의 딸에서 국가급 전투 영웅으로 성장하는 과정에서 그들이 지닌 강한 의지와 품성이 그들이 모종의 귀속감을 갖게 되는 것을 계기로, 고난을 대수롭지 않게 여기게 됨으로써 길러지며, 주체감 역시 그에 수반하여 만들어지는 것으로 서술되고 있다는 점이다.

현대 중국의 역사를 돌아보면, 우리는 이러한 "활동적 동원" 역시 중국 현대 민족의식 전파 과정의 중요한 특징 가운데 하나임을 알 수 있다. 이러한 활동적 동원의 과정 속에서 서로 다른 집단 사이에 교류가 일어나고 현대 지식과 관념, 현대국가와 민족에 대한 관념이 전파되었다. 여기에서 현대국가와 민족 관념의 전파는 특히 중요하다. 이것은 현대 중국혁명의 과정에서 형성된 중요한 경험 가운데 하나이며, 동시에 "신애국주의" 운동의 중요한 특징이기도 하다.

"신애국주의" 운동의 국제주의적 지향 역시 간과할 수 없는 중요한 특징 가운데 하나이다. 국제 공산주의 운동이 일찌감치 와해되고, 이른바 포스트냉전마저도 해체되어 버린 시대를 살아가는 우리에게 이는 이해하기 쉽지 않은 일일 수 있다. 아마도 적지 않은 사람들은 "신애국주의" 운동 속에서 국제주의와 관련된 수많은 설명들을 접하게 될 때, 이를 일련의 공허한 수사로 받아들이게 될지도 모르겠다. 확실히 오늘날의 시점에서 "혁명 중국" 시대의 역사

---

60) 가난한 농민의 딸인 郭俊卿이 남장을 하고 전사가 되어 전투 영웅으로 성장해 나간다는 이야기를 담고 있다. 두 편으로 나뉘어 각각 『中國靑年』 제55기와 59기에 게재되었다.

61) 여성 전투 영웅 劉虎成의 업적을 소개하고 있다. 『中國靑年』 제62기.

를 이해하고자 할 때, "표현된 현실"과 "객관적 현실"을 정확하게 구분해 내고 그 양자 사이의 관계를 정확히 파악해내는 것은 결코 쉽지 않은 일임에 틀림없다.[62]

중화인민공화국의 건설은 중국공산당의 장기간에 걸친 대내외적 전쟁의 결과였다. 혁명전쟁을 통해 국가 정권을 장악하고, 다시 민족 독립과 민족 평등을 추구해 왔다. 그 결과 건국 후의 외교정책에는 불가피하게 강한 혁명성이 내재되어 있었다.[63] 외교정책의 혁명성이란 한편으로는 민족독립과 평등에 대한 추구였으며, 그것은 바로 중국의 민중들이 장기간에 걸쳐 능욕을 입는 과정에서 탄생한 민족적 자존심과 짝이 맞는 것이다. 이 점은 "신애국주의" 운동 속에서 수없이 강조되어 왔다. 다른 한편으로 그것은 세계혁명과 민족해방운동에 대해 지지의 표현이었다. 이 역시 "신애국주의"운동 속에 함장된 국제주의의 구체적인 내용이기도 하다. 류사오치는 『국제주의와 민족주의에 대하여』에서 "오늘날 세계의 민족문제는 전세계 혁명의 문제와 연관시켜 사고해야만 한다. 역사의 전체 국면과 세계의 전체 국면을 보지 못하고 국부적 관점으로 고립적으로 사고하거나 현실과 유리된 추상적 관점으로 문제를 바라보아서는 안 된다"[64]고 지적하고 있다. 50년대 초반 외교사를 연구하는 학자들은 건국 직후인 11월 16일에 북경에서 개최된 세계노동자연맹 이사회 아시아-오스트레일리아 회의의 개막식에서 행한 류사오치의 연설을 인용하여, 당시 중국공산당이 세계혁명과 민족해방운동에 대해 지니고 있던 책임감과 포부를 설명하는 경우가 많다. 류사오치는 개막식 연설에서

---

62) 토지개혁시기 농촌계급투쟁 문제의 "표현된 현실"과 "객관적 현실"을 구분하는 황종즈(黃宗智, Philip Wong)의 사례는 참고해볼 만하다. http://www.sociologyol.org/ yanjiubankuai/fenleisuoyin/fenzhishehuixue/qita/2007-04-06/1226.html

63) 楊奎松, 『中國人民共和國建國史研究』 제2권 (江西人民出版社, 2009), 1쪽.

64) 劉少奇, 앞의 책, 27쪽.

중국 혁명의 길을 힘주어 강조하고 있으며, 중국 혁명이 승리를 거둘 수 있었던 비결을 무장투쟁의 길에서 구하고 있다. "이 길이 바로 마오쩌둥의 길"이며, 동시에 "수많은 식민지, 반식민지 인민이 독립과 해방을 쟁취하기 위해 피해갈 수 없는 길"[65]이라는 것이다. 비록 류사오치가 중국공산당을 대표하여 제기한 이러한 관점은 소련 공산당에 의해 완전히 수용되지 못했지만,[66] 신중국 혁명 외교의 발상은 이를 통해 그 실마리를 드러내 보이고 있다. 1950년대 초반 남쪽과 북쪽에서 각각 전개된 "항미원조" 전쟁과 프랑스 식민 지배에 저항하는 베트남 인민을 지원하기 위한 전쟁은 바로 이러한 포부와 책임감으로부터 말미암은 것이었다. 1954년 제네바 회의의 성공과 평화공존 5개항 원칙의 채택은 "신중국 외교정책이 특별히 강조해왔던 '일변도' 정책이 국가이익에 대한 좀 더 유연한 고려 쪽으로 방향을 전환하기 시작했음을 보여주는 중요한 지표였다."[67] 그러나 그렇다고 해서 "마오쩌둥 시대" 전체를 관통하는 유일한 외교원칙이 국가이익이었던 것은 결코 아니다. 1957년 11월 마오가 방문단을 이끌고 모스크바로 건너가 세계 공산당 및 노동자당 대표 회의에 참석하고 돌아온 뒤 소집된 정치국 상임위원회의 석상에서 마오는 후르시초프가 소련공산당 20차 당대회에서 제출한 평화공존 5개항 원칙의 유효성에 대해 공개적인 질문을 제기한 바 있다. "오늘날 국제적으로 평화공존 5개항 원칙이 널리 받아들여지고 있다. 그러나 정말로 그것이 실행 가능한 것인가의 문제는 전혀 다른 차원의 문제이다. …외교정책과 국가 사이의 관계는 분명 평화공존 5개항의 원칙 위에 수립되어야 한다. 이는 정확한 것이다. 그러나 국제 공산주의 운동으로서, 공산당의 대외관계를 규정하는 총노선이 평화공

---

65) 『人民日報』, 1950. 11. 17, 제1판; 1950. 11. 22, 제1판.

66) 구체적인 분석은 다음을 참조할 것. 沈志華, 앞의 책, 62-64쪽.

67) 楊奎松, 「新中國對援越抗法戰爭的策略演變」, 『中國社會科學』, 2001년 제1기.

존에만 제한되어 있을 수는 없다. 왜냐하면 여기에는 사회주의 국가 사이의 상호 지지와 상호 원조의 문제가 놓여 있음과 동시에, 거기에 더하여 정권을 잡고 있는 공산당, 사회주의 국가의 공산당이 세계 혁명을 지지하는 문제, 자본주의 국가의 아직 정권을 쥐지 못한 공산당을 성원하는 문제가 놓여 있으며, 식민지와 반식민지의 독립운동에 대한 지지의 문제, 모든 국제 노동자운동에 대한 지지의 문제 역시 놓여 있기 때문이다. 요컨대, 프롤레타리아 국제주의의 문제가 남아 있는 것이다. 때문에 평화공존을 당의 대외관계의 총노선으로 삼을 수는 없다."[68] 물론 여기에 당의 대외관계와 국가의 대외정책을 구분하는 문제가 남아 있기는 하다. 그러나 공산당이 정권을 잡고 있는 국가로서 이러한 구분은 실제로 매우 어려운 경우가 많다. 이 역시 신중국 외교정책 속에 내재하고 있는 혁명적 외교와 국가 이익 사이의 긴장 관계를 보여주는 것이라 할 수 있다.

새로운 혁명적 외교정책을 수립하고자 할 때 요구되는 것은 정부 차원의 정책만은 아니다. 그보다 중요하게 요구되는 것은 바로 민중의 인정과 지지이다. 이러한 의미에서 새로운 "국제관"의 형성은 역시 공화국 건국의 내재적 요구 가운데 하나였다고 이야기할 수 있다. 1950년대 초기에 전개된 "신애국주의"운동은 일정 정도 이러한 새로운 "국제관"을 통해 형성된 "자기 이해"의 토대를 이루는 것이었다고 이야기할 수 있을 것이다.

애국주의, 민족주의, 국제주의라는 이 복잡한 사조들이 현대 중국에서 형성하게 된 복잡다단한 관계와 관련하여, 우리는 왕후이의 다음과 같은 논술에 주목해볼 필요가 있겠다. "중국의 현대 민족주의는 처음부터 세계주의, 혹은 국제주의적 성격을 지니고 있었다." 왜냐하면 "근대 중국의 민족주의는

<hr>

68) 吳冷西, 『十年論戰: 1956-1955中蘇關系回憶錄』(中央文獻出版社, 1999), 152쪽.

일종의 자기부정의 논리를 함장하고 있는 것이었기 때문에, 그것은 약소사회와 약소민족, 그리고 인민의 권리를 억압하는, 국족 중심주의에 기반한, 그 어떠한 기도에도 반대한다." "국가주의자들과 다르게, 수많은 지식인들이 민족해방운동에 투신하던 그 당시에, 그들은 동시에 국제주의자들이기도 했다. 그들은 약소사회(내부의 것이든 외부의 것이든)에 대해 깊은 동정을 품고 있었으며, 이 동정은 그들이 사회 내부에서 자유와 평등을 쟁취하고자 했던 입장과 완전히 일치되는 것이었다. 바꾸어 말하자면, 민족주의가 패권과 폭력에 대한 반항으로 표현되던 시기에, 그것은 민족주의 자신에 대한 부정의 계기를 함장하고 있는 것이었음과 동시에, 내부의 민주에 대한 요구 역시 함장하고 있는 것이기도 했다."[69] 이러한 의미에서 필자는 1950년대 초의 "신애국주의 운동"을 중국 현대 민족주의 의식이 길러낸 결과물이라고 부르고자 한다.

번역_성근제

69) 汪暉, 『死火重溫 · 序』 (人民出版社, 1998), 10-13쪽.

6

신중국 노동국민의 형성과
전 국민 동원의 현실
─항미원조 시기 '마헝창 소조'의
형성 배경과 그 사상적 의미[*]

허하오(何浩)

들어가는 말

1949년 10월 1일 중화인민공화국이 탄생하였고, 1950년 10월 16일 중국 인민해방군이 북한으로 출전하면서 항미원조가 시작되었다. 그런데 오늘날의 시각에서 이 역사를 돌아보면, 그 '탄생'의 역사는 우리가 공동으로 경험했던 그 진실의 역사가 아니라 할 수 있다. 냉전적이고 축약된 중국 혁명사 서술 속에서, 그것은 만들어지고 잘려나간 역사에 지나지 않게 된다. 우리는 가려지고, 혼잡한, 그리고 연속적인 역사의 흐름 속으로 다시 돌아갈 필요가 있다. 혼란스럽고 흩어져 있는, 그리고 뒤섞여 있으며 여러 경계에 걸쳐 있는 그 역사의 실천 속에서 신중국 노동국민의 형성 과정을 살펴보아야 하는 것이다.

* 이 글은 중국 사회과학원 문학소 '당대중국독서소조'에서 지난 몇 년간 진행되었던 토론을 바탕으로 하고 있다. 특히 허자오톈(賀照田) 선생님의 가르침에 감사를 드린다. 아울러 치치하얼 시의 당안관에도 감사를 표한다.

항미원조는 당시 국제 질서 속에서 신중국이 소련에 치우쳐(一邊倒) 취했던 군사적 행동만으로 이해되어서는 안 된다. 그것은 그 '일변도'의 군사적 행동에 상응하는 일련의 정치적, 경제적, 문화적, 그리고 윤리적 조정과 이동을 함께 의미한다. 신중국이라는 사회 구조 속에서, 이러한 조정과 이동이 어떻게 중국 공산당이 바라던 바대로 진행될 수 있었던 것일까? 이미 해방된 지역이라 할지라도, 중국 공산당이 점령하였던 시간은 그리 길지 않았고, 일부 지역에서는 토비들이 창궐하면서 중국 공산당 정권이 안정적으로 유지될 수 있을지조차 불투명하였는데, 이러한 상황에서 전 국민 동원은 어떻게 가능했던 것일까? 만약 당시 민중들에게 비교적 낯설었던 계급론으로 항미원조의 참가를 이끌어냈다고 말한다면, 그것이 가능했던 역사적 조건이란 무엇일까? 이 동원이 어떻게 중국 공산당이 희망했던 결과로 나아갈 수 있었던 것일까? 이러한 질문들은 여전히 설명을 기다리고 있다.

이제 막 해방군이 접수한 공장의 노동자들은 일반적인 상상과는 달리 위만(僞滿)정권 및 국민당(國民黨) 정권에서 신중국으로 넘어오는 과정에서 그들의 전통 관습과 풍속, 사상 및 행동 방식을 완전히 버린 것이 아니었다. 오히려 그들은 이러한 전통적인 요소들을 신중국이 관할하기 시작했던 그 공장의 생산과정 속으로 가져왔다. 따라서 우리는 역사의 깊은 곳으로 들어갈 필요가 있다. 항미원조 시기에 계급론이 전 국민을 동원하였다면, 그것이 직면하였던 독특하고 복잡한 역사 구조를 고찰하여야 하는 것이다. 항미원조 시기의 전 국민 동원과 노동국민의 출현은 결코 계급론 자체의 내적 논리에 의해 만들어진 것이 아니다. 그 안에는 중국 사회 내부의 역사 구조적 관계에 근거한 상호작용과 조정의 과정이 내포되어 있다.

그런 점에서 이 글은 1948년 해방군이 관할했던 공장 중 선진적인 소조의 하나였던 '마헝창 소조'(馬恒昌 小組)를 케이스로 삼았다. 역사적 실천 속에서 그 형성 과정을 살펴보면서, 항미원조가 신중국 사회 내부에 일으킨 깊고 은미한 동요, 그리고 사회조직 및 개인 윤리상의 결과를 분석하고자 한다.

1. 농촌에서 도시로: 완성이 필요한 이주

모범 노동자 마헝창

마헝창(1906-1985)은 랴오닝(遼寧) 랴오양(遼陽)의 빈농에서 태어났다. 18세부터 그는 푸순(撫順) 발전소에서 기술을 익혔고, 20세 되던 해인 1926년 장쭤린(張作霖)이 설립한 병기 공장에 입사하였다. 1929년 6월 장쭤린이 죽었을 때, 병기 공장은 일본인의 수중으로 넘어갔고, 마헝창은 그 공장을 떠나 개인이 운영하는 기업에 들어갔다. 1931년 9월 18일, 이 사영 기업 역시 열악한 재정 상황 때문에 일본인에게 넘어갔고, 미야다(宮田)라는 이름으로 자전거를 생산하였다. 마헝창은 자전거 부속 제작에 비교적 능숙했고, 기술 역시 부단히 향상되었기 때문에, 회사 사장으로부터 '대표(大票)', 곧 최고기술자(大工匠)로 임명되었다. 그 당시 공장들은 어떤 정해진 관리 체제를 가지고 있던 것이 아니었기 때문에, 대표가 일종의 노동의 기준이 되곤 하였다. 마헝창이 하루에 일하는 양만큼 다른 사람도 그렇게 일해야 했고, 그렇지 않으면 월급에서 제해졌던 것이다. 1937년 일본의 중국 침략이 본격화되었을 때, 미야다 제작소는 병기

공장으로 바뀌었고, 자전거 부속 대신 박격포 탄피를 생산하기 시작했다. 1944년, 마헝창은 병기공장을 떠나 고향으로 돌아가 농사를 지었고, 1948년에 다시 션양(沈陽)으로 돌아오게 된다.

1948년 11월 2일, 션양이 해방되었다. '마헝창 소조'는 1949년 4월 28일 정식으로 명명되었는데, 그것은 션양 제5기계 공장의 생산팀 중 하나였다. 기술혁신과 갖은 노력을 통해 홍(紅) 5월의 노동경쟁대회에서 생산 효율을 대폭적으로 제고하였고, 이를 계기로 '마헝창 소조'라는 이름을 얻게 된 것이다.

1950년 9월, 마오쩌둥을 접견하는 마헝창

1950년 9월, 마헝창은 전국 노동 모범으로 선출되어 전국 공·농·병 모범 대회에 참석하였다. 9월 30일 저녁에는 마오쩌둥(毛澤東)이 마련한 전국 모범 노동자 연회에 참석하였고 마오쩌둥을 접견하였다. 1950년 항미원조 전쟁 발발 후 1951년 1월 17일, '마헝창 소조'는 『공인일보(工人日報)』를 통해 전국의 노동자를 상대로 '애국주의 노동경쟁대회'를 발의하였고, 얼마 안 되어 전국 1만 8천여 부서가 여기에 적극적으로 호응하였다. 그 해 '마헝창 소조'는 국가가 하달한 임무를 정해진 시간보다 두 달 반 앞서 완성하였으며,

69개의 새로운 기록을 세웠다. 1950년부터 1978년까지 '마헝창 소조'가 세운 29년간의 누적 기록은 43년 10개월에 해당하는 업무량이었고, 840여 개의 새로운 기술 혁신을 실현하였다.

가운데가 마헝창, 동료 노동자와 기술적인 난제를 토론하고 있다.

사회주의 새 인물의 형성에 대한 기존 이해는 계급론이나 혹은 신/구 사회의 대립 구조에 근거한다. 하지만 이러한 이원 구조는 역사를 지나치게 단순화시키면서, 복잡한 역사의 상황을 이해하기 어렵게 만들곤 한다. 예를 들어, 1919년 마헝창은 큰 형으로부터 온 한 통의 편지를 계기로 농촌을 떠나 푸순으로 가게 되었고, 3년 후에는 그의 먼 친척이었던 장펑치(張鳳岐)의 소개로 푸순의 발전소로 들어가 기계 수리를 배웠다. 중국 근현대 산업 노동자의 형성사는 농촌 인구가 자연스레 도시로 유입되는 과정과 결코 동일하지 않다. 노동자들이 일자리를 얻게 되는 과정은 동향(同鄕)이라는 지연과 밀접한 관계가 있어서, 작업반장이나 십장, 혹은 동향 지인의 소개 등이 농촌 인구가 공장에 유입되는 중요한 통로가 된다. 이 통로 때문에 특정 지역, 혹은 특정 집단의 사람들이 한 공장이나 업종에 모이게 되고, 이것은 다시 그 지방의 문화와 생활 습관을 특정 작업 환경 속으로 끌어들이게 되는 이유가 되는 것이다. 아울러 새로운 공장 생활과 도시 문화의 환경 속에서 충돌 및 해소, 분화, 융합의 과정을 거치면서 복잡하면서 독특한, 그리고 매우 다양한 집단문화가 탄생하게 된다. 중국 공산당이 계급론으로 중국 사회를 재편하려고 했을 때, 이것은 필연적으로 중국 사회의 그러한 내적 역사 구조와 직면하게 되어 있었다. 그렇다면 노동자계급으로 나라를 세우겠다는 계급론의 원칙은 어떤 식으로든 현대 중국의 이 특수한 역사 구조를 처리할 필요가 있었던 것이다.

이 외에도 계급론의 시각으로 적절히 해석하기 힘든 부분이 또 있다. 마헝창은 위만정권과 국민당 집정 시기에 최고기술자이었고, 공장에서도 고급 기술 인력에 속하였으며, 따라서 기본적으로 구(舊)사회의 가장 낮은 계층에 속하는 노동자라고 할 수 없다. 그럼에도 신중국에서 마헝창은 가장 낮은 계층의 노동자보다 더 높은 적극성을 보였다. 전통적인 개념의 무산자(無産者)에 결코 부합하지 않았음에도, 신중국의 역사구조 속에서 그가 도리어 두각을 드러낼 수 있었던 것은 무엇 때문일까? 게다가 신중국 성립 이전에 마헝창은 다양한 방식을 통해(예를 들어 태업[磨洋工]이나 공구 훼손 등) 일본인 관리자에 비협조적이었는데, 신중국에서 그는 어떻게 노동국민의 적극적인 주체성을 그처럼 빨리 만들 수 있었던 것일까?

공장 내 사조직(幇會)

마헝창의 아들 마춘쭝(馬春忠)의 기록에 따르면, 마헝창은 다른 사람의

해코지를 두려워하여 '의형제'를 맺은 적이 있다고 한다.[1]

해방 초기에 그러한 '사조직'의 영향력은 대단히 컸다. 어떤 의미에서는 신중국 성립 전후의 중국 사회를 사조직화(幇會化)된 사회라고 표현할 수도 있다. 국민당 중선부의 한 조사에서 시안(西安)의 사조직은 이렇게 서술되고 있다. "시안 지역에는 사조직이 너무나 보편적이어서, 1000여 명에 가까운 이들이 자신의 조직을 가지고 있으며, 조직원이 100 명이 넘는 경우도 40-50 개나 된다. …다양한 계층의 다양한 직업을 가진 사람이 모두 포함되어 있어서, 정부 관리도 있으며, 군인 중에서 중하급 간부도 있고, 상인과 노동자, 건달 및 기녀 등이 모두 그에 소속되어 있다."[2] 당시 충칭(重慶)의 경우를 묘사한 것도 매우 비슷해서, 그 지역의 조직은 500여 개에 달했고, 인원도 도시 전체 인구의 70-80%였으며, 전문적으로 이에 종사하는 사람만도 10만 여 명에 달했다.[3]

마오쩌둥은 1926년의 「중국사회 각 계급의 분석」과 1939년의 「중국 혁명과 중국 공산당」을 통해 이러한 조직들이 중국 내에 보편적으로 존재하고 있다는 점을 지적하였다. "적지 않은 유민 무산자들 중에 토지를 잃은 농민과 일자리를 잃은 수공업 노동자가 존재한다. 그들은 인류사회에서 가장 불안정한 사람들이다. 그들이 각 지역에서 모두 비밀 조직을 가지고 있는데, 예를 들어 민월(閩粤) 지방의 '삼합회(三合會)', 상악검촉(湘鄂黔蜀) 지방의 '가로회(哥老會)', 환예로(皖豫魯) 등지의 '대도회(大刀會)', 직예(直隸) 및 동(東) 3성(省)의 '재리회(在理會)', 상하이(上海) 지역의 '청방(靑幇)' 등이다. 이러한 사람들은 인류사회에서 가장 불안한 자들이어서, 의지할 것을 잃고서

1) 馬春忠, 『一位開國勞模的家事』(北京: 中國工人出版, 2007), 20쪽.
2) 中國第二歷史檔案館編, 『民國幫會要錄』(檔案出版社, 1993), 159쪽.
3) 趙淸著, 『袍哥與土匪』(天津: 人民出版社, 1990), 220쪽.

산당(山堂)에 들어가거나 혹은 스스로 조직을 결성하고 있다. 그들이 사회 속에서 불안함을 조장하는 요인이 되고 있는 것이다."

비록 자료 부족으로 인해 동북 지역 노동자들의 상황을 지금으로서는 정확히 파악하기가 힘들지만, 중국 근현대 노동자운동, 특히 상하이 지역의 노동자운동에 대한 기존 연구를 보면 동북 지역에서의 사조직 상황을 어느 정도 유추해볼 수 있을 듯하다. 페이이리(裴宜理)의 『상하이 노동자(上海工人)』에 따르면, 각종 동향 모임, 사조직 등은 중국 노동자 집단 사이에서 보편적으로 나타나는 조직 형태였다. 상하이 노동자가 사조직에 가담하는 현상은 매우 일반적이어서, 적게 잡아도 18%, 많으면 40%에 달했다고 한다.[4] 민간 종교 조직 역시 매우 많았는데, 치치하얼(齊齊哈爾)시의 경우에는 각종 불당과 사찰, 이슬람 사원, 만선사(萬善寺), 오방교화원(五方敎化院), 관제묘(關帝廟), 석비산(石碑山), 탑자성(塔子城), 수공사(壽公祠) 등이 존재하고 있었다.

이러한 조직이 보편적으로 존재했다는 사실은 노동자들의 저항도 그 조직에 근거하여 진행되었음을 알려준다. 예를 들어, 일본인에 의해 매수된 노동자가 나오게 되면, 마헝창 등도 각종 어려움에 처할 수 있었다. 작업반장이었던 다케오 가즈오(武雄一男)가 같은 소조의 또 다른 대공장이었던 류한천(劉漢臣)을 매수하였을 때, 모든 사람들은 그의 업무량을 기준으로 삼아야 했고, 그렇지 않으면 처벌되거나 해고될 수 있었다. 마헝창 등은 고민 끝에 다른 노동자들과 함께 퇴근 후 류한천의 선반 나사못을 훼손하였고, 그의 작업 공구를 숨기거나, 혹은 선반용 바이트를 망가트렸다. 동시에 다른 노동자들 사이에 류한천이 다른 노동자를 팔아 매국노가 되었다고 소문을 퍼트려,

---

4) 陳衛民, 「解放前的幇會與上海工人運動」, 『史林』, 1993년 제2기.

모두가 그를 냉대하도록 선동하였다.

이러한 저항 방식은 명청 시기 이래로 많은 수공업자들이 취했던 전통적인 방식과 매우 유사하며, 따라서 현대 산업사회의 조직화된 노동자운동이라고 할 수는 없다. 마헝창은 비록 현대 산업체계 속 기업에서 숙련된 노동자였지만, 그의 의식 구조나 행위 방식은 여전히 중국 전통 수공업 노동자의 그것과 가까이 있었던 것이다.

도시를 접수했을 때와 마찬가지로, 중국 공산당은 공장을 관할하기 시작했을 때 큰 변화를 도모하지 않았다. 사회 속의 각종 사조직을 직접 청산하지도 않았으며, 옛 직원들을 전부 남겨둔 상태에서 점진적으로 개조와 선별 작업을 진행하였다. 이것을 중국 공산당만의 독특한 방식이라고 할 수는 없을 것이다. 국민당 역시 북벌 승리 초기에 북양 군벌의 많은 옛 인원을 활용하였다. 즉 군사적 진행 속도는 분명 빨랐지만, 행정능력을 갖추었으면서도 사상 방면에서는 국민당의 혁명 정신에 부합하는 행정 인원을 찾기는 상대적으로 어려웠던 것이다. 그러나 이러한 옛 직원에 대해 개조 작업을 게을리 하면서 국민당은 빠르게 부패하였다.[5] 1949년 전후의 중국 공산당도 비슷한 처지였다고 할 수 있다. "앞서 관할하기 시작했던 일본 및 위만 기업 중에는 8.15 전후로 국민당과 삼청단에 가입했던 사람들이 남아 있었고, 새로 접수한 기업 중에는 더 많은 국민당원과 삼청단원이 있었다. 국민당과 삼청단원은 기업에서 당원과 단원을 대량으로 흡수하기 위하여 집단적으로 당과 단에 가입하는 방식을 사용하였다. 국민당과 삼청단에 많은 직원과 노동자들이 가입하였던 것은 그 목적이 직업을 보장 받기 위함이었다. 하지만 그들 국민당원과 삼청 단원 중에는 이전에 노동자와 직원을 감시하는 임무를 가지고 있던 특무분자

---

5) 易勞逸, 『毁滅的種子』 (南京: 江蘇人民出版社, 2009).

도 있었다. 우리가 기업을 접수한 후에는 숨어버리거나 잠복하여 파괴활동을 펼치고 있었다."6) 1948년 10월 28일의 문서에서 중국 공산당은 향후 2년간 충원되어야 할 간부의 수가 최소한 53,000명이라고 밝혔는데, 이것은 단지 현(縣)급 이상의 간부만 계산했을 뿐, 기층 간부의 경우에는 사회의 재조직을 통해 배양할 수밖에 없었다.

비록 중국 공산당이 군사적으로 날로 승리를 거두고 있었지만, 승리 이후의 사회 구조를 어떻게 다시 조직할 것인가의 문제는 국민당의 전철을 피하기 위해 반드시 해결해야 하는 사안이었다. 해방 초기의 중점은 토비 척결과 특무 분자의 진압이었고, 사조직 문제는 크게 제기되지 않았다. 사조직은 그 중점적인 처리 대상이 아니었던 것이다. 1950년 10월이 되어서야 마오쩌둥은 비로소 사조직에 대한 정돈 작업을 강조하였다. 마헝창의 입장에서 보면, 군사적 변화가 일어났다고 해서 자신의 생활에 큰 변화가 일어난 것은 아닐 수 있었다. 따라서 노동자의 적극성을 이끌어낼 수 있는 새로운 질서를 확립하고 국민당의 전철을 되풀이하지 않으려면, 중국 공산당은 반드시 공장의 기층 조직을 재조직하여야 했고, 옛 공장 노동자들을 새롭게 인식하여, 개조 및 분할, 통합 작업을 병행하여야 했다. 그런 면에서 해방 초기에는 중국 공산당의 인력으로 활용되었지만 나중에는 비판받고 숙청되었던 한샤오즈(韓少之) 같은 인물이 마헝창과 같은 사람들의 생활에 적잖은 동요를 일으켰다고 봐야 한다. 품행이 좋지 않았던 한샤오즈는 처음에 해방군 간부에 힘입어 작업반장으로 임명되었는데, 노동자들이 보기에는 중국 공산당이 그러한 사람을 활용한다는 것은 옛날과 크게 다를 바 없는 상황이었고, 따라서 재건의 가능성이란 짐작조차 할 수 없었다. 군사 승리 이후에 한샤오즈와

---

6) 中央檔案館, 「東北局關於公營企業中職員問題的決定」(1948年8月1日); 『中共中央文件選集(1948-1949)』(中共中央黨校出版社, 1987), 212쪽.

같은 인물들이 바뀌거나 타도되자, 사회 재긴은 새로운 국면을 맞이할 수 있었던 것이다.

이러한 역사적 조건을 고려해야 중국 공산당이 어떻게 마헝창과 같은 사람을 이전의 역사적 환경 속에서 변화시킬 수 있었는지를 이해할 수 있게 된다. 이것은 중국 공산당이 중국 근현대 이후의 사회 구조를 어떻게 이해하고 바꿀 수 있었는가의 문제와 관련되는 것으로, 단순히 계급론에 입각해서 대답할 수 있는 사안이 아니다. 중국 공산당이 실천 속에서 계급론을 활용했던 방식은 중국 근현대 이후의 특정한 사회 역사적 구조를 바탕으로 하고 있다. 중국 공산당이 실천적으로 노동자 집단을 변화시키고 동원할 수 있었던 것은 이론적으로는 도저히 설명되지 않는 부분이며, 서구 맑스주의 계급론을 벗어나는 풍부한 의미를 가진다. 바로 여기에 중국 공산당의 계급론적 역사서술이 해석할 수 없는 독특한 역사적 실천 경험이 자리하고 있다. 중국 공산당이 새로 구성하였던 사회정의의 질서는 계급론이 부여한 것도 아니었으며, 전통 민간의 도덕과 종법 및 습속 등이 단순히 복제된 것도 아니었다. 새로운 역사 구조 속에서 다시 형성된 어떤 것이었다.

공장 관할 간부

중국 공산당은 1948년 말에 선양을 해방하고 공장을 접수하였는데, 상식적인 차원에서 생각해보면, 정권의 교체를 여러 번 목도하였던 마헝창은 중국 공산당이 얼마나 오래 갈 수 있을지 의심스러울 수 있었다. 게다가 이와 관련된 유언비어가 끊이지 않았는데, 국민당이 곧 다시 돌아올 것이라는 내용이 그 핵심이었다. 마헝창의 경험에서 생각해보면, 그것이 반드시 거짓일 이유가 없었다. 결국 그가 좌로 돌아섰다는 사실은 한두 가지 환경 변화가 그의 적극성을 일깨웠던 것이 아님을 알려준다. 주체의 변화는 단순히 개인의 능력에 의존하는 것이 아니라, 더 깊은 차원에서의 역사 구조적 관계와 관련되어 있다. 예를 들어, 선양이 해방된 지 얼마 지나지 않아서 한샤오즈와 같은 인물이 청산되었다는 사실이 마헝창에게 이전과 확연히 다른 인상을 심어줄 수 있는 것이다.

당시 동북 지역을 맡아 관리하기 시작하였던 대다수 간부들은 중국 공산당이 옌안 시기에 실천을 통해 길러내었던 인재들이었다. 항전 말기에, 중국 공산당 중앙이 동북 근거지를 세우기로 결정한 배경 중에는 당시 자신들의 근거지 가운데 산업화된 지역이 드물었던 탓이 컸다. 마오쩌둥은 7차 당대회에서 다음과 같이 말한 바 있다. "현재 우리의 근거지들은 적들에 의해 흩어져 있어서, 각 근거지들이 모두 안정적이지 못하고, 공업화된 지역이 적으며, 이로 인해 불안한 상황이 일어나고 있다. 따라서 우리는 도시를 차지하여야 한다. 한 지역 전체를 차지하여야 하는 것이다. 만약 우리가 동북과 같은 지역 전체를 차지하여 큰 근거지를 만들 수 있다면, 전국적으로 보았을 때 중국 혁명 승리의 기초, 튼튼한 기초가 마련될 수 있는 것이다." 동북에는 현대화된 산업 도시가 여럿 있었고, 각종 현대화된 중공업과 군수 산업 및 경공업이 발달해 있었으며, 풍부한 자원과 편리한 교통 등이 갖춰져 있었다. 따라서 항일 전쟁이 끝났을 때, 중앙은 즉시 중앙의 동북 지국을 세웠으며, 아울러 "북쪽으로 나아가고 남쪽을 방어"하는 전략을 취할 수 있었다. 동북 지역을 통제하고자 힘썼기 때문에, 21명에 달하는 중앙위원과 후보위원이 파견되었고, 2만 명에 달하는 간부가 배치되었으며, 11만의 병력이 투입되었다. 파견된 간부 중에는 중앙이 특별히 선별한 경우가 많았는데, 그들은 도시 업무의 경험을 중요시했기 때문이다. 이러한 간부들이 옌안 시기의 경험을 새로운 해방구에 적용하였다. 그리고 그들 중 한 사람이 '마헝창 소조'의 형성과 성장 과정에 중요한 역할을 하게 된다.

덩샤오핑이 관할 간부회의
에서 연설을 하고 있다.
출처: http://baike.baidu.com/
view/ 4851741.htm

　　당시 선양 제5기계공장을 관할하였던 공장장은 군 대표 류빈(劉斌)이었
는데, 그는 서구 복장을 하지 않았고, 고급 자동차도 타지 않았으며, 첩이나
비서를 대동하지도 않았다. 개인 이익을 돌아보지 않은 채, 노동자의 생활에
주된 관심을 쏟았다. 이전 정권에서 요직에 있었던 다른 관리자들과는 달리,
그는 고급 호화 주택이 아닌 공장 안 창고에서 살았다. 인민해방군이 공장을
접수한 이후에 공장의 관리위원회가 성립되었는데, 기계공장에서 개최되었
던 첫 번째 노동자대회에서 류빈은 국민당은 이미 무너졌으며 공장은 이제
인민국가의 소유라고 선포하였다. 아울러 그는 공장에서 일하였던 모든 노동
자들에게 일자리를 약속하였다. 그는 몸소 노동자들과 함께 기차에서 식량을
내리면서 담소를 나누기도 하였으며, 점심 때 쉬는 시간에는 사비를 털어
전병을 노동자와 함께 나누기도 하였다. 마헝창은 그 당시 류빈이 했던 말을
잊지 않고 기억하였다. "선생님, 편하게 하시지요, 모두가 한 가족이니까요,
드십시오."[7]

　　서로 모르던 개인이 '한 가족'이라는 윤리와 정서로 이어진 것이다.

---

7) 宋顯忠, 『千裏馬的足跡』(哈爾濱: 黑龍江人民出版社, 2006), 35쪽.

이것은 중국 근현대 역사 속에서 찢겨지고 와해되었던 조직 및 개인의 각종 상처가 극복되고 치유되는 작업을 필요로 한다. 그것이 어떻게 가능하였던 것일까?

류빈의 공장 관리 방식은 옌안 시기 중국 공산당의 군중 노선이나 실천론 등과 상당한 관련이 있다. 그것은 현실을 벗어난 문서 정책이나 이론 교조가 아니다. 현실의 구조적 상황 속에서 새로운 윤리적 질서를 확립하는 작업이었다. 중국 공산당의 이러한 실천 방식은 다양한 영역에 모두 적용되었다고 할 수 있다. 류빈과 같은 간부는 비록 군인 출신이었지만, 중국 공산당의 군대 건설이 바로 중공혁명이 성공할 수 있었던 이유이기도 하며, 중국 근현대 역사에서 중국 공산당이 북양군벌이나 국민당과 구별될 수 있는 변별점이기도 하다.

중국 공산당은 농공 홍군 시기에 사병위원회를 만들어 장교의 사병 구타 금지를 실행에 옮긴 바 있다. 장교와 사병은 똑같이 생활하였으며, 대우도 평등하였고, 사병에게는 언론의 자유가 주어졌다. 번잡한 제식을 철폐하였고, 식사를 사병이 관리케 하거나 사병 대표가 결산을 심사케 하는 등 경제적으로도 철저하게 공평의 원칙에 입각하였다. 1948년 9월 신화사에 「군대의 민주 운동」이라는 사론이 실렸는데, 거기에는 옌안시기 이후의 군대 건설 경험이 비교적 상세하게 소개되어 있다. 특히 정치민주, 군사민주, 경제민주 세 가지 방면에 주의할 필요가 있다. 정치민주는 서구적 의미에서의 선거를 가리키는 것이 아니라, 군대 조직 안에서 폭넓게 진행되었던 비판과 자아비판을 의미한다. 장교에 대한 사병의 비판, 당원에 대한 비(非) 당원의 비판이 그 핵심이었다. 간부와 당원의 공개적인 자아비판도 물론 여기에 속한다. 비판 이후에는 기층에서 공로에 대한 평가도 이어졌는데, 여기에는 사상에 대한 평가, 기술에 대한 평가, 단결에 대한 평가가 함께 이루어져 사람들의 마음을 모을 수 있었다. 군사민주는 기층에서 일반적으로 행해졌던 '방법 구상회'나 '제갈량 모임' 등이 거론되었는데, 이를 통해 군중의 정확한 의견이 흡수될 수 있었다. 나아가 모래 모형을 제작하여 실제 상황을 가정한 토론을 진행하였고, 이에 대한 민주적인 감독과 평론도 진행하였다. 경제민주의 차원에서는 식사를 반드시 사병이 관리케 한다든지, 혹은 장부의 정기적인 공개와 탐욕과 낭비에 대한 반대가 포함되었다.[8]

군의 대표였던 류빈은 공장을 맡은 이후에 옌안 시기의 군중노선과 비판 및 자아비판, 민주건설 등의 혁명 경험을 일상 속에 적극적으로 가져갔다(예를 들어, 한샤오즈를 비판한다든지, 혹은 노동자들이 스스로 작업반장을 선출케 한 것). 중국의 전통적인 윤리라 할 수 있는 동거동락(同居同樂)이 일상생활 속에서 실천되었고, 이를 정서와 윤리의 기초로 삼았다. 그에 따라 간부와 일반 노동자 사이에 영욕(榮辱)과 공화(共和)에 대한 동일한 인식이 점차 마련될 수 있었고, 마헝창은 그 속에서 이상적인 정의사회와 인간관계를 그려볼 수 있는 욕구를 발견하였던 것이다. 노동자의 존엄성이 바로 이 상호성의 중시 위에 소환되었다. 중국 공산당의 역사적 실천은 이처럼 계급론보다 훨씬 풍부하고 세밀한 함의를 가지고 있다. 중국 근현대 이후의 사회구조적 어려움에 계급론보다 훨씬 더 밀착된 방식으로 사회를 개조해 갔던 것이다. 이를 통해서 중국 공산당은 서구 계급론이 도저히 이해하기 힘든 역사적 성취를 이룰 수 있었다. 신중국이 계급론에 입각하여 전 국민 동원을 이끌어낼 수 있었던 것은 많은 부분에서 중국 전통 윤리를 다시 풀어준 때문이라고 할 수 있다.

중국 사회주의 노동국민의 윤리가 탄생한 장소는 결코 어둡고 사악한

---

8) 中央檔案館, 『中共中央文件選集(1948-1949)』 (中共中央黨校出版社, 1987), 310-16쪽.

공장이 아니다. 오히려 마헝창과 같은 비무산계급의 몸에서 태어났다. 이것을 단순히 맑스주의 의미에서의 무산자들 속에서 태어난 것으로 한정해서는 안 된다. 더 중요한 사실은 그것이 계급론의 범주를 벗어나는 노동자들 속에서 태어났다는 점이다. 마헝창은 결코 아무 것도 없는 무산계급이 아니었고 도리어 높은 수준의 기술을 갖추고 있던 기술자였다. 아마도 그가 일반 유민이나 무산자들과는 다른 역사적 조건에 처해 있었기 때문에, 공장의 간부들은 더욱 중국의 윤리와 논리에 기대어 그의 적극성을 끌어내고자 했을 것이다. 그가 아무런 삶의 기반도 없는 유민이나 무산자가 아니었기 때문에, 그의 감정은 쉽게 표현되지 않았을 터이고, 동시에 쉽게 바뀌지도 않았을 것이다. 삶의 기초가 있고 또한 의지할 데가 있는 사람들은 떠다니는 삶을 살지 않고, 이익을 추구하기가 쉽다. 중국 공산당이 실천 속에서 재건하려 했던 그 정의로운 질서가 그가 가지고 있던 이해를 정확하게 불러냈다(예컨대 상호성을 중시하는 것). 이러한 사람들이 수적으로, 혹은 문화 및 정치적으로 신중국 노동자계급의 중요 역량이 되었다.

이전 역사서술에서 볼 수 있는 사회주의/자본주의, 소련/미국의 구조가 직접적으로 신중국 노동자들의 정체성을 세웠던 것이 결코 아니다. 중국 사회 구조의 논리맥락에서 우선적으로 출발해서 특정 시기 역사적 어려움을 전복시켰고, 그때에서야 비로소 중국 노동자들은 중국 공산당의 이론 구조를 받아들이고, 사회주의/자본주의의 세계 서술에 공감을 표할 수 있었다. 어떤 의미에서 보면, 신중국 이후의 역사 변화는 외부 틀에 대한 충격 때문에 사람들의 마음이 이완되었던 것이 아니라, 사회구조의 내적 조직이 이완되는 바람에 현실의 문제를 민감하게 다루지 못하는, 일종의 균형 상실이 일어났던 것이라 할 수 있다.

2. 신생활 가공의 작업장

마이크로미터를 기증하다

신중국 노동계급이 노동국민의 주체로 구성된다는 것은 농촌에서 도시로의 단순한 공간적 이동을 의미하는 것이 아니라 주체의 내적 윤리 구조에 개조와 재건이 발생했음을 의미하는 것이다.

군사적 요청에 따라 인민해방군이 접수했던 제5기계공장은 고사포 수리에 들어갈 부품이 필요했다. 이것은 높은 기술 수준을 요구하는 작업으로, 정밀 측정 장비가 없다면 불가능한 것이었다. 국민당시절부터 그 공장은 금속 절삭도구나 측정 장비가 온전히 갖춰져 있지 않았고, 따라서 기본적으로 그 작업을 수행하기에는 여건이 매우 좋지 않았다. 이때 마헝창은 자신이 20여 년 동안 간직해왔던 생명줄, 곧 마이크로미터 하나를 기증하게 된다. 해방 이전 20여 년의 노동자 삶 동안, 그는 상당 부분을 이 정밀 측정 장비에 의지하였고, 그 덕택에 정밀 작업을 할 수 있었으며, 나아가 최고기술자로서 임금도 받을 수 있었다.

페이샤오통(費孝通)은 현대 산업체계 속의 공장과 노동자에 대해 토론한 적이 있다. 일단 사회가 완정성(完整性)을 잃게 되면, 공장은 노동자에게 있어서 하나의 차가운 기계에 지나지 않게 되고, 개인들은 그 속에서 가장 적합한 생존법칙을 따르게 된다. 즉 사조직이나 혹은 의형제 등의 민간상호부조 방식에 의지하게 되는 것이다. 하지만 이러한 조직 방식과 사회 질서 속에서라면, 노동자들은 자신들에게 사회적 신분을 부여해주는 그 직장에 대하여 윤리적으로나 정신적으로 책임감, 혹은 도덕적 의무감을 갖기가 어려우며, 공자가 말하였던 "좋아하는 것만 못한" 경계를 바라기도 어렵게 된다. 그의 일은 단지 돈을 벌기 위한 것이 되고, 따라서 그의 일상과 무관하게 되어, 사회의 전체적인 발전에도 기여하지 못하게 된다. 생활의 각 부분들이 분열되어 전체적으로 관련을 맺지 못하게 되는 것이다. 사회구조가 가장 기본적인 생산단위인 노동자의 몸에서 해체되고 만다.

이러한 조직 구조 아래에서라면, 노동자와 수공업자들은 자신이 가지고 있는 보물을 타인에게 넘겨줄 리가 만무하다. 마헝창이 젊은 시절 만났던 일본인 스승이나 혹은 중국인 스승도 모두 마찬가지였다. 마헝창이 마이크로미터를 기증하고 자신의 비법을 전수하였다는 것은 공장과 일, 그리고 동료에 대한 감수(感受) 및 의식 방법에 이미 상당한 변화가 일어났음을 의미한다.

마헝창은 단순히 마이크로미터를 기증했던 것이 아니라 주저 없이 자신의 비법을 전수함으로써 자연스럽게 무산계급화되었고 적빈화(赤貧化)되었다. 하지만 이러한 기증을 노동주체가 자본화되는 과정으로 이해해서는 안 된다. 그것은 맑스가 이야기하였던 현대 산업의 자본논리를 따른 결과가 아니었으며, 또한 페이샤오퉁이 걱정하였던 현대 정치권력의 강제에서 비롯된 것도 아니었다. 이 역사적 경험의 사상사적 의미와 사회학적 함의를 어떻게 이해하여야 할까?

마헝창의 이러한 주체의식은 사실 신중국 성립 초기의 대표성을 띤다고 할 수 있다. 왕멍(王蒙)의 『청춘만세(靑春萬歲)』를 보면, 주인공이었던 고등학생 쩡보(鄭波)가 그와 비슷하다. 타인을 위하면 위할수록, 주체로서의 자아는 도리어 더욱 충실해지고 만족감을 얻게 된다. 이러한 주체의 구성 방식과 감수 방식은 1958년 영화 <강주비거(鋼珠飛車)>에서도 확인된다. 이 점은 서구 현대 정치 철학자 루소나 뒤르켕(Durkheim) 등의 관점과 매우 다른 것으로, 그들은 현대 사회에서 인간은 사회화 될수록 더욱 주체화된다고 보았다.

중국 공산당의 공장 조직 재편에서 핵심이 되는 사항은 현대 산업체계

내에서 인간과 공장 사이에 놓여 있던 물(物)과 물(物)의 경제적 관계가 전통적인 사람과 사람 사이의 윤리적 관계로 바뀌었다는 데 있다(물론 이 변화가 가능했던 것은 특정 역사 시기의 구조적 관계에 대해 정치적 개입이 있었기 때문이다). 그런데 전통적인 윤리와 정신 속에서 사람과 사람의 관계는 '상호성 중시'의 의식 구조 및 감수 방식과 관련되며, 자아의 구성도 일상적인 실천 속에서 이 방식에 힘입어 전개되고 누적된다. 이러한 '상호성의 중시'가 정의롭고 완정한 사회 구조적 관계에 대한 이해 속에 자리한다는 점에서 그것은 사조직에서 흔히 볼 수 있는 강호의 의리와는 매우 다르다. 그리고 이 방식에 근거하여 의식 구조 및 감수 방식이 마련되기 때문에, 민주에 대한 이해 역시 서구의 그것과는(소련이든 미국이든 상관없이) 매우 다르게 된다. 즉 개인이 그 소속된 곳으로부터 분리되고, 이어서 개인의 권리와 자유, 평등에 입각하여 '민주'를 이해하는 방식이 아니다. 공장의 작업장에서 일어나는 일상도 마찬가지여서, 소속으로부터 분리된 개인을 상정하여 작업장의 규칙과 제도를 만들고 작업을 할당하며 개인의 이익을 보호하는 식이 아니다. 중국 혁명의 실천성에 대해 말하자면, 노동자의 주체 구성은 결코 서구 현대 계몽운동과 같은 방식으로 이뤄지지 않았다.

마헝창이 기꺼운 마음으로 비법을 전수하는 가운데, 그에게 도움을 청하는 사람은 날로 늘어났다. 그는 너무 바빠서 업무를 그르치기 일쑤였는데, 이로 인해 그는 소조의 다른 기술자들과 상의하여 기술연구회를 성립하고자 하였다. 생산과정 중 발생하였던 기술적인 난제를 점심시간을 이용하여 교류하고, 이를 바탕으로 전체 소조 노동자들의 기술 수준을 향상시키고자 한 것이다. 이 기술연구회가 결과적으로 전체 소조 노동자들의 작은 기술학교로 발전하였고, 누구든 좋은 경험과 좋은 기술을 가지고 있다면 주저치 않고 다른 노동자들에게 공개하여 집단의 자산이 되도록 하였다.

마헝창 소조 성원들이 점심시간을 이용하여 '기술연구회'를 진행하는 장면

주의하여야 하는 것은 개인의 자산이 집체의 자산으로 변할 수 있었던 것이 마헝창과 같은 사람들의 윤리적 감수방식과 의식구조에 중요한 변화가 일어난 이후라는 점이며, 그리고 나서야 실천적 주체의 조건을 갖출 수 있었다는 점이다. 이러한 작업공간에서 노동자들이 일하였던 것은 돈이나 쾌락 때문이 아니었다. 주체의 구성 방식과 심신의 상황이 이전과는 다르게 바뀜으로써 나타난 결과이며, 사람이 사람일 수 있는 본성과 그 경계가 완전히 변해버린 것이다. 그 구체적인 변화와 다른 형태란 도대체 무엇이었을까?

소조(小組)의 노조

새로운 주체가 새로운 조직 속에서 계속해서 심신의 자양분을 충분히 얻을 수 있을 것인지, 그리고 새로운 조직 형태 속에서 노동자들은 정말로 만족을 느낄 수 있는지가 마헝창 소조에게 있어서는 매우 중요한 문제였다.

마헝창 소조의 규범과 조직 형태, 그리고 일상의 보호 기제를 생각해보면, 그 주체의 구성 방식이 계급론과는 직접적인 관련이 없다는 점이 분명해진다. 도리어 어떤 의미에서는 전통적인 윤리에 더 많이 가까웠다고 할 수 있는데, 예컨대 소조의 핵심이었던 '상호 부조(互助)'가 그렇다.

황제(黃杰)는 소조의 일원이었다. 한 번은 그 모친이 고향에서 딸아이를 보기 위해 왔다. 마침 황제가 집에 있지 않았는데, 노조는 조합원들을 조직하여 요리와 밥을 제공해주었고, 정성을 다해 그 노인을 접대하였으며, 거처를 마련해 주기도 하였다. 그 노인은 매우 감동하였고, 황제가 돌아왔을 때, 그 업무 적극성이 대폭적으로 제고되었음은 어렵지 않게 상상할 수 있다. 소조의 동료 중 누군가 병이 생기면 모두가 열성을 갖고 관심을 기울였으며, 자주 조합원들을 조직하여 병원과 집으로 위문을 갔다. 병이 났던 동료가 마음 놓고 요양할 수 있었던 것은 물론이거니와, 빠른 시간 안에 회복하여 생산 업무에 복귀하고자 노력하였다.

이러한 구체적인 실천들이 생활질서를 새롭게 재조직한 것이다. 여기서 확인할 수 있는 사실은 계급론에 입각한 혁명주체의 형성이 정치적 역량의 직접적 개입을 통해 형성되었던 것이 아니라 혈연과 지역문화, 전통윤리에 대한 긍정을 경유하여 이루어졌다는 점이다. 혁명주체가 구성될 수 있었던 것은 노동주체들이 상호부조나 정감, 공평과 같은 전통적인 세계관을 회복한 탓이 크다. 물론 이러한 생활 질서의 재구성을 단순히 전통적인 호조 형식의 부활로 이해해서는 안 되며, 또한 어려울 때 손 내미는 정도로 그 의미를 축소해서도 안 된다. 근현대 이후의 중국 사회는 이전 전통 사회와 많이 달라져 있었고, 인구 규모뿐 아니라 무역량, 도농 간 발전 차이, 문화의식 등 모든 방면에서 새로운 처리방식과 대응방식을 요구하고 있었다. 특히 도시로 유입된 노동자들은 모든 것을 새롭게 구성할 필요가 있었다. 신중국의 노동자들이 구체적인 실천 속에서 어떻게 변화와 재구성을 이뤄냈는지 이해하려면 단순히 계급론적 서술에 기대어서는 안 되며, 오히려 어떠한 구조적 관계 속에서 계급론이 사용되었는지를 고려해야 한다. 마헝창 소조의 노조가 이러한 재조직의 범위와 깊이를 엿볼 수 있게 해준다.

노동자들을 조직하여 시사적인 정치 학습을 진행하였던 것은 신중국의 많은 노조에서도 일반적으로 볼 수 있는 사안이었다. 그러나 마헝창 소조의 경우에는 남다른 면이 있었는데, 학습 내용을 확정 짓기 전에 매번 노조 조합장이 먼저 조합원들의 의견을 취합하여 무엇을 배울지를 확정하였다. 학습의 형식도 수업과 자습의 두 가지로 나뉘어 있었고, 각 수업은 노동자들이 번갈아 가면서 맡았다. 소조 내 동지들은 모두가 서로에게 선생님이자 학생이었다. 매번 학습이 끝날 때면, 노조는 부정기적으로 서면 및 구술시험을 가졌다. 아울러 학습 시간에는 언제나 소조 내 교만과 불복, 상호 경시 등에 대한 비판과 자아비판이 진행되었다. 1949년부터 1958년까지 10년간, 마헝창 소조는 퇴근 후 10분 동안 줄곧 간담회를 가졌고, 이 기회를 이용하여 조합장은 조합원들의 생산과 생활, 규율 방면에 대해 점검하였으며, 모두가 민주적으로 개인들의 장점과 단점을 평가하기도 하였다. 소조 성원들이 모두 똑같을 수는 없었으며, 성격도 매우 달랐기 때문에, 회의만 가지고는 사상문제를 해결할 수 없는 경우도 있었다. 문제가 분명함에도 조합원들 중에는 회의에서 언급하려 하지 않는 이가 있었기 때문에, 노조 조합장은 그의 친구나 혹은 동향 사람을 찾아가 문제 해결을 도모하기도 하였다.

노동자 주체형성에 대한 많은 연구들은 숙소와 같은 생활공간에 주의를 둔다. 자본이 노동자들의 노동과 생활에 직접적으로 개입하는 통제방식에 주의한 것이다. 노동자의 생활방식을 통일시키고, 여러 가지 미시적 권력

기술을 사용하여 그들을 가능한 기계에 가깝도록 만들며, 노동시간을 연장하고, 생산 요구에 맞춰 신속히 노동력을 사용할 수 있도록 하여, 노동력 사용에 대한 정확성과 극대화를 추구한다. 신중국 역시 국가 차원에서는 마찬가지로 노동력 사용을 극대화시킬 필요가 있었다. 하지만 만약 마헝창이 이러한 극대화에 공감할 수 없었다면, 그는 위만시기의 일본 공장에서처럼 다양한 방식으로 저항할 수 있었다.

노조가 만들어놓은 생활공간 및 노동공간을 고려한다면, 마헝창 소조 조합원들의 노동주체를 순수하게 계급론의 혁명주체나 서구 산업사회의 생산주체로 이해해서는 안 될 것이다. 노동자들이 혁명주체로 설 수 있었던 것은 노조가 구체적인 실천을 통해 지방성과 혈연관계, 그리고 대중문화 등에 기초하였기 때문이다. 이러한 노동주체는 사조직(幇會)의 방식으로부터 벗어 났지만 다시 호조의 형식을 띠었다고 할 수 있으며, 종법(宗法)과는 다르지만 다시 천하화(天下化)한 것이라 할 수 있다. 마헝창은 단순히 그의 생산수단을 국가에 헌납한 것이 결코 아니다. 그의 주체 구성도 일반적인 임금노동자의 경우와 매우 다르다. 마헝창과 같은 노동자들이 가지고 있던 생산에 대한 열정과 흥미는 이윤 극대화에 대한 추구에서 비롯된 것이 아니다. 그들의 생활 리듬과 휴식도 이윤 극대화의 원칙에 따라 안배된 것이 아니라 그들 스스로 조절하였다. 노조가 생활질서를 다시 구성하고 군중 속으로 깊이 들어 가면서, 서구(소련을 포함하여) 공장제와는 완전히 다른 직장과 생활방식이 탄생하였다.

군중노선과 같은 노조의 조직 방식은 사실 누구와 '공화(共和)'를 이룰 것인가의 문제와 관련이 있다. '공화'의 기초는 생산수단으로서의 노동자가 아니며, 또한 이익에 기초한 구성원들 사이의 재분배 문제도 아니다. 서로 다른 심성을 가진 사람들 간의 상호부조와 협조, 격려가 바로 그 기초였다.

'공화'는 서로 다른 계급 사이의 공화, 서로 다른 민족 사이의 공화, 나아가 서로 다른 심성을 가진 사람들 사이의 공화를 모두 포함한다. '공화' 아래에서 시민들 사이의 관계는 계약에 근거한 위탁과 대리의 관계로 요약될 수 없으며, 또한 독재적인 지배와 복종의 관계로 그려질 수도 없다. 그보다는 형(兄)/제(弟), 장(長)/유(幼) 사이의 윤리적 관계라고 보아야 한다. 이것은 경제적 인간이 정치윤리적 인간으로 바뀌는 것을 말하며, '중화인민공화국'이 혁명의 실천을 통해 발전시켰던 특별한 의미이기도 하다.

신중국의 공장 소조가 다시 구성하였던 작업장은 사실 특정 구조적 관계를 바꾸고 전복시킨 결과였지, 계급론이 단번에 자본가에게 적용되었던 결과가 아니었다. 그러나 계급론에 입각한 압박/저항, 자본주의/사회주의의 이분법이 개인과 역사의 정체성을 확인하는 일에 자주 사용되고 있으며, 이로 인해 '혼잡'하고 '분명치 않은' 구조적 관계가 완전히 가려지고 있다. 이것이 지속되면, 신중국의 노동자들이 탄생할 수 있었던 내적 동력과 역사적 기제는 자취를 감추게 되고, 구체적 현실 속에서 침묵을 지킬 수밖에 없다. 우리가 이러한 이분법 속에서 우리를 인식하고 구성한다면, 아무리 일상의 실천을 살펴본다 하더라도, 거기서 발견할 수 있는 것은 단지 무력감 뿐일 것이다.

중국 공산당과 간부들이 계급론을 일상생활 속에서 운용하였다는 것은 계급론으로 일상생활을 직접 구속하였다는 뜻이 아니다. 노동자들의 작업장 생활을 다시 구성하고 이를 통해 바람직한 사회구조를 형성하고 싶었을 때, 계급론 역시 중국 사회가 내적으로 요구하였던 그 조직형태와 문화논리에 부합할 필요가 있었다. '마헝창 소조'가 제대로 운영되었을 때, 사실 계급론도 적잖은 변화를 겪었다고 할 수 있으며, 동시에 중국 사회도 새로운 역사적 논리 속에 처하게 되었다고 할 수 있다.

3. 노동국민의 주체형성

마헝창 소조의 역사적 실천은 중국 사회의 현대적 전환이라는 맥락에서 그 의미를 생각할 필요가 있다.

현대 산업이 발전하면서 중국의 농촌 인구가 공장으로 흡수되었는데, 그들이 생활 속에서 만족감을 느끼면서도 동시에 높은 업무 효율성을 보이게 하려면, 그들을 어떻게 조직하여야 하는 것일까? 어떻게 그들을 새로운 질서의 동력이 되게 할 수 있을까? 이것은 중국 근현대 이후 북양 정부와 국민당 정권이 모두 해결하지 못한 문제였다. 이 문제가 해결될 수 없다면, 신중국은 이전 정권들과 비슷한 어려움을 겪을 것이 분명했다. 페이샤오퉁이 이 문제를 거론한 적이 있는데, 그는 완전한 사회라면, 사회가 개인에게 바라는 것들, 예컨대 아이를 키우고, 생산에 종사하며, 전쟁에 참여하는 것들이 개인들에게 자신의 일로 다가가야 한다고 보았다. 하나의 책임으로 인지되는 것이 아니라 공자가 얘기했던 '좋아하는' 경지로 나아가야 한다는 것이다. 이를 위해서는 사람들이 최소한 자기가 하는 활동과 자신의 생활 사이의 관계에 대해 명확히 인식할 필요가 있다. 그리고 이 활동과 생활이 사회와도 서로 결합하여야 한다. 페이샤오퉁은 이것이 결국 완정(完整)한 인격을 요구하는 것이라 하였다. 즉 개인의 행동 하나하나가 모두 하나의 의미 속에서 연관되고, 그 의미는 또한 사회 속의 책임과 잘 어울려야 하는 것이다.

그런데 현대 산업기술의 발달은 사회 조직 속에 비(非) 인격화된 기준을 가져온다. 그것은 최소 자본의 최대 효율로 요약될 수 있는데, 산업경제 활동을 지배하는 목적은 생산을 위한 생산, 효율을 위한 효율이 된다. 이러한 현대 경제체제에서 노동자는 돈을 번다는 것 이외에 자기 활동에 다른 의미를 부여하기가 쉽지 않다. 현대 산업의 경제체제는 '돈을 번다'는 것으로 개인들을 흡수하지만, 이 체계 자체는 도리어 사람들을 끌어들일 만한 매력을 가지고 있지 않은 것이다. 노동자들은 생산활동에 대해서 조금도 흥미가 없으며, '좋아하는 경지'는 더 말할 나위가 없다. 현대 산업체계에서 노동자는 일반적으로 적게 일하고 많이 벌려고 한다. 사회학적으로 보면, 이것은 사회 해체의 한 현상이라 할 수 있다. 프랑스 사회학자 르플라이(Leplay)나 뒤르켐은 이러한 추세를 일찍부터 의식하였으며, 이것을 인류사회의 심각한 위기라고 보았다.

그러나 페이샤오퉁도 언급하였던 것처럼, 서구 현대사회의 이러한 사회 해체 경향이 빠르게 위기로 나아가지는 않았다. 기독교와 「로마법」, 현대 기술의 결합은 개인 자본주의라는 새로운 문화방식을 탄생시켰다. 그런데 중국은 그 이익을 맛보기도 전에 그 폐단부터 나타났다. 현대 산업기술이 물질적인 차원에서 아직 생활의 질적 제고를 가져오지도 않았는데, 도리어 사회 조직 상에는 그 완정성을 해치는 경향이 나타났던 것이다. 특히 5.4 이후의 중국 지식계는 전통적인 조직 방식과 윤리 도덕에 믿음을 갖고 있지 않았으며, 서구의 신질서에 대해서도 수용적이지 않았다. 결과적으로 이러지도 저러지도 못하는 상황이 만들어졌던 것이다.[9]

근대 서구의 도시화 과정 중에는(예컨대 프랑스) '상제(上帝)의 성(城)'과 '세속(世俗)의 성(城)'이라는 참조 체계가 언제나 작동하였고, 그에 대한 사회학적 반응(예컨대 콩도르세) 역시 개인/상제의 구조 속에서 서구 현대인들이 사회 조직 차원에서 어떻게 구원을 받을 것인가에 치중하였다. 그렇다면 현대 중국의 도시화는 어떻게 구상되어야 했던 것일까? 중국의 전통에서 도시의 사대부들은 농촌과 결코 단절된 상태에 있지 않았고, '지주(地主)-사신(士

---

9) 費孝通, 『鄕土重建』 (長沙: 嶽麓書社, 2012), 10-11쪽.

紳-대부(大夫)'의 구조적 관계가 형성되어 있었다. 하지만 현대 중국의 도시화 과정에서는 도시인들, 예컨대 부재(不在) 지주와 이주자, 유민, 수공업자, 자본가, 현대적 지식인 등은 퇴로가 없는 새로운 상황에 직면해 있었고, 이 때문에 새로운 상황 속에서 어떻게 현대 중국인의 심리 구조를 형성해야 하는지가 중요해졌다. 특히 건국 이후 중국 공산당은 산업화된 공산주의 사회를 하나의 이상으로 제기하였는데, 농촌이 사라진, 혹은 산업 개발이 필요한 농촌이라는 맥락에서 도시인들은 미래의 세계상을 어떻게 그려야 하는지가 문제시되었던 것이다.

사실 도시로 유입된 노동자들의 작업 공간과 행위들은 매우 반복적이고 무미건조했다. 중국 전통문화 속 일월산천(日月山川)의 생활과는 너무나 동떨어진 이 생활공간을 그들은 어떻게 바라보아야 했을까? 천지사계(天地四季)와는 너무나 다른, 마치 기계처럼 매일 반복되는 이 삶을 그들은 어떻게 마주하여야 했던 것일까? 도시로 들어온 중국인들이 다시 행복을 느끼려면 어떻게 하여야 했을까? 행복은 어디에서 찾아져야 했던 것일까?

뒤르켕의 구상대로라면, 현대적인 주체, 예컨대 학생은 학교에 가서 선생님이나 다른 학생들과 관계를 맺음으로써 사제 간의 정과 친구 간의 우정을 비로소 체험할 수 있게 된다. 예컨대 그가 학교활동 속에서 적극적으로 발표하고 교류에 참가함으로써 공공의 윤리의식을 함양할 수 있다. 그렇다면 사회결정론이라 부를 수 있을 듯한데, 왜냐하면 개인의 도덕감이 반드시 구체적인 사회현실 속에서 만들어지기 때문이다. 하지만 '사회결정'이 단순하게 사회가 개체에 강제하는 것으로 이해되어서는 안 된다. 뒤르켕은 개인주의의 기본 내용을 결코 부정하지 않았으며, 개인 주체가 사회나 집단에 참여하는 것을 통해 도덕적 의미가 만들어진다고 보았다.[10]

이러한 주체 구성 방식은 중공혁명이 역사 실천 속에서 진행하였던 그것과는 매우 다르다고 할 수 있다. 뒤르켕의 설명 속에서 개체의 도덕감은 구체적인 사회 현실을 통해 만들어지며, 계몽 이성을 그 철학적 기초로 삼는다. 여기서 개체는 사회 속에서 성장하며 무(無)에서 유(有)로 발전하는 과정이다. 하지만 중공혁명이 보여주는 주체구성 방식은 서구식 계몽이성을 철학적 근거로 삼지 않으며, 또한 근대 5.4이후의 중국 계몽운동을 전제로 하지도 않는다. 나아가 맑스주의 계급론을 준칙으로 삼았던 것은 더욱 아니다. 중국 사회 구조를 구성하는 전통 윤리가 그 동력이라고 할 수 있다. '마헝창 소조'의 경우를 보면, 중공혁명의 실천 주체는 무에서 유로 나아가는 과정이 아니라, 반대로 유에서 무로 나아가는 과정이었고 자사(自私)에서 무사(無私)로 가는 과정이었다. 혹은 부(富)의 전이 과정이라고도 할 수 있는데, 맹자가 이야기했던 '항산(恒産)'의 의미에서 그러하다. 정의로운 질서를 천지 사이에 다시 세우는 항산의 재건과정 속에서, 주체는 '항심(恒心)'을 세울 수 있게 된다.

『孟子·滕文公上』은 '백성들이 살아가는 방도를 볼 때, 일정한 생업이 있는 자는 항심(恒心)이 있고, 일정한 생업이 없는 자는 항심이 없는데, 항심이 없게 되면, 방탕하고 편벽되며 간사하고 사치한 짓을 하지 않을 수 없다'고 하였다. 맹자는 '백성을 통제하는 생업'을 이야기하였는데, 백성들이 '위로는 부모를 섬길 수 있고, 아래로 가족을 돌볼 수 있으며, 풍년에 배불리 먹고, 흉년에 죽음을 면케 해줘'야 한다는 것이다.(『孟子·梁惠王上』) 맹자가 말하는 '항산'과 '항심'에서 이 '산'이라는 것을 단순히 재산으로 이해하는 것보다는 사업으로 이해하는 편이 좋다. 그리고 그것은 사회 구조와 가치 측면에서 지속적이고 예상 가능함을 뜻한다. 하지만 근현대 이래로 중국

---

10) 渠敬東, 「失範社會與道德秩序的重建—渠敬東訪談錄」. http://www.douban.com/group/topic/6995837

사회에서는 사람과 조직이 자기 스스로에게 부여할 수 있는 명분과 가치를 찾을 수 없었고, 따라서 본분을 지키어 지속적으로 그 일에 종사할 수 없었던 것이다.[11]

게다가 이 항산과 항심이 서로 작용하는 사회구조가 만들어지지 않은 상태에서는 단순한 노동 경쟁이 도리어 많은 문제를 야기할 수 있다. 당시 몇몇 작품들에 이러한 문제가 잘 묘사되어 있다. 부녀가 경쟁적으로 옥수수 심기를 하였는데, 부친은 보수적인 사고를 가지고 있어서 딸의 시험적 경작이 더 많은 생산량을 낼 것이라 믿지 않았다. 후에 딸의 밭 수확물이 자기보다 많은 것을 알게 되자, 부친은 기뻐한 것이 아니라 도리어 분노와 질투를 느끼었다. 결국 부친은 그 딸의 밭을 망칠 수 있는 방법을 모색하게 된다.

이러한 생산노동 경쟁과 역사 동력으로서의 그 운용 기제를 중국 사회 발전의 차원에서 이해하지 못하였기 때문에, 당시 비평가들은 그 극본을 불량한 작품이라고 여겼다. 그 극본이 보여주고자 했던 사회 구조적 문제에 대해 민감하게 반응하지 못하였을 뿐 아니라, 도리어 작가의 입장과 이해를 문제 삼았고, 나아가 당의 선전 방침과도 부합하지 않는다고 비판하였다.

항산과 항심이 서로 작용할 수 있는 구조가 초보적으로나마 만들어지고 나서야, 항미원조 선전 중에 등장하였던 미 제국주의에 대한 멸시와 폄하, 적대시가 효과적일 수 있었다. 그것이 뿌리내리고 있던 동력의 근거 중 하나는 중국 공산당이 구체적인 실천을 통해 전통적인 '항상과 항심' 관계를 재건했다는 점이다.

따라서 노동자들에게 있어서 항미원조는 세계적인 자원 재분배나 권력 재분배로 이해되지 않았으며, 또한 자신의 재산에 대한 보호 차원에서만

11) 같은 글.

해석되었던 것도 아니다. 그보다는 항산이라는 존엄을 지키고 항심이 훼손당했다는 의분으로 받아들여졌다. 항미원조의 전 국민 동원이 이러한 역사적 조건 위에서 전개되었다는 사실을 망각한 채, 단순히 전면적인 선전에 기대었거나 혹은 미국을 '제국주의'로 몰아세움으로써 가능했다고 규정해서는 안 된다. 더 깊은 차원에서의 일상적 실천이 중요한데, 노동자 집을 방문한다거나 좌담회를 갖고, 혹은 세밀하게 노동자 가정의 경제적 어려움을 알아가고, 그들의 주거 문제와 자녀들의 취학 문제 등을 해결하는 방식과 같은 것들 말이다. 1982년까지, 웨이롄(魏連)이 마헝창 소조의 노조 조합장이었는데, 그는 역대 조장들이 업무 시간 이후에 각 가정을 방문하였던 전통을 '반드시 방문해야 할 다섯 가지 때'와 '반드시 알아야 할 여섯 가지 상황'으로 정리한 바 있다. 다섯 가지 '반드시 방문'이란 어려움이 있는 가정을 방문하고, 혼사와 상사가 있으면 방문하며, 가정에 다툼이 있으면 방문하고, 병에 걸리면 방문하고, 겨울과 여름 환절기에 방문한다는 것이다. 여섯 가지 '상황'은 가정인구와 경제상황을 알아야 하고, 주거환경과 면적을 알아야 하며, 정치적 태도와 사상 경향을 알아야 하고, 신체 건강 상황을 알아야 한다. 그리고 개인적인 성격과 취향을 알아야 하고, 부모와 부인이 일하는 곳을 알아야 한다. 예를 들어 소조에 있던 청년 노동자 중 장쭝화(張忠華)라는 이가 있었는데, 그 부인이 병에 걸리는 바람에 그의 업무에 차질이 일어나고 있었다. 웨이롄은 위슈(楡樹) 촌에 있는 그의 집을 방문하여 경제적 어려움을 알아보았고, 상급 노조에 그의 생활보조금을 신청하였다. 이에 장쭝화는 매우 감동하였고, 이후로 출근과 업무에 더욱 적극적이 되었으며, 나중에는 소조의 재정 업무를 담당할 정도가 되었다.[12] 중국 공산당의 혁명

---

12) 宋顯忠, 앞의 책, 260쪽.

실천에서 군중 노선이 갖는 중요성이 바로 여기에 있다. 현대적 국가 건설이 희망하는 시민의식도 이러한 역사 조건이 충분히 성숙된 이후에 비로소 점차 형성될 수 있었다.

하지만 중국 공산당은 이러한 그들의 역사적 실천을 이론적인 차원에서 충분히 정리하지는 못했다. 중공의 이론 서술은 지나치게 맑스주의 계급론에 기대고 있었다. 항미원조 중, 소련에 지나치게 치우치는 바람에, 중국 공산당은 세계적 구도의 방향과 중국 사회 구조의 변화를 계급론만 가지고서 파악하였다. 결과적으로 이것이 중공의 이론 서술과 자신의 구체적인 역사 실천 사이에 전도와 단절을 낳았던 것이다. '항산'과 '항심'의 상호 작용 관계는 역사 구조 관계 속에서 생성된 것으로, 그것은 유동적이며 변화하는 속성을 갖고 있다. 각종 역사적 조건과 요인들에 변화가 일어났을 때, 사실 학술 사상과 행정 기제는 이러한 현실 상황에 대하여 민감하게 반응하면서 처리할 수 있어야 한다. 하지만 중국 공산당의 이론은 이데올로기 차원에서 현실 운용의 역사적 조건을 충분히 정리하지 못하였고, 그것이 행정 기제와 그 훈련을 현실로부터 점차 괴리시키고 만 것이다. 중국 사회의 구조적 운용에 내재해 있는 논리로부터 괴리되면서 문제 해결의 열쇠가 되는 핵심 부분도 잃고 말았다.

신중국이 계속 발전해가면서, 문학 표현은 날로 교조화되었고, 문학비평은 날로 추상화되었으며, 사상 및 학술 토론은 날로 현실로부터 벗어났다. 일상의 감수성을 드러내고 표현할 수 있는 경로가 모두 차단되고 무미건조하게 바뀌게 되자, 이론 차원에서의 윤리정신은 갈수록 현실 상황으로부터 이탈하였다. 개인들은 심지어 스스로 무엇인가를 도모해볼 수 있는 공간조차 잃고 말았다. 그렇다면 최초의 사회주의 신주체는 어디에서 자신의 안식처를 찾아야 하는 것인가?

4. 항미원조 시기, 마헝창 없는 '마헝창 소조'

1950년 10월 19일, 중국 인민해방군이 북한으로 출전하면서 항미원조가 시작되었다. 이때 마헝창은 '마헝창 소조'에 속해있지 않았는데, 1950년 8월 피로 누적으로 랴오닝 성 안산(鞍山) 시 첸산(千山)의 치링즈(七嶺子) 노동자 요양원에서 요양을 취하고 있었다.

항미원조 기간 동안, 마헝창이 빠져있던 상황에서도 '마헝창 소조'가 보여준 놀라운 성과와 적극성은 우리가 주의할 필요가 있다. 개별 인물이 보여주는 놀라움은 때때로 전체 사회의 보편성을 보여주지 못할 수 있다. 하지만 만약 50여 명에 가까운 소조의 구성원들이 모두 우수하였다면, 그것은 일상적인 제도와 조직 방식, 자극 기제와 윤리 정신 등의 차원에서 중공의 역사적 실천이 갖는 특별한 의미를 고려해야 할 충분한 이유가 될 수 있다.

첫 번째 '마헝창 소조'
성원의 모습,
모두 10명이었다.

'마헝창 소조'의 조합원들은 일반 노동자에서 간부로 발전한 경우가 매우 많았다. 최초의 조합원은 모두 10명이었는데, 후에 전국인대 상무위원이 된 사람이 1명 있었고, 공장 당 위원회 서기가 된 이가 1명 있었으며, 작업장

주임이 된 이도 1명 있었다. 1949년 전에 이 소조에 있었던 노동자들 중 14명이 나중에 행정 간부가 되었고, 4명이 당 간부가 되었으며, 1명이 총기계사가 되었다. 1949년부터 1958년까지 10년 동안, 마헝창 소조는 모두 36명의 지도자급 간부와 일반 간부를 길러냈다. 그리고 110명의 기술 노동자 중에서 36명이 입당하였으며, 32명이 공산당의 청년단에 가입하였다.

맑스주의 계급론은 비(非) 기술자 출신의 노동자와 무산자에 대하여 호감을 갖기 마련인데, '마헝창 소조'의 구성과 발전 과정을 보면 공장과 수공예인, 기술 공인이 노동자들의 운동 가운데 특별한 역할을 담당하였다는 것을 알 수 있다. 상대적으로 '마헝창 소조'의 구성원은 당시 노동자들 중에서 수입이 비교적 많았고, 업무 시간이 비교적 짧았으며, 기술 소양 역시 비교적 높아서, 조직성과 자주성, 기대감도 남다른 집단이라고 할 수 있다. 농촌 상황과는 달리 산업 분야에서는 기술이 중요한 역할을 한다. 따라서 비록 그들이 계급론에 부합하는 면이 없지 않아 있었지만, 특별한 기술이 없는 젊은 무산자들이 최초 승진한 사람들 중에 별로 없었다는 사실에 주의할 필요가 있는 것이다.

숙련된 기술 노동자를 발탁하였다는 사실을 중국 공산당이 경제적 이익을 최대화시키기 위해서 노동자 개인의 기능을 향상시키려 한 것으로 이해해서는 안 된다. 1948년의 중공 중앙의 문서를 보면, 중공은 노동경연의 목적을 다음과 같이 적고 있다. 즉 비용을 줄이고, 생산의 질을 높이며, 생산량을 늘리는 공리주의적 목적 이외에, 상호 학습과 소수자에 대한 배려, 다수자 선도 등의 집단 영웅주의를 구현하는 것이다. 그러나 내실없는 형식주의나 군중으로부터 분리된 개인적 성취 추구에 대해서는 확고하게 반대하고 있다.[13] 여기에서 생산 효율에 대한 강조는 상호학습과 다수 선동의 집단 영웅

---

13) 中央檔案館, 「關於中國職工運動當前任務的決議」(1948年8月); 『中共中央文件選集(1948-1949)』, 308쪽.

주의와 서로 보완적 관계를 이루게 된다. 이 두 가지가 어떻게 보완을 이룰 수 있었던 것인가? 그 역사적 조건은 무엇인가? 어째서 서구의 발전 방식은 이와 사뭇 달랐는가? 개인적 성취를 추구하는 것이 중국 사회의 재구성과 중화인민공화국의 '공화'에 어떠한 해가 되었던 것인가? 왜 신중국의 '공화'에서는 경제 효율 이외에도 '상호학습과 다수 선도'의 역사적 의미를 가져야 하는가? 마헝창 소조가 형성될 수 있었던 역사적 원인에 대한 앞의 분석이 이러한 질문에 어느 정도 답을 줄 수 있을 것이다.

1951년 1월초 신공장이 정식으로 문을 열었고, 1월 17일, 『공인일보』에는 마헝창 소조가 전국의 광공업 노동자에게 보내는 애국주의 노동경연대회 발의문이 실렸다. 1951년 5월 30일, 『동북일보』는 1/4분기까지 동북 지역의 120만 노동자가 이 경연에 참여하였으며, 그중 광공업 종사 노동자와 설계사, 점원, 의료노동자 등이 포함되어 있다고 보도하였다. 『공인일보』의 수치에 따르면, 전국 광공업 중 1만 1천여 개 소조가 참여하였고, 기타 직종에서도 7천 여 딴웨이(單位)가 마헝창 소조의 발의에 호응하였다.

흥미로운 부분은 '마헝창 소조'가 제기한 애국주의 노동경연대회의 5가지 기준이다.

(1) 기술 인원의 단결, 기술 학습의 강화, 조작 방법의 개선, 생산물의 질적 제고, 합격률 99%이상, 생산 임무를 조기 완성한다.
(2) 장인은 견습공들을 잘 이끌어 그들이 모두 기술적으로 향상할 수 있도록 하고, 견습공들은 장비 보호와 정리에 힘써 장인이 작업장에서 업무를 보는 데 영향을 끼치지 않도록 한다.
(3) 노동 기율을 준수하고, 업무 작업장을 지키며, 설 연휴 전후에도 성실하게 출근한다.

(4) 네 가지 예방 업무를 강화하고, 기기와 인명의 보호에 힘쓰며, 공공 기물을 아껴 낭비하지 않는다.

(5) 시사 학습에 힘쓰고, 정치적 각오를 제고하며, 선전과 격려 업무에 노력한다.

이 다섯 가지 항목 중에서 첫 번째와 두 번째는 개인을 경제생산의 단위로 보는 관점을 타파하고 있다. 이 문제는 5.4 계몽 운동 이후 북양정부와 국민당 정부가 모두 해결하는 데 실패했던 것들이다. 페이샤오통도 현대 산업체계가 개인을 단지 경제 생산단위로만 본다는 것을 지적하였지만, 어떻게 하여야 바꿀 수 있는지에 대해서는 충분한 역사적 시각을 제공하지 못했다. 전통적인 수공업시대이든, 아니면 서구에서 이미 성숙해진 현대 산업체계이든, 장인과 도제 사이에, 그리고 기술 인원들 사이에는 언제나 노동에 따른 분배의 문제 및 상호 경쟁의 문제가 자리하고 있었다. 상호 촉진하고 상호 보조하며 단점은 메우고 장점은 취하는, 그러한 우정 어린 경쟁은 처음부터 불가능했다. 이른바 '배움을 이룬 도제가 장인을 아사케 한다'는 것이 이러한 상황을 잘 보여준다. '마헝창 소조'에는 처음부터 마헝창이라는 모범이 있었고 홍 5월 경연대회 같은 것도 있었기 때문에, 그들이 처해있던 사회 공간은 돈을 벌기 위한 공간에서 사업을 위해 투쟁하는 공간으로 이미 바뀐 상태였다. 물질 및 경제적 이익 생산이 정치 및 윤리적 인간관계 생산으로 바뀌어 있었고, 이를 통해 노동자들은 맹자가 이야기하였던 '항산'의 매력을 체감하고 있었던 것이다. '장례를 지내거나 이사를 하더라도 그 마을에서 떠나는 일이 없다. 같은 마을에서 같이 밭을 일구고, 드나들면서 서로 친밀하며, 서로 지켜보고 서로 도와주며, 병이 나면 서로 도와준다. 이렇다면 백성들은 서로 친목하게 된다.'(『孟子・滕文公上』) 신중국 노동국민의 주체 의식이 점차 전국으로 확대되어 갔다.

사실 첫 번째와 두 번째 사항에는 '노동'을 '기술화'하는 현대적 상상이 포함되어 있다.[14] 중국인에게 노동은 자주 토지와 관련되는데, 그 연장선에서 노동은 근면과 같은 도덕과 관련을 맺는다. 5.4 이후 서민의 범위는, 예를 들어 천두슈(陳獨秀)가 노동자를 규정했던 것처럼 '경작하는 사람, 재봉사, 목수, 미장사, 잡역부, 대장장이, 칠장이, 기계설비사, 항해사, 수레꾼, 선원, 짐꾼' 등을 모두 포함한다.[15] '마헝창 소조'에서 '노동'의 기술화는 단순히 생계를 위한 것이거나 혹은 보수만을 위한 것도 아니었고, 항산을 위한 것이었다. '노동'이 현대적 혁명 역량에 의해 소환되고 기술화되는 과정 역시 '노동'에 대한 재구성이다. 하지만 이러한 재구성은 결코 단순한 노동의 기술화가 아니다. 그것은 중국 전통의 심적 질서를 다시 긍정하는 과정을 수반하게 된다. 노동 기술화와 전통적인 심적 질서를 재긍정하는 것, 이 두 가지가 중공혁명이 노동국민을 형성하고자 했을 때의 구조적 관련성을 구성하였다. 후자가 없으면 노동의 기술화만으로는 생산력을 극대화할 수 없다. 만청 이후 산업화가 바로 이 점을 잘 보여준다. 하지만 이 사실이 노동경연의 조건 속에서 충분히 강조되지 않았다. 강조되었던 것은 단지 형식화되기 쉬웠던 시사학습과 정치각오였다.

경쟁이 일으킨 새로운 문제

하지만 '마흥창 소조'라 하더라도 연령이 비슷하고 기술 수준이 비슷한 경우에는 서로 존중하지 않는 문제를 가지고 있었다. 게다가 항미원조가 시작되자, 계급론이 극단적으로 이용되기 시작했다. 경제관계를 기본으로 하는 계급론이 다시 사회 계층을 구별하기 시작하였고, 견습공들이 높은 기술수준

---

14) 蔡翔, 『革命/敍述』(北京: 北京大學出版社, 2010), 222쪽 및 229쪽의 토론을 참조.
15) 陳獨秀, 「勞動者底覺悟」, 『五四運動文選』(北京: 三聯書店, 1979), 356쪽.

과 많은 수입을 가지고 있던 이전 장인들에 대하여 정치적, 혹은 신분석 우위를 점하게 되면서 그들을 무시하기 시작했다. 긍정적으로 작동하던 격려의 기제는 변화를 겪으면서 협력에 문제가 발생하였다. 중국 공산당은 예전과 똑같이 도덕을 강화하려고 하였는데, 그러면 그럴수록 현실로부터 유리되어 갔다. 심신이 구체적으로 느끼는 현실과 달라지면서 하나의 교조가 되어버린 것이다. 개인들이 가지고 있는 능력을 이끌어내는 데 실패했을 뿐만 아니라, 오히려 생활 속 고통을 무시한 채 가식적인 말들을 늘어놓았다. 나아가 최초의 노동자들이 계속해서 상급으로 발탁되면서, '마헝창 소조'의 구성원 구조 역시 변화가 발생하였고, 이러한 성원 구조의 변화와 생산경연대회의 높은 기준 사이에 모순이 발생하고 말았다. '마헝창 소조'가 1952년부터 1954년까지 직면했던 문제들은 주로 이러한 모순에서 초래된 것들이었다.

1958년의 총결에서 소조의 노조는 이렇게 쓰고 있다. '10여 년래 소조는 여러 차례 대표를 파견하여 각종 모임, 예컨대 모범 시상식, 경험교류회, 발의대회 등에 참가하였는데, 그 횟수가 대략 300여 차례에 이른다.' 공장과 학교 초청에 응하여 경험을 소개하는 보고회만도 200여 차례였고, 게다가 많은 조합원들이 공장 내의 각종 군중 조직 업무와 소선대(少先隊)의 지도원으로 일하고 있었다.16)

이렇게 빈번한 사회활동은 결과적으로 생산과 휴식에 영향을 끼칠 수밖에 없었다. 애국주의 노동경연대회가 제기한 높은 생산량에 맞추기 위해서는 노동자들은 비밀리에 연장 근무를 할 수밖에 없었다. 매일 야간업무를 한다거나 혹은 주말에 초과업무를 해야 했다. 게다가 공장의 많은 여가활동도 소조 중의 선진적인 인물이 참가하길 바랐기 때문에, 소조의 전체적인 협조에는

---

16) 『關於馬恒昌小組培養人才的材料』, 총 71호[28호], 1958.

안 좋은 영향을 끼칠 수밖에 없었다. 1952년과 1953년 사이, 적지 않은 노동자들이 원망을 안고 있었고, 소조의 높은 생산량은 언제나 '초과업무'에 바탕하고 있었다.

나아가 산업발전이 이루어지면서, 기술적 요구가 갈수록 높아졌다. 첫 번째 소조 성원이었던 이들이 떠나고 나자, 남은 사람들로서는 그 기술 수준을 따라갈 수 없었고, 제시된 지표를 달성할 수 없는 경우가 많아졌다. 남은 사람들 사이에 심리적인 동요가 일었고, 제대로 일을 완수하지 못하는 경우가 늘었으며, 월급 역시 높지 않았다. 또한 각 노동자들이 단기간에 기술을 제고하는 데에도 어려움이 있었다. 어느 수준에 도달하고 나서는 더 이상 높일 수 없었으며, 이때부터 여러 가지 문제들이 나타나기 시작하였다. 업무상의 '승진'이나 '월급', 그리고 '생산량' 등등이 모두 새로운 문제가 된 것이다. 그전에 소조가 가졌던 '정오(正午)기술연구회', '장인과 도제간의 계약', '야간기술학교 참가' 등도 모두 이름만 남았고, 처음과 같은 효력은 사라지고 말았다.

'마헝창 소조'에 대해 행정 기제 차원에서 엄격한 계획이 실시되었지만, 이 엄격한 계획과 개인의 의식 및 생활 감각은 서로 잘 어울리지 못했다. 게다가 의식 구조의 차원에서 그 문제에 민감하게 반응하면서 구체적인 현실 문제를 정리하지 못하였다. 효과를 보기 위해 임시방편으로 처방을 내리면서, 이러한 질서는 결과적으로 모든 책임을 개인에게 물었다. 1952년과 1953년만 하더라도 이 상황이 그렇게 심각했던 것은 아니다. 노동자들은 느슨한 형태였지만 불만과 저항을 표출할 수 있었다. 그러나 신중국이 계속 이러한 방향으로 나아가자, 개인들이 흥정할 수 있는 공간은 완전히 사라지고 말았다. 우리는 이후의 신중국 역사 속에서 이와 유사한 문제를 많이 볼 수 있다.

5. 맺음말

항미원조 시기의 전 국민 동원은 많은 선진적인 노동자 소조를 낳았다. 이 글이 집중했던 핵심 문제 중 하나는 전쟁 동원의 기제 속에서 신중국 노동자의 주체구성 방식과 그 역사적 구조 사이에 내재되어 있던 논리였다.

노동자의 '주체성'에 대하여 오랫동안 학술계는 주로 생산영역에 집중하였으며, 계급 개념으로 노동자계급의 집단의식을 토론하였다. 1970년대 이후로, 서구 정체성 이론의 발전과 함께 노동자에 대한 연구 영역(노동과정 연구와 노동자역사 연구)은 계급분석의 단일한 시각을 벗어나 성별과 민족, 집단과 성적 취향, 민족성 등의 다양한 각도에서 노동자의 다원적 주체성을 탐구하였다. 이때부터 '다원 주체성(subjectivities)'의 개념이 기존의 '계급의식(class consciousness)'을 대신하였고 현재 노동자 주체성 연구의 핵심이 되었다고 할 수 있다. 더 중요한 것은 노동자의 '다원주체성'은 계급의식과 기타 여러 가지 신분정체성이 서로 영향을 주고받으면서 형성된다는 사실이며, 따라서 갈수록 많은 연구자들이 일종의 '교차 분석의 방식'으로 신분정체성의 복잡한 형성 과정을 연구한다는 점이다.[17]

이 글은 항미원조 시기의 '마헝창 소조'를 중국 사회가 내외적으로 겪고 있던 큰 변화의 맥락 속에 위치지었고, 이를 통해 중국 공산당 혁명이 도시로 옮겨온 노동자들의 주체성을 실천적으로 어떻게 재구성하였는지 고찰하였다. 이것은 단순히 계급론에 입각해 중공혁명을 해석하는 기존의 방식에 반대하는 것이며, 동시에 역사의 복잡성과 다양성을 단순한 방식으로 묘사하는 것에 반대하는 것이다. 중국 공산당이 주도하던 구조적 변화의 역사적 실천

---

17) 餘曉敏, 潘毅, 「消費社會與新生代打工妹的主體性再造」, 『社會學研究』, 2008년 제3기.

속에서, 그 특수한 경험들은 그러한 토론들보다 사상사적으로 더 큰 의미를 갖는다. 그것은 현대 주체에 대한 서구 현대성 이론 서술과는 다르며, 또한 중국 공산당 혁명을 봉건전제와 동일시하는 것과도 다르다. 서구 이론에 따르면, '개인화(individualization)'의 과정에서 '신분정체성'의 형성은 처음부터 주어져 있던 일련의 조건에서 결정되는 것이 아니다. 그것은 반성적이고 부단히 변화하며, 개인의 외형과 표현에 의해 결정되는 개체화 공정(工程)으로 변화한다. 이 변화는 도시화와 산업화에 근거하고 있으며, 후자는 신상품과 신경험의 기회를 개인에게 제공해주면서, 가정의 핵심적 지위를 약화시키고 나아가 개인의 독립성을 강화시킨다. 사람들의 생활 방식이 날로 이성화되고 익명화됨에 따라 전통적이고 안정적인 신분정체성(예컨대 가정과 종교, 계급과 국적 등)도 약화되거나 바뀌게 되고, 심지어는 사라지기도 한다. 이에 따라 개인은 자기실현의 방식을 선택할 수 있는 자유를 획득하게 되고, 이전에는 사회 엘리트에게만 속해 있던 기회를 얻게 되는 것이다.

중공혁명이 펼쳤던 사회와 민중의 재조직은 이러한 과정과는 매우 다르다. 최소한 건국 초기에 신중국이 여러 방면에서 높은 성취를 이뤄낼 수 있었던 것은 개인들이 갖고 있는 고도의 자치에서 비롯되지 않았다. 신중국이 역사의 실천을 통해 중국 노동국민을 구성했던 방식은 새로운 길이었다. 노동주체의 동력은 노동 가치와 목표의 매력을 인식하는 것에서 비롯된다고 할 수 있다. 하지만 신중국에서 노동국민이 미래를 인식할 수 있었던 현실적 기초는 공장의 작업장이 다양한 방식으로 일상의 정의 질서를 재구성한 데 있었다.

서구 학계는 자본주의 사회 위기에 대한 반성을 통해 노동자계급의 혁명 주체성이 어째서 명확하게 나타나지 않는가라고 묻는다. 그러나 중국 당대사회가 직면한 문제는 중공혁명이 구성한 주체성은 어떻게 건국 초기라는 이 특수한 역사 시기에 현대 국가 건설의 목표와 잘 어울릴 수 있었고, 또한 어떻게 그 방향 전환을 신속히 이룰 수 있었는가 하는 것이다.

계급론의 관점에서 보면, 맑스가 『자본론』에서 집중적으로 다룬 문제는 노동자와 자본 사이의 모순이었다. 그는 노동자의 잉여 가치에 대한 자본의 착취가 노동자의 반항을 일으킬 것이고, 이로 인해 노동자들이 자재(自在)의 계급을 자위(自爲)의 계급으로 바꾸어 인식할 것이라 보았다. 맑스는 자본과 노동 사이의 모순 속에서 자본주의를 이해하였다. 하지만 중국의 현실 상황을 보면, 근현대 이후에 인구와 무역, 산업화의 변화가 노동력을 농촌에서 도시로 이동시켰는데, 이러한 과정과 함께 사회 조직과 전통 관습, 그리고 문화 기제에 변화가 일어났다. 하지만 그 변화가 도시로 옮겨온 노동력을 맑스주의가 기대했던 노동자계급을 자연스럽게 출현시킨 것이 아니다. 마헝창의 '출현'은 사실 맑스주의 이론으로는 도저히 다루기 힘든 현상이다. 우리가 지금 중국 당대사를 돌아보고 이해하려 한다면, 특히 중국 혁명사를 이해하고자 한다면 계급론의 차원에서 투쟁사를 고찰할 필요도 있지만, 계급론이 특정 역사 구조와 어떻게 만나는지를 토론하여야 한다. 혼잡하고 얽혀있는 역사 경험 속에서만 우리는 신중국의 노동국민 형성사를 정리할 수 있다. 그리고 이 부분이 '중화'와 '인민', '공화국'을 이해하는 데 핵심적이다.

비록 마헝창 소조가 역사 실천 속에서 풍부한 면모를 드러내고 높은 성취를 이루었다고 하더라도, 전국이 모두 그러한 상태에 도달하였던 것은 아니다. 중공혁명의 추진은 서에서 동으로, 북에서 남으로 점차적으로 이루어졌다. 각 지방의 역사적 상황은 복잡하고 다양하며, 각 지방의 당원과 간부 상황 역시 매우 다르다. 예를 들어, 항미원조 시기의 애국주의 노동경연대회가 그렇다. 꾸이저우(貴州) 동남 지역은 토지개혁 이후 군중의 생산 열정이 대단히 높았고, 부유함에 대한 열정이 있었다. 하지만 부를 향한 마음은 애국주의 사상과 잘 결합하지 않았고, 또한 그에 어울리는 민주정치 건설도 부족하였다. 결과적으로 몇몇 사람들은 마을의 간부가 되지 않길 바랐는데, 그것은 자신의 일을 그르칠까 걱정했기 때문이었다. 토지개혁 전에 농촌 간부와 군중들은 매우 적극적이었지만 토지개혁 이후가 되자 느슨해지고 말았다. 적극적인 이들이 번거로운 것을 걱정해서 농촌 간부가 되지 않길 바랐던 것이다. 많은 지방의 기초 간부들은 이러한 '혁명성공론'을 생산하였으며, 본래 일에 열심이었던 이들도 점차 평범한 사람들이 되어서, '30무(畝) 땅에 소 한 마리, 아내와 아이, 그리고 따뜻한 아랫목'에 만족해 갔다. 따라서 토지개혁이 완성된 후에 그들은 '토지개혁이 완성되면 만사가 길해진다'고 잘못 생각하였고, 이것을 혁명의 성공으로 이해하고 말았다. 그들은 혁명 업무를 일종의 '부담'으로 보기 시작했는데, '번갈아' 가면서 일해야 한다고, '가난한 소작농이 많은데, 왜 내가 고생해야 하느냐'는 식으로 말하였던 것이다.

역사는 확실히 풍부하고 복잡하다. 부분으로 전체를 개괄하는 잘못을 조심해야 하며, '마헝창 소조'를 가지고 전국의 상황을 이해하려 해서도 안 된다. 하지만 마찬가지로 특정 지방의 상황을 가지고 '마헝창 소조'가 보여주었던 경지를 부정해서도 안 된다. 모든 특정 역사 상황은 모두 그 깊은 곳에서 그 동력의 작동방식과 주체의 심리적 태도 등등이 면밀히 고찰될 필요가 있다. 그래야 우리는 역사 속에서 밝은 미래를 엿볼 수 있을 것이다.

번역_김도경

제2부

여러 '중국'들

7

'민족(ethnic group)'에서 '국민(nation)'으로

―'조선족'과 '조선전쟁'

최일

1. 서론

논제의 '조선전쟁'에 따옴표를 붙인 이유는 1950년 6월 25일에 시작되어 1953년 7월 27일 휴전된 한반도에서 이루어진 전쟁에 대하여 다양한 명칭들이 존재하기 때문이다. 주지하는 바와 같이 한국에서는 '6.25전쟁' 혹은 '한국전쟁'이라고 부르고 중국에서는 '조선전쟁' 혹은 '항미원조전쟁(抗美援朝戰爭)'이라고 부른다. 이들 명명은 단순한 낱말의 선택이 아니라 명명 대상에 대한 부동한 인식을 보여주는 것으로 본고에서는 필자 나름대로 '중립'적이고 합리적이라고 판단되는 낱말인 '조선전쟁'을 선택하였다.

엄밀한 의미에서 보면 "조선족의 조선전쟁 참전"이라는 표현은 논란의 소지가 있다. '중화인민공화국'의 '소수민족'으로서의 '조선족'의 명칭이 확립된 시점은 대체로 1952년 9월 '연변조선민족자치구'의 성립부터 1955년 8월 '연변조선족자치주'의 성립까지의 사이이다. 따라서 1950년 6월 25일 '조선전쟁'이 폭발한 시점에서 보면 '조선족'이라고 부르기보다는 '중국조선인' 혹은 '재중조선인'이라고 부르는 것이 더 정확할 수 있다.

하지만 '조선족'이라는 실체와 개념은 오랜 시간의 역사적 과정을 거쳐서 이루어진 것으로 낱말에 의하여 그 역사적 과정을 재단하는 것도 일종의 언어적 폭력이라고 할 수 있는바 1945년의 '광복'을 '국민'으로서의 '조선족'이 성립되기까지의 과정의 상한선으로 보아 '조선족'이라고 불러도 가능할 것이다.

'조선전쟁'은 1950년 6월 25일 폭발하였지만 '조선족'의 참전은 그보다 일찍 '광복' 직후의 1946년 8월경부터 이루어진 '중국인민해방군'에 소속되었던 조선인들이 '북조선'으로의 귀환하여 '북조선' 군부대에 편입되는 것으로부터 시작되었다. 그리고 '조선전쟁'이 폭발한 뒤 동북지역의 '조선족'들이 '중국인민지원군'에 입대하여 참전한 것이 참전의 끝이라고 할 수 있다.

이 과정은 '조선족'이라는 'nation+ethnic'그룹이 형성되어가던 시기와 대체로 합치된다. 이때는 1945년 '광복'직후 재중조선인들의 한반도로의 귀환이 바야흐로 이루어지던 시기이다. '조선전쟁' 참전은 재중조선인들이 '조선인'에서 '조선족'으로, 바꾸어 말하면 '민족'에서 '국민'으로 전환되는 과정에 일종의 촉매제 작용을 일으켰다. 따라서 '조선전쟁'은 작게는 '조선족'의 성립과정, 크게는 조선족 동포사회의 형성에 지극히 심원한 영향을 끼친 사건으로 된다.

'조선전쟁'과 중국조선족의 관련성에 대하여 염인호[1]를 대표로 정현수,[2] 박정수[3] 등 한국의 연구자들이 적지 않은 연구업적을 내놓고 있다. 그러나

1) 염인호, 「해방직후 연변 조선인사회의 변동과 6.25전쟁」, 『한국근현대사연구』 제20집, 2002년 봄; 「6.25戰爭과 延邊 朝鮮人社會의 關聯性에 관한 一考察」, 『한국근대사연구』 제28집, 2004년 봄.
2) 정현수, 「중국조선족의 한국전쟁 참전 연구」, 『국민윤리연구』 제57호.
3) 박정수, 「〈동북조선인민보〉를 통해서 본 연변조선족과 6.25전쟁」, 『韓國史學報』

중국과 조선의 특수한 정치관계로 인하여 중국의 '조선전쟁' 참전 자체가 오랜 시간 동안 학술적인 접근이 어려운 민감한 문제로 되어왔다. 특히 '조선족'은 '조선전쟁'에 참여한 다양한 집단들 중 매우 특수한 한 갈래이지만 중국의 조선족학자들의 '조선전쟁'과 조선족의 관련양상에 관한 연구는 매우 제한적인 성과만 거두고 있다. 그러다 1990년대 이후 중국과 구소련의 일부 문헌들이 공개되면서 새로운 자료와 시각에 의한 연구가 점차 활기를 띠기 시작하였다. 沈志華는 공개된 구소련의 비밀서류들에 근거하여 『朝鮮戰爭揭密』(홍콩 天地圖書有限公司, 1995년), 『毛澤東, 斯大林與朝鮮戰爭』(廣東人民出版社, 2003년) 등 논저들을 펴내어 그간 상당한 정도 베일에 가려있던 중국, 구소련과 '조선전쟁'의 세부적인 관련에 대한 논의들을 전개하였다. 이들 저서 중에는 중국인민해방군에 소속되어 있던 조선인군인들의 조선으로의 귀국과 '참전'에 대하여 언급하고 있다. 沈志華는 또 「東北朝鮮民族居民跨境流動: 新中國政府的對策及其結果(1950~1962)」(『史學月刊』, 2011년 제11기)에서 중국경내의 조선인들이 중화인민공화국이 성립된 직후 중국과 조선 사이에서의 이동을 고찰하면서 '조선족'의 '참전'을 논하고 있다. 金景一은 「關於中國軍隊中朝鮮族官兵返回朝鮮的歷史考察」(『史學集刊』, 2007년 제3기)에서 중국군대 내 조선인군인들의 '참전'과정에 대하여 집중적으로 조명하고 있다. 孟慶義, 劉會淸은 「中國延邊朝鮮族與朝鮮戰爭」(『西北民族硏究』, 2012년 제1기)에서 중국 '조선족'의 '조선전쟁' 중 역할에 대하여 소략하게 고찰하고 있다.

　이상 많지 않은 성과들은 거의 모두 역사학 혹은 사회학의 시각에서 '조선족'과 '조선전쟁'의 관련양상들을 고찰하고 있다. 문학연구의 시각에서

▨ 제37호, 2009년 11월.

'조선족문학' 중의 '조선전쟁'에 대한 연구성과는 극히 적다. 김호웅의 논문 「"6.25"전쟁과 남북분단에 대한 성찰과 문학적 서사—중국문학과 조선족문학을 중심으로」(『통일인문학논총』 제51집, 2011년 5월)는 필자가 현재까지 확인한 유일한 연구성과이다. 이 논문은 중국문학과 조선족문학에서 한국전쟁과 남북분단에 대한 반영과 성찰을 고찰하면서 조선족문학의 일부 작품들을 고찰하고 있다.

본고는 '조선족'문학의 조선전쟁서사(敍事)에 대한 고찰을 통하여 '조선전쟁'이 '조선족'의 형성과정에 일으킨 영향을 밝혀보는 것이다. '조선족'의 형성과 변화과정에 대한 역사적 시각에서 출발하여 본고의 전반부에서는 '조선전쟁' 전 중국조선인사회의 일반적인 상황을 고찰하였고, 후반부에서 '조선전쟁'을 반영한 부동한 시기 중국조선족문학의 몇 부의 작품들을 고찰하였다.

2. '조선전쟁' 전후시기의 중국조선인

1) '중국조선인'의 구성과 다중신분(多重身分)

'조선족'과 '조선전쟁'의 관련성을 논할 때 반드시 중국에서 '조선족'의 기원을 논해야 한다. '조선족'의 기원은 한반도의 해외이민인바 그들의 민족정체성과 국가정체성은 한반도와 복잡한 관계를 가지고 있다. 이와 같은 특수한 관계에 의하여 '조선족'들은 '조선전쟁'에 대하여 복잡하면서도 특수한 인식과 입장을 가지게 되었던 것이다.

주지하는 바와 같이 조선인의 중국이주는 19세기 중후반 시작되었다. 20세기 초 조선왕조가 일제에 병탄되면서 조선인들의 중국이주에 첫 고봉이 이루어졌다. 1930년대 초에 이르러 일제는 중국의 동북지역을 점령하고 '만주국'을 설립한 뒤 동북지역의 넓은 황무지를 개간하기 위하여 강제, 반(半)강제적인 수단으로 대량의 조선인들을 이 지역에 이주시킨다. 따라서 동북지역은 조선이주민들의 주요한 집거지가 되었고 그중 당시 '간도(間島)'로 불리던 연변지역이 중심이었다. 반수 이상의 조선이주민들이 연길(延吉), 화룡(和龍), 왕청(汪淸), 훈춘(琿春,) 안도(安圖) 등 당시 만주국 간도성(間島省) 지역 즉 현재의 연변(延邊)지역에 거주하고 있었다. 중국의 조선이주민은 가장 많을 때 200만 명이 넘었는데, 이는 당시 한반도 인구의 10%에 해당하는 숫자이다. 이민의 목적과 경로에 근거하여 조선이민들을 대체로 아래 세 유형으로 나누어볼 수 있다.

첫째 유형: '생계이민'

19세기 말, 조선왕조는 정치, 경제, 외교 등 전방위적인 압력을 받아 급격하게 붕괴일로를 걷게 된다. 거기에 조선북부지역에서 연속되는 자연재해를 입어 북부지역의 농민들이 먼저 두만강, 압록강을 넘어 대안의 동북지역으로 이주하게 된다. 일제가 동북지역을 점령하고 중국침략전쟁이 확대됨에 따라 전략적 기획의 일부로 일제는 대량의 조선농민들을 중국의 동북지역에 이주시켜 '집단부락(集團部落)'을 설치하고 황무지를 개간하여 벼농사를 짓도록 함으로써 이 지역을 전면적인 중국침략전쟁의 전진기지로 삼으려고 하였다. 이들은 '분산집거(分散集居)'의 형태로 동북지역에 거주하고 있었다. '생계이민'은 중국조선인의 절대다수를 차지하였는데, 중국에서 생활하려는 목적은 상대적으로 단순하여 자기들의 노력으로 생존을 영위하고 빈곤에서 벗어나는 것이었다.

둘째 유형: '문화이민'

중국의 동북지역을 중심으로 한 조선이민들의 인구와 영역이 확대됨에 따라 조선이민사회의 교육, 언론, 문학예술 등 문화수요도 증가하게 된다.

동시에 일제가 조선을 병탄한 뒤 문화영역에 대한 통제 내지는 탄압이 날로 심화되어 조선의 지식인들이 운신할 수 있는 공간이 급속도로 축소되었다. 이러한 내, 외적 원인이 조선지식인들의 중국이주를 촉발시켰다. 한 통계에 의하면 동북지역에 거주하였거나 다녀간 조선작가들의 수는 137명에 달한 다.4) 『만선일보(滿鮮日報)』 편집국장을 지냈던 소설가 염상섭은 이들을 "문화부대(文化部隊)"라고 칭했다.5) 이들은 보편적으로 상당한 수준의 문화소양을 갖고 있었고 이주해 와서 문화영역에서 임직하고 있었다. 이들의 민족적 입장은 무척 복잡하여 적극적인 항일을 주장하고 실천하였던 사람들이 있었는가 하면 '친일파'들도 있었고 그밖에 중도적인 입장을 가졌던 사람들도 있었다.

셋째 유형: '정치이민'

1905년의 '을사보호조약'에 의하여 조선왕조의 망국은 필연적인 결과가 되어갔고 조선의 반일독립운동이 전면적으로 흥기하게 된다. 하지만 협소한 식민지조선은 반일운동의 전개에 불리했다. 조선의 애국지사들은 중국으로 이주하여 조선이민사회를 기반으로 교육문화운동과 반일무장투쟁을 전개하게 되었고 조선의 반일독립운동의 중심은 중국의 동북지역으로 이전하게 되었다. 이들은 양적으로 소수를 차지하였지만 '반일구국'이라는 대의명분을 장악하고 있었기에 중국조선인들에게 상당한 영향력과 호소력을 행사하고

---

4) 중국 연변대학교 교수를 지냈던 고 권철선생의 통계에 의하면 중국의 동북지역에 생활했던 조선작가들의 수는 137명이다. 여기에 상해, 북경 등 동북지역 이외의 지역에서 생활했던 조선작가들을 더하면 그 수는 150명을 윗돌 것으로 판단된다.

5) 염상섭은 1941년 출간된 재만조선인소설집 『싹트는 대지』(만선일보출판부, 1941) 발문에서 "괭이와 호미로 생활을 개척하기에 피와 땀으로 엮은 역사를 수록할 것은 이곳에서 성장한 또는 뒤이어 들어온 문화부대에게 책임이 있다…"(염상섭, 「『싹트는 대지』 뒤에」).

있었다. 이들의 정치입장도 서로 달라 민족주의자, 무정부주의자, 공산주의자 등으로 다양했다. 공산주의계열의 조선반일운동은 중국공산당과 밀접한 관계를 유지하고 있었고 일부는 '팔로군', '신사군', '동북항일연군' 등 중국공산당의 영도를 받는 항일부대에 직접 참여하였다. 이들 중 엘리트들은 후일 조선민주주의인민공화국과 중국조선족사회를 건설하는 과정에 핵심지도자로 활약하게 된다.

상술한 세 유형의 조선이민들은 19세기 말에서 일제가 패망하기까지의 반세기가 넘는 과정에 '중국조선인'이라는 민족(ethnic group)을 형성하게 된다. 이들은 복잡한 신분(identity)을 가지게 된다. 먼저, 이들은 식민지조선의 '망국노'인 동시에 고국에서 축출당한 디아스포라들이었다. 다음으로 이들은 일본식민지의 '신민(臣民)'이었다. 이 신분으로 중국조선인과 중국당국, 중국인, 일제 등 사이에서 복잡하고 미묘한 이익관계를 유발하게 되어 일부 중국인들의 눈에 중국조선인들은 "일제의 졸개" 즉 '얼구이즈(二鬼子)'[6]로 비치게 되었다. 아울러 이민역사의 진행과 사회환경의 변화에 따라 중국조선인들의 자아 정체성 인식도 커다란 변화를 가져오게 된다.

(1) '망국노'와 '얼구이즈'

조선인들의 중국 이민을 시간대별로 갈라 보면 19세기 말에서 1932년 '만주국' 건립 사이의 이민은 대체로 '자유이민'이라고 할 수 있다. '자유이민'은 일제가 기획하고 실행한 '강제이민'과 구별된다. 1932년 '만주국'이 건립된 이후에도 '자유이민'의 방식으로 중국에 온 조선인들이 없었던 것은 아니었지

---

6) '얼구이즈(二鬼子)': '구이즈(鬼子)'는 일제시기 중국인들이 일본인들을 매도하던 낱말이고 '얼(二)'은 "둘째" 라는 의미로 이 낱말은 당시 중국인들이 조선인들을 "일제의 졸개"로 인정하고 있었음을 알 수 있다.

만 이 시기 주요한 이민 방식은 일제가 기획하고 실행한 이민이었다.

19세기 말 청왕조와 조선왕조는 모두 서방열강들의 침략을 받아 서서히 식민지국가로 전락되고 있었다. 아울러 조선북부에 연이은 자연재해가 발생하여 평안남북도, 함경남북도의 조선농민들이 솔선하여 두만강, 압록강을 건너 중국의 동북지역으로 이주하기 시작하였다. 청왕조는 동북지역의 정세를 안정시키기 위하여 종전의 '봉금령(封禁令)'을 해제하고 개간국(開墾局)을 설립하여 두만강 이북의 길이 700리(里), 폭 45리(里)의 지역을 조선인 개간구역으로 설정하고 조선이민들을 받아들이기 시작하였다. 1910년의 '일한합병'으로 조선은 완전히 일제의 식민지로 전락되고 일제는 식민지조선에서 이른바 '토지조사사업'(1910~1918년)을 벌여 '토지소유권을 확정'한다는 등의 명목으로 수백만 조선인들의 토지를 약탈하게 된다. 토지를 상실한 조선인들은 살길을 찾아 가족단위로 동북지역으로 밀려들기 시작하였다.

이들 조선이민들이 중국에 온 근본적인 목적은 생존을 영위하기 위한 것이었다. 하지만 동북지역은 땅이 넓고 토지가 기름지긴 해도 '무주공산(無主空山)'은 아니었다. 다수의 조선인들은 중국에 이주한 뒤에도 중국인 혹은 조선인 지주들의 땅을 소작할 수밖에 없었다. 그러나 청왕조와 후일의 동북지방군벌, 중화민국정부 모두가 조선이민들에 대하여 엄혹한 정책을 취하였다. 청왕조에서 실행한 '체발역복(剃髮易服)'[7] 그리고 중화민국정부에서 반포한 '한국인토지임대규칙(韓國人土地賃貸規則)'(1927년), '한국농민구축에관한 훈령(關於驅逐韓國農民的訓令)'(1927년), '한국교민토지임대회수령(韓國僑民土地賃貸回收令)'(1929년) 등 60건의 법령들은 하나같이 조선이민들이 중국에서 토지를 획득하는 것을 반대하고 있다.

---

7) 청왕조에서는 조선이민들에 대하여 만주인의 머리모양과 복식을 하고 청왕조의 호적에 가입하여야만 토지를 임대할 수 있다고 요구하였다.

중국측에서 이러한 조치를 취하게 된 주요한 원인은 조선이민들의 특수한 신분에서 비롯되었다. 조선이민들은 망국하고 중국으로 이주한 '망국노'와 디아스포라인 동시에 반대로 또한 일제식민지의 '신민(臣民)'이었다. 조선이 일제의 식민지로 전락된 후 조선인들은 명의상 일본제국의 '국민'이었다. 중국 측에서 경계하는 것은 바로 조선이민들의 배후에 있는 일제였던 것으로 조선이민들이 들어오면서 뒤따를 일제의 개입이었던 것이다. 실제로 일제는 중국의 조선이민들을 이용하여 '조선이민들을 보호'한다는 명의로 경찰을 진주시킨다거나 '이중국적문제'[8]로 사단을 일으키는 등 중국에 대한 침략행위를 실행하였다. 중국농민들에게 있어서는 일제가 강대한 자본으로 중국지주의 토지를 매수하여 다시 조선이민들에게 임대를 주어 벼농사를 짓도록 하는 행위만 보면 조선이민들은 일제의 세력을 등에 업고 자신들의 토지를 강점하는 '얼구이즈'일 수밖에 없었다. 조선이민들은 일제의 식민통치로 인하여 고향을 등지고 중국에 왔지만 중국에서 중일 간의 모순에 휘말리게 되어 그 틈새에서 힘들게 생존의 길을 모색해야 했다.

(2) '국민'과 '새로운 기원(起源)'

1932년 '만주국'의 건립은 중국조선족의 정체성 인식에 중대한 영향을 일으켰다. 1931년 '9.18사변(事變)' 즉 '만주사변'을 통하여 일거에 만주지역에 대한 군사적 점령을 완성한 일제는 1932년 '만주국(滿洲國)'이란 허수아비 정권을 건립하여 청조(淸朝)의 마지막 황제였던 부의(溥儀)를 '집정(執政)'[9]

---

8) 일제는 중국동북지역의 조선인들이 중국국적에 가입하는 것을 승인하지 않으면서 중국국적에 가입하여도 '일본의 신민'으로 간주되어야 하고 일본의 영사재판을 받아야 한다고 주장하였다. 따라서 중국 측에서 조선이민들에 대한 적대감은 진일보 심화되었다.
9) 1934년, "만주국"은 "대만주제국(大滿洲帝國)"으로 개칭되고 최고통치자의 호칭도 "황제(皇帝)"로 변경된다.

에 앉힌다. 직후 체결된 '일만의정서(日滿議定書)'를 통하여 '만주국'은 선시기 청조(淸朝)와 일본 사이의 모든 불평등조약을 완전하게 승인한 동시에 '공동방위(共同防衛)'의 명의로 일제 '관동군(關東軍)'의 주둔과 행동을 승인함으로써 결국 실질적인 일제의 식민지로 전락되었다.

'만주국'은 일제에 의하여 조작된 '국가'로 일제의 식민통치를 실행하기 위한 도구였을 뿐 '국어(國語)'를 통한 민족적 통합이라는 국민국가(nation state)의 지향과는 철저하게 위배되는 존재였다. 하지만 일제는 '오족협화(五族協和)'[10)와 '낙토만주(樂土滿洲)'를 표방하면서 '만주국'에 살고 있는 모든 사람들을 '만주국'의 '국민'으로 호명하여 제국의 질서 내에 편입시키려고 시도하였다. 조선인들은 일찍 '한일합병'을 통하여 일본제국의 신민(臣民)으로 편입된 바 있기에 '2등국민(2等國民)'의 신분을 부여받아 "만주국의 중요한 구성분자임을 진실로 자각하면서 스스로 자기의 소질을 향상시키고 그 내용을 충실히 하며 기꺼이 만주국 국민의 의미를 이행하고 앞 다투어 만주국의 발전에 기여"[11)할 것을 요구받는다.

일제의 호명을 받아들이면 조선인들은 적어도 표면상으로는 '망국노'의 신분에서 벗어나 '만주국 국민'의 신분을 획득할 수가 있었다. 이에 일부 조선인들은 '만주국'을 하나의 '공동체'로, 자신들로 하여금 동북지역에서 '새로운 기원(起源)'으로 될 수 있게끔 하는 '공동체'로 상상하게 되었다. 중국조선인 문단에서 활약했던 안수길 등 작가들과 조선인중학교의 문학도들은 '북향(北鄕)'이란 문학단체를 결성하였는데 '북향'은 바로 '한반도 북쪽의 고향'을 의미하였다. 소설가 안수길은 '북향'의식을 선전하는 데 가장 적극적이었던 대

---

10) 당시 만주지역의 다수의 주민들이었던 일본인, 한국인, 만주인, 몽골인, 러시아인 등 5개 민족의 화해와 협력을 강조한 일제의 "만주국" 건설의 취지의 하나였다.
11) 1936년 8월, 일제가 발표한 '재만조선인지도요강(在滿朝鮮人指導要綱)'에서.

표적인 인물로 자기의 소설 『북향보(北鄕譜)』 서문에서 "우리 부조들이 피와 땀으로 이룩한 이 고장(만주를 가리킴—필자)을 그 자손이 천대만대 진실로 새로운 고향으로 생각하고 이곳에 백년대계를 꾸며야 할 것"이라고 쓰고 있다. 이 소설의 주인공인 초기 조선이민의 꿈은 바로 "우리의 아들과 손자와 그리고 증손자, 고손자들을 위하여 아늑하고 아름다운 고향"을 건설하는 것이었다.

일부 조선이민들은 디아스포라로서의 정체성에서 비롯된 불안감, 소외감에서 탈피하기 위하여 '만주국국민'으로서의 정체성을 인정하게 된다. 이들은 '만주국'을 일본제국도 아니고 동시에 중국도 아닌 "새로운 고향"으로 상상하여 자신들로 하여금 새로운 국가의 새로운 국민 즉 '새로운 기원'이 되고자 하였다.

(3) '이중혁명가'

상술한 바와 같이 중국의 동북지역은 조선항일운동의 주전장이었다. 조선인의 항일운동은 대체로 민족주의계열과 공산주의계열로 나누어볼 수 있는데, 두 계열은 모두 중국의 조선인 이민사회를 기반으로 하고 있다. 두 계열의 동질성은 '반제(反帝)'를 근본적인 사명으로 한다는 것이다. 두 계열의 이질성은 민족모순과 계급모순을 대하는 입장에서 보여지는데 민족주의계열은 민족모순의 해결 즉 '반제(反帝)'에 치중하는 반면에 공산주의계열은 민족모순과 계급모순을 유기적인 통일체로 파악하여 '반제반봉건(反帝反封建)'을 자기의 근본사명으로 삼았다. 중국에서 전개된 항일운동이기 때문에 공산주의계열의 조선항일운동은 '이중사명(二重使命)'을 부여받게 되는바 일본제국주의를 배격하는 동시에 중국의 봉건계급을 소멸하여야 했다. 바꾸어 말하면 공산주의계열의 조선항일운동은 조선의 반제혁명을 완성해야 하는 동시에 중국의 반제반봉건혁명에도 참여해야 했던 것이다. 공동의 입장을 가진 까닭에 조선의 공산주의계열의 항일운동은 자연스레 중국공산당과 연합전선을 형성하게 되었다. 공산주의계열의 조선항일무장은 중국공산당의 '연합항일(聯合抗日)'의 주장에 적극 호응하여 '동북항일연군'에 참여하게 된다.

중국공산당에서도 "한국민족해방운동이 만약 협애한 민족주의 위에 건축된다면 그것은 지대한 착오이다. 한국의 민족해방과 중국의 해방은 갈라놓을 수 없는 임무로 이는 한국의 노동군중(勞動群衆)이 반드시 중국의 토지혁명, 반제국주의혁명에 참가하여야 함을 결정하였다"[12]고 인정하였다. 뜻인즉 중국의 조선인들은 이방인이고 이민족이긴 하지만 중국인과 동일한 역사적 사명을 짊어지고 있는바 중국에서의 생존은 반드시 중국인과 동등한 대우를 받아야 한다는 것이었다. 중국공산당에 조선인의 '이중혁명가' 신분을 인정한 것은 후일 '토지개혁' 등 문제에 있어서 중국조선인들의 권리와 이익을 보장하는 조치로 이어졌고 나아가 '중국조선족'의 형성에 근본적인 영향을 끼치게 되었다.

일제의 패망과 함께 '반제'투쟁은 완성되었지만 중국의 '반봉건'투쟁은 계속 진행해야 했고 공산주의계열의 조선항일무장은 뒤이어 중국혁명에 참가하여 중국의 국내해방전쟁에 투입되었고 이 전쟁이 거의 끝날 때까지 함께 싸웠다.

2) '조선전쟁' 전 중국조선인의 분화(分化)

상술한대로 19세기 말에 시작하여 1945년 일제의 패망에 이르기까지 중국조선인들은 이주에서 정착에 이르는 과정을 겪으면서 '중국조선인'이라

---

12) 楊昭全 등, 『東北地區朝鮮人革命鬪爭資料匯編』 (遼寧民族出版社, 1992), 744쪽.

는 민족(ethnic group)을 형성하였다. 일제의 패망에서부터 '조선전쟁' 전후시기까지 '중국조선인'들은 분화와 집합의 과정을 거쳐 최종적으로 중국의 '소수민족'인 조선족을 형성하게 된다.

일제의 패망은 조선의 해방을 의미한다 하지만 이른바 '조선'의 실체는 근대적 의미의 '국민국가'는 아니었다. 조선은 일본에 병탄될 때 봉건왕조였기에 해방된 이후 근대국민국가로의 전환을 겪어야 했다. 마찬가지로 항일전쟁이 결속된 이후 중국 역시 '반식민지-반봉건(半植民地-半封建)' 국가에서 근대국민국가로의 전환을 겪어야 했다. 다시 말하면 중국조선인들은 조선으로 귀환하든 중국에 남아있든 모두 '신민'에서 '국민'으로 전환을 겪어야 했던 것이다.

일제의 패망은 중국조선인들에게 '광복'의 희열을 가져다주었다. 중국조선인들은 적어도 귀환이 가능한 '국가'를 되찾았고 귀환과 체류의 분화과정을 시작하게 된다. 1945년 일제가 패망하기 직전 중국조선인 인구는 권위적이고 정확한 통계가 되어있지는 않으나 대체로 200~220만 정도로 보고 있다. 1953년 중국에서 실시한 제1차 전국인구보편조사 수치들을 보면 당시 조선족인구는 1,120,405명[13]이였다. 귀환한 사람과 체류한 사람들이 거의 반반이라고 할 수 있다. 귀환·체류의 분화과정은 일제패망 직후로부터 '조선전쟁' 전후까지 이어졌다.[14] 당시의 조사기록이 없어 귀환 혹은 체류를 선택한

---

13) 이 수치의 정확도도 문제가 된다. 왜냐하면 중국조선인의 국적문제 처리의 기본원칙은 1953년 8월에야 중국공산당중앙의 인가를 받았기 때문이다. 여기서 가리키는 '중국조선족'이 만약 이미 중국국적을 획득한 중국조선인에 한한다면 이밖에 국적문제를 처리하지 못한 사람도 많이 있다고 봐야 한다.
14) 1970년대에 이르기까지 특히는 '대약진(大躍進)'과 '문화대혁명' 초기 수만 명을 헤아리는 조선족들이 조선으로 귀환하였다. 하지만 이는 '조선족'이라는 개념과 실체가 기본적으로 확정된 이후의 일로 따로 논해야 마땅할 것이다.

이유들에 대하여 정확하게 알 수는 없고 당시의 사회배경들을 통하여 그 이유들을 짐작해볼 수 있다.

어느 한 통계를 보면 1945년 일제가 패망하기 직전 연변지역의 조선인인 구는 63.5만 명이었고 1949년 중화인민공화국이 성립될 무렵 연변지역의 조선인인구는 51.9만 명이었다.[15] 앞서의 제1차 전국인구보편조사를 보면 1953년 6월 30일 24시를 기준하여 중국조선족인구는 1,120,405 명으로 그 중의 73.6만 명이 길림성에 살고 있었고 또 그 중의 49만 여 명이 연변조선족자치구(延邊朝鮮族自治區)[16]에 살고 있었다. 이 수치들을 기준으로 하면 연변지역에 살고 있던 중국조선인들이 조선으로의 귀환을 선택한 비례는 28% 정도에 지나지 않아 귀환자 총수의 비례인 50%보다 상당히 적다. 다시 말하면 일제가 패망한 뒤 연변지역의 사회배경은 체류를 선택한 중국조선인들에게 상당한 정도의 흡인력이 있었다고 할 수 있다. 이에 대하여 아래와 같은 몇 가지 요소들을 살펴볼 수 있다.

첫째, 연변지역은 조선이민들이 가장 일찍 발을 붙인 곳 중의 하나이고 중국조선족의 최대 집거지역이었는바 조선인의 인구비례는 줄곧 50% 이상을 유지하고 있었다. 1934년 '만주국'에서 '간도성(間島省)'을 설치할 때 초대 성장(省長) 역시 조선인 이범익(李範益, 창씨명 淸原範益)이었고 뒤이은 성장(省長), 부성장(副省長) 또한 거의 조선인들이었다. 이러한 집거지에서 거주하는 것은 중국조선인들이 '망국노' 혹은 디아스포라로서의 문화차이 내지는 인종차별을 극복하는 데 유리했음은 물론이다. 일제가 패망하고 나서 동북지역의 많은 곳들에서 중국인과 조선인 사이의 충돌이 일었는바 중국인들은

---

15) 安龍禎 編, 『延邊朝鮮族自治州誌』(中華書局, 1996), 276-77쪽.

16) 연변조선족자치구(延邊朝鮮族自治區)는 1952년 9월 3일 성립되었고, 1955년 8월 30일 연변조선족자치주(延邊朝鮮族自治州)로 변경되었다.

일제에 대한 분노를 '얼구이즈'-조선인들에게 표출하였다. 연변지역에도 유사한 충돌이 있었긴 했지만 타 지역에 비하여 그 정도가 약했다.

둘째, 연변지역은 당시 중국에서 국공내전(國共內戰)을 겪지 않은 몇 안되는 지역 중의 하나였다. 일제가 패망한 뒤 국민당은 연변지역에 잠깐 발을 붙이고 일차 물러났고 그 뒤로 줄곧 중국공산당의 통제범위에 속했다. 국공내전이 본격적으로 시작된 다음에도 전화(戰火)는 연변지역에 미치지 못했다. 토비숙청과 같은 전투가 있었지만 연변지역의 조선인들은 기본적으로 평화롭고 안정된 환경 속에서 생활할 수 있었다.

셋째, 연변지역은 중국에서 중국공산당의 '토지개혁'정책을 가장 일찍 실행한 지역 중의 하나였다. 중국공산당은 연변지역을 접수하고 나서 곧바로 1946년 7월부터 1948년 4월 사이 세 단계에 거쳐 '토지개혁'을 완성하였다. 이 과정에서 중국공산당은 조선인들을 배척하지 않았는바 중국 경내의 조선인들은 중국 '공민(公民)'임을 누차 천명하였다.[17] '토지개혁'을 실행하는 과정에 조선인들은 중국인들과 동등한 대우를 받았고 심지어는 조선인들의 생활, 생산 습관을 감안하여 조선인들에게 보다 많은 수전을 분배하였다. '토지개혁'을 통하여 다수가 소작농이었던 조선인들은 가장 근본적인 생존조건인 토지를 획득하게 되었다. 바로 이 점은 국민당 통제지역에서는 있을 수 없었던 조건이었다. 국민당은 자신들의 통제지역 내의 조선인들을 '한교(韓僑)'로 규정하여 재산을 몰수하고 축출하는 등의 정책을 취하였다. 이로 인하여 국민당통제지역의 많은 중국조선인들은 중국공산당의 통제지역으로

17) 1931년 11월에 있은 중화소비에트 제1차 전국대표대회에서 통화한 '중화소비에트공화국헌법대강(大綱)'에서는 "소비에트정권 영역 내의 노동자, 농민, 홍군사병 및 모든 노고민중(勞苦民衆)과 그들의 家屬들은 男女, 種族(漢, 滿, 蒙, 回, 藏, 苗, 黎, 苗와 중국에 있는 臺灣, 高麗, 安南인 등), 宗敎의 구분이 없이 소비에트법률 앞에서는 일률로 평등하고 모두 소비에트공화국의 公民이다"라고 규정하고 있다.

이주하거나 아예 귀환을 선택했다.[18]

결론적으로 안정된 사회환경과 생존수단은 중국조선인들이 체류를 선택하게 된 가장 중요한 조건이었다. 그 중에서도 보다 근본적인 조건은 생존수단 즉 토지였다. 위에서 밝힌 바와 같이 중국조선인의 절대다수는 '생계이민'인 가난한 농민들이었다. 이들이 중국으로 이주한 목적 역시 토지를 얻기 위함이었다. 따라서 이들이 자기에게 속하는 토지를 얻게 되었을 때 자기가 밟고 선 땅에 대한 동질감은 비로소 가장 튼튼한 기초를 갖게 되고 일부 중국조선인들이 '상상'했던 '새로운 고향' 역시 실체를 갖추게 되었다. 1950년대 '조선족문학'의 대표적인 작가인 김학철은 「뿌리박은 터」(1953년)라는 단편소설에서 이주초기부터 일제시기까지 겪은 주인공가족 삼대의 고난의 역사와 '토지개혁'을 통하여 행복한 터전을 획득한 현실을 대조적으로 보여주면서 중국조선인들이 비로소 "뿌리박을 터"를 얻게 되었음을 설명하고 있다. 중국조선인들은 중국공산당에 의하여 얻을 수 있었던 토지 즉 고향이 있었기에 중국공산당의 호소에 적극 반응하여 중국공산당의 군대에 참가하여 국공내전에 투신할 수 있었다. '조선전쟁'이 폭발한 뒤 중국공산당이 제출한 '항미원조, 보가위국(抗美援朝, 保家衛國)'이란 구호 역시 보다 순조롭게 중국조선인들의 지지와 반향을 일으킬 수 있었던 원인 역시 여기에 있다.

3) '조선전쟁'과 '조선족'의 형성

'조선전쟁'은 중국조선인의 분화와 집합의 최후단계였다. 중국조선의 '조선전쟁' 참전경로는 이미 많은 연구자들에 의하여 소상하게 밝혀졌기에 여기

18) 이와 관련된 내용은 김춘선의 「광복 후 중국동북지역 한인들의 정착과 귀환」(『한국근현대사연구』 제28집, 2004년 봄)을 참조할 수 있다.

서 길게 논술할 필요는 없다. 중국조선인의 참전방식에는 대체로 세 가지가 있다. 첫째는 '조선전쟁' 폭발 전 원래 중국인민해방군에 속했던 조선인부대가 조선 측의 요구에 의해 편제 그대로 조선으로 진출하여 조선인민군에 편입된 것으로 그 수는 4-5만 명 정도 된다. 둘째는 '조선전쟁'이 폭발한 후 동북지역의 중국조선인들이 '중국인민지원군'에 입대(5,000 명 정도)하여 조선전쟁에 투입된 것과 후방근무요원(통역, 연락, 의료, 운수 등, 5,741명)으로 전쟁에 참가한 것이다. 셋째는 '조선전쟁'이 진행되는 과정에 후방의 중국조선인들이 성원, 모금 등 유형, 무형의 방식으로 한 전쟁에 대한 지원이다. 통계로 보면 '조선전쟁'에 참가한 중국조선인은 5만 명 정도 된다. 이들은 마지막으로 분화된 중국조선인들로 이들 중 일부는 전쟁이 결속되고 중국으로 귀환하였고 일부는 조선에 남게 된다.

여기서 주목할 것은 중국조선인들의 '조선전쟁'에 대한 관심은 당시 중국민중의 보편적인 정도에 비하여 훨씬 높았다는 점이다. 중국 고위층에서 '조선전쟁'에 투입된 중국부대에 '지원군(志願軍)'이란 명칭을 부여한 것은 "중국인민들이 자원에 의하여 조선을 지원"한다는 의미를 강조하기 위함이었다. 하지만 많은 연구에서 밝히고 있는 것처럼 '조선전쟁' 초기 많은 중국인들은 전쟁에 대하여 무관심, 관망(觀望) 심지어는 전쟁에 대한 혐오를 나타냈고 중국의 참전에 대해서도 반대했다.[19] 이 현상에 대하여 "중국조선족의 드높은 애국열정"만으로는 충분히 해석할 수 없다.

따라서 이 현상의 근본적인 원인은 '조선전쟁'이 폭발할 때까지도 완전히 확립하지 못한 중국조선인의 '국민' 의식, 바꿔 말하면 아직 확립되지 못한

---

19) '항미원조(抗美援朝)' 운동 초기 중국민중들의 전쟁에 대한 인식에 대하여서는 侯松海, 『全能政治: 抗美援朝運動中的社會動員』(中央文獻出版社, 2012)의 제1장 「抗美援朝運動與中國民衆的社會心態」을 참조하라.

'중국국민'으로서의 정체성에 있다고 해야 할 것이다. 중국조선인들은 일제가 패망한 직후부터 일련의 분화과정을 겪어왔지만 체류를 선택한 조선인들 역시 아직은 자기의 국가정체성을 명확히 인식하지 못하고 있었다. 대표적인 사례로 '조선전쟁'이 결속된 이후에도 상당한 시간 동안 이어진 중국조선인사 회 내부의 '조국관(祖國觀)' 논의를 들 수 있다. 당시 중국조선인들은 중국을 자신의 조국이라는 인식을 보편적으로 확립하지 못하고 있었다. 일부는 '이중 조국(二重祖國)'(조선은 '민족조국', 중국은 '현실조국')혹은 '삼중조국(三重祖 國)'(조선과 중국에 '계급조국' 소련을 더함)의 관념을 가지고 있었다. 1950년 12월 10일자 『인민일보』에 실린 「중국동북지역의 조선민족」이란 글에서도 조선을 중국조선인의 '조국'이라고 칭하면서 '그들은 조국을 보위할 권리가 있다'라고 주장하고 있다. 중국정부에서는 당시까지 중국조선인들의 국적문 제에 관하여 명확한 대책을 내놓지 못하고 있었는바 이 역시 상술한 현상이 나타나게 된 원인의 하나라고 할 수 있다. 중국정부에서는 '토지개혁' 등 문제에 있어서 중국조선인에 대하여 중국인과 평등한 대우를 제공하였고 「중국인민정치협상회의공동강령(中國人民政治協商會議共同綱領)」을 통하 여 중국의 소수민족으로서의 중국조선인의 법률적 지위를 명확히 하고 있었 지만 중국조선인의 국적문제 처리에 있어서는 구체적인 대책을 내놓지 않고 있었다.[20]

여기에 일제통치 하의 고통과 해방 이후의 행복의 대비를 통한 반제(反 帝)의식의 고양이라는 중국공산당의 '항미원조' 사회동원전략[21]이 더해지면

---

20) 1950년대 중국조선인의 인구이동에 관한 중국정부의 처리와 관련해서는 沈志華의 논문 「東北朝鮮族居民跨境流動: 新中國政府的對策及其結果(1950~1962)」, 『史學月 刊』, 2011년 제11기, 69-84쪽을 참조하라.
21) 1951년 4월 27일자 『동북조선인민보』의 「基層工會(기층공회)의 抗米援朝宣傳은 어떻게 進行할 것인가?」라는 제하의 문장에서는 "선전에 심입하여 전체 직공들에게

서 '토지개혁'을 통하여 토지를 획득한 조선인들에게 있어 일제와 미제(美帝)를 동일시하는 효과를 일으킬 수 있었다.[22] 당시 미군의 폭격기가 압록강, 두만강을 넘어와 중국경내를 폭격하여 일정한 피해를 주기는 했지만 그렇다고 해서 '조선전쟁'에 참전한 '미제'가 중국의 안전에 명백한 위협을 조성하였다고 보기는 힘들었다. 하지만 중국조선인이 가지고 있었던 이중정체성은 이들이 일제와 미제를 동일시하고 나아가 중국과 조선을 동일시 할 수 있는 가능성을 다분히 제공하고 있었던 것이다.

결론적으로 중국조선인에게 있어서 '항미원조, 보가위국(抗美援朝, 保家衛國)' 중의 '가(家)'와 '국(國)'은 중국일 수도 있고 조선일 수도 있었다. 따라서 이 구호가 보다 쉽게 중국조선인들에게 수용될 수 있었던 것이다.

'조선전쟁' 중에는 중국조선인들이 참전을 통하여 조선으로 귀환했을 뿐아니라 전쟁은 또한 수만 명의 조선인들로 하여금 난민 형식으로 중국으로 들어오게 하기도 했다. 이들 중의 상당한 수가 원래 중국에 살던 중국조선인이었다고 볼 수 있다. '조선전쟁'이 막바지에 이른 1953년 4월, 중국공산당동북국(東北局)에서는 제1차 전국인민대표대회와 제1차 전국인구보편조사를 앞둔 중요한 시점에 중국공산당중앙위원회에 중국조선인의 국적문제를 처리

과거 제국주의의 박해를 받은 실제문제로 그들의 격분을 돋우어 원쑤를 갚으려는 불꽃을 일으킬 것이다. 이런데서 그들은 침략자의 본질을 더 똑똑히 알게 될 것이다"라고 권장하고 있다.

22) 1950년 12월 16일 자 『동북조선인민보』의 「抗米援朝싸움터로 勇躍 出發하는 勇士들의 억센 외침」라는 제하의 통신에서 延吉縣 長安區 磨盤村의 박기석(朴基石)이라는 중국조선인 농민은 자기의 참군이유를 밝히면서 중국공산당의 덕택으로 땅을 분배받고 힘써 일하여 가업을 일으킨 이야기를 하면서 "米國강동놈들이 미쳐 짐승같은 짓을 하는 것을 보고 죽어도 다시는 행복 넘친 우리의 생활을 놈들에게 짓밟힐 수 없다는 것을 뼈아프게 깨닫고 그러기 위해서는 하루속히 조선전장에 뛰여나가…"라고 말하고 있다.

할 원칙들을 제출한다. 이 원칙을 보면 무릇 1949년 10월 이전 동북에 거주했고 가업을 가진 자는 중국소수민족으로 보아야 한다. 하지만 본인이 교민(僑民)을 원하면 스스로의 뜻에 맡길 수 있다. 그 이후, 특히는 '조선전쟁' 이후 동북에 온 자들은 일률로 조선교민으로 본다.[23] 중앙에서는 이 원칙에 동의하였다.

제1차전국인구보편조사 및 병행된 전국인민대표선거 선거인등록은 중화인민공화국이 '국민국가'를 확립하는 과정에 지극히 중요한 조치들로 '중국공민' 혹은 '중국국민'의 범주가 선거권과 피선거권이라는 가장 기본적인 권리와 의무의 방식을 통하여 확립되기 때문이다. 따라서 상술한 원칙에 부합되는 중국조선인들에게는 중국국적에 가입할 수 있었고 선거권과 피선거권을 부여받음으로써 보다 완벽한 의미의 중국소수민족—조선족의 신분을 확립하게 되었다. 물론 중국조선족의 자아정체성 인식은 '공민권'이 부여됨으로 바로 확립되는 것은 아니었는바 개개인의 차이가 있었고 사회, 역사적인 환경의 영향을 받아 부동한 사람에게 있어서, 부동한 역사시기에 있어서 일정한 차이를 보이고 있다.

'조선전쟁'은 중국조선인들이 분화와 집합을 통하여 '조선족'을 형성하는 과정의 마지막 단계를 완성하였다. 전쟁이 결속되고 조선반도의 분열과 적대관계는 진일보 강화된다. 중국조선인들의 조선반도에 대한 귀속감은 남북분단에 의해 상당한 정도로 약화되고 조선반도로 귀환하는 '대문'도 서서히 닫혀버리게 된다. 동시에 중국의 사회주의국가 건설이 평화상태에서 가속화되면서 최종적으로 중국에 남은 조선인들의 중국에 대한 국가정체성도 진일보 강화된다.

___

23) 沈志華, 앞의 글.

3. '조선족문학' 중의 '조선전쟁'

'조선전쟁' 전후(前後) 시기 단조롭고 경직된 정치, 문화적인 담론환경과 자체의 많은 부족으로 인하여 '조선족문학'은 상술한 내용들을 담아낼 넓이와 깊이를 가지지 못했다. 문헌조사를 통하여 확인되는 내용들이 정작 문학에서는 잘 보이지 않는다는 것은 '조선족문학'의 한계를 보여주는 것이라고 할 수밖에 없다. 조선반도의 '광복'과 함께 중국에서 창작을 진행하던 절대다수의 조선인작가들은 모두 조선으로 귀환하고 새로운 '조선족'작가들은 아직 규모를 이루지 못하여 '조선족문학'은 '발육(發育)' 단계에 처해 있었다. 어느 통계에 의하면 1949년부터 1957년 7월 사이 중국경내의 조선어신문과 잡지에 발표된 소설은 모두 147편으로 77 명의 작가들에 의하여 창작되었다.[24] 이들 작가들 중의 대부분은 '신인'들이었는바 새로운 정치환경에 적응하여 창작을 하던 작가들로 새로운 '담론환경'에 보다 쉽게 적응할 수 있었다. 따라서 1950년 전후의 '조선족문학'에서 당시의 '조선족'들의 '조선전쟁'에 대한 냉정한 사고와 성찰 그리고 민족정체성, 국가정체성에 대한 생각과 사고를 읽어내기는 쉬운 일이 아니다. 이러한 상황은 1980년대 이후의 조선족문학에 와서야 어느 정도 바뀌게 되어 어렴풋하게나마 중국조선족의 정체성에 대한 사고를 읽어낼 수 있다.

1) '조선족' 시각의 부재(不在)

김학철의 단편소설 「군공메달」과 「송도」는 1951년에 창작된 것으로 '조선족문학'에서 '조선전쟁'을 다룬 최초의 작품이다.

---

24) 오상순, 『중국조선족문학사』 (민족출판사, 2007), 210쪽.

「군공메달」의 두 주인공은 인민군진사 양운봉과 지원군전사 호문평이다. 어느 한 전투에서 인민군전사 양운봉은 진격해오는 적의 탱크를 소멸하기 위하여 수류탄을 들고 용감하게 탱크를 향해 뛰어들었다. 그가 수류탄을 투척하려고 하는 순간 한 지원군전사가 그 탱크를 향하여 폭탄을 던지는 것을 발견했다. 하지만 폭탄은 탱크에 명중하지 못했고 지원군전사는 기총소사에 쓰러진다. 양운봉은 이어 수류탄을 투척하여 탱크를 명중시켰지만 탱크에서 나온 미군의 총에 맞아 팔에 부상을 입는다. 미군이 총을 들어 양운봉을 쏘려고 하는 순간 쓰러진 지원군전사가 미군을 사살한다. 휴대품을 통하여 양운봉은 지원군전사의 이름이 호문평임을 알게 된다. 부대로 돌아온 후 양운봉은 탱크를 까부신 것은 지원군전사 호문평이었다고 보고한다. 호문평은 인민군 야전병원에서 치료를 받던 도중 전투에서 중상을 입고 병원에 들리어 온 양운봉을 발견한다. 그러다 호문평은 상부에서 자기에게 발급한 군공메달을 받게 되고 양운봉이 군공을 자기에게 양보했음을 깨닫게 된다. 호문평이 군공메달을 들고 양운봉의 병실에 찾아갔을 때 양운봉은 이미 희생된 뒤였다. 호문평은 군공메달을 양운봉의 가슴에 달아주며 "이 땅에서 미국강도들을 깡그리 몰아내기 전에는 북녘하늘을 우러러보지 않을 것이오!"라고 맹세한다.

「송도」의 주인공 '나'와 동갑인 조선화교 펑얼은 어려서부터 송도라는 곳에서 함께 자랐다. 중국의 동북지역에서 '만보산사건(萬寶山事件)'이 발생하자 일제의 획책 하에 조선에서는 한차례 광적인 배화(排華)소요가 일어났고 펑얼의 아버지는 그번 소요에서 일제주재소장의 사주를 받은 불량배에게 맞아죽었다. '나'의 아버지는 펑얼아버지의 장례를 치러준 일로 일제주재소장의 미움을 받게 되고 후일 혁명자를 유숙(留宿)한 일로 주재소에 끌려가 소장의 손에 죽게 된다. 펑얼아버지의 장례를 치른 날 '나'와 펑얼은 결의형제를 맺고 한 소나무에 "조중(朝中)" 두 글자를 새겨 조중 양국의 우정을 위하여 분투할 것을 맹세한다. 핑얼이 귀국한 뒤 두 사람은 연락이 끊기게 된다. 십여 년 뒤 인민군 포병연대장으로 성장한 '나'는 행군 도중에 고향 송도를 지나게 되어 시간을 내어 글자가 새겨진 소나무를 찾아보려 왔다. '내'가 그 소나무를 찾았을 때 어떤 지원군군관이 그 소나무를 부여잡고 있는 것을 보았고 그는 바로 핑얼이었다. 두 친구는 감격스럽게 포옹을 한다.

두 작품은 주제가 대동소이하여 중조 양국 군민들의 국제주의우의를 찬양하고 있다. 「군공메달」은 전형적인 '영웅서사'로 '조선전쟁' 중에서 중조 양국군인들이 어깨를 겯고 동일한 원수와 싸우면서 피로써 맺은 우의를 선양하고 있다. 「송도」는 보다 깊이 있게 중조 양국인민들의 대대로 이어지는 계급적 우의를 밝혀 보이고 있는바 '만보산사건'을 역사적 방증으로 삼아 모든 제국주의는 중조 양국군민들의 공동한 적으로 양국인민들은 반드시 단결하여 제국주의를 배격해야 함을 주장하고 있다.

중조 양국군대와 인민들 사이의 깊은 국제주의우의에 대한 찬양은 줄곧 중국과 조선 '조선전쟁'문학에서 공유하고 있는 주류담론이었다. 상술한 두 작품에는 '조선족'의 인물형상이 등장하지 않았고 '조선족'과 '조선전쟁'의 관련성에 대하여도 언급하지 않고 있다. 작가는 당시의 주류적인 견해와 보편적인 입장을 선양하고 있는바 작품 중에는 적들에 대한 원한과 필승의 신념으로 채워져 있을 뿐 전쟁에 대한 인문적인 사고와 관심은 보이지 않고 있다. '조선족'과 '조선전쟁'에 관련된 깊이있는 사고는 더욱 보이지 않고 있다.

'민족담론'의 부재는 1950년대에서 1970년대에 이르기까지 '조선족문학'에 일관된 기본적인 특징이다. 위에서 지적한 바와 같이 1980년대 이전의 오랜 시간동안 중국의 정치, 문화적인 담론환경이 극도로 경직되어 유형, 무형의 폭력으로 작가들이 다양한 시각과 다양한 층위에서 문제를 사고하는 능력을 금고(禁錮)하였다. 따라서 '조선족문학'에서 '조선족' 자신만의 특유의 시각 혹은 목소리는 줄곧 '부재상태'를 유지했었다.

2) 전쟁의 상처에 대한 폭로

1980년대에 이르러 중국의 정치, 경제체제의 개혁과 문화영역에서의 '사상해방'이 심화됨에 따라 '조선족문학'은 한 차례 '문예부흥'을 맞이하게 된다. 오랜 시간 동안 금고되었던 '민족담론'도 '조선족문학'에 등장하기 시작한다. 문학에서의 '조선전쟁' 서사도 단일화, 평면화의 '주류담론'에서 벗어나 점차 보다 깊고 보다 전방위적인 사고를 보여주기 시작한다.

이러한 변화는 '조선족문학'에서 '조선전쟁'이 개인과 전체 조선민족에게 준 상처와 고통을 폭로하는 데로부터 시작되는데 이는 바로 종전의 일방적으로 영웅주의, 애국주의, 국제주의를 강조하던 '조선족문학'에서는 '금지구역'이었다.

단편소설 「시대의 불행아」(박선석, 1986년)는 '조선전쟁'이 인간의 신체와 영혼에 남긴 상처와 고통을 폭로하고 있다. 소설의 남주인공은 신혼인 아내를 남겨두고 지원군에 참가하여 '조선전쟁'에 투입된다. 그는 한 전투에서 부상을 당하여 불행하게 성(性)적 기능을 상실하고 포로가 된다. 전쟁이 끝난 뒤 자괴감에 빠진 주인공은 아내를 만날 면목이 없다는 생각에 조선에 남게 된다. 몇 년 뒤 그는 고향에 돌아와 자기가 조선에서 새롭게 결혼을 했다고 아내를 속여 이혼을 한다. '문화대혁명' 중 포로가 되었던 경력 때문에 그는 잔혹한 계급투쟁을 당하게 되고 팔과 다리 하나씩을 잃고 불구자가 된다. 많은 시간이 지나 재혼을 한 아내가 진실을 알게 되었을 때 남주인공은 이미 외로운 불구자노인이 되어 아내에 대한 사랑과 그리움으로 인생의 말년을 보내고 있었다. 작가는 주인공의 불행을 '조선전쟁'에 돌려 "그번 전쟁은 얼마나 많은 사람을 죽음에로 몰아넣었고 얼마나 많은 사람들에게 불행과 고통, 그리고 치료할 수 없는 마음의 상처를 남겨주었는가? 전쟁, 저주로운 전쟁!"이라고 절규한다.

이 소설은 주제의식의 표출이 너무나 직설적이라고 할 수 있지만 가장 직접적인 방식으로 '조선전쟁'이 전쟁에 참가한 '조선족'들에게 가져다준 상처와 고통을 폭로하고 있다. 주인공은 부상을 입어 성적인 기능, 다시 말하면 남자의 가장 기본적인 생명능력과 존엄을 상실하고 만다. 그래서 그는 사랑, 가정 그리고 행복을 포기할 수밖에 없었다. 이 전쟁은 수백만의 인명피해를 남겼는바 죽은 자도 물론 고통스럽겠지만 부상을 당하여 불구자가 된 자들은 여생에 몸과 마음의 고통을 줄곧 감당해야 했다.

단편소설 「올케와 백치오빠」(장지민, 1986년)는 '조선전쟁'이 일반인들에게 남겨준 상처와 고통을 그리고 있다. 여주인공의 남편은 결혼하고 얼마 되지 않아 지원군에 입대하여 '조선전쟁'에 참가한다. 여주인공은 남편의 동생—지력이 일반인에 비하여 많이 부족한 백치—과 함께 생활하게 된다. 전쟁이 끝났지만 남편은 생사조차 알 길이 없었다. 남편은 죽지 않았고 캐나다에 살게 되었고 서양인여자와 결혼을 했다. 수십 년이 지난 뒤 남편이 아내와 애들을 데리고 고향에 친척방문을 하게 되었는데 소식을 들은 여주인공은 남편이 오기 전날 밤 목을 매 자살을 한다. 여주인공은 수십 년 동안 백치인 시동생과 부부처럼 살아왔던 것이다. 작가는 명확하게 밝히지 않고 있지만 주인공과 시동생의 관계는 그가 성욕을 주체하지 못하고 사단을 일으키는 시동생을 안정시키기 위한 목적에서 이루어진 것뿐만이 아니라 생과부로 살아가는 여인의 억누를 수 없는 성적 요구 또한 원인이었음은 분명하다.

중편소설 「귀책(歸責)」(강효근, 2005년)도 비슷한 내용을 가지고 있다. 여주인공의 남편은 아내와 어린 아들을 남겨놓고 해방군에 입대한다. 처음에는 "전 중국을 해방"하고 돌아올 것이라고 했지만 '조선전쟁'이 폭발하자 그는 또 조선에 가 싸우게 되고 전장에서 포로로 잡히고 만다. 전쟁이 끝나자 남편은 한국에 남게 되고 생사불명인 남편을 기다리며 사는 오랜 세월 동안 여주인공은 남편에 대한 사랑과 함께 그 육체에 대한 갈망도 억누르기 힘듦을 느낀다. 결국 한 남자의 꼬임에 넘어가 여주인공은 자의반 타의반으로 그 남자와 관계를 맺게 되고 애까지 배게 된다. 그 일이 알려지자 여주인공은 시집에서 쫓겨나고 한 마음씨 좋은 남자를 만나 가정을 꾸리게 된다. 후일 여주인공이 낳아 키운 딸은 아버지가 다른 오빠와 연인관계가 되고 여주인공은 고통에 몸부림치게 된다. 「귀책」이란 제목처럼 이 작품에서는 모든 불행의 책임을 전쟁에 돌리고 있다.

이상 세 작품에서는 모두 성(sex)이라는 동일한 화두를 가지고 있다. '조선전쟁'이 없었더라면 남자는 성불구자가 되지 않았을 것이고 여자는 생과부로 살면서 성욕을 억누르지 않았을 것이다. 성욕은 인간의 본능인 동시에 인간의 본성 중의 하나이다. 이렇게 볼 때 전쟁이 파괴한 것은 생명 혹은 육체뿐이 아니다. 전쟁은 가장 잔혹한 방식으로 인간성, 도덕, 윤리 등 많은 가치들을 고문(拷問)하고 있는 것이다.

상처와 고통에 대한 폭로는 '조선족문학'이 다양한 각도로 '조선전쟁'을 사고하게 된 첫 걸음이었는바 평면화된 영웅주의서사에서 전쟁의 득과 실을 따지는 층위로 심화되었고 더 나아가 적(敵)과 아(我) 등 전쟁의 주체에 대한 사고로 나아가게 되었다.

3) '민족담론'의 등장

1980년대 이전의 '조선족문학'에서 '조선전쟁'은 무산계급과 제국주의 사이의 계급모순으로 이는 조호될 수 없고 첨예한 적아모순(敵我矛盾)이었다.

1980년대 이후 새로운 시기의 '조선족문학'에서 '조선전쟁'에 대한 인식은 이러한 단순하고 조악한 '적아모순'적인 시각 및 그로 인하여 형성된 '계급담론'에서 벗어나기 시작한다. '계급의 적'은 반드시 소멸해야만 하는 대상으로 일말의 동정 혹은 연민도 가져서는 아니 되고 "그들은 누구인가"라는 생각도 불필요하였다. '적-아'의 이분법에서 벗어나 '조선족문학'은 점차 이 '적'에 대하여 사고하게 되었고 그 결론은 이 전쟁은 한 차례의 계급투쟁인 동시에 비참하기 그지없는 동족상잔이라는 것이었다.

단편소설 「고국에서 온 손님」(김종운, 1985년)에서 두 주인공 장철과 남상호는 어려서부터 중국의 송화강가에서 함께 커왔다. 후일 장철은 조선인민군에 입대하고 남상호는 한국국군에 입대하게 된다. '조선전쟁'에서 남상호는 부상을 당하여 조선인민군의 포로로 된다. 부대의 부담을 덜기 위하여 지휘관은 포로를 나무에 묶어두고 계속 진군할 것을 결정하고 장철에게 이 일을 맡긴다. 어릴 적의 아름다운 추억에 못이겨 장철은 친구가 죽게 내버려 둘 수 없었고 남상호를 느슨하게 나무에 묶게 된다. 30여 년이 지나 장철과 남상호는 따로 중국에 친척방문을 오게 되고 우연하게 만나게 된다. 하지만 한 사람은 조선사람이고 한 사람은 한국사람인지라 어릴 적처럼 마음속의 말을 모두 나눌 수가 없었고 '아리랑'을 부르면서 서로의 정을 표출할 수밖에 없었다.

어릴 적의 친구가 '조선전쟁'에서 서로에게 총을 겨눈 원수가 되고 나중에는 이데올로기라는 벽을 넘지 못하는 두 나라 사람이 되었다는 이야기는 누구나 쉽게 확인할 수 있으면서도 아무도 언급하지 않고 있던 '조선전쟁'의 또 다른 본질 즉 이 전쟁은 조선민족의 동족상잔이었음을 밝히고 있는 것이다.

「시대의 불행아」에도 비슷한 이야기가 담겨 있다. 여주인공의 남편은 성이 이씨였는데 그는 늘 족보를 꺼내놓고 가문의 영광을 자랑하면서 한국의 이승만대통령이 족보를 따지면 자기의 형님뻘이라고 말하곤 했다. '조선전쟁'에 참가하면서 그는 "아무리 생각해도 한심해. 형님과 싸우러 가니…" 하고 탄식을 한다.

단편소설 「인생의 숲」(류연산, 1989년)에서 주인공 삼형제는 모두 중국에 살고 있는 조선인으로 모두가 포수였다. 후일 맏형만 집에 남고 둘째는 조선인민군이, 셋째는 한국국군이 되었다. '조선전쟁'이 폭발하자 맏형은 두 동생이 서로 싸우는 현실에 극도의 비탄에 빠진다. 위에서 맏형더러 더 많은 사냥을 하여 조선을 지원하라고 하자 그는 "피를 나눈 형제끼리 더 치열하게 싸우라고 지원을 해?"라고 생각하게 되고 결국 그 고통을 못 이겨 자살로 생을 마감한다.

'조선전쟁' 서사의 키워드가 "적아(敵我)"에서 "골육"으로의 변화는 '조선족'의 시각에서 출발한 '민족담론'이 '조선족문학'에서 등장한다는 것을 의미한다고 할 수 있다. '계급관계' 혹은 '적아관계'는 '조선족'이 '무산계급' 혹은 '중국국민'의 입장에 서서 '조선전쟁'을 파악한 것이라고 할 수 있다. 하지만 '조선족'은 이러한 정체성 외에도 '조선민족의 일원'이라는 민족정체성도 가지고 있었다. '계급담론'과 '국가담론'은 이러한 세밀한 정체성을 가렸던 것이다.

「북만풍운」(김종운, 2010년), 「산 너머 강」(강효근, 2011년) 등 근래의 장편소설에 이르면 '조선전쟁'은 더 이상 개별적인 역사사건이 아닌 '조선족' 역사의 한 부분으로 파악된다.

「북만풍운」은 중국조선인인 장씨일가의 가족사를 주선으로 하여 조선이민에서 '조선족'으로의 변화과정을 서술하고 있다. 조선에서 이민온 장씨일가는 일제의 통치, '국공내전', '조선전쟁' 등 부동한 역사시기에 일련의 생리사별을 겪으면서 열 명이 넘던 대가족에서 결국 4 명만 남게 된다. 장첨지는 일제가 패망한 뒤 작은 딸을 데리고 먼저 귀국을 하게 된다. 큰아들은 일제가 패망한 뒤 인민해방군에 참가하여 전쟁에서 희생되고 둘째아들은 일제의 강제징병에 끌려갔다 소련군에 포로로 잡히고 간신히 포로수용소를 탈출하여 조선인민군에 가입한다. 어린 막내아들도 조선인민군이 된다. '조선전쟁'에서 막내아들은 희생되고 둘째아들은 부상당하지만 다행으로 지원군에 발견되어 목숨을 건진다. 전쟁이 끝난 뒤 둘째아들은 중국에 돌아와 홀로 깨어진 가문을 짊어지게 된다.

「산 너머 강」은 주인공 하일준의 경력을 주선으로 하여 중국조선인들이 일제의 패망, 공산당과 국민당의 동북지역에서의 대립, '토지개혁', 조선반도의 분열, '조선전쟁' 등 역사적인 격변기를 살아가는 과정을 서술하고 있다. 작품에서는 공산당과 국민당이 동북지역에서의 대립과 결전, 조선인사회가 양당 사이에서의 분열, '토지개혁' 및 그 과정에서의 '좌경(左傾)' 오류, '동북민주연군(東北民主聯軍)'의 성립과 중국조선인들의 적극적인 참여, 중국조선인 부대의 조선진출과 '조선전쟁' 참전 등 중국조선인의 운명에 영향을 끼친 일련의 중대한 역사적 사변들을 그리고 있다. 주인공 하일준과 마을사람들은 일제가 패망한 뒤 조선으로 돌아가려 하지만 중도에서 토비들의 습격을 받아 뜻을 이루지 못한다. 국민당이 동북에 진입한 뒤 그들은 국민당 및 그들의 사주를 받은 토비들의 중국조선인들에 대한 적대와 폭행에 시달린다. 결국 하일준은 중국공산당의 영도를 받는 '동북민주연군'에 가입하게 되고 내전이 끝날 무렵 조선에 진출하여 조선인민군에 편입된다. '조선전쟁'에서 하일준은 부상을 당하여 포로가 된다. 전쟁이 끝난뒤 함께 입대한 마을사람들 중 일부는 한국을 선택했고 일부는 조선에 남았고 하일준은 중국에 돌아오지만 '포로'라는 신분 때문에 마을사람들의 멸시와 상급의 기시를 받게 된다. "산 너머 강, 강 너머 산은 원래 그런 것이었던가?" 소설의 마지막 구절은 중국조선인의 역사에 대한 고도의 개괄이 아닐 수 없다.

종전에 중국조선인의 역사를 기술한 분학들은 대개 역사배경을 일제의 패망까지로 한정하고 있다. 이 두 작품에서 '조선족' 서사를 '조선전쟁'까지로 연장한 것은 '조선족' 스스로에 대한 성찰이 보다 완정한 역사의식을 갖게 되었음을 의미한다. 그것은 위에서 지적한 것처럼 '조선전쟁'은 '중국조선인'이 '조선족'으로 변화하는 과정에 최후의 중대한 역사사변이기 때문이다.

4. 결론

'거대서사' 차원에서 보면 '조선전쟁'은 동서 양대 진영이 '냉전'초기에 벌인 한 차례의 '열전(熱戰)'이었다. 오랜 시간 동안 '조선족'들은 일방적으로 이 '거대서사'를 좇았었다. 하지만 국내・국제적인 정치, 문화적인 담론환경이 변화하면서 이 '거대서사'는 '개인서사'와 '민족서사' 등으로 해체되었다.

'조선전쟁'에 대한 '조선족'의 인식은 '거대서사'의 해체와 함께 한 층 더 심화되었다. "이 전쟁은 정당한 것인가?" "이 전쟁을 통하여 우리는 무엇을 얻었고 무엇을 잃었는가?" 등 해답하기 힘든 문제들이 전쟁 이루 오랜 시간이 지난 뒤에 다시 제출되어 '조선족'의 떨쳐버릴 수 없는 '짐'이 되었다.

특히 오늘날 '조선족'과 한국의 교류가 무척 밀접해졌고 수십만 명이 넘는 '조선족'들이 자본가 노동력의 글로벌유동의 한 갈래로 어제의 '적국'—한국—에 진출하였다. 이들에게 있어 한국은 이제 '적국'보다는 생존을 위한 공간이 되었다. 하지만 '조선전쟁'이 서로의 기억 속에 남아있기에 서로에 대한 인식도 무척 복잡하고 미묘한 양상을 띠게 된다. 한국인들에게 있어 '조선족'은 피를 나눈 '해외동포'일 뿐만 아니라 '중국인' 즉 '어제의 적'이기도 하다. '조선족'들에게 있어서도 역사의 기억은 오늘날 한국에 대한 인식과 한국인과의 관계설정에 영향을 주고 있다. 이러한 미묘한 관계는 서로간의 많은 부조화와 모순을 만들고 있다.

　게다가 '조선전쟁'은 현재 '휴전'상태로 끝나지 않은 전쟁으로 남아있다. 따라서 오늘날 조선족과 조선, 한국의 관계설정에는 많은 복잡한 요소들이 작용하게 되고 '조선전쟁'은 어떤 형태로든 조선족의 민족정체성 확인에 영향을 주게 되는 것이다. 언제인가 '조선전쟁'이 철저하게 결속되면 조선족의 민족정체성 확인은 또다시 새로운 변화를 일으킬 것이다. 하지만 분명한 것은 그때에 가서야 '조선족'이든 조선민족이든 '조선전쟁'이라는 이 무거운 짐을 내려놓을 수 있을 것이다.

'반공'의 희망에서 망각된 전쟁으로:
대만의 한국전쟁 기억[*]

란스치(藍適齊)

2010년 한국전쟁 발발 60주년을 맞이하여, 대만의 신문(대만독립색채가 강한)은 다음과 같이 대만에 대한 한국전쟁의 영향을 평가한 바 있다.

사실 대만은 한국에 감사해야 한다. 60년 전 한국전쟁의 발발은 미국이 수수방관하던 정책을 버리고, 제7함대를 파견해 대만을 함께 방위하도록 했고, 대만이 중공의 악마 같은 손아귀에 떨어지지 않도록 해줬다. 대만 인민은 장개석(蔣介石) 정권을 혐오했지만, 덜 나쁜 쪽을 선택해야 했고, 만약 당시 대만이 중공에게 점령당했다면, 대만 인민의 운명은 분명 두 장씨 통치 하에서보다 더욱 비참했을 것이다. 더욱 중요한 것은 대만이 두 장씨의 외래 정권에 점령당했지만, 국민당이 사실상 이미 중국으로 돌아갈 수 없었기 때문에, 정치개혁과 경제발전을 거쳐

* 이 글은 '냉전 아시아의 탄생: 신중국과 한국전쟁' 국제학술대회(2013년 3월 8~9일, 성공회대학교)에 발표되었다. 논문에 대해 논평을 해준 국민대학 문명기 교수의 귀중한 제안 및 다른 여러 한국 학자들이 회의 중에 제기한 의견에 대해 특히 감사드린다. 아울러 대만 국립 중정대학 2012년 <대만사> 및 <전쟁과 기억> 두 수업에 참여하여 조사연구에 협조해준 모든 학생들에게도 감사드린다.

대만주권의 독립적 지위를 더욱 확립할 수 있었다. 만약 미국이 수수방관하여 우여곡절을 거쳤다면, 대만은 아마도 중공에게 비참하게 유린당했을 것이고, 중국의 일부분으로 전락했을 것이며, 다시 일어나기 어려웠을 것이다. 따라서 전쟁 행위는 박수칠 수 있는 것은 아니지만, 한국전쟁의 발생이 확실히 대만을 구했던 것이긴 하다.[1]

확실히 한국전쟁은 근대 역사에서 대만 발전, 특히 양안관계의 측면에서 가장 중요한 전쟁이었다고 할 수 있을 것이다. 비교적 성찰적인 대만 학자도 한국전쟁이 1950년 이후 지금까지의 양안관계를 전환시켰다고 본다. 예를 들어 역사학자 장수야(張淑雅)는 2011년 출판한 『한국전쟁이 대만을 구했다? 미국의 대만정책 해부(韓戰救臺灣?解讀美國對臺政策)』라는 책에서 이 논점에 대해 더욱 깊이 있는 성찰을 내놓았다. 그녀는 "한국전쟁 발발과 중공 개입으로 인해 미국이 국부(國府, '중화민국 국민당 정부'를 이르는 다른 표현-역자)를 구하고자 결정한 것은 아니다"라고 말한다. 그러나 그녀는 책의 말미에서 "'한국전쟁이 대만을 구했다'는 판단을 전면 부정할 의도는 없으며", "비교적 사실에 가까운 해석은 한국전쟁이 국부에게 자신을 구제할 기회를 줬고⋯따라서 대만이 중공에게 접수되지 않을 기회를 줬다는 것"이라고 표명하기도 했다.[2]

특별히 주목할 지점은 한국전쟁이 대만-미국 쌍방 관계에 가져온 새로운 변화이다. 미군이 제7함대를 대만해협에 주둔시켰을 뿐 아니라, 1951년 초에 쌍방이 '중미공동상호방위협정'을 체결했고, 이어 미군 고문단(Military

1) 「韓戰救了台灣」(自由評論), 『自由時報』, 2010. 5. 27.
   http://www.libertytimes.com.tw/2010/new/may/27/today-f1.htm (2012년 12월 검색).
2) 張淑雅, 『韓戰救臺灣?解讀美國對臺政策』 (新北市: 衛城出版, 2011), 252-54쪽.

Assistance Advisory Group, 약칭 'MAAG')이 대만에 실립되기도 했다. 이와 같이, 한국전쟁은 중화민국 정부가 대만에서 정권을 연장할 수 있도록 해줬고, 오늘 우리가 익숙한 대만해협 양안의 분치(대치?) 상태를 형성하기도 했다. 따라서 대만은 한국전쟁에 참여하지는 않았지만,[3] 국제정치와 양안관계의 발전 측면에서 보면, 한국전쟁은 대만의 근현대 발전에서 가장 중요한 전쟁 가운데 하나이자, 전후(2차 대전 이후) 대만에 영향을 준 가장 큰 역사적 사건 가운데 하나로 간주되어야 한다.

한국전쟁 종료 60주년은 대만 역사에서 한국전쟁의 의미를 새롭게 검토해보는 기념비적인 의미를 갖는 시간이다. 그렇지만 관련한 자료를 조사하면서, 나는 상술한 바와 같은 평론과 저작 이외에 한국전쟁에 대한 연구가 매우 제한적이며, 대다수가 전략과 안전 의제[4]이거나 회고록[5] 성격의 저작이고, 한국전쟁이 대만에 미친 영향과 그 역사적 의의를 논의하는 경우가 소수[6]임을 발견했다. 한편 대중매체에서의 한국전쟁에 대한 논의 또는 공개적인 기념은 더욱 드물었고, 근래 대만에서 한국전쟁은 무시된 역사적

---

3) 그런데 주목할 만한 점은 한국전쟁 기간 동안 대만의 중화민국 정부가 비공식적 방식으로 미국과 협력하여 후방 및 정보 등의 공작에 참여했다는 점이다. 당사자의 회고록을 참고하라. 黃天才, 『我在38度線的回憶』(台北縣: INK印刻文學, 2010); 陸以正, 『微臣無力可回天-陸以正的外交生涯』(台北: 天下, 2002).

4) 董致麟, 「韓戰爆發前後蘇中(共)美互動之研究 (1945-1951): 認知理論的觀點分析」, 淡江大學國際事務與戰略研究所碩士班學位論文, 2006; 劉維開, 「蔣中正對韓戰的認知與因應」, 『輔仁歷史學報』 21, 2008, 253-82쪽을 참조하라.

5) 예를 들어 邵毓麟, 『使韓回憶錄』(台北: 傳記文學, 1980); 王東原, 『王東原退思錄』(台北: 正中書局, 1992). 소(邵)와 왕(王)은 모두 중화민국 주한국 대사를 역임했다. 반공전쟁 포로 고문준(高文俊) 선생의 저작 『韓戰憶往: 浴血餘生活人權』(台北: 生智文化, 2000)도 참고하라.

6) 한국전쟁 기념을 토론하는 드문 학술적 글로는 黃克武, 「一二三自由日: 從一個節日的演變看當代台灣反共神話的興衰」, 國史館 編, 『一九四九年—中國的關鍵年代學術討論會論文集』(台北: 國史館, 2000), 643-77쪽 등을 참고하라.

과제와 같아 보였다. 오늘날 대만의 대중들에게 익숙한 수많은 전쟁, 예를 들어 초중등 과정 교과서에서 반복적으로 강조되는 '아편전쟁', '8개국 연합군'('庚子拳亂'이라고도 칭함, '의화단 운동'의 다른 명칭-역자), '갑오전쟁', 중국의 항일전쟁(1937~1945), 또는 2011년과 2012년 영화 <시디그 발레(賽德克巴萊)>가 상영되어 관심을 불러온 '무사(霧社) 사건'(1930)과 비교할 때, 오늘로부터 시간적으로 가까운 한국전쟁이 오히려 인식상에서는 요원한 역사인 것처럼 보인다. 역사 교과서 속에서 가끔 구석의 몇 글자로 한국전쟁을 묘사하는데, 이런 상황에서 한국전쟁에 대한 깊은 이해를 논하기는 거의 불가능한 것이다.[7]

더욱 깊이 있고, 때에 맞게 한국전쟁에 대한 당대 대만 사회의 인식을 이해하기 위해 나는 나의 수업에서 작은 '실험'을 설계한 바 있다. 나는 연속 개설된 두 과목(<대만사>, <전쟁과 기억>)에서 학부 학생들을 대상으로 조사를 했고, 59건의 유효한 응답(<대만사> 37, <전쟁과 기억> 22)을 얻었다. 학생들의 연령은 18세에서 23세에 분포하고 있다.[8]

첫 번째 부분의 답안 작성 시간에 나는 순서에 따라 학생들에게 다음과 같은 여섯 가지 질문을 던졌다. 이에 대해 '한국전쟁'이라고 답한 학생들의 수는 다음과 같다.

조사결과 각 질문에 '한국전쟁'이라는 답한 비율은 10%에 못 미쳤으며, 현재 대만 대학생에게 즉각적인 답변을 요구했을 경우, 한국전쟁은 그다지

---

7) 예를 들어 高明士主編, 『台灣史』(台北: 五南, 2012 二版), 286쪽.
8) <대만사> 수업에서 조사를 했던 학생 가운데, 몇 명은 <전쟁과 기억> 수업도 들었다. 그렇지만, 답안의 중복 또는 학생들이 이미 조사의 내용을 알고 답변할 경우 생기는 편견을 피하기 위해서 이 학생들은 첫 번째 <대만사> 수업에서만 대답하였다. 한편 밝힐 것으로 수업에 3~4명의 화교 학생이 포함되었다(대만에서 공부하는 해외 화인으로, 다수가 홍콩, 마카오, 말레이시아 등지에서 왔다).

	역사상 가장 중요한 전쟁은?	역사상 두 번째 중요한 전쟁은?	대만 역사상 가장 중요한 전쟁은?	대만 역사상 두 번째 중요한 전쟁은?	초등학교에서 대학교까지의 역사 수업 가운데, 가장 많이 배웠던 전쟁은?	초등학교에서 대학교까지의 역사 수업 가운데, 두 번째로 가장 많이 배웠던 전쟁은?
한국전쟁 (<대만사>)	0	3	2	3	0	0
한국전쟁 (<전쟁과 기억>)	0	2	0	0	0	1

중요한 전쟁이나 역사로 인지되지 않음이 분명했다.

이어 학생들은 다음과 같은 정보 제시 이후 질문에 답변했다.

대만의 역사에 대해 영향의 측면에서, 아래 목록 중 3개의 가장 중요한 전쟁을 골라 중요성에 따라 나열하시오

아편전쟁, 2차 세계대전, 청불전쟁(1883~1885), 냉전, 정성공(鄭成功)과 네덜란드의 전쟁, 제1차 세계대전, 한국전쟁, 1937~1945년의 중국항일전쟁, 베트남전쟁, 갑오전쟁.

답변 결과 한국전쟁을 선택한 학생들이 대폭 증가했다. <대만사> 수업에서 5명의 학생이 한국전쟁을 대만 역사에 가장 큰 영향을 준 전쟁이라고 답변했고, 4명이 두 번째 중요한 전쟁이라고 답했으며, 7명은 3번째 중요한 전쟁이라고 답했다(합하면 전체 37명 가운데 43%를 차지함). <전쟁과 기억> 수업에서는 0명의 학생이 한국전쟁을 대만 역사에 가장 큰 영향을 준

전쟁이라고 답했고, 4명이 두 번째, 3명이 세 번째 중요한 전쟁이라고 답했다(합하면 전체 22명 가운데 30% 이상을 차지함).

마지막으로 학생들은 다음과 같은 비교적 명확한 제시가 있는 질문에 답변했다.

만약 숫자 1이 대만 역사에 가장 중요한 전쟁이고, 10이 중요성이 가장 적은 전쟁을 말한다면, 한국전쟁은 숫자 몇에 놓을 수 있는가?

답변 결과, 한국전쟁을 선택한 숫자가 크게 증가했다. <대만사> 수업에서 8명의 학생이 한국전쟁을 대만 역사에 영향을 준 가장 중요한 전쟁으로 답했고, 4명이 두 번째, 10명이 세 번째 중요하다고 답했다(반 전체의 60%에 가까움). <전쟁과 기억> 반에서는 1명이 한국전쟁을 대만 역사에 영향을 준 가장 중요한 전쟁이라고 답했고, 3명이 두 번째, 4명이 세 번째라고 답했다(반 전체의 36%를 차지함). 흥미로운 것은 두 반에서 모두 6명이 한국전쟁이 대만 역사에 영향을 준 네 번째 중요한 전쟁이라고 답했는데, 이 학생들의 수를 더하면, 두 반에서 한국전쟁이 대만 역사에 영향을 준 중요한 전쟁이라고 답변한 학생이 각각 75%와 63%에 달한다는 점이다.

이러한 답변의 결과는 즉각적인 답변을 요구 받았을 때 '한국전쟁'이라고 답변하는 비율과 제시문이나 사고를 거친 후 '한국전쟁'이라고 답변하는 비율 사이에 큰 격차가 있다는 점을 보여준다. 뒤에 배치된 두 문항에 대한 답변 결과는 제시문과 사고를 거친 후, 대다수의 학생들이 사실 한국전쟁을 대만 역사에 영향을 준 비교적 중요한 전쟁으로 간주한다는 점을 보여준다. 그렇다면, 왜 처음의 답변에서 한국전쟁은 마땅히 얻을 긍정을 얻지 못했을까? 분명한 것은, 학생들이 인지 상 또는 지식 상 한국전쟁이 대만 역사에 미친 중요한 영향을 알고 있지만, 한국전쟁이 자주 언급되거나 토론되거나 또는 기념되는 전쟁이 아니며, 결국은 즉각적인 반응에서 한국전쟁이라는 이 중요한 역사적 사건이 심각하게 무시되고 있다는 점이다.

이상과 같은 발견은 물론 매우 초보적인 발견이지만, 이 발견은 확실히 근래 대만에서 한국전쟁이 심각히 무시된 역사적 과제라는 점을 설명해준다. 역사의 기억과 역사 인식을 연구하는 학자로서 나는 질문하지 않을 수 없었다. '한국전쟁과 같은 대만의 근현대 발전에 영향이 중대한 역사적 사건이 대만에서 어떻게 인식되는가?' 특히, 전후(엄격히 말하면 정전 이후) 한국전쟁은 대만에서 어떤 역사적 의미를 부여 받았는가? 초보적인 역사적 고증 이후, 나는 1950년 한국전쟁 발발 이후, 한국전쟁이 대만에서 상당 기간 동안 가장 주목 받고 기념되었던 전쟁임을 발견했다. 그러나 대만 사회의 집단적 기억(collective memory) 속의 한국전쟁의 지위는 근래에 급작스러운 변화가 있었는데, '무소부재'에서 거의 '무처가심(無處可尋, 찾을 곳이 없다)'으로 변화했다. 이 과정 속의 변화는 무엇일까? 도대체 한국전쟁은 언제, 왜 대만사회에서 무시되고 망각되었는가? 이 글은 역사적 맥락의 변화로부터 출발해서, 근래 역사 연구 속에서 주목 받는 '역사적 기억' 연구방법을 결합하여, 이와 같은 문제들에 대해 답변을 시도해보고자 한다.

1. 1950년대 한국전쟁 집단기억

이 글은 먼저 중화민국 정부가 공식적으로 발행한 『중앙일보(中央日報)』의 보도를 중심으로,9) 한국전쟁에 대한 대만 사회의 최초 인식과 기억이

9) 중국 국민당은 중화민국을 건립한 정당이며, 『중앙일보』는 국민당이 창간한 신문이다. 민국 17년 2월 1일 상해에서 창간한 후, 2만8천3백56호를 발행했다. 이와 같은

어떻게 구성되었는지를 분석할 것이다. 『중앙일보』의 인터넷판 소개에 따르면, 『중앙일보』는 중국 국민당 기관보였고, 1929년 상해에서 창립되었으며, 1949년 국민당과 함께 대북(台北, 타이베이)으로 이전한 뒤, 2006년에 발간이 중단되었다. 다음과 같은 소개는 이 신문이 국민정부와 1949년 국민정부의 대만 이전 이후 대만 사회에 대해 갖는 막대한 영향력을 잘 보여준다.

사실상 1950년 6월 25일 한국전쟁의 발발 이전, 막 대만으로 철수한 지 얼마 되지 않은 국민정부는 매우 불안정한 국제적 지위에 놓여져 있었다. 미국은 대만에서의 국민정부 방위와 북경정부의 적극적인 대만해방전쟁 준비에 대해 소극적이고 불개입적인 태도를 취하고 있었다. 이에 대해 국민정부도 충분히 이해하고 있었다. 미국의 아시아 정책 관련 보도 가운데, 1950년 6월 22일, 한국전쟁 발발 3일 전, 『중앙일보』 1면 헤드라인은 "맥아더 원수가 대만 방위의 증강 주장을 견지한다면, 아마도 [미국-역자]정부의 태도를 바꿀 것이다"라고 쓰고 있다. 일련의 가설적인 표현들은 미래의 대만의 국제적 지위와 대만의 (중국 공산세력에 대항한) 방위에 대해 국민 정부가 아무런 확신이 없음을 충분히 드러내준다.

1950년 6월 25일 이전, 대만은 매우 불안정한 국면에 있었다. 한국전쟁의 발발은 즉각 국민정부에 의해 대만 정부와 민간의 사기를 고무시킬 아주 좋은 기회로 간주되었다. 한국전쟁 발발 이후, 『중앙일보』의 보도는 신속하게 국민정부의 매우 적극적이고 긍정적인 태도를 표현해준다. 먼저 한국과의

특수 관계로 인해 『중앙일보』는 다른 미디어와 달리 국가 발전, 민족 운동과 기복을 같이 하는 신문일 수 있었다. 장경국(蔣經國, 장징궈) 선생은 일찍이 이렇게 말했다. "『중앙일보』는 영광스러운 전통을 가지며, 국가의 앞날과 중앙일보의 앞날은 완전히 일치한다. 따라서, 이 신문은 특별히 큰 책임을 갖는다." 『중앙일보』 인터넷판을 참고하라. http://www.cdnews.com.tw/cdnews_site/docDetail.jsp?coluid=368&docid=100182607 (2013년 2월 2일 검색).

관계와 관련해서, 1950년 6월 27일자 『중앙일보』는 "중[화민국]·한 사이의 우방관계는 긴밀하고", "우리나라는 안보리에서 한국 정부 지지를 결의하였으며", "이승만이 어제 대북(台北)과 심야에 중요한 통화를 했다"고 보도했고, 「중화민국과 한국이 손을 잡고 끝까지 분투하자」라는 제목의 평론을 싣기도 했다. 나아가 미래 대만의 국제 지위와 관련해서, 『중앙일보』는 "한국전쟁은 미국 당국이 신속하게 원동(遠東) 정책을 바꾸도록 촉진할 것"이라고 제기하기도 했다.

다음날, 6월 28일 『중앙일보』는 몇 배 큰 글자체의 헤드라인으로 "미국 대통령이 어제 제7함대에 대만 공격 기도를 저지하라는 명령을 내렸다"고 보도했다. 동시에 한국에 대한 형제적 우애 관계의 측면에서, "나는 최고의 우정으로 한국을 최대한 지원하기로 했다"는 부분을 독자들에게 강조하는 것도 잊지 않았다. 그 후 신속하게 6월 29일 『중앙일보』의 보도에서 한국전쟁의 발발이 국민정부가 자신의 국제적 지위를 공고히 하는 데 새로운 희망을 주었고, 미국의 태도 역시 앞서 서술한 바와 같은 가설과 불확정성으로 가득한 것에서 다음과 같이 스스로 확실한 자신감을 갖는 것으로 변화했다. "미국의 대만 방위에 대한 제안을 나는 원칙적으로 수용하며, 이미 해공군에 공격 행위를 중지할 것을 명령했다. 대만의 지위와 주권은 영향을 받지 않는다."

이와 동시에, 『중앙일보』는 한발 더 나아가 한국전쟁과 국민정부가 추구하는 반공 목표의 관련성을 주장하기 시작했고, 한 편의 보도는 "진(陳) 원장은 국민들에게 호소하는 바, 반공 반러 정책을 관철시키기 위해, 계속하여 강력히 분투하고, 반드시 경각심을 제고하며 안일한 정신 상태를 가져서는 안 된다"(1950년 6월 29일)고 쓰고 있고, 며칠 후의 사설에서는 한국전쟁의 의의를 설명하면서, 다시 한번 "안일한 정신 상태를 가져서는 안 되며, 계속하여 강력히 분투해야"(1950년 7월 3일) 한다고 강조하였다.

주목할 만한 것은 한국 쪽에서 역시 동일하게 『중앙일보』를 통해 한국전쟁을 중한 형제 우애와 반공 사명의 상징으로 만드는 데 참여하였다는 것이다. 6월 29일 『중앙일보』는 당시 주 중화민국 한국 영사 민석린(閔石麟)이 서명한 공고를 실은 바 있다. 내용은 다음과 같다.

소련의 조종하에 벌어진 이번 북한 공산군의 돌발적이고 전면적인 남한 공격 소식으로 세계가 놀라고 있습니다. 중국과 한국은 입술과 이처럼 서로 의존적이고, 슬픔과 고통을 함께 나누며, 상대의 모욕이 자신의 모욕이었습니다. 조야와 각계인사가 직접 위로를 표하거나, 전보로 관심을 표현해주신 데 대해 깊은 감사를 드리며, 정의는 반드시 영원하고, 극권 체제는 멸망할 것임을 깊이 믿습니다.

이후 『중앙일보』의 수많은 보도는 독자들에게 계속해서 한국전쟁의 의의가 중한 쌍방의 "입술과 이처럼 서로 의존적이고, 슬픔과 고통을 함께 나누며, 상대의 모욕이 자신의 모욕임"에 있음을 강조했고, 중화민국/대만의 정부와 민간 역시 연이어 한국을 지지하고 북한 공산세력의 침범을 막아내야 한다고 표명하였음을 부단히 집중적으로 보도하였다. 예를 들어, "중국(중화민국을 지칭함) 노동자가 한국을 성원"하고, "한국 교포 의용대", "반공항러후원회"가 만들어져 행진을 했고(1950년 6월 29일), 우리 나라 정부는 한국 원조 조치를 채택하였으며(1950년 7월 1일), 우리 나라는 정예군대를 파견하여 한국을 도와 침략에 저항할 것이고(1950년 7월 2일), 우리 나라는 "한국전 파병" 최종 결정을 기다리고 있다(1950년 7월 3일)는 등의 보도를 하였다. 심지어는 칼럼이 실렸는데, 주산(舟山) 군도를 둘러싸고 국민정부와 공산당 군대가 벌인 쟁탈전에 참전하고 후퇴해 대만으로 돌아온 군인들이 "주산 군도 전우"라는 이름으로 "공비토벌에 뜻을 두어, 한국전쟁에 참전하고자 한다”는 입장을 적극적으로 제기한 바(1950년 7월 3일)를 보도한 것도 있다.

이러한 보도들이 구성한 한국전쟁은 한국(남한) 생존에 관련된 전쟁이었을 뿐만 아니라, 중화민국 우리 자신의 반공존망(反共存亡) 전쟁이었음은 매우 분명하다. 『중앙일보』가 1950년 7월 8일 전면에 게재한 ‘지도주간(地圖週刊)’ 보도가 가장 대표적이다. 머리말 표제는 우선 강고한 반공 입장을 강조하고, 공산세력에게 승리할 필연성을 주장하였다. “철저하게 문제를 해결하려면, 반드시 북한에 상륙해야 한다. 침략자는 운 좋게 초보적 승리를 얻었을지 모르지만, 결국은 민주국가에게 패배할 것이다.” 본문에서는 한 발 더 나아가 공동의 적을 맞아 적개심을 불태워, 북한 정부를 ‘가짜 정권’이라고 부르기도 했다. 그리고 소제목에서 재차 중한 사이의 견고한 우의를 강조했다. “중한 관계는 밀접하고, 우리 조야는 모두 한국을 열렬히 성원하며, 역사적으로 우리는 이미 두 번 한국을 구하기 위해 파병한 바 있다.” 하루 걸러 7월 9일 『중앙일보』는 전면에 가까운 분량에 다채로운 사진으로 독자들에게 ‘전쟁 속의 남한’을 전달했다. 사진에는 “현재 이미 함락된” 대한민국 총통부, “북한 공산군에 의해 파괴된 도로”, “남한 구호대가 전방으로 출발하려고 준비”, “대만 체류 애국 한국동포가 잇따라 의용대를 조직하여 국난으로 떠남” 등등이 포함되어 있다. “함락”이라는 표현은 보기에는 평범하지만, 사실 중국어 맥락에서 보면 “우리 측”이 적에 의해 비합법적으로, 심지어는 비도덕적으로 침해당한 것을 분명하게 표현하는 말이다. 1950년 7월 11일 같은 신문은 “함락 1년 후의 남경(南京)”이라는 제목의 칼럼을 실었는데, 과거의 국민정부 수도 남경이 1949년 공산당 적의 손에 함락된 후에 입게 된 파괴를 보도했다. 한국전쟁/남한에 관한 이와 같은 사진은 문자 보도와 결합하게 되는데, “함락”이라는 표현과 같이, 의도적으로 중립적인 표현을 쓰지 않고 북한 공산군이 대한민국 총통부를 점령했다거나, 또는 남한 군대의 영웅

다운 반공 행위 등등을 강조하는 등, 반복하여 대만 독자들에게 "한국전쟁 역시 우리의 전쟁이고, 부도덕한 적에 대항하는 전쟁이며, 중한 우의가 강고하고, 함께 반공의 최전선에 있으니, 한국전쟁은 이와 같이 '우리' 자신의 반공존망 전쟁이다"라는 한국전쟁에 대한 인식을 전달하고 강화하였다.

한국전쟁은 대만의 반공과 (중국대륙)반격의 상징으로서 1953~1954년 사이에 그 최고점에 다다랐다. 한국전쟁 중 포로가 된 1만4천여 명에 달하는 중국 사병(인민지원군) 반공분자, 또는 반공 인민지원군 포로는 1953년 연합군의 허락과 중국으로 돌아가지 않으려는 의향에 따라 처리되어, 1954년 1월 석방과 함께 대만으로 보내졌다. 이들 반공 전쟁 포로는 국민정부에 의해 '지사(志士)'와 '의사(義士)' 등으로 불리다가, 최종적으로 '반공의사'로 칭하게 되었다. 이러한 '반공의사'의 출현은 국민정부에게 절호의 기회를 가져다 줬다. 이를 통해서 자신의 반공/반격 승리의 사기를 진작시킬 수 있었고, 반공을 공동 목표로 한 중·한 형제 우의가 견고 불변함을 더욱 증명할 수 있기도 했다.[10]

사실상 일찍이 인민지원군 포로 처리 문제는 해결되지 않았었는데, 정전 협정이 막 체결되던 즈음(1953년 7월 27일), 『중앙일보』는 이미 한국 측의 처리태도를 찬양하면서, 재차 중·한 우의를 견고히 하고, 일치단결하여 반공을 공동 목표로 삼자고 강조했다. "이승만은 반공 중국포로에 대해 우리나라로 보낼 것을 약속했다···믿음을 갖고 두려워하지 말기를 희망한다."(1953년 7월 29일)

한편 이러한 '반공의사'들이 한국 국경 안에 있을 때, 즉 대만에 도착하기

---

10) 관련된 자료로 周琇環編, 『戰後外交史料彙編: 韓戰與反共義士篇(一)』; 『戰後外交史料彙編: 韓戰與反共義士篇(二)』(臺北縣: 國史館, 2005); 沈幸儀, 「一萬四千個證人: 韓戰時期「反共義士」之研究」, 國立師範大學歷史系碩士論文, 2008을 참고하라.

전부터 대만 정부와 민간(물론 정부의 동원 하에)은 이미 대대적으로 이들을 보도하기 시작했다. 『중앙일보』는 1953년 8월 27일 중국대륙재난동포구제총회(약칭 '구총') 대표단이 한국을 방문하여 '현지에서 반공 지사를 위문'한 소식을 보도했고, '구총'의 위문 서한 전문을 게재했으며, 그 가운데 '반공의사'가 "조국을 가장 사랑한 남아이며, 불굴의 충정을 가진 지사이고, 여러분의 위대한 반공 활동이 우리 중화민족을 대신해 무한한 영광을 쟁취했다"고 강조했다.

『중앙일보』는 또한 대만에 아직 도착하지 않은 인민지원군 포로들이 일찍이 우리 중화민국 반공대업의 인자들이며, 그들은 "반공 중국 포로들이 국적 항공기의 도착을 목도하고 한 없이 기뻐했다"(1953년 8월 27일)고 주장했고, 그들의 행위를 칭송하기도 했다. 예를 들어, "커다란 국기에 서명을 하여 반공의 결심을 표현했다."(1953년 8월 31일) "국기를 높이 들어 공비를 향해 포효했다" 등. 동시에 대만/중화민국이 비로소 이들 인민지원군 포로의 진정한 조국이라고 주장하기도 했다. "굳세어라! 굳세어라! 굳세어라! 결국 반드시 조국의 품으로 돌아올 것이다."(1953년 9월 4일) "반공의사가 분기충천하여 높이 노래 부른다. 대만으로 반드시 돌아올 것이다. 대륙에 반격할 것이다. 칼을 갈고 총을 닦는다. 주모(朱毛, 주덕과 모택동을 지칭함-역자)를 죽이고 러시아를 호되게 칠 것이다."(1953년 9월 14일) "한 마음으로 대만으로 돌아와, 한 목숨으로 공비를 죽일 것이다. 반공의사 제1연대는 전국 동포의 위문에 감사한다."(1953년 9월 25일) 가장 주목할 만한 것은 『중앙일보』가 이와 같은 인민지원군 포로가 얼마나 애국 애당하고 지도자에게 충성하는지를 부단히 선전했던 점이다. "문득 총통 녹음 방송이 들린다. 전체 의사들이 감격하여 눈물을 흘린다. 연합군 병사들도 감동을 받았다." "반공의사들이 일치단결하여 자유 조국으로 돌아올 것을 희망한다. 총통의 지도 하에 그들을

박해한 적과 전쟁을 하고자 하는 열망 때문이다."(1953년 9월 25일)[11] 최종
적으로 대만으로 온 반공의사 가운데에는 확실히 적지 않은 1949년 이전
국민정부 군대 또는 정부 구성원이 포함되어 있었다. 그러나 후대 학자들의
연구에 따르면, "대만으로 온 전쟁포로는 다른 배경의 사람들이 부지기수였
고", "공산당원 및 그들이 동원한 대중과 학생 등등"이 포함되어 있었다고
한다.[12] 따라서 1953년 국민정부가 대만으로 오길 희망하는 인민지원군 포
로들을 모두 자신의 일원이라고 보고, 그들의 대만 행을 '귀환'이라고 부른
것은 확실히 사실에 부합하지 않는 것이다. 이는 당시 국민정부가 적극적인
(심지어는 절박한) 선전 목적이 있었음을 분명히 해준다.

　이와 동시에, 『중앙일보』는 무한한 기쁨으로 이들 '반공의사'를 영접하기
위해 기다리고 있음을 재차 보도하기도 했다. "대만 전 성의 인민단체들이
반공의사의 대만 도착을 지원하고, 동원 월회(月會)에서 후원회 조직 결의가
통과되었으며, 전보로 위문하여 대만 귀국을 환영했다."(1953년 9월 20일)
연속적이고 집중적으로 글과 사진을 실어 "각계 대표가 어제 대회를 열어
한국에 체류 중인 반공의사를 원조하기 위해 서신 위문을 개시하였으며, 의류
기부를 확대하고, 공비의 세뇌 음모를 폭로"하였고, "국내외 동포가 한 마음
으로 한국 체류 의사들의 귀국을 돕고"(1953년 9월 27일), "각지의 군인,
공무원, 학생들이 기부 바람을 일으켜 반공의사에게 겨울옷을 만들어 줬
다."(1953년 10월 8일)

11) 지원군 전쟁포로 수용소의 실제 상황은 한 마음으로 반공한 것은 아니었고, 일부
전쟁 포로는 사실 견질한 반공 동료에 의해 핍박 받거나 폭력적 위협을 받기도 해서,
반공 입장을 선택하고 대만으로 오기도 했다. 관련 연구로는 馬國正, 「反共, 恐共, 恐
國?韓戰來台志願軍戰俘問題之研究」, 國立中正大學歷史研究所碩士論文, 2008, 특히
105, 116-18, 130-38쪽을 참고하라.
12) 같은 글, 7쪽.

예상할 수 있는 것은 이와 같은 '반공의사'가 1954년 1월 실제로 대만에 왔을 때, 국민정부가 이를 증거로 대대적으로 자신의 반공 승리를 선전했을 것이라는 점이다. 당시 중화민국 주한국 대사는 연합군에게 반공의사가 자유를 얻었고, "자유가 반드시 노역(奴役)을 이김을 보여주었으며, 동시에 폭력 통치에 대한 철의 장막 속 인민의 저항이 아주 큰 희망과 격려를 줬다. 의사들의 불굴의 의지의 강고함은 철의 장막 내의 폭력 통치가 이미 붕괴의 위기에 다다랐음을 상징한다"고 표명했다.13) '중화민국 각계 한국체류중국반공의사 원조위원회'가 준비한 '귀국 반공의사 환영 표어'가 총통의 비준을 받은 '의사 귀국에 대한 발표 담화' 외교부 문건에 수록되어 있는데, 당시의 정서와 시국에 대한 인식을 아주 잘 보여준다.

반공의사의 귀국을 환영하는 것은 대륙 동포의 귀환을 영접하는 것이다!

반공의사의 귀국을 환영하는 것은 반공 항러 승리를 영접하는 것이다!

반공의사의 귀국은 중화민족 정기의 표현이다!

반공의사의 귀국은 정의가 폭력에 승리한다는 철의 증거이다!

반공의사의 귀국은 공비 폭정 붕괴의 시작이다!14)

분명한 것은 이상과 같은 매체의 보도 속의 서술이 명확하게 '반공의사'를 대만의 한국전쟁 집단기억의 핵심으로 구성하였으며, 나아가 '반공의사'와 그들이 대표하는 한국전쟁을 국민정부의 반공 승리와 중(화민국)한 양국 우애의 견고함의 상징으로 형상화했다는 점이다.

---

13) 주한대사관 전보, 1954년 1월 20일; 周琇環編, 『戰後外交史料彙編: 韓戰與反共義士篇(二)』(臺北縣: 國史館, 2005), 287쪽.

14) 주한대사관 전보, 1954년 1월 20일; 周琇環編, 같은 책, 289-90, 303-4쪽.

연구자는 기억 관련 연구와 관련해서 기억을 구성하는 과정 중에 정부 또는 미디어가 자주 서로 다른 담론 전략을 구사함을 지적한다. Yinan He은 중일 쌍방의 역사적 기억을 연구하면서 역사 기억을 구성하는 과정 중에 빈번한 두 가지 현상(또는 전략)을 제기한 바 있다. 하나는 자신의 영광과 위대함(self-glorifying)을 형상화하는 것이고, 다른 하나는 적수를 폄하하는 것(other-maligning)이다.[15] 한국전쟁에 관한 국민정부와 『중앙일보』의 보도에서도 이와 같은 역사 기억 구성 과정에서 자주 보이는 현상 또는 전략을 볼 수 있다. 한편으로 『중앙일보』의 보도는 반복해서 풍부한 감성적 글로 '반공의사'가 얼마나 영광스럽고 위대한(self-glorifying)지를 구성하고 있다. 그들을 "저승사자가 포기한 자"라고 부르고, 이들 '반공의사'의 행동이 "저승사자의 손에서 벗어난 것"이며, "어두운 밤 공비를 죽이고 자유를 향해 질주"하며, "의사는 죽음을 무릅쓰고 '점천등(點天燈, 죽은 시체에 가하는 형벌로 기름에 적신 시체에 불을 붙여 태운다-역자)'"을 하고(1953년 9월 1일), "장렬한 단식 행동"을 하며(1953년 9월 4일), "반공의사는 평화로운 마을에 들어가, 공비에게 돌을 던져 시위하고…세뇌 작업자들은 헛수고를 할 뿐이며, 반공 전쟁 포로들은 절대 속아 넘어가지 않는다"(1953년 9월 18일)라고 정당화한다.

다른 한편, 『중앙일보』는 국민 정부의 상대, 즉 중국 공산세력을 반복해서 폄하하기(other-maligning)도 하는데, 이를 통해 자신의 정권과 도덕적 지위를 끌어올렸다. 정전 협정이 체결되었음을 보도할 때, "정전 협상 소식이 전해온다. 공비는 맹렬히 공세를 취하고, 마지막 몸부림을 치고 있으며, 미

15) Yinan He, "Remembering and Forgetting the War: Elite Mythmaking, Mass Reaction and Sino-Japanese Relations, 1950-2006," *History and Memory*, Vol. 19, No. 2 (November 2007), pp. 43-74.

해공군이 출동하여 맹습하였다"(1953년 7월 27일). "공비는 연합군 전투기를 가장 두려워"하며(1953년 9월 1일), 인민지원군 포로 처리 과정 중에 "공비가 통역요원으로 위장하는 연습을 하여, 포로위원회를 잠입해 감시하려고 기도" 했고(1953년 9월 5일), "공비가 정전 조약을 위반하고 반공의사에게 압력을 가해, 전쟁 포로 명단을 몰래 베껴 가족들에게 보복할 기도를 했"으며(1953년 9월 14일), 심지어는 연합군 또한 "공비를 질책하고, 반공 전쟁 포로를 위협" 했다고(1953년 9월 17일) 쓰고 있고, 나아가 "북한에서 공비의 음모"(1953년 9월 14일)를 폭로하고 있다.

공산세력을 폄하하는 전략은 1953년 10월 최고조에 다다랐다. 한국 국경 내 인도 군대가 책임 관리하는 전쟁포로수용소에서 10월 1일 반공전쟁포로 와 위생병 사이에 충돌이 발생했고, 여러 명의 전쟁포로의 사상을 초래했으 며, 이 사건은 대만에서 더욱 강력하고 감정적인 신문보도와 사회(정치) 동원 을 불러일으켰다. 『중앙일보』는 연속해서 집중적으로 글과 사진을 통해 보도 했다. "전국 인민이 격앙하고 비분강개하여, 인도군대의 학살만행을 성토한 다."(1953년 10월 4일) "각계가 나누어 유엔에 전보를 쳐서, 인도 군대의 폭행에 항의하고, 인도의 중립 자격을 철회하며, 폭행을 제지하며 흉악범을 엄하게 벌할 것을 호소하였다."(1953년 10월 6일) "전국에서 인도 군대의 의사 학살에 항의."(1953년 10월 7일) 대북 시에 십만 명이 집회를 열어 "인도 군대의 반공의사 학살에 항의했다."(1953년 10월 8일) 대중(台中) 시에서 먼 저 3만 명(1953년 10월 8일), 나중에는 5만 명이 시위에 참가해 "목소리를 모아 분노하고, 전보로 의사를 위문하며", 병동(屏東)에서는 폭력에 항거하는 시위에서 "10만 명이 울부짖었다."(1953년 10월 9일) 각지에서 대규모 행진 이 거행되어 "한국 국경 내의 인도군대 포로 살해폭행에 항의"했다.(1953년 10월 10일) 그러나 질책의 대상은 아주 신속하게 인도에서 중국 공산세력으로 전환되었다. 『중앙일보』의 보도는 이를 계기로 중국 공산세력을 특별히 폄하하였는데, 그 가운데 10월 9일 전면에 실린 '지도주간'의 보도 내용은 매우 대표적이다. "전국이 비분강개하여 한 목소리로 항의했다…. 인도 군대가 공비에게 아첨하고, 반공 인사를 학살했다", "공비가 포로기구를 감시했고, 지원 제도를 파괴했으며, 포로 송환이 러시아 공비의 조종을 받아, 조치가 터무니없고 공비의 편을 든다." 이로부터 한국전쟁 및 '반공의사'와 관련한 보도의 중요 목적이 '반공'의 집체적 기억을 만들어내는 데 있음을 알 수 있다.

이 두 종류 전략의 결합은 1953년 10월 10일 국경기념대회에서 발표된 「전국 동포에게 고함」에서 그 대표적 예를 볼 수 있다.

> 1만 4천여 명의 한국 체류 반공의사의 단기간의 결연한 행동. 그들은 중화민족의 기개와 국가에 보답하는 충정의 정신을 드높였고, 공비들의 거짓 정권이 이미 일찍이 붕괴에 가까워졌음을 증명했다.[16)

『중앙일보』는 이 글 앞에 덧붙인 표제에서 큰 글자로 "모주(모택동과 주덕) 간교한 공비들이 떨고 있다. 국경기념대회에서 서면으로 동포에게 고하니, 믿음을 굳게 하여 공비를 멸하고 대륙을 수복하자"라고 쓰고 있다.[17)

이상과 같은 분석에서 1950년부터 대만의 한국전쟁 이후 기억이 국민정부가 역사기억을 구성하는 과정 중에 흔히 보이는 두 전략, 즉 자신의 영광과 위대함을 형상화하고 상대를 폄하하는 전략이 적개심을 갖는 한국전쟁 집단기억을 형성했고, 이는 두 가지 기본 축을 바탕으로 하고 있다. 첫째, 한국전쟁이 대만의 '반공'과 '(대륙)반격'의 희망을 대표한다는 점이다. 이를 통해서

16) 『中央日報』, 1953. 10. 10.
17) 『中央日報』, 1953. 10. 10.

국민정부에 대한 대만사회의 지지와 충성을 얻고자 했고, 나아가 대만사회에서 '대중국(大中國)'이라는 신분정체성을 만들고 강화하고자 했다. 둘째, 한국전쟁은 중(화민국)한 두 형제국이 생과 사를 같이하며, 우애가 굳건하고, 종국에 반드시 함께 공산주의 적들에게 승리할 것임을 상징했다.

1950년대 대만은 '반공의사'를 중심으로 한 한국전쟁 기억이 지속적으로 정부와 민간 각 부문에 의해 선전, 복제 및 가공되었다. 1955년 '1.23자유일'의 1주년은 마침 일강산(一江山) 국군 전멸의 시각과 같았다. 이 때문에 '1.23자유일'과 그것이 대표하는 반공/한국전쟁 승리는 더욱 국민정부에 의해 마음껏 선양되었다. 그리고 그 후 몇 년 동안, '1.23 자유일' 기념을 통해 반공/한국전쟁승리를 선양하는 국민정부의 선전과 사회 동원은 날로 증가했다. 특히, 일강산의 기념과 대조해보면, '1.23 자유일'이 얼마나 크게 주목 받았는지 알 수 있다. 이후 매년 1월 23일, '1.23 자유일' 전후에, 깃발을 펄럭이며 대중을 동원하는 활동과 매체의 보도가 '반공' 승리를 재차 긍정함을 볼 수 있다. 그 가운데 비교적 특별한 것은 자유일 1주년에 '반공의사가 분장하고 시내를 행진'했고, '길 마다 열린 자유운동'(중앙일보, 1955년 1월 23일)이 있었던 것, 2주년에는 '자유일 유원회(遊園會)'(중앙일보, 1956년 1월 24일), 3주년에는 '자유 종소리 스물세 번의 울림'(중앙일보, 1957년 1월 23일), 4주년에는 '전국 각계가 성대하게 축하하고, 아시아 철의 장막 인민의 자유 쟁취를 성원하며, 대북(台北)에서 만 명이 행진을 하여 응답했다'(중앙일보, 1958년 1월 23일) 등이 있다. 이와 같은 '반공의사'가 중심이 된 경축 기념 활동과 매체 보도는 한편으로 대만에서 중화민국 '반공' 승리의 정서와 도덕적 입장을 형성하고 강화했다. 예를 들어 자유일 6주년의 보도는 "진(陳) 부총통은 대륙 수복의 객관적 조건이 이미 성숙해가고 있고, 국민들이 자신의 역량을 충실히 하여 공비의 붕괴를 가속화하는 데 힘쓰길 바란다"(중앙일보, 1960년

1월 24일)와 같다. 그리고 더욱 중요한 것은 다른 한편으로 이러한 **중복과 지속 그리고 협상적인** 활동과 매체 보도에 의해 '반공의사'가 중심이 된 한국전쟁 기억이 대만에서 상당히 오랫동안 유지될 수 있었다는 점이다. 이는 반공 상징으로서 '한국전쟁'이 당시 대만에서 가장 중요한 하나의 집단적 기억이 되도록 했다.

그러나 1980년대가 되면 '반공의사'에 대한 대만의 인식과 한국전쟁 기억에 대한 인식 모두 거대한 변화가 발생한다. 1980년대 대만은 격동의 시대였다. 대내적으로든 대외적으로든 상당히 거대한 변화가 발생했다. 그리고 이러한 변화 가운데, 일정한 역량이 대만의 한국전쟁 기억에 직접적인 영향을 줬다. 관련해서 대만 신분정체성의 변화와 대만/한국 관계 및 한국에 대한 대만의 태도의 변화 등을 들 수 있다.

2. 변화된 한국전쟁 집단 기억

신분정체성의 변화

대만의 한국전쟁 기억 속에서 기념되는 주체(인물)를 통해 분석해보면, 대만의 정부와 인민은 직접적(또는 공개적)으로 한국전쟁에 관여하지는 않았다. 지리적 위치상 한국전쟁의 전장은 대만과 거리가 아주 멀었다. 소수의 군대 통역관이 미군과 중화민국 정부의 협력 하에 대만에서 선발되어 한국전쟁의 전장으로 파견된 바는 있지만, 그들의 참여는 최근에야 비로소 공개되었다.[18] 그래서 1953년 이후, 대만에서 유일하게 한국전쟁 기억 속에서 기념되는 주체는 1954년 한국에서 대만으로 송환된 중국인민지원군 전쟁 포로인

---

18) 당사자의 회고록을 참고하라. 黃天才, 『我在38度線的回憶』(台北縣: INK印刻文學, 2010); 陸以正, 『微臣無力可回天–陸以正的外交生涯』(台北: 天下, 2002).

1만여 명의 '반공의사'뿐이다.[19] 1954년 이래로 대만의 한국전쟁 담론은 반공(의사)이 주축이 된 경우가 많았고, 이로부터 확장된 것으로서 반공의사의 대만 송환을 기념한 '1.23자유일'이 지속적으로 한국전쟁의 기억과 반공이데올로기를 구성하고 강화하는 주요 활동이었다. 특히 국민정부에게 있어 반공의사는 한국전쟁 기억의 핵심으로 형상화되었는데, 반공의사의 대만행은 반공 전쟁의 승리로 간주되었다. 그리고 가장 중요한 것은 반공 전쟁의 승리가 국민정부가 스스로를 대내외적으로 중국(대만을 포함)의 유일한 합법정권임을 선언할 수 있게 됨을 의미했다는 것이다. 따라서 우리는 1950년 이래 한국전쟁에 대한 대만의 기억과 반공이데올로기 그리고 국민정부의 통치 정당성이 일종의 공생 공존의 관계였다고 이야기할 수 있다.

그러나 1980년대 이후 대만의 정치 환경에 거대한 변화가 발생하기 시작했다. 나아가 대만은 신속하고 거대한 신분정체성의 전환을 겪기도 했다. 한편으로 국내에 민주화의 요구, 나아가 언어, 문화, 교육의 본토화가 분출했다. 1990년대 시작된 각종 정치개혁(특히 1996년 시작된 총통 직선)과 교육 문화 부문의 개혁(특히 『대만 알기(認識台灣)』와 같은 교재의 편찬과 채택)은 신속하게 대만의 대중, 특히 당시 재학중이었던 1980년대 말 이후에 태어난 세대들이 '대만'('중국'이 아니라)을 정치적 정체성의 대상으로 삼기 시작하도록 했다.[20] 그리고 이와 동시에 외부에서 중국 경제의 개혁개방이 진행되었

---

19) 근래 이미 다음과 같은 학술 조사의 성과가 등장했다. 沈幸儀, 「一萬四千個證人: 韓戰時期 [反共義士] 之研究」, 臺灣師範大學歷史學系學位論文, 2007; 馬國正, 앞의 글; 周琇環, 「韓戰期間志願遣俘(1950-1953)」, 『國史館館刊』 24, 2010, 45-88쪽; 周琇環, 「接運韓戰反共義士來臺之研究 (1950-1954)」, 『國史館館刊』 28, 2011, 115-54쪽; 大鷹, 『志願軍戰俘』(北京: 解放軍文藝出版社, 1986).

20) 관련된 연구로는 Stephane Corcuff, ed., *Memories of the Future: National Identity Issues and the Search for a New Taiwan* (Armonk, New York and London: M.E. Sharpe, 2002)를 보고, 특히 그 가운데 Stephane Corcuff, "The Symbolic Dimension of

다. 이와 같은 변화 속에서 대만 인민의 생각과 주장은 국민정부가 이미 수십 년간 떠받들어온 정책을 바꾸도록 자극했다. 먼저 대륙으로의 친지방문을 개방했고, 이어 반공 동원(動員戡亂) 시기를 종료시켰으며, 더 이상 '반공'과 '(대륙)반격'을 국가의 목표로 삼지 않았다. 동시에 1980년대 말 냉전이 종료된 후, 반공이데올로기 역시 대만에서 신속하게 와해되었다. 이를 대체한 새로운 이데올로기는 더 이상 공산주의(중국)를 적으로 삼지 않았다. 그리고 이와 같은 변화 속에서 새로운 대만이 주체가 된 신분정체성이 만들어졌다.

새로운 신분정체성은 새로운 집단 기억을 요구한다. 이러한 변화의 맥락 속에서 대만에서 1950년대부터 시작된 '대중국'을 통한 신분정체성을 기초로 하여 구성된 역사 기억 역시 비판되거나 포기되었다. 그 가운데에는 '반공'이나 '(대륙)반격'을 주축으로 하는 한국전쟁 역사 기억도 포함되어 있다. 역사학자 황극무(黃克武, 황커우)의 논의처럼 '1.23 자유일'은 계엄해제 이후 신속하게 그 원래의 반공 의의를 상실했다.[21] 특히 정치적 측면에서 한국전쟁의 기억은 원래 1950년대 이래로 줄곧 국민정부의 반공이데올로기와 정치적 정당성을 강화하는 데 도움이 되었고, 그래서 반복해서 복제되었다. 그러나 2000년 이래로 대만의 집권당인 민주진보당에게 그의 통치적 정당성은 전적으로 대만의 민주 선거로부터 얻어지는 것이었고, 과거의 국민정부가 의존했던 반공이데올로기 또는 '중국의 유일한 합법정권'으로서의 주장과는 전혀 관련이 없었다. 이와 같은 변화 속에서 '반공'과 '(대륙)반격'을 주축으로 하는 기억 역시 그 가치를 잃어버리게 되었다.

Democratization and the Transition of National Identity," pp. 73-97; Chia-Lung Lin, "The Political Formation of Taiwanese Nationalism," pp. 219-39와 Rwei-ren Wu, "Toward a Pragmatic Nationalism," pp. 196-213을 보라.

21) 黃克武, 앞의 글, 643-77쪽.

역사 기억을 연구하는 저명한 학자 길리스(John Gillis)는 새로운 기억은 '협상된 망각(concerted forgettings)'을 가지고 있어야 구성될 수 있다고 제기한다.[22] 이 관점에 따라 이 글은 한 걸음 더 나아가 과거 1950년부터 대만에 보편적으로 존재한 반공 역사기억이 1990년대 이후 이와 같은 협상된 망각을 거쳐 신속하게 사라졌다. 1990년대 이래 한국전쟁과 관련한 기념활동도 대부분 무시되거나 심지어 중단되어 사라졌다. 이와 같은 '협상된 망각'이라는 변화 속에서 반공전쟁으로서의 한국전쟁 역시 대중의 기억으로부터 신속하게 사라져버렸다. 대만 정부가 여전히 특정한 시간에 한국전쟁 관련 기념활동을 하고 있지만, 이와 같은 협상된 망각 속에서 한국전쟁은 다시 대만 집단 기억의 중요한 부분이 되기 어려워졌다. 2004년 (민주진보당의) 천수이볜(陳水扁) 정부가 일련의 기념행사를 열었던 것처럼, 근래 여러 형식의 활동으로 한국전쟁을 기념하는 일이 있었지만, 대만 대중의 기억 속에서 한국전쟁은 1950년대와 1987년 계엄해제 이전의 중요한 지위를 회복하지 못하고 있다.

'역사 기억'을 연구하는 저명한 학자 칸슈타이너(Wurf Kansteiner)는 전쟁에 대한 한 사회의 기념과 기억의 건립은 종종 전쟁의 역사적 진상을 이해하기 위한 것이 아니라, 당면한 정치 사회의 필요에 의한 것이라고 제기한 바 있다.[23] 길리스는 전쟁 기억에 대한 그의 연구에 근거해서 다음과 같은 결론을 얻기도 했다. "신분정체성에 대한 개념은 기억에 대한 인식에 의존하고, 그 반대도 그러하다." 그는 기억(나아가 신분정체성)이 "모두 불변하는 한 덩어리의 물체로 간주되어서는 안 되며, 현실에 대한 재현과 재구성이고,

---

22) John Gillis, "Introduction: Memory and Identity: The History of A Relationship," in John Gillis, ed., *Commemorations: The Politics of National Identity* (Princeton, NJ: Princeton University Press, 1996), p. 7.

23) Wurf Kansteiner, "Finding Meaning in Memory: A Methodological Critique of Collective Memory Studies," *History and Theory*, 41 (May 2002), p. 188.

주관적이고 비객관적인 현상"이라는 점을 우리에게 상기시켜준다.[24] 전후 60년 동안 한국전쟁의 기억이 대만에서 겪은 흥기와 쇠퇴의 변화는 역사 기억이 신분정체성과 함께 변화하는 현상임을 보여주며, 역사 기억이 하나의 주관적이고 당면한 정치사회 현실에 대한 재현임을 명확히 드러내준다.

대만/한국 관계와 한국에 대한 대만 태도의 변화

한편 주목할 만한 것은 한국전쟁 이래로 대만과 한국의 쌍방 관계가 매우 밀접했고, 한국전쟁에 대한 대만의 기념 역시 이러한 맥락에서 지속된 것이었다는 점이다. 한국전쟁의 승리가 대만/한국 쌍방이 나눌 반격의 승리로 간주되었고, 더욱이 대만/한국의 굳건한 우호 관계의 상징이었다.

그러나 1980년대 말 냉전이 종료되고, 반공이데올로기가 대만에서 도전 받기 시작하면서(1987년 대륙 친지방문 개방, 1991년 반공동원[動員戡亂]의 종료), 대만과 한국의 관계 역시 외교상의 문제로 인해 최저점으로 추락했다. 1983년에 발생한 '6인 의사의 항공기 납치 사건'과 그 후 한국정부의 처리태도(항공기를 납치한 6명에게 형을 판결하고 즉각 대만 송환을 하지 않음)는 당시 여전히 반공이데올로기의 고점에 있던 대만사회가 처음으로 대만/한국 사이에서 중국과 대면하면서 존재하는 심각한 편향을 인식하게 된 계기였고, 이로 인해 한국에 대한 극단화된 감정적이고 부정적인 반응이 출현했다.[25]

1992년 8월 중화민국과 남한 사이에 정식으로 외교 관계가 단절되었다. 이후 대한(台韓) 관계는 내리막을 걷게 되었고, 한국에 대한 대만의 태도는

---

24) John Gillis, op. cit., p. 3.
25) 朱立熙, 『再見阿里郎:台韓關係總淸算』(台北: 克寧出版社, 1993), 84-88쪽. 저자는 대만 '한국연구학회' 이사를 역임한 바 있고, 연세대학교에서 장기간 연수한 바 있다(9쪽, 24쪽).

호전되지 않았다. 그러나 특별히 주목할 것은 1972년 일본과의 단교 및 1978
년 미국과의 단교 등 과거 다른 '우방'과 단교 이후의 대만의 정서적 반응과
태도의 변화가 한국과의 단교만큼 크지는 않았다는 점이다. 한국과 단교할
때, 대만의 한국 뉴스 전문 기자 주리시(朱立熙)는 양국의 단교에 대해 다음과
같은 분석 보도를 실었고, 이는 1980년대 이래 한국에 대한 대만사회의 태도
에 발생한 거대한 변화를 상당히 잘 드러내 준다.

> 대만 사람은 우리 자신의 외교정책이 반드시 더 큰 책임을 져야 함을 알고 있지
> 만, 우리가 비교적 수용할 수 없는 것은 일찍이 아시아에서 가장 공산주의를
> 반대했던 두 환난 형제가 어찌하여 헤어지는 길을 걷게 되었는가라는 점이다.
> 이 때문에 대만인의 눈은 한국을 보며 반복하여 그를 버리고 가야 함을 표명하고,
> 정서적인 저항은 당연히 비교적 강렬할 것이다.[26]

이 글은 또한 1983년 5월 5일 발생한 '중공민항기납치사건'이 그 사이
가장 큰 '충격적 사건'이었고, 기간 대만 민중은 매체 보도의 내용에서 "한국
정부가 우리의 '반공의사'를 '괴롭히'는 것"을 반복해서 보아 왔으며, "이로부
터 감정화된 격정과 충동이 표출되었고, 강렬한 반한 감정이 분출되기 시작했
다"고 분석하고, "대만/한국 관계가 정상화되는 데 큰 장애물이 있는" 상황이
되었으며, 한국에 대한 대만사회의 태도를 철저하게 바꾸었다고 보도하고
있다.[27] 그리고 더욱 심층적인 원인에 대해 주립희는 대만인/국민정부가 오
랫동안 스스로 '중화민족'으로 여겨왔던 점과 중화민족과 한국의 역사적 관계
로 거슬러 올라간다.

26) 같은 책, 31쪽.
27) 같은 책, 31-32쪽.

처음부터 본래 중국인(양안을 포함해서)은 한국인(또는 조선인)을 그다지 대접하지 않았다. 중국인은 그의 '대중화의식'에 근거해서 그의 번속(藩屬)의 반도에 사는 사람들에 대해 선천적 우월감을 가지고 있다. 수많은 대만인은 심지어 과거 한국의 상해임시정부에 대한 국민당정부의 원조가 절대적인 공로이고, 한국인에 은혜를 베푼 것이며, 전후 한국 독립에 대한 장개석의 지지와 과거 한국의 대사 김신(金信) 및 장개석 사이의 '의부자' 관계를 포함해서, 중화민국과 한국의 관계가 '번속과 종주국의 관계'에서 '부자관계', 그리고 전후에는 다시 '형제관계'로 변화했는데, 현재 '동생'으로서의 한국이 지금 '형'을 괴롭힌다고 의식적으로 생각한다. 이와 같은 선천적 우월감과 그에 더해진 후천적 피해의식이 서로 충돌하면서 반한정서가 날로 높아지고 있다.[28]

이상과 같은 주립희의 분석은 아마도 전체 대만사회의 생각과 심리를 대표하지는 못하겠지만, 대만사회에 왜 한국에 대한 이러한 착종적인 감정이 생기고, 심지어 서로 이해하려 하지 않고, 무시하고 적대시하는 감정의 골이 생겼는지에 대해 부분적으로 설명해준다.[29] 최근의 예로 2010년 대만의 태권도 선수 양수쥔(楊淑君)이 아시안 게임에서 규칙 위반으로 자격 박탈을 당했을 때, 대만에서 상당한 반한정서가 분출되었고, 심지어는 한국 상품 불매 운동도 벌어졌다.[30] 이러한 맥락에서 대만에서는 한국에서 발생한 역사,

---

28) 같은 책, 34쪽. 문명기 교수는 서울에서의 회의에서 마땅히 고려해야 할 이 지점을 지적해줬다. 이에 특히 감사드린다.

29) 필자는 성공회대학교의 임우경 교수가 서울에서의 회의와 이 책에서 논의한 '항미원조(抗美援朝, 한국전쟁 시기 미제국주의에 저항하고, 북조선을 지원함)' 기간에 진행된 '3시운동(미제국주의를 적대시하고, 무시하며, 멸시하자는 의미의 운동-역자)'으로부터 이와 같은 영감을 얻었다. 이에 특별히 감사드린다.

30) 오늘까지도 여전히 대만의 인터넷에서 반한정서로 충만한 수많은 토론을 찾아낼 수 있다. 관련한 뉴스 보도로는 다음을 보라. 民視, 「失格效應 民眾」, 2010. 11. 19.

심지어 한국전쟁과 같이 대만에 크나큰 영향을 준 역사 사건에 대해서도 관심이 생기기 어렵다.

또한 대만 사회에 한국에 대한 이러한 복잡한 감정이 형성됨으로써, 대만과 한국 사이에 서로 이해하고 싶지 않은 감정의 골이 형성되었다. 이 때문에 대만에서 한국에 대해 관심이 만들어지기 어려웠고, 한국전쟁과 그것이 대만에 갖는 역사적 의의 역시 점점 무시되었다. 한국에 대한 대만 사회의 복잡한 정서, 그리고 역사적 경험에 동시에 존재하는 유사성과 거리감에 대해서, 대만의 학자 천팡밍(陳芳明)은 다음과 같은 생각을 제기하였다.

대만/한국이 전후에 40년의 우방으로서의 관계를 가졌지만, 학술적으로 역사 경험의 교류를 구축하지는 않았다. 식민지 역사로부터 전후 역사까지, 대만과 한국의 역사적 과정이 얼마나 중첩되어 있고, 또 얼마나 유사한가… 이와 같은 두터운 역사적 기초 위에 있음에도 불구하고, 대만/한국은 오히려 서로 소외된 절연의 사이가 되었다.[31]

1980년대 이와 같이 대만/한국 관계가 급속히 악화되는 맥락 속에서, 원래 생사를 같이하는 중(화민국)한 양국의 강고한 우의를 상징했던 한국전쟁이 집단적 기억으로부터 더욱 급속히 무시되었고, 대만의 대중에게 망각되게 되었던 것이다.

---

http://news.ftv.com.tw/NewsContent.aspx?ntype=class&sno=2010B19L03M1 (2013년 3월 13일 검색); 自由時報電子報, 「聲援楊淑君彩券行公告: 拒賣韓國人」, 2010. 11. 19. http://www.libertytimes.com.tw/2010/new/nov/19/today-north10.htm (2013년 3월 13일 검색); NOW News, 「楊淑君遭判失格　蔡阿嘎抵制韓貨, 蘇麗文誓言復仇」, 2010. 11. 18. http://www.nownews.com/2010/11/18/11490-2665367.htm (2013년 3월 13일 검색).
31) 陳芳明, 「序: 雪落韓半島」, 石曉楓, 『無窮花開—我的首爾歲月』(新北市: 印刻文學, 2011), 9-10쪽.

3. 결론: 오늘날 대만의 한국전쟁 기억

올해(2013) 1월 23일, 대만 신문에서는 여전히 세계자유민주연맹(약칭 '세맹') 중화민국 총회가 세계자유일 경축 대회를 열었다는 보도를 볼 수 있다. 대회의 주제는 "민주의 공고 - 도전과 전망"이다.[32] 대만의 총통 마잉주(馬英九)는 이 대회에 초청 받아 치사를 했다.[33] 그런데, 이 소식은 신문의 앞쪽에서는 보이지 않았다. 보도의 분량 역시 짧은 몇 단락에 불과했고, 보도의 초점은 '세맹'이 초청한 각국 내빈, 그리고 대회가 미얀마의 민주운동 지도자이자 노벨 평화상 수상자인 아웅산 수지의 대만 방문을 계획한다는 점에 맞춰져 있었다.[34] 매체의 보도이든, 대만 총통의 담화이든, 한국전쟁이 대만 역사 발전에 미친 영향과 의의는 다루지 않았다. 드문 예외로서 『자유시보(自由時報)』가 지면 한 구석의 숫자에서 경축 대회에 함께 출석한 사람들 가운데 한국전쟁에 참여한 후 대만을 선택한 반공의사 20여 명이 있음을 언급한 보도가 있다.[35]

대만 정부의 공식 보도는 한국전쟁이 대만에 미친 중대한 영향과 의의에 대한 무시를 더욱 명확하게 보여준다. 총통부의 보도자료를 예로 들면, '자유일'의 역사를 회고하면서 한국전쟁을 한 차례 언급할 뿐이다.

'세계자유일'은 한국전쟁 기간 본래 중공 부대에 속해 있던 1만 4천여 명의 군인

---

32) http://udn.com/NEWS/NATIONAL/NAT1/7652603.shtml#ixzz2JGPy2RbZ (2013년 1월 28일 검색).

33) 『自由時報』, 2013. 1. 24, A5.

34) 『自由時報』, 2013. 1. 24, A5; 中央社/中央廣播電臺, 「世盟擬邀翁山蘇姬訪台」, 2013. 1. 23. http://news.rti.org.tw/m/jqm_newsContent.aspx?nid=402514 (2013년 1월 28일 검색).

35) 『自由時報』, 2013. 1. 24, A5.

이 자유를 선택하고, 유엔과 중화민국 정부의 준비 하에 민국 43년 1월 23일 대만의 기륭(基隆) 항에 도착한 일을 기념하기 위한 것이다. 이 때문에 이 날을 '자유일'로 정함은 인간이 민주와 자유를 추구하는 결심을 보여주는 것으로서 중요한 의미를 갖는다.36)

한편 외빈에 대한 응접 용도의 보도자료는 한국전쟁에 대해 한 글자도 언급하지 않았고, 보도 중점은 대만과 중국의 평화 염원에 있었다.

과거 5년 동안, 정부는 양안관계를 개선하고자 노력했고, 대만해협의 긴장 정세를 낮추었으며, 앞으로도 평화적 번영의 목표 하에 양안 교류를 지속해갈 것이고, 국제 사회에서 양안의 평화 공존과 상호 존중을 촉진하여, 양안관계와 국제관계가 선순환을 이루게 되기를 기대한다.37)

역사학자 황극무가 논한 바와 같이, '1.23 자유일'은 "'반공'의 외피를 벗어 던진 후" 새롭게 포장되어 민간에 의해 전유된 '자유일'이 되었다.38) 올해 자유일의 관련 기념 또는 보도 속에서 한국전쟁과 대만 역사에 관한 토론은 거의 보이지 않을 뿐만 아니라, 자유일의 활동이 심지어 대만의 국제적 판촉 또는 관광 추진의 기회가 되었다. 예를 들어 대북 시장 하오룽빈(郝龍

---

36) 中華民國總統府, 「總統出席2013年世界自由日慶祝大會, 世盟中華民國總會第57次會員代表大會暨世亞盟年會」, 중화민국 102년 1월 23일. http://www.president.gov.tw/Default.aspx?tabid=131&itemid=29087&rmid=514, 2013년 1월 28일 검색.

37) 中華民國總統府, 「總統接見2013年世界自由日慶祝大會暨世亞盟年會與會外賓」, 중화민국 102년 1월 23일. http://www.president.gov.tw/Default.aspx?tabid=131&itemid=29089 (2013년 1월 28일 검색).

38) 黃克武. 앞의 글, 643-77쪽.

斌은 하루 전날 국제 외빈 환영 주회(酒會)에서 치사를 하면서, "힘써 대북시를 세일즈 하고자 한다. 치안이 좋을 뿐 아니라, 맛 좋은 음식이 많고, 풍경이 아름답다. 모두가 기회를 이용해 잘 참관해주길 희망한다."39) 이와 같이 '자유일'을 소비하는 역사적 주해는 대만에서 1953년부터 2013년까지 60년 동안 한국전쟁이 '반공'의 희망에서 망각된 전쟁으로 변화를 보여준다.

번역_연광석

---

39) 中央社, 「慶祝自由日 郝龍斌行銷台北市」, 2013. 1. 23. http://tw.news.yahoo.com/%E6%85%B6%E7%A5%9D%E8%87%AA%E7%94%B1%E6%97%A5-%E9%83%9D%E9%BE%8D%E6%96%8C%E8%A1%8C%E9%8A%B7%E5%8F%B0%E5%8C%97%E5%B8%82-112411519.html (2013년 1월 28일 검색).

홍콩의 냉전문화와 한국전쟁

로윙상(羅永生)

　　1950년 발발한 한국전쟁은 전 세계가 인정하듯, '냉전'의 시작이었다. 미국과 소련의 세력 다툼 속에서 세계는 '자유주의 진영'과 '공산주의 진영'으로 양분되었다. 군사, 정치, 경제, 이데올로기에 있어 양자 간 대립이 지속되었고, 전 세계가 오랜 기간 양극대립 상태에 빠져있었다. 이러한 양극대립의 현실은 사상, 의식에서도 대립적 사유를 불러일으켰고, 현실 세계 속에 존재하는 다양성과 모호성이 무시되었다. 양극대립의 사유는 냉전 시기 주도적인 세계관이 되어 일상생활을 지배하였고, 오늘날 소위 '탈냉전'의 세계에서조차도 여전히 복잡한 정치현실에 대한 분석에 영향을 끼치고 있다. 이에 진정으로 냉전의 틀을 초월할 수 있는 방법을 찾기 위한 노력이 요구되고 있다.

　　최근 동아시아의 비판적 사상학계에서는 냉전 및 냉전 이후의 아시아의 경험과 아시아 상상에 대한 열띤 토론과 연구가 이루어지고 있다. '냉전구조'가 현재까지도 동아시아에 대해 분석적, 정치판단적 의의를 갖고 있음을 설명하면서도 양극 대립의 사유는 여전히 불시에 우리의 사고에 영향을 미쳐,

아시아의 정치판도를 '자유주의 진영' 아니면 '공산주의 진영'에 속하는 것으로 간단하게 양분하거나, 혹은 아시아의 사회적 역량이나 사상분포를 '친미반공' 아니면 '반미친공'으로 정리해버리곤 한다. 필자는 '냉전사유'와 '냉전이데올로기'를 더욱 분명하게 구분할 필요가 있다고 생각한다. 후자는 일련의 잘 짜여진 가치, 신념, 정책 및 행동강령이지만, 전자는 인식론적 전제를 의미한다. 대립적인 이데올로기 사이에서도, 인식론적 전제는 공유되곤 한다. '냉전이데올로기'가 아시아의 과거와 현재에 걸쳐 우리의 생활 환경에 어떠한 영향을 미쳤는지 비판적으로 사고하는 동시에, 또한 '냉전사유'가 어떻게 우리의 분석의 지평을 제한해 왔는지 역시 검토하고 경계할 수 밖에 없는 것이다. 본 논문은 한국전쟁 전후의 홍콩을 연구 대상으로 삼아, 단순한 양극대립의 '냉전' 도식은 우리가 홍콩의 복잡한 문화정치를 이해하는 데에 도움이 되지 못한다는 점을 설명하고자 한다. 이 글의 목적은 홍콩의 독특한 상황에 대한 정리이자 또한, 비판적 냉전연구가 인식론적으로 여전히 우리의 각각의 '현지(local)' 상황에 대한 이해를 제한하는 '냉전사유'를 반성하고 극복할 필요가 있음을 설명하는 하나의 예증을 제공하는 것이다. 홍콩은 '냉전'에서 대립한 양자가 접촉해있던 지역으로서, 여러 방면에서 단순한 양극 사유가 적용되지 않는 복잡성을 보여준다. 구체적으로 말하면, 홍콩에 대한 한국전쟁과 냉전의 영향에 대해 분석할 때, 우리는 다음 몇 가지 요소를 함께 고려해야 한다.

(1) 냉전 중 미소 대립과 복잡한 영미 동맹 관계
(2) 홍콩에 대한 영국의 '비정치화' 식민 정책
(3) 국민당과 공산당 간의 대립
(4) 홍콩이 중국 공산당에 갖는 특수한 가치

이러한 요소들은 각기 그 독특한 역사적 조건과 특수한 법칙을 가지고 있어 동일한 하나의 역사적 총체로 규정할 수 없다. 본 논문은 이러한 요소들이 역사 속에서 보여주는 특수성을 고려해야만 한국전쟁과 냉전의 환경이 홍콩의 독특한 역사의 장(conjuncture) 아래 어떠한 방식으로 전쟁 기간 및 이후 냉전 기간 동안 홍콩의 발전을 중층적으로 결정(overdetermine)하였는지 전면적으로 파악할 수 있다는 점을 지적하고자 한다.

'동양의 베를린'과 냉전구조론

냉전의 양극대립 모델로 홍콩의 역사를 이해하는 방식은 줄곧 대중담론과 단순한 역사 서사 속에 존재해왔다. 예컨대 펑중핑(馮仲平)이 편찬한 『영국 정부의 대중국정책, 1945-1950(英國政府對華政策, 1945-1950)』에서는, 당시 영국 외무장관이었던 베빈(Ernest Bevin)이 애치슨(Acheson) 미 국무장관에게 "영국은 홍콩을 동양의 베를린으로 만들려고 한다"고 언급한 일을 인용하였다. 이들은 또한, 필요한 시기에 홍콩을 극동 지역에서 공산주의의 확장에 대항하는 거점으로 삼을 것이라고 밝히기도 하였다.[1] 미국의 역사학자 터커(Nancy Tucker) 역시 그녀의 연구서 『불안정한 우의: 타이완, 홍콩 그리고 미국, 1945-1992』에서, 아서 래드포드(Arthur Radford) 미국 제7함대(태평양함대) 사령관의 말을 빌려, 홍콩을 '민주의 보루'로 표현하였다.[2] 미국 아이젠하워 대통령은 영국의 처칠 수상에게 보내는 서한에서, 홍콩에 적대

1) Zhong-ping Feng, *The British Government's China Policy, 1945-1950* (Staffordshire: Keele University Press, 1954).

2) Nancy Tucker, *Uncertain Friendships: Taiwan, Hong Kong, and the United States, 1945-1992* (New York: Twayne Publishers, 1994).

상황이 나타날 경우 미국은 영국을 지지할 것이라는 입장을 두 차례나 밝힌 바 있다. 상술한 몇몇 서술에서 종종 '민주의 보루'라든가, '동양의 베를린'과 같은 '냉전수사'에 방점이 찍히곤 하는데, 이러한 언급들은 사실상 그것이 현실에 부합하지 않음에도(예컨대 홍콩에는 제대로 된 민주제도가 존재한 적이 없다), 영국과 미국이 냉전에 있어 홍콩을 반공기지로 만들려는 공감대 가 형성되었음을 설명하는 근거로 사용되곤 하였다.

한국전쟁이 발발했을 때, 영국은 의심할 여지없이 미국의 가장 확고한 동맹국이었다. 당시 노동당 애틀리(Attlee) 정부에는 강경한 반공인사가 적지 않았고, 외무장관 베빈 역시 소련이 전후 서구의 이익에 가장 큰 위협이 될 것이라고 생각하고 있었다. 그러나 영국은 냉전의 주요한 전장이 유럽이 될 것이므로 아시아에서는 전쟁을 일으켜서는 안 된다고 판단했다. 그리고 그들 은 중국과 오랜 기간 교섭해온 경험을 통해 중국 공산당을 단순히 소련의 지시를 받는 꼭두각시 정도로 간주하지 않았다. 사실상, 영국의 대중국 외교 정책에 있어 냉전 사유의 영향은 지배적이지 않았다. 영국은 1950년 1월, 일찌감치 중화인민공화국을 인정하였다.

갑작스런 한국전쟁 발발에 영국과 미국은 미처 손을 쓰지 못했지만, 또한 그런 만큼 판단상의 견해차를 좁힐 수 있었다. 당초 영국은 전쟁의 규모, 범위에 대해 판단을 보류하면서 참전 방식에서도 보수적인 태도를 취하였지 만, 미국이 설득하자 미국과의 협력관계 유지를 위해 적극적으로 전쟁에 참여 하였다. 1950년 7월 영국은 우선 1개 여단을 UN의 이름으로 한국 작전에 투입하였다. 8월 말에는 홍콩에서 보병 2개 대대를 부산으로 파견하였다. 한국전쟁 기간 한국에서 복무한 영국군은 9만 명이 넘었다.[3] 이렇듯 영국은

---

3) http://bbc.in/VQjuIo (2013년 2월 12일 검색).

한국전쟁에 적극 참여한 참전국이었고 홍콩은 영국의 통치 하에 있었지만, 영국은 홍콩이 한국전쟁에 휘말리는 것을 피하였고, 홍콩은 사실상 '동양의 베를린'이나 미국 냉전전략 중의 반공기지가 되지 않았다.

동상이몽이었던 영미 동맹

영국은 미국을 지지하면서도 다른 한편으로는 중국 공산당과의 관계를 조심스럽게 처리하고 있었다. 영국이 이처럼 신중한 태도를 취한 이유는 물론 2차대전 이후 영국과 미국이 각자 서로 다른 전략적 계산과 이익 문제를 가지고 있었기 때문이다. 우선, 영국은 전승국으로서 일본으로부터 홍콩, 말레이시아 등 식민지를 되찾았지만, 전쟁으로 인해 크게 손상된 국력은 과거의 힘을 회복하지 못했다. 전후 동남아 민족주의 운동이 급속히 증가함에 따라, 영국의 전략 목표는 동남아에서 발생할 수 있는 혼란 속에서 식민지 이익 수호를 위해 미국의 지지를 확보하는 것이 되었다. 미국의 지지가 반드시 필요한 영국으로서는, 한국전쟁 참전은 이러한 지지를 얻어낼 수 있는 카드였다. 그러나 동시에 영국은 극동 지역에 또 다른 대규모 전쟁에 대응할 충분한 군사력을 가지지 못했기 때문에, 당시 매카시즘이 휩쓸고 있던 미국의 강경한 반공 분위기가 식민지에서의 영국의 전후 배치 문제에 영향을 끼치는 것도 피해야만 했다.

이에 따라, 영국은 한국전쟁 기간 미국을 지원하고 미국 측과 일치되는 냉전수사를 사용하여 미국과 같은 진영에 있음을 보여줌으로써 말레이시아, 홍콩에 대한 미국의 공동 방어 약속을 받아내었지만, 이러한 약속이 구체적인 조약이 된 적은 없었다. 홍콩의 구체적인 상황을 보면, 영국 측은 홍콩을 냉전 대립의 최전선에 내세워 수습할 수 없는 대규모 충돌로까지 몰고갈 생각이 없었다. 이러한 복잡한 계산 아래, 매우 묘한 상황이 나타나기도 하였다. 영국은 미국을 도와 한국전쟁에 참가하였고, 북한을 지원하기 위해 압록강을 건너던 중국 군대와 교전을 벌이기도 하였지만, 한국전쟁이 홍콩을 중공에 반대하는 전선으로 바꾸어놓지는 못한 것이다. 영국은 엄격한 영화 검열, 학교의 정치활동 단속, 활동단체 강제등록 등 수단을 통해 상당히 단호하게 홍콩에서의 공산당 활동을 견제하였지만, 동일한 조치가 공산당에 반대하는 친국민당 세력에도 적용되었다. 홍콩 법률에 의거하기만 하면, 영국은 공산당이 홍콩에서 예전과 같은 활동을 하는 것을 막을 의도가 없었다. 중국 공산당과 미국 사이에서 미묘한 균형 상태를 유지하고자 했기 때문이다.

  미국과 중공 사이에 끼인 난처한 상황에서 홍콩 영국 당국이 어떻게 균형을 잡았는지를 잘 설명해주는 예가 바로 중국 민항 사건이다. 1949년 11월 중국 공산당 정부는 중국민항을 공식적으로 접수하고, 국민당이 대륙에서 철수하며 홍콩으로 몰고 간 민간 항공기 70대를 이송해줄 것을 홍콩정부에 요구하였다. 그러나 중국민항이 친국민당 성향이었던 데다가, 당초 이 70대의 비행기는 미국 측으로부터 빌려온 것이었다. 미국은 전략적으로 가치가 있는 물자가 중공에 넘어가 투자가 수포로 돌아가는 것을 막기 위해, 비행기를 중공에 넘기지 않도록 홍콩정부를 설득하는 한편, 만일 비행기를 넘길 경우 전후 유럽부흥계획(Marshall Plan)에서 영국에 대한 원조를 중단하는 방안을 고려하겠다고 위협했다. 당시 홍콩 총독을 지낸 알렉산더 그랜섬(Alexander Grantham, 중문명 葛量洪, 재임 기간 1947-1957)은 양측의 심기를 건드리지 않기 위해, 중국과 미국이 홍콩에서 소송을 제기해 비행기의 소유권을 결정할 것을 제안했다. 홍콩 법원은 최종적으로 비행기가 중공 소유임을 판결하였지만, 미국정부는 이에 불만을 제기하였고 국무원이 나서서 런던 측에 압력을 행사하였다. 결국 영국은 미국의 압력에 굴복, 추밀원(Privy

Council)을 통해 긴급명령을 내려 홍콩법원의 기존 판결을 뒤집었다. 그랜섬 총독으로서는 상당히 불쾌한 사건이었지만, 비행기는 1952년 미국으로 이송되었다.

또 하나의 유사한 사건으로는, 2차대전 기간 연합군에 의해 타이완 가오슝(高雄)에서 격침된 일본의 1만톤급 유조선을 중국 회사가 홍콩 황푸(黃埔) 부두로 끌고 와 수리를 한 후 중국으로 옮기려 한 일이 있다. 마침 수리를 마친 것은 1951년, 한국전쟁이 한창이던 시기였다. 미국은 이 배가 중공의 군용 운송 능력을 강화시켜 한국에서 작전 수행 중인 미군의 안전을 위협할 것을 우려, 중공이 이 배를 손에 넣지 못하도록 영국을 압박했다. 영국 내각은 미국의 뜻에 따라 이 배의 징용을 지시했다. 그러나 동시에 영국은 이 배를 매입하려는 타이완 측의 요구도 단호하게 거부하였다. 미국은 냉전 구도에서의 필요에 의해 타이완의 국민당을 지원하고 있었지만, 한국전쟁에서 미국과 같은 진영에 있던 영국은 그럼에도 불구하고 국민당과 지나치게 가까워짐으로써 중공과의 대립이 격화되는 것을 원치 않았던 것이다.

홍콩 영국의 '비정치화' 식민 전략

한국전쟁 기간, 홍콩이 미국의 반공 투쟁의 전선이 되는 것을 거부한 영국의 정책은 사실상 근대 이래 영국이 홍콩에서 시행한 정책의 전통을 잇는 것이었다. 홍콩을 주변 지역 정치에 간여하지 않는 중립 지역으로 유지하는 정책은 한국전쟁의 발발과 냉전 대립 속에서도 크게 변하지 않았다. 영국의 주요한 목적은 홍콩을 자유무역항으로 남겨두는 것이었는데, 홍콩이 심각한 정치 투쟁에 휘말릴 경우, 이는 영국에 전혀 도움이 되지 않기 때문이었다. 사실상, 홍콩을 중국의 정치적 변화로부터 떨어뜨려 놓는 중립 정책의 시작은 19세기 말, 청말 시기로 거슬러 올라갈 수 있다. 당시 쑨중산(孫中山)은 청조를 전복하기 위한 혁명의 활동지로 홍콩을 염두에 두었으나, 영국 측의 경고와 반대에 부닥쳤다. 영국 록하트(Stewart Lockhart) 식민지 대신은 쑨중산에게 직접 서한을 보내 "영국령 홍콩이 우호적인 이웃 제국에 대한 위험한 전복 음모 활동을 비호하는 피난처가 되게 할 생각이 없다"고 밝히기도 하였다. 그러나 민국 초의 혼란한 시기, 중국 정치에 참여하는 홍콩 중국인과 단체 지도자가 적지 않았고, 이에 불안을 느낀 당시 홍콩정부는 이들 중국인 지도자들에게 경고의 메시지를 전달하였다.

그랜섬 홍콩 총독은 전쟁이 끝난 후, 이러한 중립정책에 대해 다음과 같이 설명하였다. "홍콩에 대한 영국의 입장에 있어 가장 중요한 핵심은 정치 불간섭 원칙에 있다. 정치적 의미와 관련된 모든 문제에서 엄격한 법제원칙과 중립원칙을 지켜야만 이러한 입장이 유지될 수 있었다. 이 입장에 위배되는 방식은 무엇이든, 대내외적으로 우리를 약화시켰다." 그랜섬의 뒤를 이어 홍콩 총독을 지낸 로버트 블랙(Robert Black, 1958-1964) 역시, "우리는 홍콩이 중국에 대한 적대적 행동을 위한 기지로 이용되도록 할 생각이 없다. 어떠한 시기든, 어느 쪽에서 전복적 행동이 발견되든, 우리는 단호하게 진압할 것이다. 홍콩 경찰은 혼란을 조장하는 자들의 행동에 대해 절대적인 중립을 지킬 것이다"라고 단언한 바 있다.

사실상, 홍콩을 중국 대륙으로부터 정치적으로 떼어놓으려 한 이 방식은 민국 수십 년 간 완전히 성공을 거두지는 못하였고 중국 본토의 정치는 홍콩에 영향을 미칠 수 밖에 없었다. 1925-1926년 '성항대파업 (省港大罷工)'에서 중공과 국민당이 이끄는 노동운동이 홍콩정부에 정면으로 도전한 일도 있었다. 그러나 이후, 국민당과 공산당 모두 홍콩의 '중립'과 '균형'을 유지하려는 홍콩정부의 정책을 동요시키지는 못하였다. 1937년 일본의 중국 침략이라는 새로운 정세 속에서, 영국은 홍콩을 '비전투지역'으로 선포하고 공개적인 반일활동, 반일언론을 단속, 검열하는 한편, 1938년 중공이 홍콩에 '판사처(瓣事處)를 개설, 활동하는 것을 묵인하였다.[4] 그리고 중공은 홍콩에 마련한 이 거점을 이용해 예술가, 작가, 영화인 등에 대해 조직, 통일전선 공작을 전개하면서 홍콩 주재 중공 조직의 틀을 잡아갔다. 비록 판사처는 1942년 홍콩이 일본군의 손에 넘어가며 활동이 중단되었지만, 중공의 활동은 즉각 지하활동으로 전환되었다.[5] 1945년 홍콩이 광복을 맞이하자 영국은 홍콩 내 중공의 합법적 활동과 반공개적 기구의 지위를 인정하였다. 이후 중국 내전이 일어난 수년 간, 공산당은 더욱 적극적으로 홍콩을 화남지역 선전 및 기타 공작의 중심으로 이용, '신화사'(신화통신사, 新華通迅社) 홍콩지사의 이름을 내걸고 실질적으로는 중공의 대표기구로서 공개적으로 활동하였다. 당시 사장을 지낸 치아오관화(喬冠華)는 비공식적인 자리에서, "중공은 영국 정부가 홍콩을 반중국의 기지로 삼도록 허락하지 않을 것임을 재확인한 입장을 반겼다"고 말하기도 하였다.

국공투쟁과 좌파문화의 확산

국민당과 공산당 간의 투쟁은 쑨중산 사후 장지에스(將介石)가 '러시아와 연합하고, 공산당을 용인하는(聯俄容共)' 정책을 폐기하고 당을 정비하면서 시작되었다. 중일전쟁이 국공합작을 이끌어내기도 하였으나, 항일전쟁이 끝

---

4) 陸恭蕙, 『地下陣線 中共在香港的歷史』(香港: 香港大學出版社, 2011), 66쪽.
5) 일본군이 홍콩을 점령하기까지, 중공의 조직은 지하에서 반일을 지휘하는 게릴라전으로 전환되었다. 항일 승리 후 중국내전이 곧바로 발발하자 중공은 홍콩을 게릴라 전사를 훈련시키는 기지로 이용하였지만, 핵심 임무는 여전히 선전과 조직, 통일전선 공작에 있었다.

나자마자 합작은 국공내전으로 바뀌었다. 홍콩은 군사적으로는 전장이 아니었지만, 양측이 부딪치는 지역이었다. 1949년이 다가오자, 내전은 점차 격렬해졌고, 홍콩사회는 국공 양당에 따라 '좌'와 '우'가 대치하는 상황으로 분화되었다. 언론만 그런 것이 아니라, 노조, 학교, 문학예술단체, 영화, 체육 등 각계가 좌우로 나뉘었다. 양측이 서로 대치하는 상황에서, 영국 측은 이에 대해 줄곧 수수방관하는 태도를 취했다.

1949년 중국내전의 전세가 점차 윤곽을 드러냈다. 장지에스의 국민당 정부가 패퇴를 거듭하면서, 이들의 홍콩 및 동남아 중국인 거주 지역에서의 선전 역시 위축되었다. 홍콩에서는 친공산당 선전이 압도적인 우위를 차지하고 있었다. 친국민당 성향의 '우파' 조직과 기구는 갈수록 느슨해졌고, 반대로 친공산당 성향의 좌파를 지지하는 이가 늘어났다. 여기에 중국 대륙에서 국공투쟁이 격화되자, 대륙에서 국민당의 박해를 받은 좌파 문화인사들이 잇따라 홍콩으로 피신하였다. 순식간에 홍콩의 좌익문화계가 활기를 띠었고, 좌파의 문화활동이 활발해졌다. 이들은 신문, 잡지, 서국(書局)과 극장 등 각종 문화 사업단체를 통해 반국민당 선전을 전개하고 혁명 이념을 고취하였다.

영화계에서는 1946년에서 1953년까지, 친공산당 성향의 영화사에서 홍콩에서만 100여 편의 소련 영화를 배급했다. 이 시기, 대륙에서 홍콩으로 피신한 문화계 좌익 인사들이 소련의 영화문화를 적극 소개하여 하나의 유행을 만들어냈다. 소련 영화가 홍콩에서 상영되면서, 이는 할리우드 영화와 영국 영화가 지배하던 기존 홍콩 영화시장의 강력한 도전자가 되었다. 당시 상영된 소련 영화는 전쟁, 예술, 신화, 뮤지컬, 다큐멘터리 등 제재가 다양하였고, 스탈린을 찬양한다든지, 혁명영웅을 소개하고 여성의 정치 참여를 그리는 등, 정치선전 영화도 빠지지 않았다. 당시 영화에 대한 홍콩의 검열 규정은 주로 중국 영화에 해당되었고, 소련 영화에 대해서는 비교적 관대하였다. 홍콩정부에서 보기에 소련 영화를 관람하는 관중들에게 소련의 상황은 낯선 것이었고, 관중 자체도 대부분 지식계와 문화계에 국한되어 있었기 때문이다. 그러나 한국전쟁 발발 후에는 정치를 소재로 하는 소련 영화는 종종 상영이 금지되기도 하였다. 수년 새 중국내전과 한국전쟁이 이어지면서 홍콩에서 소련 영화가 갑자기 많아지자 할리우드 영화계와 반공 인사들에게 이것은 위협으로 느껴졌고, 공산당의 선전이 할리우드가 차지하고 있던 영역까지 넘보고 있다고 판단한 것이었다. 이에 반공 인사들은 서로 정보를 주고받으며 경계를 늦추지 말 것을 독려하였다.6)

1949년 정권이 바뀌기 직전, 좌파 문화는 홍콩에서 이미 상당한 규모와 영향력을 갖추고 있었다. 홍콩에 대한 영향력을 강화하기 위해, 중공은 홍콩에 당의 지부 조직인 '홍콩공작위원회(香港工作委員會, 약칭 홍콩공위)'를 두고 다양한 언론, 문화 공작을 이끌었다. 각 계층의 서로 다른 문화 배경과 취향을 가진 이들을 겨냥해 정치신문, 문인잡지, 아동잡지, 문예창작 및 평론 등 다양한 '친공/애국' 간행물을 발행하였다. 이밖에 중공의 지도를 받는 '좌파'가 적지 않은 '애국학교'를 소유하고, 한 학교 회원이 2만여 명에 달하기도 하였다. 상당한 세력을 갖춘 '홍콩노조연합회(工聯會)' 및 산하 조직은 음악, 연극, 문학, 예술 등 영역에서 활동하는 수십 개의 단체와 청년조직을 가지고 있었다. 이들은 주로 노동자, 청년, 학생들 사이에서 영향력을 발휘하였고, 이밖에 상업계와 어업, 농업에서도 잠재력을 가지고 있었다.7) 그럼에도 처음부터 끝까지, 홍콩의 친중공 '좌파' 세력이 식민 시기의 홍콩에서 단지 '비주류' 소수에 지나지 않았던 것 역시 사실이다.

---

6) 許敦樂, 『墾光拓影』(MCCM Creations, 2005).
7) 周奕, 『香港左派鬪爭史』(利文出版社, 2002).

미 공보처와 문화냉전

중국의 정권 교체와 한국전쟁 발발이라는 급박한 형세에 대응하기 위해 미국은 1950년 공보처의 개입을 통해 친공산당 선전 일색인 상황을 타개하고 자 하였다. 우선 홍콩 주재 미 공보처는 동남아지역 중국인을 겨냥한 냉전 반공선전 계획을 세웠다. 여기에는 격주간지(『今日美國』)를 출간, 미국 정책을 알리는 관방의 목소리로 삼는 것이 포함되었다. 이 잡지는 미국의 외교정책을 설명하고 '자유세계' 소식, 중국 대륙의 발전 등을 소개하였다. 이 밖에도 문예, 오락 분야의 내용과 사진, 그림 등을 실어 15만 부를 발행, 반 이상은 홍콩과 타이완에서 판매되고 나머지는 동남아 기타 지역의 미 공보처를 통해 증정되었다. 미 공보처는 이 밖에도 현지 출판물을 조직적으로 번역, 출판, 인쇄, 구매하여 동남아 기타 지역으로 보내는 활동을 통해 반공 간행물의 출판을 지원하였고, 이로써 얼마 지나지 않아 홍콩은 중문 반공 서적, 간행물이 가장 많은 지역이 되었다. 홍콩의 미 공보처는 또한 상당한 인력을 동원, 홍콩에서 중국 대륙의 정보를 수집하고 정리, 분석하여 영문으로 번역한 후 세계 각지에서 중공의 선전에 맞서 역선전을 전개하였다. 이것이 소위 '비정연구(匪情硏究)'이다.[8]

미 공보처의 '문화냉전' 계획은 1949년 정권 교체를 전후로 공산당을 피해 홍콩으로 남하한 많은 정치, 경제 난민에게 잘 맞았다. 이들이 홍콩으로 몰려든 상황은, 1949년 이후 수많은 '좌파' 문화인사들이 '신중국'을 향해 '북상(北歸)'한 양상과 뚜렷한 대비를 이룬다. 이러한 남, 북으로의 이동은 홍콩의 문화 정치 생태를 크게 바꾸어놓았다. '반공'의 우파 문화는 신속하게

---

8) 趙綺娜「一九五零年代的香港美國新聞處: 美國在亞洲之反共宣傳政策硏究」, 灣國 科會專題硏, 2005. 4.

힘을 얻었다. 홍콩에서의 미국의 '문화냉전' 계획은 이러한 반공 난민 집단의 수요에 맞춰 전개된 것이었다. 미 공보처는 막강한 자금력으로 반공 간행물의 출간을 도왔고, 많은 반공 문인들에게 생계 수단을 제공해주었다. 미국은 대륙의 정보를 수집하는 데에 있어 상당 부분 홍콩으로 온 난민들이 제공하는 정보와 중공 상황에 대한 분석에 의지하였기 때문에, 이 역시 홍콩이 '비정연구'의 중심이 된 원인이 되었다.

미 공보처가 직접 주도한 문화냉전 계획은, '자유세계'의 긍정적인 소식을 선전함으로써 서구 세계를 부정적으로 묘사하는 친공산당 선전에 대항하고, 공산당이 정권을 잡은 이후 중국의 어두운 모습을 폭로하는 데에 목적이 있었다. 이것은 미국의 냉전 전략과 이익에도 부합되는 것이었다. 한국전쟁으로 인해 미국은 아시아에서의 반공 방어선을 공고히 할 필요가 있었기 때문에, 타이완으로 철수한 장지에스 정권 역시 미국이 지원하는 대상이 되었다. 이러한 이유로, 서구의 자유, 민주 세계에 대한 미 공보처의 선전은 타이완에 자리잡은 국민당 정권에 대한 옹호와 찬양을 포함해야 했다. 당시 미국이 인정한 정권은 국민당 정부가 대표하는 '자유중국'이었기 때문이다.9) 짜오치니(趙綺娜)의 고찰에 따르면, 미 공보처의 당시 입장은 동남아 반공 중국인들이 단결하여 '자유중국'을 지지하도록 하는 것이었다. 이 정권이야말로 '공동의 적에 대항하는 상징'이자, '진정한 중국 가치를 지키는 수호자'였기 때문이다. 그러나 홍콩에 모여 있던 반공 난민 가운데 상당수는 반공을 주장하면서도 동시에 장지에스를 비판하는 세력이었다. 예컨대, 이러한 '반공, 반장(既反共, 亦反蔣)'을 주장한 '제3세력' 같은 이들은 공산주의에 반대하면서도 장지에스 정권을 끊임없이 공격했다. '장지에스를 옹호하며 공산주의에 반대하는

9) 같은 글.

(保蔣反共)' 냉전정책을 위해, 미 공보처는 경제적 수단을 통해 이들 '반장' 간행물의 출판을 중지시켰고, 문화 영역에서 국민당을 비판하는 목소리를 약화시키려 하였다. 미 공보처로 대표되는 미국의 냉전정책은 홍콩의 많은 반공 난민들의 지지를 얻지 못했다. 이들은 점차, 미국이 강대하지만 그들의 반공정책은 불안정하고, 미국의 이익 역시 중국인들의 이익과 일치하기 어렵다는 것을 인식하게 되었다. 이에 따라 미국의 반공정책이 자신들을 대륙으로 돌려보내줄 것이라는 희망도 힘을 잃어갔다. 1950년대 중반에 이르러, 미 공보처 관계자는 "사람들이 미국의 아시아 정책과 행동을 받아들이도록 하는 일이 매우 어려웠다"고 토로하였다.[10]

보장반공(保蔣反共), 계속되는 어려움

사실상, 미 공보처가 직접 주도한 문화냉전 계획은, 영국이 미국과 다른 대중국정책을 가지고 있었기 때문에 어려움이 많았다. 영국은 미국 측이 홍콩에서 반공선전에 적극적으로 나서는 것에 대해 신중한 태도를 취하였다. 영국으로서는 이러한 선전활동이 중공의 반발을 살까 우려하는 입장이었고, 따라서 홍콩정부도 미 공보처의 활동에 대해 감시와 견제를 게을리 하지 않았다. 미 공보국(USIA) 역시 홍콩 주재 미 공보처에 영국 식민정부와 우호적인 관계를 유지할 것을 주문하곤 하였다.

미국이 홍콩에서 전개한 냉전 반공선전이 그다지 큰 효과를 거두지 못하자, 미국의 문화냉전의 중점은 점차 홍콩에 거주하는 반공 학자들이 추진하는 중화문화 부흥 계획을 지지하는 쪽으로 전환되었다. 미국은 몇몇 비정부기구,

---

10) 같은 글.

예컨대 중국 예일협회(Yale China), 아시아협회, 포드재단, 하버드 옌칭(燕京) 연구소 등을 통해 반공 학자들의 교육사업을 지원하였다. 이 가운데 가장 주요한 사례로는 '신아서원(新亞書院)'이 있다. 미국은 중화문화가 공산주의와 서로 배치되므로 홍콩에서 중국 전통문화 부흥을 지원하면 효과적으로 공산주의를 견제할 수 있을 것으로 판단했다. 문화냉전, 공산주의 확장의 억제를 사명으로 하는 미국 재단들이 타이완이 아닌 홍콩을 자금지원의 대상으로 선택, 고등교육 기구들을 설립하기로 한 결정은, 이들이 타이완 국민당 정부와 거리를 유지하고자 했음을 반영한다.11) 신아서원의 반공 신유가 학자들은 중화민국에 정체성을 두고 매년 10월10일 신해혁명 기념일(쌍십절)을 자신들의 '국경절'로 삼았지만, 이들은 또한 홍콩이라는 영국 식민지에 정착함으로써 미국정부의 '보장반공' 냉전전략에 완전히 동의하지는 않는다는 것을 보여주었다.

사실상, 미국이 홍콩에서 문화냉전의 사유로 반공주의를 확장하고자 한 계획은 성공할 수 없는 것이었다. 우선, 미국은 홍콩에서 친공산주의 사상과 문화의 전파를 근절할 수 없었고, 홍콩의 문화와 교육, 방송 시스템을 완전히 장악할 수도 없었다. 다음으로 미국과 서구 세계가 자유체제라는 사실과 홍콩의 식민지 현실이 겹쳐지는 부분은 일부에 지나지 않았다. 홍콩에는 영국과 영국의 법치체계가 보장하는 기본적 자유가 있었지만, 식민지는 전제적 통치에 기대고 있었고 미국식 냉전 상상이 그리는 이상적 '자유세계'와는 상당한 거리가 있었다. 이러한 선전과 현실 간의 격차는 균열을 남겨두었고, 이로 인해 홍콩의 젊은이들은 냉전 속에서 미국식 자유세계의 우파 선전을 받아들인 후에도 1960년대 후반기에 가서는 좌익으로 돌아선 것이다.12) 세 번째,

---

11) 周愛靈, 『花果飄零. 冷戰時期殖民地的新亞書院』(商務印書館, 2010).

12) 羅永生, 「六, 七零年代的回歸論述」, 『人間思想』, 2012년 제1기, 191-209쪽.

홍콩의 반공주의는 기본적으로 '국공투쟁'이라는 틀의 연속선상에 있었다. 국공 양당은 모두 강렬한 민족주의 정당이었고, 양자의 대립은 기본적으로 서로 다른 민족주의 간의 투쟁이었다. 그러나 미소 대립은 전 세계의 패권과 서로 다른 이데올로기를 둘러싼 것이었다. 국민당은 중국의 자유주의 세력이 아니었고, 공산당은 마오쩌둥(毛澤東)의 지도 아래, 소련식 맑스주의와 뚜렷하게 거리를 두더니 결국에는 대립하는 양상을 보였다. 많은 부분에서 양당 간에는 차이점보다 공통점이 많은 듯 했다(예를 들면, 양당 모두 자신이 '혁명정당'임을 강조했다). 1950년대 미소 간의 대립은 국공 양당 간의 투쟁을 냉전대립의 구조로 밀어넣었을 뿐, 기존의 투쟁 방식을 바꾸지는 못했다. 네 번째, 국민당은 홍콩에서 모든 '반공세력'을 결집할 수 있는 상징적 역량이 되지 못했고, 미국 측이 국민당 외의 현지(혹은 현지로 옮겨온) '반공세력'의 힘을 빌리고자 했더라도, 그들의 사상과 활동을 미국의 냉전정책에 완전히 맞추는 것은 불가능한 일이었다.

'항미원조(抗美援朝)'와 반미선전

그러나 상대적으로, 홍콩에서 미국의 문화냉전이 절대적 우위를 차지하지 못했다는 사실이 중공의 냉전선전이 순조로웠음을 의미하지는 않는다. 사실상, 한국전쟁이 발발했을 때, 홍콩의 '좌파' 문예계는 한반도에서 발생한 전쟁에 대응할 준비가 되어 있지 않았다. 좌파의 목소리가 되었던 『문회보(文匯報)』의 「신문예(新文藝)」란과 『대공보(大公報)』의 「문예(文藝)」란을 예로 들면, 한국전쟁이 계속된 1950년에서 1953년 사이, 한국전쟁과 관련된 대부분의 문예평론과 창작은 모두 중국 대륙의 신문에서 옮겨 실은 것이었다. 문예계 종사자들에게 함께 일어나 중국을 도와 한국전쟁에 참여할 것을 호소한 평론들은, 매우 직접적인 언어를 통해 문예로써 중국의 '항미원조'라는 '정치임무'에 복무해야 한다는 점을 분명히 하였다. 예를 들어, 중남문학예술 계연합회 기획위원회(中南文聯籌委會)가 『장강일보(長江日報)』에서 옮겨 실은 글 「문예계는 일어나 미 제국주의 침략에 맞서 싸우자(文藝界動員起來, 爲反對美帝侵略而戰鬪)」에서는, "우리는 전국 문학예술 종사자들에게 모두 일어나 연대할 것을 호소한다. …우리는 중국인민과 조선인민의 깊은 우정을 찬미하며, 조선인민의 용감한 투쟁을 찬양하고 지지한다"라고 말하며, '강요' 에 가까운 어조로 "전인민이 미 제국주의를 증오하고 천시하고 멸시하도록 교육하라. 문예의 형식으로 일부 사람들이 머리 속에 남아있는 '미국공포증' 이라는 잘못된 심리를 극복하고, '친미' 반동 사상과 치열하게 투쟁하게 하라" 고 목소리를 높였다.[13]

이러한 동원령과 같은 글 외에도, 홍콩의 몇몇 '좌파' 언론의 문예란에서 는 잇따라 미국문학을 비판하는 글이 실렸다. 이러한 글들은 미국정부가 정치 적인 이유로 작가를 탄압한다고 공격하는 한편, 미국문학이 부패한 제국주의 자산계급의 예술이며 부패의 원인은 정치가 제 역할을 하지 못하기 때문이라 고 지적하기도 하였다. 짜오뤄루이(趙蘿蕤)는 「미국문학의 일면(美國文化的 一斑)」이라는 글에서, 미국문학의 주제가 잔혹성과 변태적 심리, 단순한 이상 주의 아니면 도덕적 타락의 묘사에 지나지 않는다고 지적하였다. 그는 미국문 학이 단지 "기술이 기교로 전락하고 내용은 마취제로 만들어지며", "질박한 힘을 발휘하지 못하고, 사회 속에서 영감과 교육, 호소와 감동을 전하는 역할 을 다 하지 못한다"고 지적하고, 그에 비해 "우리가 중국인으로서 다행스럽게 여길 수 있는 것은, 우리 인민정부가 우리의 문예정책을 이처럼 신중하게

---

13) 中南文聯籌委會, 「文藝界動員起來, 爲反對美帝侵略而戰鬪」, 『文匯報 新文藝』 제20기, 1950. 11. 13, 5쪽.

계획했다는 점"이라고 자부하기도 하였다.[14]

　항미원조를 선전하는 정치적 임무를 완성하기 위해, 홍콩의 좌파 언론은 다양한 시와 소설 창작을 옮겨 싣기도 하였다. 예컨대 장용메이(張詠梅)의 연구에 따르면, 야오진(姚禁)은 그의 작품 「행복(幸福)」에서 중국 군인과 북한 여성의 결합을 통해, 개인의 행복을 희생함으로써 반미투쟁의 위대함을 부각시키며 미국의 부당함을 비판하였다. 리웨이룬(李威侖)의 「사생아(私生子)」는 여자 주인공의 시각에서 사상적 갈등을 극복하고 항미원조 지원군에 참여하는 모습을 그렸다. 리커(黎克)의 「조국이 부른다(祖國在召喚)」는 조국을 위해 전쟁에 참여할 것을 호소하고 있으며, 차오치(超祺)와 리원(力文)의 「그들은 조선에서 국제적인 공훈을 세우고자 한다(他們在朝鮮爭取立國際功)」와 같은 글은 모두 항미원조를 선전하고 있다. 이러한 소설들은 대부분 국내 작가의 작품들이었다.[15] 정치적 목적으로 써진 다른 문학과 마찬가지로 주제가 뚜렷하고 대부분 전형적인 인물과 줄거리를 통해 단순하고 직접적인 표현방식과 거친 상징 수법으로 정치적 임무를 완수하기 위해 기대되는 가장 직접적인 선전효과를 추구하였다. 그러나 대륙에서 가지고 와, 대륙의 콘텍스트에 맞추어진 이 작품들은 일방적으로 중공의 당시 반미정책의 필요성을 이해시키는 정도 외에는 홍콩 현지의 특수한 배경과 수요에 적합할 수 없었다. 예컨대, 중국 자원군에 참여해 '항미원조'에 나서라는 선전은 홍콩에서는 별다른 호응이나 효과를 얻을 수 없었다. 이에 대한 어떠한 의미 있는 반응이라면 '좌파' 내부에 국한된 것뿐이었다.

14) 趙蘿蕤, 「美國文學的一斑」, 『大公報 文藝』 第177期, 1950. 12. 17, 2:7쪽.
15) 張詠梅, 『邊緣與中心. 論香港左翼小說中的「香港」(1950-67)』(天地圖書, 2003), 99쪽.

반미는 곧 반자본주의, 반식민주의인가?

한국전쟁이 끝난 후, 현지 상황을 잘 알고 있는 좌파 작가들만이 현지 독자의 수요에 맞는 반미 작품을 써낼 수 있었다. 예를 들어 작가 롼랑(阮朗)은 한국전쟁이 홍콩 경제와 민생에 가져온 영향을 소재로 반미 성향의 주제를 드러내며, 비판의 창끝을 중국에 대한 미국의 금수조치가 홍콩경제의 불경기를 초래한 과정에 맞추었다. 그는 소설 「장식등에 불이 켜질 때(華燈初上)」에서, 경제봉쇄의 충격은 홍콩 경제의 쇠퇴뿐 아니라 수많은 공장의 감원과 도산, 노동자의 실업과 생활고를 불러왔다고 서술한다. 노동자의 생활에 문제가 생길 경우, 좌파 노조의 도움이 있어야 비로소 잠시나마 어려움을 넘길 수 있었다. 여기서 미국의 금수조치는 모든 사회문제를 야기한 근본적 원인이었다. 이 때문에 노동자는 어려움을 겪고 자본가는 손실을 입으며, 여성들은 어쩔 수 없이 무희로 전락해 웃음을 팔게 된 것이다. 여자 주인공의 목소리를 통해, 작가는 미국을 강하게 비판한다. "나는 경제봉쇄와 그것을 주장한 이들이 밉다", "경제봉쇄는 피 흘리지 않고 사람을 죽이는 짓이야, 이 때문에 우리 집은 완전히 무너졌어."16) 또 다른 소설 「바보의 일기(憨人日記)」에서 반미 주제는 1960년대 초 미국이 홍콩의 섬유방직품 수입을 제한하기 위해 실행한 쿼터제를 겨냥하고 있다.

이러한 반미 소설들도 주제가 뚜렷하고 전형적인 인물과 공식화된 상황이 등장하곤 하지만, 현지의 실제 생활과 밀착되어 있다고 할 만하다. 게다가 반미라는 전제 아래 현실 생활을 민감하게 포착, 자본가에 대한 비판은 보류하고 자본가 역시 미국 강권정치의 피해자임을 드러내고 있다. 치린(啓林)의

---

16) 같은 책, 100-103쪽.

「진정한 우애(眞誠的友愛)」에 등장하는 한 노동자는, "요즘은 사장도 사장 나름대로 고충이 있어. 우리 노동자들이야, 애당초 남에게 억지로 시키는 걸 잘 못하잖아"라고 이야기한다. 작가는 순수한 광둥(廣東) 방언으로 「바보의 일기」를 썼는데, 주인공 역시 이 방언으로 "사실상 이건 노사문제와는 무관해. 우리 모두가 미국의 피해자야"라고 외친다.

냉전은 미소 간의 대립이었고, 또한 양극 대립에 놓인 이데올로기의 투쟁으로 간주되었다. 중국이 한국전쟁 초기 반미 동원을 전개한 것 역시 이러한 양극 대립의 도식에 따라 반미 선전을 벌인 것이다. 그러므로 미국 역시 절대적인 적으로 그려졌다. 이러한 전형적인 냉전적 양극대립의 교조주의, 반미, 반자본주의, 반식민주의와 반장(反蔣)의식 등은 모두 하나의 통일된 목표를 가진 것이었다. 그러나 홍콩의 독특한 역사가 결합된 상황에서 '반미'로써 '반자본주의'와 '반식민주의'를 끌어들이는 것은 현실에 맞지 않았고, 중공 자신의 대홍콩정책 방침에도 부합되지 않았다. 마오쩌둥은 1946년 영국 기자 고든 하몬(Gordon Harmon)에게 중공은 홍콩 수복을 서두르지 않는다고 표명했다.

> 우리가 홍콩을 원하느냐 하면…중국은 골치 아픈 문제가 이미 많이 있다. 나는 홍콩에 그다지 흥미를 느끼지 않고, 중국 공산당 역시 홍콩에 흥미가 없다. 홍콩은 한 번도 우리의 토론 대상이 된 적이 없다. 혹 10년, 20년, 30년 후에 우리가 홍콩 회귀 문제를 이야기해야 할지도 모르겠다. 그러나 나의 입장은, 중국인이 세수와 정치 대표성 문제에서 차별을 당하지만 않는다면 홍콩에 흥미가 없다는 것이고, 홍콩이 귀국과 우리나라 간에 논쟁의 초점이 되도록 하는 일도 없을 것이라는 점이다.[17]

---

17) 陸恭蕙, 앞의 책, 83쪽.

이후 1967년 홍콩에서 '좌파'의 주도 아래 발생한 대규모의 폭동에 대처하면서, 저우언라이(周恩來)는 홍콩에 대한 중공의 "충분한 고려, 장기적 이용(充分打算, 長期利用)" 정책을 재확인하였다. 중공은 영국의 홍콩 식민 통치가 유리한 상황을 언제나 인식하고 있었다. 이러한 상황에서, 냉전 담론 속의 철저한 '반식민주의' 요구 역시 중공의 홍콩정책에 위배되는 것이었다. 따라서, '좌파' 선전기구가 한국전쟁 기간 동안 '반미'를 위해 소리 높여 외쳤던 '반제국주의', '반식민주의'의 구호와 선전은, 한국전쟁이 끝난 후 신속하게 그 모습을 감추었다. 물론 식민지 현실과 홍콩 정부의 행정에 대한 비판은 여전히 좌파 선전의 특징이었다. 문예 선전 속에서 홍콩 경찰의 부정적인 이미지는 계속해서 나타났고, 은유적인 방식으로 외부의 식민주의를 비판함으로써 홍콩의 식민 현실을 간접적으로 비판하였다. 그럼에도 불구하고 1950년대 이러한 비판 속에서, 한국전쟁 기간 동안 반미 선전이 제기했던 것처럼 제국주의, 식민주의의 철저한 전복을 출구로 삼아야 한다는 주장은 보이지 않았다. 물론 이러한 방식은 당시 노골적인 '반영국' 정치 선전을 용인하지 않았던 홍콩정부의 정책과 관련이 있지만, 만일 중공과 선전 조직에서 '전체 상황을 위해' 자발적으로 발을 맞추고 자기검열을 하지 않았다면 상상할 수 없는 일이었을 것이다.

'신중원심리'와 홍콩 좌파의 곤경

전후 홍콩이 중공의 '좌파'를 따라 원칙적으로는 반미, 반제국주의의 좌파 이데올로기를 옹호하였지만, 현실적으로는 '임무'로서의 '자기제한적(self-limiting)' 반식민주의를 받아들일 수밖에 없었다. 양자 간의 격차는 커다란 심리적, 문화적 긴장을 만들어냈고, 이로 인해 홍콩의 좌파 사상은 일종의 자기만족과 엘리트주의, '조국에 대한 감상'으로 충만한 애국주의가 되었다. 이러한 혁명 엘리트의 자기상상과 북상에 대한 투사는 1950년대를 거치며 장용메이가 표현한 바, '신중원심리'를 형성하였다. 즉 무조건적으로 '신중국'에 동일시하여 '변방' 홍콩에서 '신중원'의 대변인을 자처하며, 홍콩 사람들에게 광명과 이상과 희망을 상징하는 중원을 끊임없이 선전하고, '북으로 돌아가는 것'이야말로 유일하고도 가장 좋은 선택임을 설득하는 것이었다.[18] 홍콩의 현실에서 유리된 이러한 좌파의 실천은 점차 '좌파' 집단을 홍콩 사회에서 고립시켰고, 자기폐쇄적 울타리 안에서 내부 소통만이 존재하는, 반성 없는 신앙을 공고히 하였다.

한국전쟁 시기, 중공 중앙에서 홍콩에 제시한 냉전식 '반미주의' 노선은 당시 홍콩의 '좌파'에게 더 많은 지지와 대중을 끌어다주지 못했다. 게다가 앞서 설명한 홍콩의 '좌파'와 '우파' 간 제로섬 게임과 같은 세력 다툼과 일방적인 반미 냉전 선전 속에서, '좌파'는 더더욱 홍콩사회의 현실에서 멀어져 갔다. 신화사 홍콩지사장을 역임한 쉬지아툰(許家屯)의 회고록에서도 이와 같은 언급이 보이는데, 그에 따르면 홍콩의 '좌파'는 '이념에 갇혀 경직되는(一左二窄)' 노선을 걸었다.[19]

중공의 수십 년 역사를 살펴볼 때, 대약진과 문화대혁명은 잘못된 '극좌' 노선을 따른 시기로 언급되곤 한다. 반면 한국전쟁이라는 역사에 참여한 부분에 대해서는 사고가 부족하다. 그러나 문제는 당시 중공이 한국전쟁에 참여하여 치른 대가가 가치 있는 것이었나, 당시 노선이 '지나친 좌경'이 아니었나를 평가하는 것이 아니라 냉전문화가 만들어놓은 양극대립의 배후에 존재한 전체주의의 사유 모델이 복잡다단한 현지의 상황 속에서 어떻게 모순과 분열,

18) 張詠梅, 『邊緣與中心. 論香港左翼小說中的「香港」(1950-67)』 (天地圖書, 2003).
19) 許家屯, 『許家屯香港回憶錄(上, 下)』 (聯經, 1993).

차이를 은폐해왔는가를 이야기하는 것일 듯하다. 한국전쟁 중 홍콩은 단절된 공간이었고, 반미와 반자본주의, 반식민주의, 반장의식은 간단하게 서로 환원되거나 섞일 수 없는 것이었다. 만일 '좌파'가 이 공간 속에서 한 '냉전실천'이 실패한 것이라면, 이에 대응한 '우파'의 '냉전실천' 역시 성공했다고 볼 수 없을 것이다. 홍콩의 복잡한 역사 구성은 그 내부에서 얽혀있는 실천공간으로 인해 미국식 자유주의에 손쉽게 통합될 수 없기 때문이다.

역사적으로 한국에서 일어난 전쟁은 홍콩을 스치듯 지나갔지만, 어쩌면 홍콩이 한국전쟁의 유일한 승자일지도 모른다는 점은 이러한 역설을 잘 보여준다. 왜냐하면, 좌파의 문예선전에서는 당시 경제봉쇄가 홍콩에 커다란 타격을 입혔다고 비난했지만, 역사적으로 볼 때 이후 홍콩의 빠른 경제 성장은 상당 부분 한국전쟁이 제공한 기회를 통해 홍콩이 중국에 있어 경제봉쇄를 뚫고 계속 이용할 수 있는 유일한 자유항이 된 덕분이기 때문이다. 중국은 홍콩을 외화를 벌어들일 수 있는 창구로 의지해야 했고, 또한 이 때문에 중국과 영국은 전후 홍콩에서 수십 년간 거의 어떠한 도전도 받지 않는 식민통치를 함께 유지하였으며, 이후 '신자유주의' 부흥에 영감을 제공한 자본주의 유토피아를 만들어낼 수 있었다. 홍콩에서 시작된 '애국자본가'(훠잉둥[霍英東]과 같은)의 신화는 그들이 과거 어떻게 밀수를 통해 경제봉쇄 속에서 중국에 틈을 만들어 주며 치부하였는가에 관한 이야기로 이루어진다. 이러한 신화는 마침 냉전의 양극대립 반대편, 즉 양극융화에 있다. 그들은 공산중국을 사랑했고 동시에 자본주의의 자유로운 모험과 기업가 정신을 구현했다. 그러나 잊지 말아야 할 것은, 그들의 승리가 한국에서 일어난, 수많은 사상자를 낸 전쟁 위에 세워졌다는 점이다.

번역_김남희

10

말라야*에서의 한국전쟁
—말라야 공산당 투쟁과 '신촌' 기억에 관한 재고찰

판완밍(潘婉明) · 천띵후이(陳丁輝)

1. 서론: 국제정세가 불러일으킨 본토 전투

1950년 6월 25일 한국전쟁이 발발했을 때, 천리 밖의 영국 식민지인 말라야는 '긴급사태'(Emergency, 1948-1960)에 진입한 지 이미 2년째 접어들고 있었다. 두 전쟁 모두 공산주의의 확산을 봉쇄하기 위한 것이었지만 직접적인 관련은 없었다. 그러나 동떨어진 두 전지 사이에 국제 군사경제의 효익으로 인해 연결고리가 생겼다. 한국전쟁의 발발은 말라야 원산품의 가격을 상승시켰고, 대대적인 공산당 소탕으로 거의 파산 지경에 이른 말라야 식민

---

* 18세기, 말레이 왕국은 대영제국의 지배를 받기 시작했다. 하지만 1946년에 이르러, 말레이 반도의 주들이 연합하여 '말라야 연방'을 세웠고, 1957년 8월 31일 오랜 식민 역사에 종지부를 찍고 독립했다. 1963년 9월 16일, 말라야 연방은 사바 주, 사라왁 주, 싱가포르와 연합하면서 Malaya란 이름에 si를 추가해 'Malaysia'가 되었다. 그러나 2년도 채 지나지 않은 1965년, 싱가포르가 연방에서 탈퇴했다. 이 글에서는 1950년대를 연구시기로 책정하고 있다. 따라서 말레이시아가 아닌 '말라야'라는 명칭을 사용한다.-역주

지 정부를 때맞추어 구원해냈다.

전후 말라야 공산당 투쟁이 의도한 것은 반식민·독립·건국이었으니, 기본적으로 본토의 전투였던 셈이다. 그러나 말라야 공산당은 처음부터 외부 조직과 국제정세가 부여한 태생적인 성격을 지니고 있었다. 1920년대 기획 단계에서 국제공산당에서 파견한 중공 인사들의 지도를 받았으며, 1930년대 중국 항일전쟁을 지원함으로써 본토에 군중 기반을 마련해 나갔다. 전후에 정책을 결정하는 과정에서 소련, 콜카타 회의(1948), 오스트레일리아 공산당 의 영향을 받는가 하면, 중국 공산당의 건국(1949)에 고무되기도 했다. 1950 년대 무장투쟁을 채택했을 때는 한국전쟁 발발이 가져온 군사경제의 이익을 취했으며, 전투자원이 신촌의 대량 건설로 단절되자 투쟁 역시 점차 열세로 치닫게 되었다. 1960년대에는 변경으로 흩어졌는데, 지도자가 오래 중국에 머무르고, 부대는 태국 남방으로 퇴각하는가 하면, 지하조직은 인도네시아로 망명했다. 요컨대, 독립과 건국을 호소한 말라야 공산당의 '본토전투'는 좀처 럼 자신의 뜻대로 할 수 없는 상황 속에서 전장조차 국외로 밀려나게 되었던 것이다.

말라야 공산당은 1948년, 즉 무장태세를 취했던 초기에 항일 시기부터 '말라야 인민항일군(Malayan People Anti Japanese Army, '항일군'으로 약칭)'[1] 을 지원해온 농촌 지역 군중들의 지지를 받았다. 말라야 공산당은 항일 과업 의 공훈으로 말미암아 전후 말라야로 복귀한 영국 식민지 정부의 승인 하에 합법적 정당이 되었으며, 이후 크나큰 명망을 누리고 민중의 지지를 확보할

---

1) '말라야 인민항일군'은 말라야 공산당의 호소로 세워진 부대로서 항일 기간 유일하 게 조직적으로 본토를 수호하던 무장세력이다. 그러나 말라야 공산당원만이 항일군에 가입할 수 있었던 것은 아니다. 따라서 이 부대를 말라야 공산당 소속 부대로 간주할 수는 없다.

수 있었다. 하지만 곧 정세가 바뀌어 정부가 긴급법령을 내려 불법 조직으로 선포하자, 말라야 공산당은 당원들에게 총자루를 다시 메고 산림으로 들어가 유격전투에 가담할 것을 촉구했으며, 전시에 닦은 군중 기반에 의거해서 신속히 세력을 확장해갈 것을 호소했다.

농촌 주민들 및 산림 주변에 흩어져 사는 '화전민(squatters)'2)들이 말라야 공산당에게 인력, 물자, 정보를 전달하는 것을 막기 위해 식민지 정부는 '신촌(new villages)'3)을 건립할 것을 제의했으며, 곧 '신촌계획(Briggs Plan, 布里格斯計畵)'이 도출되었다. 이 계획으로 말라야의 토지 위에서 짧게나마 몇 년간 우후죽순 격으로 세워진, 그러나 다분히 계획적으로 건립된 수백 개의 신촌은 말라야 공산당의 전투자원을 적절히 단절시킬 수 있었다. 이 계획이 성공을 거두기까지 많은 주, 객관적 요소들이 작용했겠으나 세 각을 이루는 식민지 정부, 말라야 공산당, 촌민 외에 동북아의 또 다른 전쟁이 끼친 영향이 매우 크다. '적시에' 발발한 한국전쟁은 식민지 정부가 원산품 및 인민의 생산력을 통해 본토의 반식민 전투를 진압할 수 있게 했다. 이것이야말로 역사의 간계라 하겠다.

따라서 이 글은 한국전쟁의 군사경제 효과를 배경으로 말라야 공산당의

---

2) 'Squatters'는 다중 번역된다. 대개 식민사관을 지지하는 문헌에서는 그 '불법'적 함의가 도드라지게 드러난다. 즉 '불법 주민' 혹은 '불법 거주자'로 번역하여, 도덕적 비난의 어조로 신촌의 정당성을 확보한다. 본문에서는 '화전민'으로 번역한다. 일본 점거 시기 전화를 피하고 식량부족 문제를 해결하기 위해 도시에서 변두리 내지 산림 주변으로 이주하여 개간에 종사하던 다수의 화교 주민을 일컫는다.

3) 1950년대부터 신촌은 증가, 합병, 분할, 폐쇄를 거듭했다. 따라서 신촌의 실제 수치는 연도에 따라 부단히 변화하는데, 대략 500~600개 사이로 추정된다. 하지만 지금은 정부 당국에서 인정한 명단 안에 있는 것으로서 비교적 확정적인 450개의 신촌으로 한정한다. *New Village Master lan* (Summary) (Kuala Lumpur: Ministry of Housing and Local Government, 2005), p. 31을 보라.

'전투력이 상실'된 원인, 즉 1950년대 초엽의 '비전투적' 역사에 어떠한 우연적 요소가 개입했는지를 규명하고자 한다. 이와 동시에 전지 밖의 전쟁이 어떻게 민족 구성이 복잡다단한 영국 식민지 말라야에서 식민지 통치자와 식민지 인민의 합작을 촉구하여 말라야 공산당을 더욱 불리한 위치로 몰아넣었는지를 고찰할 것이다. 한편 이 글에서는 50만이 넘는 말라야 인구에 초점을 맞추어 그들의 생존과 생계, 일상생활, 반세기가 넘는 동안의 생명의 기억이 어떻게 한국전쟁으로부터 간접적인 영향을 받았는지, 그들이 어떻게 생각지도 못한 역정을 겪으면서 유랑과 고통의 한 페이지를 써내려 갔는지를 되돌아보고자 한다.

2. 말라야에서의 한국전쟁

말라야 공산당의 역사는 여러 국가/지역의 공산당사와 마찬가지로 문헌 부족으로 인한 쟁론의 여지를 안고 있다. 학자들은 말라야 공산당 초기의 발전 단계, 예컨대 수립 일시에 대해서도 서로 다른 주장을 한다. 하지만 대다수 자료들이 드러내듯이 말라야 공산당과 중공의 관계가 소원하지 않았다는 사실만은 분명하다. 일찍이 1920년대, 중국 공산당원들이 말라야에 가서 정치 활동을 하면서 신문사, 민간학교, 노동자 단체에 영향을 끼쳤다. 1928년 초, 중국 공산당은 기획조직을 남양공산당 임시위원회에 파견하였으니, 이것이 바로 말라야 공산당의 전신이다. 1930년 4월,[4] 남양 임시위원회

---

4) 일반적으로 말라야 공산당은 1930년 4월 30일, 네게리 셈빌란 주 쿠알라 필라(Kuala Pilah, Negeri Sembilan)에서 수립된 것으로 간주된다. 하지만 어떤 학자는 말라야 공산당이 4월 중순 경 어느 날, 조호르 주 불로 카삽(Buloh Kasap, Johor)에서 출범했다고 주장한다. C. F. Yong, *The Origins of Malayan Communism* (Singapore: South Sea Society, 1997), pp. 129-31을 보라.

는 제3인터내셔널의 지시 하에 해산했고 이와 동시에 말라야 공산당의 성립이 선포되었다.

말라야 공산당은 수립 초기에 내부적으로 파벌 투쟁을 겪었는데, 이로인해 활동력과 영향력 모두 미약할 수밖에 없었다. 하지만 1937년 중국에서항일전쟁이 일어나자 말라야 공산당은 중국 민족주의 정서의 응집 하에 항일원중(抗日援中)에 호응하여 암암리에 '말라야화교각계항적후원회(馬來亞華僑各界抗敵後援會)'('항원'으로 약칭)를 조직했고, 적극적으로 모금활동을 벌였으며, 대중 기반을 닦아나갔다.[5] 이 기반은 일본인이 말라야를 침략했을때 한층 더 확장될 수 있었다. 1941년 12월 8일 일본은 태평양전쟁을 일으켰다. 일본군은 태국 남부를 경유하여 곧장 말라야로 진입했고, 영국군은 계속열세로 몰려 별다른 결전 없이 철수하게 되었다. 그 전에 영국 식민지 정부는'101특별훈련학교(101 Special Training School)'를 세워 말라야 공산당을 골간으로 하는 항일요원들을 배양했고 그들에게 기초훈련과 함께 무기를 제공하여 유격전투 형식으로 항일군을 조직하도록 했다.

1942년 2월 15일, 싱가포르가 점령된 데 이어 말라야 전 지역이 함락되었다. 하지만 말라야 공산당은 이미 1942년 1월 1일 셀랑고르주(Selangor)에서 말라야 인민항일군 제1 독립부대를 창설했다. 말라야 공산당은 인민 전체가 무장하여 말라야를 방위하고 말라야 전 지역에서 항일 독립부대를 결성할

---

5) '항원'은 비공개 조직으로서 모금한 자금을 비밀리에 홍콩 교료승지(交廖承志) 사무소에 송부하여 팔로군, 신사군, 동강 항일유격대, 경애 항일독립군 등 중공이 이끄는부대들을 지원했다. 이하의 관련 자료를 보라. 陳靑山(천칭산), 「馬來亞「抗援會」與華僑抗日運動(말라야 '항원회'와 화교항일운동)」, 신말라야화교친우회 편, 『馬來亞人民抗日鬪爭史料選輯(말라야인민항일투쟁사료선집)』(香港: 見證, 1992), 321-25쪽; 馬林(마린), 「「抗敵後援會」在馬華抗日救國運動中的歷史作用(말라야 화교 항일구국운동중 '항적후원회'의 역사적 역할)」 신말라야화교친우회 편, 『馬來亞人民抗日鬪爭史料選輯』에 수록, 325-41쪽.

것을 호소했다.6) 이 시기 말라야 공산당의 동원 대상은 주로 화교에 한정되어 있었다. 그 외 말라야인과 인도인이 비록 산발적으로 저항하기는 했으나 시종일관 통합된 역량으로 성장하지는 못했다. 하지만 말라야 공산당 간부가 지도하는 항일군의 주요 역량, 즉 이 기간에 쌓은 전투경험과 전시동맹군이 제공한 무기는 훗날 말라야 무장투쟁을 전개할 때 중요한 자원이 되었다.

1) 말라야 공산당 무장투쟁과 '긴급사태'

1945년 8월, 일본이 무조건적인 투항을 선언하자 영국 식민 통치자는 곧장 말라야로 복귀했다. 말라야 공산당은 '항일 공로'를 인정받고 '합법'적 지위를 부여 받았으며 공개적인 활동을 할 수 있게 되었다. 하지만 3년여 간의 '평화'는 곧 종식되었다. 말라야 공산당은 1948년 6월, 다시 무기를 들고 장장 41년간 지속될 유격생애를 개시했다.

사실 말라야 공산당은 일찍이 항일 시기부터 무장 태세를 갖추었다. 그리고 식민 통치자와 한때 연합하기도 했으나, 공동의 적을 무찌르려는 목적만을 지녔을 뿐 서로 신뢰하지는 않았다. 전쟁이 끝나자, 말라야 공산당은 곧바로 체제편성 작업에 착수했다. 그들은 먼저 반 이상의 총기류를 숨기고 일부 무기와 탄약만을 내놓았다. 그 다음 제대 인원을 안배하는 데 있어서 공개와 비밀이라는 두 부문으로 나누어 신분이 드러난 당원과 일반 항일 전사를 제대 명단에 넣고 정식으로 제대 조치했으나, 그 외의 당원과 정예군은 비밀 대오로 남겨두어 당의 병기로 삼았다. 또한 일본이 투항하고 나서 얼마 후, 말라야 공산당은 영국군에 귀순하여 백인의 포로가 되기를 원하지 않는 400명의 일본 군인을 각지에서 받아들였다. 이 일본군들은 천황의 명령을 거역

---

6) 羅武, 『馬來亞的反抗(1942-1945)』 (香港: 海泉出版社, 1982), 11-18, 47쪽.

하면서까지 계속 싸우기를 원했기 때문에 말라야 공산당에 의탁했다. 말라야 공산당도 그들의 군사기술과 전투의지에 기꺼이 신세를 지고, 시기가 무르익기를 기다려 '우리를 따라 산림으로 들어가자'고 다독였다. 하지만 항일군이 제대하여 인력이 부족해진 상황에서 일찍이 '적군'이었던 일본인을 단속하는 것은 지극히 곤혹스러운 일이 되었다. 게다가 전후에 물자와 식량까지 부족해졌다. 결국 그들은 총서기 라이터(Lai Te)의 지시 하에 모두 처결되었다.[7]

말라야 공산당이 '합법'적으로 존재하던 시기에도 당내는 역시 다사다난했다. 1947년 말라야 공산당은 라이터를 프랑스·영국·일본 삼국의 첩자로 적발해내어 내부적으로 한바탕 폭풍을 치렀다. 이후 23세에 불과한 친평(陳平, Chin Peng)이 총서기로 임명되었다. 1948년 3월 말라야 공산당은 제9차 확대 중앙회의를 소집하여 무장투쟁을 '가장 중요하고 고차원적인 투쟁형식'으로 통과시켰다.[8]

전투전술이 확립되었으나 적용 시기는 아직 정해지지 않았고 진행 단계를 기획하고 있을 때였다. 1948년 6월 18일, 영국 식민지 정부는 말라야 전체를 '긴급사태'로 몰아넣었다. 이 시기는 말라야 공산당이 가장 빨리 무장책동이 가능한 시기로 예상했던 9월보다 최소한 3개월이 이른 때였다. 6월 16일, 말라야 공산당은 화풍(和豐 Sungai Siput) 지구의 고무농장에서 3명의 영국 국적자인 농장 지배인을 살해했다. 친평의 회고에 따르면 3인이 살해될 때 어떠한 낌새도 알아차리지 못했다고 한다. 말라야 공산당 중앙은 일찍이 유럽 국적의 경작인을 살해하라는 명령을 내린 적이 없었다. 이는 지방에서 중앙의 지시를 거치지 않고 단행한 처사로서 일종의 '엄중한 착오'

---

7) 陳平, 『我方的歷史』(新加坡: Media Masters, 2004), 107-10, 128-30쪽.
8) 陳田, 「馬來亞共產黨史料 (1930-1962)」, 林雁 등 編纂, 『陳田紀念文集』(吉隆坡: 策略資訊研究中心, 2008), 123-24쪽.

였던 것이다.9)

'긴급사태'가 반포된 후, 식민지 정부는 6월 20일부터 말라야 공산당원 및 친공 인사들의 검거에 나섰다. 말라야 공산당을 비롯해서 항일군 퇴역동지회(AJA Ex-Service Comrades' Association), 신민주청년동맹(New Democratic Youth League) 등 말라야 공산당 주변에 있던 다수의 친공 단체들이 불법조직으로 선포되었다.10) 말라야 공산당 기관지인 『민성보(民聲報)』, 퇴역동지회의 메가폰인 『전우보(戰友報)』 역시 금지되었으며, 좌익 성향의 『남교일보(南僑日報)』 및 좌파에 동정적인 기타 간행물도 잇따라 같은 운명에 처했다.

긴급법령으로 식민지 정부의 권력은 무한히 확장되었다. 특별경찰부대 결성, 관제도로와 관제식량의 책정, 인구등기, 계엄선포를 책동할 수 있는 권력을 포함해서 수색령 혹은 체포령이 없는 상황에서도 신체수색, 가옥수색 및 체포행위를 진행할 수 있는 권력이 생겨났다.11) 이러한 권력은 1949년 5월과 9월, 긴급법령에 대한 두 차례의 수정 이후 한층 더 확대되었다. 법령 17E는 말라야 통치 권력이 공중의 이익과 안전을 수호한다는 전제 하에 특정 지구의 특정 주민을 추방할 수 있게 했다. 또한 법령17E는 각 주의 담당 관리자와 식민 통치자에게 특정 주민을 한 장소에서 다른 장소로 이주시킬 수 있는 권력을 부여했다. 이 두 조례는 식민지 정부가 신촌계획을 추진할 수 있도록 보험 역할을 했으며, 이후 인구추방과 이주제한 법령의 근거가 되기도 했다.12)

9) 陳平, 앞의 책, 184, 191-97쪽.

10) Anthony Short, *In Pursuit of Mountain Rats: The Communist Insurrection in Malaya* (Singapore: Cultured Lotus, 2000), p. 94.

11) Richard Stubbs, *Hearts and Minds in Guerrilla Warfare: The Malayan Emergency, 1948-1960* (Singapore: Eastern Universities Press, 2004), pp. 70-71.

12) *Federation of Malaya Annual Report*, 1949 (Kuala Lumpur: Government Printer, 1950).

'긴급사태'는 식민 통치자의 수사로서, 식민지 자본가의 이익을 보호하기 위한 것이었다. 무릇 '전쟁'이 초래한 경제손실에 대해서는 런던의 보험회사에 국제배상을 청구할 수 없었다. 이에 자본가들이 '전쟁 시 국제배상 청구의 무효화'라는 제한을 피해갈 수 있도록 식민지 정부는 '전쟁상황'을 '긴급사태'로 대체했다.[13] 하지만 말라야 공산당의 맥락 속에서 이것이 한바탕 전쟁이라는 것은 의심할 여지없는 사실이었다. 말라야 공산당은 '620사건'이란 명칭으로 1948년 6월 20일의 전국적인 대규모 검거행위를 일컬었으며, 아울러 '긴급사태 시기'를 '620영국에 항거하는 민족해방전쟁'('620전쟁'으로 약칭)으로 명명했다.

'620전쟁'이 발발하자 말라야 공산당은 동지들을 동원하여 산림 유격전투를 전개했다. 그들은 항일 시기에 미리 숨겨두었던 무기를 파냈다. 이렇게 해서 '말라야 민족해방군(Malayan National Liberation Army)'이 창설되었다. 그들은 각지에서 무장투쟁을 전개했다. 1950년대 초엽까지 말라야 공산당의 전투는 식민지의 정치·경제에 상당한 위협을 가했으며, 식민지 정부가 막대한 자원과 대량의 인력을 동원하여 대응하도록 만들었다. 하지만 1953년 무렵부터 제국열강이 공산당을 봉쇄하는 가운데 말라야 공산당은 전투조건의 현저한 차이로 말미암아 계속해서 북방으로 퇴각할 수밖에 없었다. 그 와중에 결정적으로 말라야 공산당을 패배로 이끈 정책이 바로 '신촌계획'이다.

2) 신촌계획 (Briggs Plan)

신촌은 '긴급사태' 시기의 역사적 산물이다. 1948년, '긴급사태'가 선포되

---

13) Philip Deery, "The Terminology of Terrorism: Malaya, 1948-52," *Journal of Southeast Asian Studies*, 34(2) (June 2003), p. 237.

었음에도 불구하고 공산당 봉쇄 정책은 두드러진 성과를 거두지 못하고 있었다. 식민지 정부는 산림작전의 경험이 있는 브리그스(Lieutenant-General Sir Harold Briggs) 장군을 말라야로 파견하여 작전 지휘관 임무를 맡겼으며 총괄 책임을 지고 군경과 연합작전을 펴도록 지시했다. 브리그스는 산림 주변에 거주하는 화교 '화전민'이 말라야 공산당의 물자 공급원이라고 판단했다. 그들의 말라야 공산당 원조행위를 두절하기 위해 브리그스는 자신의 성을 따서 명명한 '브리그스 계획', 즉 '신촌계획'을 내놓았다.

이로써 1950년 이래로 식민지 정부는 말라야 전역에 수백 개에 달하는 '신촌'을 건립했으며, 인민 혹은 말라야 공산당의 잠재적인 동조자들을 지정된 거주지로 집단 이주시킨 후 활동영역을 제한하고 일괄 통제했다. 1954년의 통계에 따르면, 당시 신촌 인구가 총 572,917명이었는데, 그 가운데 86%가 화교였으며, 말라야인이 9%, 인도인이 4%, 기타 인구가 1%였다.[14]

'신촌계획'은 단호하고 신속하게 집행되었다. 수천수만의 '화전민'이 어쩔 수 없이 원래의 거주지와 생업을 포기하고 지정된 신촌으로 옮겨가서 새롭게 가정을 꾸렸다. 그 여파에 놓였던 사람들이 아주 많았기 때문에 모든 촌락, 모든 개인의 처지가 서로 다를 수밖에 없었다. 어떤 촌락은 지리가 좋아서 아주 쉽게 가정을 꾸릴 수 있었고, 어떤 촌락은 늪 혹은 연못 지대에 위치해서 거주하기에 적합하지 않았다. 어떤 사람들은 수월하게 적응하여 아주 빨리 신촌에 정착했지만, 어떤 이들은 무고하게 연루되어 인생이 완전히 뒤바뀌었다.

정부는 신촌이 주민들에게 안전과 편리, 현대화된 생활을 선사할 것이라

---

14) Kernial Singh Sandhu, "Emergency Resettlement in Malaya," in Ray Nyce, *Chinese New Villages in Malaya: A Community Study* (Singapore: Malaysian Sociological Research Institute, 1973), pp. xxix-Lxv.

고 공언했다. 신촌은 상대적으로 우수한 기초설비, 예컨대 경찰서, 민중회당, 진료소, 중국어 소학교, 청과물 시장, 점포, 도로, 전력 및 상수도를 보유하고 있었다. 하지만 신촌 주민들은 반드시 상응하는 대가를 지불해야 했다. 그들은 고도로 통제된 연금생활을 했다. 모든 신촌은 가시가 달린 철조망 울타리로 둘러싸여 있었는데, 어떤 곳은 수십 척 밖에 다시 한 겹으로 에워싸였다. 촌민이 물자를 '울타리 밖'으로 던지는 것을 방지하기 위해서였다. 신촌 사방에 감시탑을 지었고 그 위에 원거리 탐조등을 장착하여 교대로 경비를 섰다. 한밤중에 경찰이 찾아와 사람 수를 세었는데, 한 사람이 많든 한 사람이 적든 매우 곤란해졌다. 집에 친우가 오거나 떠날 때면 모두 사전에 통보하여 허가를 받아야 했다. 식량 방면의 규정과 통제는 더욱 엄격했다. 일부 신촌 주민들은 '큰 가마 밥'을 먹어야 했다. 쌀을 살 수 없을 뿐 아니라 집에서 밥을 지을 수도 없고 '공공주방(communal kitchen)'에서 지은 밥을 가져다 먹었기 때문이다. 날씨가 무더울 때는 쌀밥을 보존할 방법이 없어 낭패이기 일쑤였다. 또 다른 신촌 주민들은 '쌀패(Private Purchase's Card)'와 신분증을 제시한 후에야 쌀을 살 수 있었다. 가족 수에 따라서, 남녀노소의 구분에 근거하여 지정된 양을 구매했기 때문에 늘 반 기아 상태였다. 신촌 주민의 집에는 단지 일주일 분량의 식량만을 비축해둘 수 있었다. 통조림 식품을 살 때는 반드시 상점 안, 그 자리에서 개봉하여 그것을 더 보존할 수 없게 만들었다.15)

모든 신촌의 입구에는 대형 수문을 건설하여 계엄을 실시했다. 촌민은 아침 6시에 수문을 연 후에야 비로소 나갈 수 있었고, 매일 밤 7시 수문을 닫기 전에 돌아와야 했다. 심야 11시 이후에는 집에 들어가 있어야 했고,

---

15) 潘婉明, 『一個新村, 一種華人?—重建馬來(西)亞華人新村的集體回憶)』, (吉隆坡: 大將, 2004), 27-28쪽.

부득이하게 집 밖에서 체류하거나 평일 외출 시에는 반드시 몸에 일명 'IC(Identity Card)'라고 부르는 신분증을 휴대했다. 사실상 촌민 입장에서는 시간을 넘기거나 한밤중에 외출하는 행위는 자못 위험했다. 긴급법령 하에서 군경이 임의대로 '어떠한 이동 물체'든지 사격을 가할 수 있었기 때문이다 (free to shoot down "anything that moved" in them).[16)]

신촌의 법 집행이 엄격했건만, 이 계획이 실시되던 초기 2년간은 눈에 띄는 성과를 얻지 못했다. 1951년 10월 6일 말라야 흠차대신(High Commissioner) 거니 장군(Sir Henry Gurney)이 차를 몰고 푸롱 항(Fraser's Hill)으로 휴가를 가던 도중 습격을 받아 사망했다. 안 그래도 추진하기 어려웠던 공산당 진압 과정에서 설상가상 격으로 벌어진 사건이었다. 이 때문에 브리그스는 시기를 앞당겨 12월에 우울하게 은퇴했고 그렇게 얼마 후 세상을 등졌다.[17)]

거니 장군 살해는 식민당국으로 하여금 경각심을 갖게 만들었다. 말라야 의 행정과 군정 시스템을 통합 조정하고 군사실력가를 기용하여 공산당을 진압할 필요가 있었다. 1952년 2월, 새로 부임한 흠차대신 겸 작전 총지휘관 제럴드 템플러(Lieutenant-General Sir Gerald Templer)가 말라야에 도착하여 강력한 공산당 진압정책을 실시했다. 템플러는 채찍과 당근이라는 두 가지 정책을 동시에 사용하는 데 능했다. 한편으로는 위협과 징벌을 강화했다. 신촌 주민들의 일상생활 가운데 불편을 조성하여 그들이 생명, 재산, 생계에 위협을 느껴 감히 공산당에 접근하거나 동정하지 못하도록 만들었다. 또 한 편으로 호혜적인 회유정책을 실시하여 신촌의 기초설비, 토지매매, 교육, 의료위생 및 안전 문제 등을 개선시켰다. 신촌 주민들의 지역에 대한 인식을

16) Malayan Christian Council, *A Survey of the New Villages in Malaya* (Kuala Lumpur: Malayan Christian Council, 1958), p. 1.

17) Anthony Short, op. cit., pp. 303-6.

쇄신하기 위해 더 많은 공공장소를 마련했다. 커피숍, 운동장, 방송국을 지었고 소년단(童子軍) 및 교회조직을 들여왔다.[18]

'신촌계획'은 말라야(말레이시아)의 사회, 인구분포, 생활공간에 중대한 변형을 초래했다. 전후에 복귀한 식민 통치자에게 있어서 신촌에 집결된 인구는 말라야 공산당의 잠재적 지지자이자 '신원불명자'였다. '신촌계획'은 성향이 확실하지 않은 '화전민'을 명부에 등기된 '신촌주민'으로 전환시켰다. 식민 통치자는 신촌 건설과 제도화된 관리로 국민을 판별해냈으며, 인민은 행정체계로 편입되어 집결, 이주, 연금, 통제의 과정 가운데 공권력을 목격하고 '국가'의 존재를 인식하게 되었다.

1953년 9월, 말라카가 말라야 전역 최초의 '백구'(white area)로 지정되었다. '백구'에서 식량관리, 영업시간, 계엄, 물자유통과 인구유동에 관한 갖가지 규제가 모두 해제되었다.[19] 이후 각 지역이 잇따라 '흑구'(black area) 범위를 탈피하여 공산당 활동의 위협을 받지 않는 지구가 되었다. 1960년 7월, 독립 이후의 말라야 정부는 12년이 된 '긴급사태'를 해제할 것을 정식 선포했다. 하지만 신촌은 수십만 인구가 생활하는 공간으로서 남겨졌다. 신촌은 말레이시아 화교의 특수한 지리 공간 혹은 생활 형태가 되었으며, 시간의 추이에 따라 각기 매우 다른 양상으로 발전해나갔다.

3) 전쟁의 반사이익―식민지 정부의 한국전쟁 수익

'신촌계획'이 짧은 몇 년 동안 이처럼 과감하고 패기 있게 집행될 수 있었던 것은 막대한 경제자원이 뒷받침하고 있었기 때문이다. 말라야가 식민지인 이상 모국의 경제를 위해 공헌해야 했다. 그런데 식민지에 안정적인

---

18) Richard Stubbs, op. cit., pp. 139-43, 169-78.
19) Ibid., p. 184.

사회기반이 부재하고 원산품의 생산과 수출이 보장되지 않으면 결국 모국의 이익을 손상시키고 지연시킬 수밖에 없다. 말라야 공산당이 1948년부터 무장투쟁을 진행해온 이래로 말라야의 경제활동은 적지 않은 타격을 입었다. 이에 영국 식민지 정부는 자신의 이익을 수호하기 위해 다른 식민지의 인력을 대거 동원해 와서 공산당을 진압했으며, 적지 않은 자원을 투입하여 전쟁에서 압도적으로 우세한 승리를 거둘 수 있었다.

연구자들의 견해에 의하면, 영국 식민지 정부가 단호하고 신속했던 고압정책에서 '민심쟁취(hearts and minds)'의 회유정책으로 전향한 것은 세 가지요인 때문이다. 첫째는 한국전쟁의 발발이 가져온 경제수익이다. 한국전쟁은 말라야의 2대 원산품인 고무와 주석의 수요를 대폭 증가시켰고, 이로 인해식민지 인민은 수월하게 취업할 수 있었으니, 매우 희극적인 방식으로 국고가 충족된 셈이다. 영국 식민지 정부는 충분한 자금을 끌어와 공산당 진압정책을 추진했다. 다음은 흠차대신 거니의 잠복살해 사건이다. 이는 영국정부로 하여금 식민지정책과 인사 조치를 다시 검토하도록 했다. 마지막으로 말라야 공산당 중앙정책의 조정이다. 군사행동을 늦추고 정치공작에 치중한것이 뜻밖에도 식민지 정부에 한숨 돌릴 기회를 주었다.[20]

1950년 6월 25일, 한국전쟁이 발발하자 말라야의 식민지 정부는 군중을격리하여 말라야 공산당을 봉쇄하는 '신촌계획'을 적극적으로 집행했다. 양자는 거의 동일한 시간대에 발생했다. 한국전쟁은 천리 밖의 영국령 말라야에서 어떠한 역할을 한 것일까? 이는 반드시 냉전구조 하의 자본주의와 공산주의라는 두 적대적인 진영의 대치 국면을 통해 이해되어야 한다. 전후 많은이들이 영국인이 말라야로 복귀한 것에 대해 의심의 눈초리를 보냈다. 아시

20) Ibid., p. 6.

아에서 소련과 신중국의 지지 하에 공산주의가 지속적인 확장을 하면서 아마 인도차이나가 차후 목표로 주목 받았을 것이다. 사람들은 이러한 추세로 나아간다면 도미노 현상으로 영국인이 전전 상황에서처럼 감히 일격을 가하지 못하고 계속해서 줄행랑을 치리라고 예상했다. 하지만 이러한 관망에도 불구하고 영국인은 한국전쟁이 가져온 무한한 사업기회로 인해 오히려 가만히 앉아서 한 몫의 재산을 벌 수 있었다.

한국전쟁이 말라야에 끼친 가장 직접적인 영향은 경제효과 면에서 나타났다. 전쟁이 발발하자 미국은 대량으로 고무와 주석 등의 원산품을 구매했다. 이는 고무와 주석 가격의 지속적인 상승을 초래했다. 전후에 그간 지체되어온 각종 사업이 시행되는 가운데 말라야의 경제는 신속하게 경기 회복 증상을 보였다. 예컨대, 1950년 5월까지 고무가격은 1949년 파운드(pound)당 0.40원(싱가포르 화폐단위 SGD기준)에서 0.80원으로 점차 상승했다. 한국전쟁의 정세가 고조됨에 따라 고무 가격은 몇 개월 이내에 배가 상승했고, 1951년 2월 파운드 당 2.20원으로 오르면서 최고치를 기록했다. 비록 이후 고무 가격의 상승세가 다소 주춤하면서 파운드 당 평균 1.70원으로 하락했지만, 이 수치는 1949년의 평균가격과 비교했을 때 이미 4배의 상승폭을 보였다.[21]

주석 가격은 1950년 4월 런던시장의 교역가가 톤 당 590파운드였으나 1951년 초 이미 톤 당 1,300파운드를 초과했다. 이 때문에 미국정부는 1951년 3월 주석 구입을 중단하기로 결정했으며, 주석 가격이 하락할 때까지 이를 고수했다. 이러한 억제정책에 영향을 받기는 했지만, 2대 원산품의 가격 우세는 1952년 가격 상승세가 주춤하기까지 지속되었다.[22]

21) Ibid., p. 110.
22) Ibid.

한국전쟁은 식민지 정부의 세금 수입을 대폭 증가시켰다. 1949년 고무 수출의 세금은 2천8백만이었고, 1951년에는 8천9백만으로, 1951년에는 2억 1천4백만(싱가포르 달러 기준)으로 재차 증가했다. 주석의 수출세도 완만하게 100% 증가했다. 인민 소득의 증가는 동시에 정부 소득세 증가를 의미했다. 1950년 식민지 정부는 당년도 총 세금 수입이 2억7천3백만에 이를 것으로 예상했으나 실제 수입은 4억4천3백만이었고, 마찬가지로 정부는 1951년의 총 세금수입을 4억1천만으로 예견했으나 실제로 거두어들인 것은 7억3천5백만이었다.23)

세금수입의 증가는 더 많은 지출을 허용했다. 1951년 식민지 정부의 지출은 5억5천만으로서, 1950년보다 2억이 증가했다. 이 지출은 우선적으로 '긴급사태'의 경비로 쓰였다. 예컨대 1951년 말까지 재배치사업 비용으로 4천만에 이르는 경비가 소요되었지만, '신촌계획' 실시 이전의 관련 경비는 이보다 2백만이 적었다.24)

상술한 숫자로부터 우리는 상관없는 두 '전지'가 어떻게 군사경제적 의미에서 서로 연결될 수 있었는지를 확인할 수 있다. 한국전쟁은 말라야에 상당한 경제 이익을 가져다주었으며, 이는 어떻게 신촌이 1951년부터 대량 건설될 수 있었는지를 설명해준다. 1950년 6월에 발발한 전쟁이 이루어낸 경제적 성과를 그 다음 해에야 말라야에서 수용할 수 있었던 것이다. 한국전쟁이 가져온 경제수익은 식민지 정부가 파산 위기를 넘기고 도리어 전화위복의 계기를 맞을 수 있게 했다. 이는 식민지 정부가 공산당 진압의 결심과 역량을 강화하도록 북돋아주었으며, 말라야에 거주하는 영국 자본가의 생명과 재산 및 자유항 싱가포르의 번화와 번영을 결연히 수호하게 만들었다.

23) Ibid., p. 111.
24) Ibid., pp. 111-12.

3. 신촌 봉쇄선—기아에 허덕이는 말라야 민족해방군

대부분의 역사학자들은 '긴급사태' 시기 공산당 진압정책이 1952년에야 비로소 효과를 발휘했으며, 그 공을 응당 템플러 재임 중의 '민심쟁취' 정책에 돌려야 한다고 말한다. 그러나 어떤 학자들은 이것이 브리그스가 닦은 기반 위에 점진적으로 누적된 성과라고 주장한다. 이러한 각도에서 볼 때, 말라야가 적화되지 않은 것은 사회 및 인구 구조가 그렇게 만든 것이며, 따라서 이 정책의 성공은 결코 일개인의 업적이 아니다.[25]

'신촌계획'의 집행자, 브리그스(Briggs)에서 템플러(Templer)까지, 과연 누가 최대의 공신인가? 오늘날의 학자들은 두 사람의 업적을 비교하며 '업적 다툼'을 벌이곤 하는데, 이것이야말로 이 계획이 유효하고도 성공적으로 말라야 공산당의 투쟁을 저지했다는 사실을 반증한다. 이 점은 말라야 공산당 측의 문헌에서도 충분히 드러난다.

말라야 공산당 총서기 친펑의 회고에 따르면, '신촌계획'이 실시되던 초기에 말라야 공산당은 군중의 지지를 통해 생존할 수 있으리라고 여전히 자신했다고 한다. 말라야 공산당은 자발적으로 무장태세를 갖춘 이래로, 농촌에 광범위한 '민간운송(民運)' 공급망을 배치하여 유격전투에 식량, 교통, 정보, 금전을 제공했다. 하지만 1951년에 이르러 신촌이 분분히 생겨나자 산림 주변에 흩어져 살던 군중이 점차 이주하여 신촌에 집단 거주하게 되었다. 그들이 엄밀한 통제와 감시를 받으면서, 특히 식량을 자유롭게 유통시킬 수 없게 되자, 말라야 공산당은 전례 없던 생존 위기에 직면하게 되었다.[26]

---

25) Karl Hack, "'Iron Claws on Malaya': The Historiography of the Malayan Emergency," *Journal of Southeast Asian Studies*, 30 (1) (March 1999), pp. 99-125.
26) 陳平, 앞의 책, 239-40쪽.

말라야 공산당이 기아의 위협에 직면했다는 사실 자체가 '신촌계획'이 효과가 있었다는 유력한 증거이다. 한국전쟁의 발발로 말라야의 경제는 혜택을 입었다. 많은 자본가, 소농장주, 심지어 일반 고무절개 노동자까지도 모두 돈을 벌 수 있었다. 이와 상응해서 말라야 공산당도 더 많은 기부금을 얻어냈다. 하지만 재정적으로 매우 부유해졌다 해도 여전히 식량을 살 수는 없었다. '신촌계획'이 양식 공급선을 차단했고, 군중은 물자를 산림으로 운반해줄 수 없었으며, 말라야 공산당 또한 밖으로 나가 양식을 살 수 없었다. 또한 신촌은 겹겹이 둘러싸인 철조망으로 촌민들을 격리했기 때문에 말라야 공산당의 신병모집 활동도 타격을 입었다. 친평은 한국전쟁이 말라야에 가져온 부유함이 '우리의 운동에 심상치 않은 한계 효과를 안겨주었다'고 말한다.[27]

의심할 나위 없이, 말라야 공산당은 '신촌계획'의 시행으로 엄준한 시련과 대면해야 했다. 아주 오랜 기간 동안 기아 상태에 처하게 되었던 것이다. 최근에 출판된 많은 회고문과 구술된 역사자료들도 이 점을 반영하고 있다. 하지만 당시로부터 전해오는 아래 두 편의 글은 더 정확하게 말라야 공산당의 당시 처지를 기록하고 있어서 주목을 끈다.

첫 번째 글은 말라야 공산당의 여전사 치우쿤메이(王春)가 1958년에 저술한 『힘겨운 역정(艱苦的歷程)』[28]이다. 이 글에서 저자는 질병과 부상, 내부갈등, 탈영 등 고생스런 행군과 출발, 전투, 귀대에 이르는 과정을 기록했다. 글의 취지는 동지들의 전지 행적과 힘겨운 경험, 그 환난과 배반의 날들을

---

27) 같은 책, 248쪽.

28) 1958년, 말라야 공산당은 '항영민족해방전쟁10주년'을 기념하기 위해 『십년(十年)』 시리즈 총서를 부대 내에서 출판했다. 치우쿤메이는 '씽(星)'을 필명으로 제7집에 「艱苦的歷程」을 발표했다. 말라야 공산당이 설립한 21세기출판사에서 현재 재판에 들어갔다. 王春, 「艱苦的歷程」, 『山花分外香──熱帶叢林戰地行蹤』(吉隆坡: 21世紀出版社, 2011), 17-125쪽을 보라.

기술하려는 데 있다. 하지만 전문을 읽다 보면 우리는 전사들의 고생이 대개의 경우 식량 부족으로 인한 것이었다는 사실을 깨닫게 된다. 기아는 사기저하를 초래했다. 먹이를 찾아 헤매면서 갖가지 위기에 맞닥뜨렸다. 전사들은 기아 상태에서 전투에 임해야 했을 뿐 아니라 전력을 다해 먹이를 포획함으로써 생존 또한 도모해야 했다.

또 다른 한 편도 마찬가지로 기아를 서술한다. 말라야 공산당 작가인 진즈망(金枝芒)이 집필한 문학작품인데, '기아(飢餓)'를 그대로 제목으로 삼고 있다. 진즈망은 1930년대 중국에서 남하하여 말라야로 간 문인이다. 전쟁 전에는 말라야 화교 문단에서 활약했으며, 긴급사태 시기에 말라야 공산당의 호소에 부응하여 유격전투에 참가했고, 1960년대에 가서야 중국으로 돌아갔다.29) 『기아(飢餓)』는 죽음을 세밀하게 묘사한 장편소설로서, 1960년대 수고 형태로 등사 출판되어 부대 안에서 유통되었고, 한 때 사기를 저하한다는 이유로 회람이 금지되기도 했다. 『기아』는 진즈망의 다른 작품과 마찬가지로 구술자료 채집으로 얻어낸 성과물이다.30) 이야기는 15인(1명의 신생아를 포함해서)으로 구성된 소대가 최후의 희생 끝에 결국 5명만이 남게 되는 경과를 서술한다.31)

진즈망은 400여 쪽의 편폭과 최소한 7, 8개월에 이르는 시간을 할애하여 그들 하나하나를 죽음에 이르게 했다. 위기 속에서 먹이를 찾아 헤매고 굶주

---

29) 진즈망은 말라야 공산당 내에서 숭고한 명성을 누렸다. '인민문학가'라는 존칭을 부여 받기도 했다. 21세기출판사에서 『抗英戰爭小說選』(2004), 『飢餓』(2008), 『烽火牙拉頂』(2011)을 포함한 그의 작품들을 모아 재출판했다.

30) 말라야 공산당의 전사 정한티엔의 회고록과 『飢餓』의 줄거리는 상당히 흡사하다. 증언에 따르면 그는 일찍이 진즈망에게 우림 속에서의 고생스런 전투 생활에 대해 구술한 바 있다고 한다. 정한티엔, 「轉戰邊區」, 『漫漫林海路』 (香港: 見證, 2003), 92-155쪽을 보라.

31) 소설내용 참고: 金枝芒, 『飢餓』 (吉隆坡: 21世紀出版社, 2008).

림으로 발버둥 치면서 죽음에 이르는 과정에 내해, 그는 자신이 알고 있는 거의 모든 것을 한 편의 작품 속에 담아냈다. 따라서 소설 속의 난민은 집단 아사하는 것이 아니라 한 명 또 한 명, 차례차례 죽음에 이른다. 죽음은 작가의 펜 아래에서 사건이 아니라 사소한 에피소드로 전락한다. 소설 속 죽음의 경위는 구체적이고도 상세하여 매우 인상적이다. 이처럼 전력을 기울여 사명감을 가지고 죽음을 기록함으로써 작가는 한창 진행 중인 혁명의 역사를 창작으로 승화시켰다.[32]

기아에 관한 이러한 기록에서 당시 의도했던 바는 동지들의 전투 의지와 사기를 북돋는 것이었지만 뜻밖에도 부정적인 효과를 초래하게 되었다. 장기적 기아는 강력한 의지로만 버틸 수 있는 것으로, 일반인이 견디어낼 수 있는 일이 아니다. 많은 전사들이 '배고플 수 없어서' 투항했으며, 이는 말라야 공산당의 투쟁에 상당히 큰 타격을 입혔다. 1952년 말에 말라야 공산당은 북쪽으로 이동하기로 결정했으며, 안전한 곳을 찾아 본부를 정하고, 많은 고난과 거듭된 탐색을 거쳐서, 마침내 1953년 말에 말라야 국경으로 옮겨가 태국 남부의 밀림 베통(Betong, Thailand)에 임시 거처를 마련했다.[33]

4. 징벌과 이주—신촌 주민의 집단 기억과 상처

'신촌계획'이 실시된 이래로 말라야에 있는 50만이 넘는 화교들이 그 영향을 받았는데, 경험한 바가 서로 달랐으며, 피해를 당한 정도 역시 차이가

---

32) 潘婉明, 「文學與歷史的相互滲透—「馬共書寫」的類型, 文本與評論」, 徐秀慧·吳新娥 編纂, 『從近現代到後冷戰—亞洲的政治記憶與歷史敘事』 (台北: 里仁, 2011), 454-57쪽.
33) 陳平, 『我方的歷史』, 287-300쪽.

있었다. 하지만 많은 사람들이 당시의 고생스런 이주 과정에 대해 지니고 있는 기억은 여전히 인상 깊다. 아래의 글은 두 가지 신촌 사례로서 그 간난신고를 설명해준다.

1) 풀라이 신촌(Pulai New Village)

풀라이(구칭 牙拉頂, Ulu Galas)는 끌란딴(Kelantan) 주 내륙에 있는 산악지구로서 전형적인 하카 족(客家)[34] 부락이다. 수백 년 전, 하카 족의 선현들이 원주민의 발자취를 따라 이곳에 와서 채금을 했다. 그들은 벼 재배법과 입산 사냥법도 배워서 자급자족하며 세상과 격리된 생활을 했다. 항일투쟁에서 반식민 운동에 이르기까지, 특히 '긴급사태' 시기에, 풀라이 인민들은 줄곧 식민지 정부에 의해 구속당했다. 살던 곳에서 쫓겨나 국경 지역까지 몰려갔으며, 세 차례의 집결·이민·재이민이라는 역사적 단계를 겪었다. 이러한 재난은 이 촌락에 사는 천여 명 주민들의 생활과 운명을 완전히 바꾸어놓았다.[35]

항일 시기 풀라이 지구의 말라야 공산당은 현지의 자위대를 결집시켜 '인민항일군'을 창설함으로써 일본에 저항했다.[36] '긴급사태' 시기에 이곳을 말라야 공산당의 근거지로 삼았는데, 위치가 좋은 데다가 풍성한 벼 수확량

---

34) 하카(Hakka, 客家): 주로 중국의 광둥(廣東) 북부 지역에 사는 한족의 일파. 화베이(華北) 지방에서 이주하여 온 것으로 추정되는데, 동남아시아 각지에 퍼져 있다.-역주
35) 관련 사적으로 다음을 참조하라. 黃昆福, 「吉蘭丹和華人」, 『吉蘭丹中華總商會五十週年紀念特刊』 (코타 발루: 끌란딴 중화총상회, 1966); S. M. Middlebook, "Pulai: An Early Chinese Settlement in Kelantan," *Journal of the Malayan Branch Royal Asiatic Society* 11 (2), pp. 151-56; Sharon Carsten, "Images of Community in a Chinese Malaysian Settlement," Cornell University Ph.D Dissertation, Ithaca, 1980.
36) 孫增超·曾月華, 「牙拉頂的抗日烽火—馬來亞人民抗日軍吉蘭丹部隊活動璅」, 新馬僑友會編, 『馬來亞人民抗日鬥爭史料選輯』 (香港: 見證, 1992), 73-81쪽.

으로 식량문제까지 보장받을 수 있었기 때문이다. 1948년 7월 17일, 말라야 공산당 유격대는 풀라이로부터 약 10킬로미터 떨어진 구아무상(Gua Musang) 경찰서를 공격하고, 말라야 최초의 해방구 수립을 선포했으나, 채 5일이 안 되어 정부군에 의해 격퇴 당했다.[37] 그 후 131명의 촌민들이 긴급법령 하에 체포되었다. 그들은 수백 리 밖의 클루앙(Kluang) 구류소로 이송되었고, 2~3년 후에야 석방될 수 있었다. 그러나 고향으로 돌아가지는 못했다. 그들은 조호르(Johor)에 있는 용펑(Yong Peng), 마와이 재정착 수용소(Mawai Resettlement Camp), 코타 팅기(Kota Tinggi) 등지로 배치되었으며, 1960년대에 가서야 비로소 끌란딴의 집으로 돌아올 수 있었다.[38]

1949년 말에 정부는 풀라이에 경찰서를 세우고, 철조망으로 신촌을 에워싸서 흩어져 있던 인민들을 집결시켰다. 정부가 엄격하게 호구 및 신분증 등기, 계엄, 식량통제 등의 제도를 실시했기 때문에 촌민들은 행동에 큰 제약을 받았다. 하지만 풀라이 신촌은 이것으로 조용해지지 않았다. 1950년 3월 25일, 말라야 공산당이 25인으로 구성된 말라야 부대를 매복 기습하여 여러 명의 사상자가 생겼다. 1951년 4월 22일 유격대가 풀라이 촌장을 사살했다. 이 두 사건으로 정부는 5월 25일, 350명의 촌민에게 다음날 즉시 촌락에서 철수할 것이라고 통지했다.[39] 한밤중에 큰 비가 내리는 가운데 사람들은 잠 못 들고 다음날에야말로 모든 것이 끝장나리라는 예감에 사로잡혔다. 중

37) 다음의 관련보도를 참조: "300 Bandits Seize 15 Policemen," *The Straits Times*, 20 July 1948, p. 1; "Insurgent Village Destroyed," *The Straits Times*, 11 August 1948, p. 7; "Missing Headman Arrested," *The Straits Times*, 13 August 1948, p. 5.
38) "389 Detained in 2 Sweeps," *The Straits Times*, 4 June 1949, p. 1; 작가 종합방문 및 현지기록, 끌란딴 주 풀라이 신촌, 2008년 1-2월.
39) 「移殖底偉大行列─普賴村民遷移紀詳」, 『農民小報』, 1951년 8월 14일. 이 기사는 정부가 이주에 성공한 후에 촌에 불을 질러 말라야 공산당에게 보탬이 될 물자를 소거한 사건을 다룬다.

국으로 송환되리라는 얘기가 들렸고, 어떤 이들은 도중에 바다에 내던져질까 봐 걱정했다.[40]

결국 그들은 테렝가누(Terengganu) 주의 Batu Rakit 지구에 건설된 신촌으로 집단 이송되었다. 여러 날 계속된 장거리 이동을 하면서, 길 위에서 충분히 경악스러운 일을 목격했고, 배와 차 안에서도 많은 고생을 했다. 그리고 목적지에 도착했는데, 촌락에는 모래땅 위에 새로 지어진 다섯 줄의 기다란 가옥 외에는 그야말로 아무 것도 없었다. 몇 노파는 상심한 나머지 어찌할 바를 몰라 땅바닥에 주저앉아 울음을 터뜨렸다.[41]

Batu Rakit 신촌은 사방이 말라야 캄풍(kampung, 즉 향촌)으로 둘러싸여 있어서, 이곳의 화교들은 고립무원에 놓인 격이었다. 처음 반년 간, 그들은 지방 말라야화교협회 (Malayan Chinese Association)에 의해 지원을 받았지만, 그래도 많은 어려움에 직면해야 했다. 풀라이인은 원래 산악지구에 거주하면서 대대로 벼농사를 짓고 사냥을 했는데, 갑자기 경작하기에 전혀 적합하지 않은 모래땅에 강제 이주 당했으니, 생존기능을 박탈당한 것과 진배없었다. 이 밖에도 무더운 한낮에는 모래땅이 빛을 반사했기 때문에 많은 촌민들이 이에 적응하지 못하고 눈병에 걸렸다. 반 수 이상의 사람들이 땅 위의 병균에 감염되어 발이 문드러져서, 외출을 할 수도 생계를 도모할 수도 없었다. 게다가 그들 대부분은 하카 방언만을 구사할 수 있었기에 말라야인과 도무지 소통할 방법이 없었다. 또한 산 설고 물 선 곳에서 취업이 어려워서 할 수 없이 날품팔이 일로 생계를 꾸려나갔다. 기회는 한정되어 있었고 생활은 극히 고생스러웠다. 대다수의 어린이는 소학교 졸업 후에 학업을 그만두고 가계를 도왔다. 단지 극소수의 어린이만이 도시에 나가 진학할 수 있었다. 이에 촌민들은

---

40) 陳丁輝의 종합방문 및 현지기록, 끌란딴 주 풀라이 신촌, 2008년 1-2월.
41) 陳丁輝 종합방문, 장(張)여사 구술, 끌란딴 주 풀라이 신촌, 2008년 1월 31일.

"이것이 바로 정부가 풀라이 사람들에게 내린 징벌"42)이라고 여겼다.

촌락의 환경과 조건이 열악했기 때문에 촌민 대표는 수 차례 주 정부에 재배치를 요청했다. 3년에 걸친 투쟁 끝에, 정부는 결국 1954년 촌민이 쿠알라 테렝가루에서 약 17킬로미터 떨어진 Bukit Gajah Mati 일대로 다시 옮겨가서 '신풀라이 신촌(Pulai Baru New Village)'을 세우는 데 동의했다. 정부는 신촌에 주택 105채 및 1개의 소학교, 사찰, 대회당을 지었고, 집집마다 30년 동안의 땅문서를 지급했으며, 고무재배에 전념하도록 격려했다. 하지만 촌민들은 고무농장에 대해서는 그다지 흥미를 갖지 못했다. 언젠가 다시 울루 갈라스의 옛집으로 돌아갈 수 있으리라 기대했기 때문이다. 그래서 오히려 벼농사를 시도했는데, 결국 토양과 수질이 좋지 않아서 그만둘 수밖에 없었다. 많은 촌민들은 또 다시 밖으로 나가 날품을 팔아 생계를 이어나갔고, 그날그날 되는대로 살아갔다. 이러한 생활은 1957년 7월 16일, 정부가 구아무상과 풀라이를 '백구'로 선포한 후에야 전환의 계기를 맞이했다.43)

사람들은 고향에 돌아갈 길을 모색하기 시작했다. 이렇게 해서 또 한 차례 신산스런 고향 재건의 역정이 전개되었다. 처음으로 고향에 돌아간 이는 다음과 같이 회고한다. 그와 부친은 경비를 셈한 후에 테렝가누 주에서 구아무상 신촌으로 거처를 옮겼다. 그들은 셋집을 정한 다음 처자식을 데려와 양식과 농기구를 마련하여 산길을 따라 옛집으로 돌아갔다. 하지만 다시 찾은 풀라이 신촌은 이미 폐허로 변해 있었다. 논은 불타서 재와 숯 투성이였고, 토질이 좋았던 밭에는 키 큰 나무가 무성했다. 이 광경을 보고 있자니

---

42) "Establishment of Kampung Pulai Baharu," in Land Office Terengganu, File No. 673/1952, quoted from: *Osman Mamat, Darurat Di Terengganu 1948-1960(The Emergency in Terengganu 1948-1960)* (Kuala Lumpur: Dewan Bahasa dan Pustaka, 1981, p. 70); 陳丁輝의 종합방문 및 현지기록, 끌란딴 주 풀라이 신촌, 2008년 1-2월.

43) "Town Reds Ruled Turns 'White'," *The Straits Times*, 16 July 1957, p. 1.

한숨을 금할 길이 없었다.

고향재건의 첫 행보는 나무 위에 거처를 꾸려 밤을 지새우며 들짐승의 습격을 피하는 일이었다. 한밤중에 그들은 무리가 출몰하는 소리를 들었으니, 다름 아니라 호랑이가 포효하고 늑대가 울부짖는 소리였다. 그들은 목숨을 보장할 수 없다는 사실을 깨닫고 내심 공포를 느꼈다. 날이 밝자 그들은 부지런히 나무를 베고 풀을 태워 토지를 정돈하고 대나무 통으로 물꼬를 틔어 논밭에 대었다. 그런 연후에 피곤한 몸을 이끌고 다시 강가에 가서 물고기를 잡아 밥을 지었다. 가능한 빨리 고향을 일으켜 세우기 위해 그들은 반 달 후에야 다시 산을 내려갔다. 친지들과 한데 합치고, 내려간 김에 양식도 보충하고 씨앗도 사들였다. 3개월에 걸친 노력으로 그들은 다시 벼농사를 짓고 수확을 기다리게 되었다. 반년 후에 풍년이 들었다는 소식이 풀라이로 전해졌고, 이는 동향인들을 고무하여 분분히 고향으로 돌아오게 만들었다. 멀리 조호르 주의 풀라이인들도 잇따라 돌아왔다.[44]

그러나 풀라이는 여전히 평온하지 못했다. 1970년대 말라야 공산당이 파견한 돌격대가 남하하여 풀라이는 또 한 차례 무장투쟁의 거점이 되었다. 1976년 정부는 말라야 공산당과 관련이 있을 것으로 추정되는 37명의 촌민들을 체포했고, 풀라이는 재차 '긴급사태'로 들어갔다. 매일 12시간의 계엄령이 반포되면 식량 통제가 다시 집행되고 엄격하게 민중의 출입을 감독하는 일이 장장 7년간이나 지속되었다.[45] 이후 풀라이는 정체되어 발전해나가지 못했고, 줄곧 전근대적인 상황에 놓이게 되었다. 1989년에 이르러서야 아스팔트 도로를 닦았고, 1990년대에 비로소 수력발전을 이용하게 되었다. 최초의 공중전화는 1997년도에 어느 잡화점 앞에 설치되었다.

---

44) 陳丁輝 종합방문 및 현장 수기, 끌란탄 주 풀라이 신촌, 2008년 1-2월.

45) "37 Suspect Red Detained," *The Straits Times*, 18 June 1976, p. 1.

2) 트라스 신촌(Tras New Village)

트라스는 파항(Pahang) 주의 화교들이 모여 사는 오래된 향진[46]으로서, 푸룽항 산기슭 아래 자리잡고 있다. 20세기 초, 트라스인들은 주석 광산을 채굴하는 일을 업으로 삼았으며, 전후에는 고무를 재배하여 생계를 꾸려나갔는데, 지방에서는 상당히 풍요로운 축에 속했다. 1951년, 정부는 향진의 외곽에 트라스 신촌을 건설하여 산림 주변에 흩어져 사는 화교들을 집결시켰다.

1951년 10월 6일 정오에, 말라야의 흠차대신 거니가 푸룽항으로 피서를 가던 도중에 잠복군을 만나 총상을 입고 사망했다. 소식을 듣고 식민지 정부는 경악을 금할 수 없었으며, 곧바로 군경을 호출하여 군사행동을 취했다. 주변 산림에 한 달 가까이 계속 밤낮으로 폭격을 가했다. 엄준한 계엄령 하에 근처에 사는 주민들은 밖에 나가 일하는 것이 금지되었고, 매일 단지 두 시간 동안만 향진에 가서 일상용품을 보충할 수 있었다. 한 달 후, 정부는 폭격을 잠시 늦추고 사건 발생 지점으로부터 7마일 떨어진 트라스 신촌에 주의를 돌렸다.[47]

정부는 트라스 신촌의 주민들이 줄곧 말라야 공산당의 '동조자'이자 '조수'로서 시펑헝(西彭亨) 주에 주둔한 유격부대에 식량을 공급해왔다는 사실을 지적했다. 이 기습 사건에서 트라스 주민은 분명 혐의가 컸다. 1951년 11월, 정부는 트라스 주민에 대해 집단 구류 조치를 취했는데, 그 대상은 신촌 및 향진의 남녀노소, 총 2,160명에 이르렀다. 그들 중 단 한 명도 운 좋게 재난을 피해갈 수 없었다.[48]

정부는 화물차를 이용하여 그들을 두 패로 나누어 240킬로미터 밖의

---

46) 향진(鄉鎮): 현 관할에 속하는 행정 단위-역주
47) "Terror Town to be Moved," *The Straits Times*, 8 November, 1951, p. 1.
48) Ibid.

이포 집단수용소(Ipoh Detention Camp)로 이송했다. 이들이 '긴급사태' 이래 최초로 집단 수감된 신촌 주민이다. 당시 주민들은 단지 하루의 시간 동안 귀중품을 꾸릴 수 있었다. 정부가 '일인당 하나의 짐'이라는 규정을 내걸었기 때문에 모든 사람들이 단지 두 광주리의 물건만을 지니고 갈 수 있었다. 11월 7일 새벽, 최초의 무리인 1,460명의 촌민들이 각자 짐을 메고, 순서대로 한 대의 장갑차가 있는 데로 걸어가서, 차 안에 있던 말라야 공산당 귀순자에게 검증을 받았다. 최종적으로 20인(15명의 남성과 5명의 여성)이 사건에 연루된 것으로 지목되었다.[49] 한 노파가 그 기억을 구술하기를, 당시 그녀의 딸이 말라야 공산당으로 간주되어 그 자리에서 바로 경찰이 데리고 갔다고 한다. 모녀는 강제로 헤어졌는데, 아이의 말로를 생각하자니 엄마는 걱정된 나머지 울다가 애간장이 끊어질 것 같았다. 후에 그녀의 딸은 중국으로 내쫓겼는데, 이것 역시 그녀를 비탄에 잠기게 했다.[50]

그날 저녁 7시, 트라스 민중은 이포 집단수용소에 도착했다. 수용소 내에는 긴 통나무집들이 줄줄이 늘어서 있었고, 매 가족은 한 칸의 작은 방을 '새 보금자리'로 배당 받았다. 11월 9일, 또 다시 700명이 수용소에 왔다. 이때부터 트라스는 폐쇄되어 출입이 금지되었고, 사람이 거주하지 않는 '귀신촌'이 되었다.[51] 유구한 역사를 가진 향진과 향 밖에 막 세워진 신촌이 하루 밤 사이에 뿌리째 뽑혀나갔다. 식민지 정부는 트라스인들 모두가 거니 암살의 공범자라고 여기고 그들을 구류했다. 수용소에서는 삼개월 동안 1,154명의 성인을 대상으로 심문이 진행되었다. 1952년 2월, 정부는 그 가운데 485명을 무조건적으로 석방했으며, 3월 중순에 또 다시 400명을 석방했

---

49) "20 Detained in Village Screening," *The Straits Times*, 9 November 1951, p. 7.
50) 陳丁輝 방문, 梁여사 구술, 파항 주 트라스 신촌, 2007년 12월 2일.
51) "Tras Evacuation Ends: 2,000 Quit," *The Straits Times*, 10 November, 1951, p. 1.

다.52) 하지만 이렇게 석방된 촌민들은 고향인 트라스로 돌아갈 수 없었다. 그들은 고향으로부터 30킬로미터 반경 안에 있는 또 다른 신촌, 예컨대 셈팔리트 신촌(Sempalit New Village), 숭가이 라운 신촌(Sungai Raun New Village), 에르코 신촌(Jerkoh New Village), 샹리 신촌(Sanglee New Village), 부키 팅기 신촌(Bukit Tinggi New Village), 숭가이 체탕 신촌(Sungai Chetang New Village), 숭가이 페뉴링 신촌(Sungai Penjuring New Village) 등으로 각각 배치되었다. 그외 다른 촌민들은 부근의 작은 향진인 벤통(Bentong)과 쿠알라 발루(Kuala Kubu Bahru)로 이주하여 친척과 친구들에게 의탁했다. 어떤 이들은 이포(Ipoh) 혹은 쿠알라 룸푸르(Kuala Lumpur) 등 대도시에서 생계를 도모하는 길을 선택했다.

집단조사 결과, 총 37명의 트라스 주민이 '거니 암살의 공범자'로 지목되었다.53) 그러나 명확한 이유 없이, 그외의 많은 주민들이 길게는 1~2년까지 수용소에 계속 수감되었다.54) 1954년 말 식민지 정부는 트라스 지구를 다시 개방하였고, 고무 농장주들에게 돌아가 고무를 절개할 것을 허락했다. 하지만 트라스는 3년간의 폐쇄로 이미 완전히 딴판이 되어 있었다. 사람들은 2년의 시간을 들여서야 황폐해진 고향을 다시 정돈할 수 있었다. 이 때문에 1957년 9월에 이르러 최초의 주민 약 250명이 고향으로 되돌아 갈 수 있었다.55) 반 년 후, 정부는 트라스가 '부활'했다고 선언했다.56) 그 후 각지에 흩어져 있던 트라스인들이 잇따라 고향으로 돌아갔다. 촌민의 회고에 의하면,

---

52) "37 Held from 'Murder Village'," *The Straits Times*, 13 March, 1952, p. 5.

53) Ibid.

54) 陳丁輝 방문, 陶선생 구술, 파항 주 트라스 신촌, 2007년 11월 26일; 陳丁輝 방문, 李선생 구술, 파항 주 트라스 신촌, 2007년 12월 3일.

55) "'Ghost Town' Boom Again," *The Straits Times*, 11 January, 1958, p. 5.

56) "Snip! Terror Town Tras Comes to Life Again," *The Straits Times*, 27 April, 1958, p. 5.

1960년 '긴급사태'가 해제되었을 때 이미 1/3의 트라스인들이 고향에 돌아와 있었다고 한다.[57)]

앞선 두 건의 신촌 사례에서 볼 수 있듯이 안전·편리·현대화를 표방하는 '신촌계획'은 비인도적이고 폭력적인 일면을 지니고 있었다. 풀라이 신촌과 트라스 신촌의 민중들에게 있어서 '긴급사태' 및 '신촌계획'은 분명코 재앙이었다. 그들은 극도의 고통과 압박을 감당해야 했고, 씻기 힘든 억울한 누명과 굴욕을 겪어야 했다. 60년이라는 세월이 지났건만, 그들 모두 그때의 괴로움과 두려움을 잊을 수 없다. 무수한 가정이 강제로 혈육의 이별을 겪어야 했으며, 많은 사람들이 불안과 억울함의 정서 속에서 장기간 생활했고, 크나큰 정신적 상처와 심각한 경제적 손실을 입었다.

사실 이 두 마을의 정치·경제·사회적 변천 과정은 근대 말라야(말레이시아) 화교 이민사의 특수한 상황을 고스란히 반영한다. 본래 자급자족하며 오래도록 별 탈 없이 살아왔던 촌락이지만, 그 주민들은 국제정세의 대치 구도 가운데 결코 자유로울 수 없었고, 반식민·반공의 '전화' 속으로 휘말려 들어가, 긴급법령 하에 구류·감금·축출·결집·이주·재이주의 과정을 겪어야 했다. 사람들은 대대손손 살아온 고향 및 경작해온 비옥한 전답과 고무농장을 빼앗기고 수백 킬로미터 밖에 위치한 모래땅으로 쫓겨나거나 수용소에 감금되었고, 거듭된 이주의 운명과 직면해야 했다. 그들이 이주하는 과정에서 헤아릴 수 없는 재산 손실과 가족 이산의 이야기가 생겨났다. 그들은 이 생명 위기의 경험과 개인 내면의 공포를 기억의 밑바닥에 깊이 파묻었다. 하지만 60년의 시간이 지났다 해도 그 통증만은 여전하다.

---

57) "Ghost Town Now Has 600 People," *The Straits Times*, 2 June, 1958, p. 7; 陳丁輝 방문, 李선생 구술, 파항 주 트라스 신촌, 2007년 12월 12일.

5. 한국전쟁의 효과와 역사적 우연

영국 식민지 정부는 말라야 '긴급사태' 시기에 50여만 명의 인구를 500개의 신촌으로 이주시켰는데, 이 이주계획은 말라야 공산당을 '격퇴'시킨 유효한 정책 가운데 하나였다. 정부 당국은 신촌이 촌락 주민들의 '보호소'로서 인민들에게 보장된 생활을 제공하기 위해 세워졌다고 부단히 선전했다. 그러나 참여관찰(participant observation), 구술역사(oral history) 연구, 사회사적 연구 결과는 정부 측의 논술과는 현저한 차이를 보인다. 위 두 촌락은 단지 그 일부 사례일 뿐이다.

한국전쟁이 신촌 주민들에게 직접적인 영향을 끼치지는 않았다. 하지만 '신촌계획'의 집행과 성공은 분명 한국전쟁 발발이 가져온 경제이익에 의존했다. 브리그스의 집도 하에 '신촌계획'으로 세워진 모든 촌락들은 표준적인 작업 절차에 따라, 준비된 청사진대로 건설되었다. 이에 부지구획, 인구등기, 토지분배에서 이주에 이르기까지 대량의 인력과 금전을 투입하여 완성했다. 사전작업은 차치하고 다만 신촌의 기초건설, 예컨대 경찰서, 학교, 상점, 시장, 민중회당, 전망대 등을 마련하는 데만 해도 막대한 자금이 소비되었다. 신촌을 겹겹이 둘러싸기 위해서 당국은 대량의 가시 철사망을 급조했으며, 인구유동을 통제하기 위해 제도적 설계, 예컨대 국민신분증 등기, 거주등기, 식량제한, 인력동원, 자위대조직, 출입구 통제와 계엄 등을 시행했다. 감시를 위해 현대과학 기술을 도입했고 전화, 전보, 탐조등, 확성기, 장갑차 및 기타 군수품이 각각의 신촌으로 공수되었다.

이 모든 건설 사업은 견실한 재무기반 위에서 이루어졌다. 브리그스는 1950년 중반부터 '신촌계획'을 추진하기 시작했는데, 진전은 더디었고 효과도 신통치 못해서 식민지 재정이 거의 바닥날 뻔했다. 하지만 한국전쟁의 발발이 생각지도 못하게 주석과 고무 가격을 비약적으로 상승시켰다. 이는 식민지 정부를 파산으로부터 구원해냈을 뿐 아니라 신촌 주민이 그 수혜자로서 물질생활의 개선을 향유할 수 있게 했다. '신촌계획'은 민생 방면에 큰 영향을 끼침과 동시에 관련 산업의 발전에 대해서도 충분한 보상 역할을 했다. 이러한 경제적 완화는 영국인이 민심을 얻고 '민심쟁취' 정책이 즉각 효험을 보도록 만들었다.

한국, 미국, 중국이 동북아에서 눈코 뜰 새 없을 때, 동북아의 전쟁과 동남아의 전쟁, 직접적 관련은 없었던 두 전쟁은 영국의 대 식민지 정책을 간접적으로 방조했고, 공산주의를 근절시키기 위한 '신촌계획'에 금전 및 물질적 기반을 제공했다. 우리는 말라야 공산당 투쟁이 성공하지 못한 것이 한국전쟁 탓이라고는 말할 수 없다. 하지만 한국전쟁 발발은 말라야 공산당이 무장투쟁 초기 단계에 비군사적 요소의 도전에 직면하도록 만들었다. 말라야 공산당은 각 방면에서의 자원 및 조건이 현저하게 차이가 나는 상황에서 기아에 맞서면서까지 싸워야 했다. 한국전쟁이 말라야 공산당의 투쟁에 끼친, 이러한 생각지도 못한 효과는 역사적 우연이었다.

한반도에서 전개된 공산주의의 확장이 기타 지역의 공산주의 투쟁을 저해했다는 사실은 이를 테면 역사의 간계라 하겠다. 한국전쟁은 남북한의 이데올로기 분열로 인한 전쟁이다. 삼 년간의 전쟁으로 공산주의는 반동강이 국토를 얻어냈다. 하지만 멀리 천리 밖에 위치한 영국령의 식민지 말라야에서, 한반도의 이데올로기 열전 및 이어진 냉전, 더 나아가 북한이 '조선민주주의인민공화국'을 건설한 승리는 말라야 공산당의 무장투쟁에 도움이 되지 못했다. 말라야 공산당은 오히려 한국전쟁이 가져온 경제 이익으로 출로를 잃고 고착상태에 갇혔으며 1950년대 초반, 그 중요한 시기에 최악의 상황에 빠지게 되었다.

이러한 정세는 말라야 공산당이 독립 쟁취라는 역사적 임무를 수행하지 못하도록 만들었다. 말라야 공산당은 수립 이래로 중공과 복잡미묘하게 얽혀 왔다. 말라야 공산당은 중공의 지도를 받았는데, 이에 그 발전 양상이 화교단체들에 의해 좌지우지되는 경향이 있었다. 중국 항전 시기 말라야 공산당은 신속하게 중공을 지원했는데, 이는 그 민족적 기조를 설명할 뿐 아니라 말라야 민족과의 협력발전의 가능성이 애초부터 차단되어 있었다는 사실을 반증한다. 2차대전을 전후해서 말라야에서 무족(巫族, 말라야족) 출신의 좌파 지식인이 궐기한 바 있으나 화교와 무족의 동맹은 맺어지지 않았다.

일본인이 태평양전쟁을 일으켜 말라야로 침입해 들어오자, 말라야인은 산발적으로 반항했으나 곧 잠잠해졌다. 항일투쟁을 견지하던 무장부대는 말라야 공산당의 지도 하에 화교로 구성된 '말라야인민항일군'이었다. 배후에서 그들의 역량을 지지한 것은 1937년 중국 항전 이래로 활활 타오른 애국의식과 민족주의였다. 말라야 항일운동은 중국전쟁의 연속선상에서 전개된 셈이다.

전후 잠정적인 평화 속에서 좌익 진영 가운데 탈민족적 동맹결성의 계기가 나타났다. 하지만 애석하게도 일본 점령 시기의 분열은 화교와 무족 사이에 크나큰 혐오와 증오를 키웠고, 말라야 공산당은 내부의 폭풍을 상대하거나 무장투쟁을 일으키느라 바빴으며, 더 많은 접촉과 더 깊은 융합을 꾀하기도 전에 산림으로 전쟁터를 옮겨가야 했다. 그 때 말라야 공산당은 말라야 부대를 편성하여 '긴급사태' 하에 강제 진압된 말라야 좌익 단체 및 체포를 면한 말라야 좌익 인사들을 끌어들였다. 그러나 이 부대의 존재는 상징적 의미가 전투적 의미보다 훨씬 컸던 것으로 여겨진다.

말라야 공산당이 성공하지 못한 것은 말라야인의 지지를 얻지 못했기 때문이라는 것이 일반적인 견해이다. 정부당국은 말라야 공산당이 화교로 조직된 무장반란 조직으로서 단지 화교의 지지만을 받았던 것으로 강조해 왔다. 이러한 평가는 효과적으로 오해, 적대시, 원한을 양산해 왔으며 화교와 무족을 분열시키고 그 사이를 점점 더 벌려놓았다. 이와 동시에 식민지 정부는 수많은 말라야인에게 손을 내밀었다. 그들은 온화하며, 영어교육을 받고, 친영 성향을 지닌 말라야인, 화교, 인도인의 동맹과 함께 말라야의 독립 문제를 협상했다.

분할통치(divide and rule)는 영국 식민 통치자의 오랜 통치수단으로서 신촌에 대해서도 예외는 아니었다. 영국의 식민 통치자는 민족의식을 자극하여 더 많은 분열을 조장하는 데 상당히 탁월했다. 경찰 및 수비대는 말라야인이 맡았다. 그들은 화교에 대해 회의와 불신임을 분명하게 표출했다. 이 때문에 촌락 내에서는 왜곡된 권력관계가 형성되었다. 인구수가 우세한 화교가, 권력을 장악했으나 수적으로 열세에 놓인 말라야인에 의해 관리되었다. 화교들 사이에는 불만이 싹텄고, 말라야인으로서는 당황스럽고 답답하지 않을 수 없었다. 이렇게 해서 정상적인 상호협조와 우호적인 관계조성은 요원한 일이 되고 말았다.

신촌 주민 내부에서도 분열이 생겨났다. 식민 통치자가 고압적인 수단으로 강력하게 개입하면서, 중국 민족주의에 영향을 받고 공산주의에 동조하는 말라야 공산당 지지자·잠재적 지지자·중도적 입장을 지닌 자·비지지자들 사이에 갑자기 경계선이 흐려졌다. 판별이 어려워진 군중들이 각자의 결정에 따라 서로 다른 진영을 찾아갔다. 자기 방어와 생존을 위해 사람들은 서둘러 자신의 편을 정해야 했다. 적어도 자신을 보호할 수 있는 위치 정도는 명철하게 간파해야 했다. 특히 투항하는 말라야 공산당원이 갈수록 늘어나고 배신 소식이 잇달아 전해지면서, 촌민의 의지는 박약해졌고 신의는 지키기 어려운 것이 되었다.

말라야 공산당의 무장투쟁은 애초의 낙관적인 전망과 다르게 악화일로로 치달았다. 내부적으로는 복잡한 민족구조가 한계와 분열을 초래했고, 외부적으로는 한국전쟁이 가져온 경제이익이 예상 밖의 걸림돌인 '신촌계획'을 도출해냈다. 선천적인 요소와 후천적인 요소의 결합으로 설상가상 격이 된 셈이다. 한국전쟁의 결과인 남북분단은 영국인의 위기의식을 촉발했고 식민지 정부로 하여금 본토의 온건파와의 협력을 서두르게 만들었는데, 이는 결국 말라야 독립 과정을 가속화시켰다.

말라야 공산당은 당시 국제 정세가 공산주의 확장에 유리했음에도 불구하고 오히려 더 불리한 처지로 떨어졌다. 식민지 정부는 전쟁을 틈타 큰 재산을 비축하면서 한국전쟁이 가져온 경제수익을 공산당 진압작전에 쏟아부었고, 이와 동시에 말라야 민족해방군의 전투를 효과적으로 저지했다. 하지만 말라야 공산당은 여전히 마오 주석 사상을 추종하는 데 골몰했으며, 마오의 가르침에 따라 작전방침을 결정했고, 환경과 조건을 고려하지 않은 채 맹목적으로 중공의 경험, 전략, 구호를 답습했다. 그들은 민족정서를 공산주의에 한데 섞어 얼버무린 후 중공을 앙망하며 북쪽으로 퇴각해갔다.

번역_이승희

11 중국의 한국전쟁 개입과 동아시아 분단체제의 탄생

'과잉정치 전쟁'에서 '탈정치적 평화'로[*]

김학재

> 전쟁은 다른 수단에 의한 정치의 연속이다.
> ―클라우제비츠

들어가며: 과잉정치에서 탈정치로

한국전쟁은 너무나 정치적인 전쟁이었다. 처음엔 북한의 정치와 미국의 정치가 충돌했다. 북한은 '통일 민족국가 수립'이란 정치기획을 무모하게 군사력으로 달성하려 했다. 그러자 2차대전 이후 새로운 자유주의 국제 질서를 구축하던 미국은 역사상 유례없는 즉각적 전면개입 결정을 내렸다. UN과 미국의 초기 대응은 마치 중세식의 '정의로운 전쟁(Just War)'처럼 국제법적 질서를 위반한 '적'의 모든 권한을 박탈하고, '범죄자'를 응징하고 처벌하려는 듯한 양상을 보였다. 나아가 미국은 단순히 북한의 공격을 '방어'하는 것에

이 논문은 필자의 박사학위 논문 「한국전쟁과 자유주의 평화기획」(서울대학교 사회학)의 4장의 내용을 축약하여 수정한 것이다. 이 논문은 2013년도 정부(교육과학기술부)의 재원으로 한국학중앙연구원의 지원을 받아 수행된 연구임 (AKS-2013-DZZ-3103).

그치지 않고 38선 '북진'을 추진하며 북한이 그랬듯이 '통일'기획마서 군사력으로 달성하려 했다. 그러자 결국 중국도 한국전쟁에 개입했다.

중국의 한국전쟁 개입은 동아시아 냉전사에서 어떤 함의를 갖고 있는가? 중국의 한국전쟁 개입은 동아시아 지역 차원에서 매우 정치적인 함의를 갖는, 따라서 클라우제비츠적 의미의 근대적 국제정치행위였다. 그렇다면 이 정치행위는 동아시아 지역질서에 어떤 영향을 주었는가?

우선 중국 개입은 한국전쟁의 '과잉 정치화'를 강화했다. 즉, 제3세계 급진민족주의의 통일전쟁이자 이에 대응하는 UN-미국 자유주의 질서의 '정의로운 전쟁'의 충돌로 시작된 한국전쟁은 중국의 개입으로 더욱 더 정치적인 동아시아 지역 전쟁(Regional War)으로 확산되었다.

그러자 한국전쟁 문제를 해결해야 하는 UN과 미국의 부담의 무게와 차원이 달라졌다. 이에 대응하는 미국의 대 아시아 정책이 변했고, UN에서의 정치적 역학관계가 변했으며, 한국전쟁에서 UN의 역할과 기능도 변화했다. 좀 더 일반적으로 말하자면, 중국의 개입은 미국과 UN이 한국전쟁 첫 1년간 시도했던 자유주의적 기획의 보편적-이상주의적 차원을 소진·좌절시키고 권력 균형상태를 도래하게 하여 양측 모두 현실주의적 타협과 협상을 지향하게 했다. 말하자면, 중국의 개입은 하나의 지진 같은 충격파를 주었고, 이런 큰 압력에 직면해 미국이 각각 중국, 한국, 일본을 대상으로 전개한 세 가지 차별적 대응전략은 궁극적으로 동아시아에 차별적인 세 가지 안보-평화 레짐 혹은 '동아시아 분단체제'를 탄생시켰다.

중국의 개입이 갖는 이런 거대한 동아시아 냉전사적 함의에도 불구하고 그동안 이 문제는 미국과 소련의 대립구도나 일괴암적인 공산주의 진영의 위계구조를 강조하는 기존 냉전 연구의 인식 틀로 인해 그 역할과 의미가 간과되거나, 중국의 입장을 고려한 연구들도 중국의 한국전쟁 개입 이유만을 중점적으로 다뤄왔다.

다른 한편, 중국 개입 이후 본격화된 한국전쟁 정전협상에 대한 기존 연구들은 판문점 협상 테이블에서의 논쟁만을 살펴보고 이 협상 자체가 어떤 조건 위에 놓여있었는지 국제적, 지역적 맥락에 큰 관심을 두지 않았다. 여기서 한국전쟁 정전협상의 기본 조건이란 바로 중국의 개입으로 인해 발생한 지역 내 권력 균형의 변화이다. 그리고 무엇보다 이 지역적 맥락에 대한 검토가 특히 한국사회에 중요한 것은, 중국 개입을 둘러싼 국제적 정치논쟁의 무게로 인해 한국의 휴전과 평화에 대한 논의가 모든 정치적 의제가 제거된 '군사-기술적(militaristic-technical)' 주제로 한정되었기 때문이다.

이 글에서는 중국의 한국전쟁 개입이 최종적으로는 한국전쟁 정전체제를 포함하는 특정한 형태의 '동아시아 분단체제'의 탄생으로 일단락되는 과정을 살펴볼 것이다. 이 과정에서 주목할 미국 대응 전략의 일관된 경향은, 과도하게 정치화된 한국전쟁의 정치적 쟁점들을 모두 제거하고 개별적으로 분리하여 탈정치화하는 방향으로 이끌어간 것이다.

결국 이 글은 과잉정치화된 전쟁이 점차 탈정치적 평화로 전환되는 과정에 대한 검토이다. 이를 통해 우리는 전후 평화협상의 주제가 되는 국가 주권, 영토 보존, 정치적 정의와 합의된 원칙, 탈식민과 전후처리, 그리고 인민의 권리와는 거리가 먼, 군사 분계선의 확정과 전투의 중지라는 초라하고 낮은 수준의 질문들이 한반도 평화의 '형태'를 구성하는 요소로 배치된 과정을 이해할 수 있을 것이다.

1. 중국의 개입과
미국의 비자유주의 체제에 대한 불인정 정책

1) 중국의 한국전쟁 개입과 미국의 대응

미국과 UN이 38선을 넘어 전쟁을 확전하려 하자, 저우언라이(周恩來)는 50년 9월 30일 "중국정부는 해외 침략을 용납하지 않을 것이며, 이웃국가가 제국주의에 의해 침략당하는 것도 좌시하지 않을 것"이라고 경고했다. 3일 후 10월 2/3일 자정에 그는 북경의 인도 대사 파니카를 소환해, "만일 남한군이 아닌 어떤 외국군이 국경을 넘으면 중국은 개입할 수밖에 없다"고 다시 한번 경고했다. 하지만 미국은 중국의 개입가능성을 낮게 판단했고 이 모든 경고를 회의적으로 받아들였다.[1]

이런 상황에서 특히 UN군의 38선 북진을 허용한 10월 7일 UN총회 결의안은 중국 입장에서는 저우언라이의 경고를 완전히 무시한 것이었다. 중국 정부는 이 상황을 '한국에 대한 미국의 침공'으로 규정하고 이것이 중국 안보에 위협이 되기 때문에 좌시하지 않을 것이며, '침략적 전쟁에 반대하는 것'을 두려워하지 않을 것이라며 중국의 개입을 시사했다. 그리고 실제로 마오는 10월 8일 중국인민혁명군사위원회 의장의 이름으로 한국에 중국군 투입 명령을 내렸다. 10월 19일 25만 명의 중국 병력이 한국에 들어섰다.[2]

중국의 개입이 공식 확인되자, 미국 국가기관들 내부에서 큰 의견 차이와 혼선이 나타났다. 우선 전장을 지휘하고 있던 맥아더와 미 군부는 여전히 전쟁 승리를 낙관하며 2차대전 식으로 '무조건 항복(Unconditional Surrender)'

---

1) Sydney D. Bailey, *Korean Armistice* (New York: St. Martin's Press, 1992), p. 30; Evan Luard, *A History of the United Nations: The Years of Western Domination, 1945–1955* (London: Macmillan, 1982), p. 250; Dean Acheson, *Present and Creation–My Years in the State Department* (New York: W.W. Norton & Company, 1969), p. 452; Chen Jian, *China's Road to the Korean War: The Making of the Sino–American Confrontation* (New York: Columbia University Press, 1994), p. 169, p. 172.

2) Chen Jian, op. cit., p. 186; Chen Jian, *Mao's China and the Cold War* (Chapel Hill: The University of North Carolina Press, 2001), p. 91.

을 받아내고 '승자의 평화(Victor's Peace)'를 이루어야 한다는 호전적 입장을 보였다.[3] 11월 중순까지도 미국 내에서는 군사적 승리 이전엔 정치적 협상은 없다는 보수적 입장이 압도적이었다.[4]

하지만 미 국무부와 JCS(합참)는 이러한 군부의 입장에 회의적이었고, 미국의 기존 전쟁 목적을 재검토하기 시작했다. 그러자 맥아더가 격렬히 반발하면서 워싱턴 정치지도부와 맥아더 사이의 갈등이 극심해졌다. 즉 군사적 승리를 추구하는 군부와 한국에서 정치적 해결을 추구하고 대신 전 지구적인 냉전에서 군사적 우세를 이루자는 국무부의 입장 간에 갈등이 시작되었다. 이는 곧 군사력에 의한 평화와 정치를 통한 평화의 갈림길이었다.

2) 중화인민공화국의 수립과 중-미 갈등의 시작

하지만 중국과 미국의 군사적 충돌을 정치적으로 푸는 데는 매우 큰 걸림돌이 하나 있었다. 그것은 바로 2차대전 이후 재개된 중국 내전에서 중국공산당(Chinese Communist Party, CCP)이 승리하고 1949년 10월 중화인민공화국이 수립되자, 어떤 중국을 주권 국가로 인정할 것인가를 둘러싼 국제적 대립의 문제였다.

중국공산당과 미국은 1948년 말 11월 발생한 미국 총영사 워드(Angus Ward) 사건 이후 이미 갈등관계에 있었고,[5] 1949년 4월경 마오와 중국공산

---

3) 11월 17일, 맥아더는 중국병력 규모를 약 2만 5천에서 3만 명으로 파악하며 10일 내에 북한군 점령 지역을 모두 소탕해버릴 수 있다고 주장했다(FRUS [Foreign Relations of United States] (1950), 1175-76).

4) Rosemary Foot, *A Substitute for Victory: The Politics of Peace making at the Korean Armistice Talks* (Ithaca, NY: Cornell University Press, 1990), p. 27.

5) 1948년 11월 중국 북동부에서 가장 큰 도시인 선양에 도착한 중국 공산군은 지역에 서구 외교관들이 남아있던 것을 발견하고, 선양지역 점령 당국 지휘관들은 처음에 워드와 외교관계를 수립하려 했다. 하지만, 중국공산당 중앙위원회와 마오의 지시로 미

당 중앙위원회는 '신중국은 국민당 정부가 남긴 외교 관계를 모두 제거하고, 자본주의 국가들과 서둘러 외교관계를 맺지 않는다'는 원칙을 수립했다.[6]

미국도 중국에 대한 불인정(non-recognition)을 하나의 전략과 정책 원칙으로 수립했다. 미국은 처음부터 중국의 인정 문제를 중국공산당에 압력을 가할 잠재적인 무기로 여겼다. 이런 정책의 원칙이 된 것은 1949년 5월 13일 중국공산당이 난징을 점령한 지 3주 후에 애치슨이 제시한 '중국 인정의 세가지 조건'이었다.[7] 핵심은 중국공산당이 얼마나 미국이 설정한 국제적 기준에 따라 해외정책을 조정하는가의 여부였다. 미국은 중국 인정문제를 중국공산당이 기존에 외국과 합의한 조약을 얼마나 준수할 것인지의 문제와 연결시켰다.[8]

이후 미국의 비자유주의 국가에 대한 불인정 정책은 냉전 봉쇄 전략의 핵심 축이 되었다. 중국과 소련의 틈을 벌리기 위한 '쐐기전략'으로 알려진 NSC 34와 NSC 41이 그 산물이었다.[9] 당시 미 국무부장관 애치슨은 미국은 중국을 인정하지 말아야 한다는 방침을 갖고 외교관들에게는 북대서양

국을 포함한 서구 국가들의 영사들로부터 무선 송신기를 빼앗고 이들을 억류하는 일이 벌어졌고 이 문제는 수개월간 해결되지 않았다. 이 사건은 미국에 큰 인상을 남겼고 중국공산당이 미국에게 어느 정도의 적대감을 갖고 있는 것을 잘 보여주는 사례가 되었다(Chen Jian, *China's Road to the Korean War: The Making of the Sino-American Confrontation*, pp. 34-38).

6) Ibid., pp. 39-41.

7) a. 공공질서를 유지하는 것을 포함해 사실상 영토와 행정 기구를 통제하는 것 b. 국제적 의무를 준수하려는 능력과 의지 c. 정부의 권력에 대한 국민들의 전반적인 묵인이 그것이었다.

8) Acheson, op. cit., p. 340; Chen Jian, *China's Road to the Korean War: The Making of the Sino-American Confrontation*, p. 45.

9) NSC 34/2, "U.S. Policy toward China," February 28, 1949, *FRUS* (1949), 9: 494. NSC 41, "Draft Report by the National Security Council on United States Policy Regarding Trade with China," February 28, 1949, *FRUS* (1949), 9: 826-24.

조약(NATO) 국가들도 중국을 인정하지 못하게 하라고 외교관들에게 지시했다.10)

그런데 신중국의 수립 문제는 미국뿐만 아니라 야심차게 출범한 새로운 국제기구 UN의 입장에서도 매우 심각하게 고려해야 할 큰 정치적 사안이었다. 1949년에 UN은 두 개의 중국 정부 중 어느 쪽이 UN 회원국이 될 것인가에 대한 논의를 더 이상 회피할 수 없게 되었다. UN에서는 중화인민공화국의 승인문제를 둘러싸고 치열한 국제적 논쟁이 벌어졌다.11)

3) 한국전쟁 이전 UN에서의 중국 대표 문제

1949년 10월 마오는 유엔에 장개석의 국민당 정부가 아닌 신중국이 UN 대표가 되어야 한다고 유엔의 대표권을 요구했다. 외무상 저우언라이는 11월 18일 UN 사무총장에게 "헌장의 원칙과 정신에 따라 현중국 대표는 UN에서 대표권이 없으며 신중국 정부가 UN에서 중국 의석을 넘겨받아야 한다"고 요구하는 전문을 보냈다.12)

1949년 12월에는 소련도 안보리에서 중국의 대표문제를 제기했고, 영국 정부는 이미 개별적으로 중화인민공화국을 중국 정부로 승인했다. 그러자 저우언라이는 1950년 1월 8일 다시 한번 안보리로 전문을 보내 국민당 대표들을 안보리에서 추방하지 않은 것을 항의했다. 하지만 소련이 1월 13일

---

10) Chen Jian, *China's Road to the Korean War: The Making of the Sino-American Confrontation*, pp. 47-48; Melvyn P. Leffler, *A Preponderance of Power: National Security, the Truman Administration, and the Cold War* (Stanford, Calif.: Stanford University Press, 1992), p. 293.

11) Luard, op. cit., p. 313; Bailey, op. cit., p. 80; Trygve Lie, *In the Cause of Peace: Seven years with the United Nations* (New York: The Macmillan Company, 1954), p. 257.

12) Bailey, op. cit., p. 80.

안보리 회의에서 제시한 중국 승인 결의안은 미국의 반대로 부결되었다. 그러자 소련은 이에 반발해 안보리에서 퇴장해 한국전쟁이 발발한 결정적 시기를 포함해 1950년 8월까지 안보리를 보이콧했다.[13]

이는 한국전쟁의 역사적 전개에 매우 결정적 영향을 미쳤다. 한국전쟁 발발 당시 2개월간의 소련의 안보리 부재는 한국전쟁에 대한 UN의 역사상 유례없는 결의안과 전면적 군사 개입 결정들이 가능하게 한 결정적 요인이었기 때문이다. 그런데 중국 개입은 미국과 UN의 이러한 초기결정뿐만 아니라, 이후 살펴볼 한국전쟁이 종식되는 형태, 즉 정전(Armistice)이라는 평화의 제도적 형태가 선택되게 되는 역사적 과정에도 큰 영향을 주었다. 이 과정을 이해하는 데 가장 중요한 단일 쟁점은 바로 중국의 UN가입 문제였다.

소련의 안보리 결의안이 부결된 이후에도 유엔에서는 중국의 가입 문제를 둘러싸고 지속적인 논의와 충돌이 있었다. 문제는 UN 헌장에 중국 같이 내전 이후 수립된 두 개의 국가의 대표문제뿐 아니라 국가의 대표 문제 자체를 어디서 논의하고 누가 결정할지에 대해 아무런 규정이나 사전 논의가 없었다는 것이었다. 사실 UN 수립 이전까지 한 국가를 인정하는 문제는 각 국가들이 개별적으로 자국의 기준에 따라 결정해오던 것이었다.

그런데 이 시기 UN 사무총장 트리그브 리가 1950년 초에 개인적으로 정부들을 설득해 중국의 UN 가입을 위한 캠페인을 한 것이 매우 중요한 역사적 의미가 있다. 트리그브 리는 1945년에 UN의 창설 회원국이 된 중국은 장개석의 중국이 아니라 '4억 7천5백만의 인구를 가진 중국'이고, 내전에서 공산당이 승리한 것을 평가하는 것과 한 정부를 인정하는 것은 별개의 문제로 여겼다. 그는 이 문제를 냉전의 갈등을 완화시키기 위해 UN이 특히

---

13) Luard, op. cit., p. 314; *YBUN* (1950), 421-35.

노력해야 할 문제로 여겼다. 그는 UN 법무자문을 통해 중국 인정문제에 대한 법적 검토 보고서를 준비했다. 보고서는 영토와 인구를 실질적으로 통제하는 정부만이 회원국으로서 국가의 의무를 충족할 수 있다고 제안했다. 이 보고서는 국제연맹과 국제연합이 등장한 이후 UN의 회원국이 되는 것과 한 국가의 대표문제는 '집단적 행동'에 의해 결정되어야 할 문제라고 주장했다. 즉 한 국가의 승인문제를 UN을 통해 집단적 절차로 통합하려는 것이었다. 그가 이 보고서14)를 3월 8일에 출판해 회람시키자 국민당 중국 대표는 강경하게 비난했고, 미국 내 보수언론은 심지어 그가 "소련에 항복했다"고 크게 비난했다.15)

사무총장뿐 아니라 처음부터 중국을 지지한 소련, 유고, 인도, 그리고 영국, 프랑스, 이집트, 에콰도르 등도 베이징 정부에 매우 호의적이었기 때문에, 1950년 전반부까지 로비가 계속되었다. 하지만 50년 5월 미국은 영국과 프랑스에 압력을 넣어 8월 말이나 9월까지 이 문제에 대해 전혀 논의 하지 않는다는 합의를 이끌어냈다.16)

4) 중국의 한국전쟁 개입 이후 UN에서의 중국 인정 논쟁

유엔에서 중국 인정 논의가 크게 대립하고 있는 사이에, 한국전쟁이 발발했다. 그리고 몇 개월 후에는 아예 중국이 한국전쟁에 직접 개입하게 되었다.

---

14) UN Doc S/1466, 50년 3월 8일, UN사무총장이 회람시킨 "Legal Aspects of the Problem of Representation in the United Nations."

15) Lie, op. cit., pp. 249-74.

16) Luard, op. cit., p. 315; Yuen-Li Liang, "Recognition by the United Nations of the Representation of a Member State: Criteria and Procedure," *The American Journal of International Law*, Vol. 45, No .4 (Oct., 1951), p. 693; Chen Jian, *Mao's China and the Cold War*, p. 38.

중국의 한국전쟁 개입의 중요한 정치적 함의는, 신중국의 승인과 UN가 입, 안보리 상임이사국의 대표문제가 바로 한국문제의 정치적 해결을 위한 사전 조건이 되었다는 것이다. 협상을 하기 위해선 교전 상대를 국가로 인정해야 했기 때문이다. 따라서 중국의 전쟁 개입은 이후 중국 인정문제를 논의의 사전 조건으로 만들면서 UN이 정치협상을 통해 해결해야 할 한국문제를 훨씬 복잡하고 무겁게 만들었다. 이런 측면에서 중국 개입은 동북아 관계에 크나큰 정치적 함의를 갖는 하나의 지역적 정치 행위(Regional Political action)였다.

중국이 개입하자 UN에서 신중국 정부가 인정될 가능성은 더 줄어들었다. 하지만 오히려 한국문제를 해결하기 위해서는 중국의 국제적 위상을 인정하고 외교적인 협상을 하는 것이 궁극적인 정치적 해결에 핵심적이라는 의견들이 제시되었다.

인도 수상 네루가 처음부터 이런 흐름을 주도했다. 인도는 50년 7월초부터 안보리에 중국이 들어오고, 이를 계기로 중국과 소련이 동시에 안보리 절차에 참여해야만 한국문제가 해결될 수 있으며 분쟁의 확산도 막을 수 있다고 주장했다. 스탈린은 이에 기꺼이 화답하며 중화인민공화국 대표를 안보리에 초청해야 한다고 주장했다.[17]

중국의 경우 개입 이전부터 한국문제를 해결하기 위한 몇 가지 조건과 원칙을 내걸고 있었다. 즉, 7월 12일 중국 외무상 저우언라이는 한국문제의 평화적 해결을 위한 다섯 가지 조건을 작성했다. 그 조건이란 모든 해외군이 한국에서 철수하고, 미군이 대만에서 철수하고, 한국문제는 한국인 스스로 풀고, 베이징 정부가 UN에서 중국의 의석을 넘겨받고 대만은 추방한다, 그리

---

17) *FRUS* (1950), 366, 373; Bailey, op. cit., p. 19; 군사편찬연구소, 『미 국무부 한국 국내상황 관련문서 Ⅵ: 한국전쟁 자료총서 44』, 96-97쪽.

고 일본과 평화조약 서명을 논하기 위해 국제회의를 요청한다는 것이었다.[18]

여기서 중요한 것은 중국은 처음부터 한국전쟁의 정치적 해결 문제를 대만문제, UN 의석문제, 일본과의 평화조약까지 포함한 1945년 이후 동북아 전후질서의 포괄적 해결과 합의까지 포괄하려 했다는 점이다.

한국전쟁 정전체제와 동아시아 분단체제 형성의 기원에 놓인 가장 근본적인 중-미 갈등의 구도는 미국은 한국전쟁을 한국문제에만 국한해 처리하려 했지만, 중국은 중국의 국제적 지위와 역할에 상응하는 포괄적 정치적 문제들을 모두 해결하려 했던 것이었다. 특히 대만문제는 2차대전 이전 일본 영토였던 영토의 법적 관할권 문제이기도 했고, 따라서 중국 내전 결과의 문제이자 동시에 동북아시아에서 일본과의 평화협상을 통해 포괄적으로 해결해야할 커다란 전후문제와 연결되어 있었다.

중국은 이 중에서 중국 인정문제를 가장 중요한 우선조건으로 여기고 있었다. 저우언라이는 1950년 8월 26일자 서한을 통해 UN 총회에 직접적으로 중국정부의 인정을 요구했다. 그리고 중국 대표문제는 9월 19일, 총회 회의에서 논의되었고 인도가 중화인민공화국의 인정이라는 결의안 초고를 제출했으나 표결에서 거부되었다.[19]

이 난제에 직면해 UN에서는 트리그브 리가 시도했던, 한 국가의 대표와 인정문제를 다룰 일반적 절차를 확립해 인정문제를 집단화하고 제도화하려는 움직임이 부활했다. 후속정치위원회(Ad Hoc Political Committee)는 인정을 위한 국제적 기준을 제시한 쿠바 결의안(A/A.C38/L6: 10월 7일)과 영국

18) Chai Chengwen and Zhao Yongtian, *Kangmei yuanchao jishi* (A Factual Record of the War to Resist America and Assist Korea) (Beijing: Jiefangjun, 1987), p. 47; Chen Jian, *Mao's China and the Cold War*, p. 89에서 재인용.

19) Hans Kelsen, "Recognition in International Law-Theoretical Observations," *The American Journal of International Law*, Vol. 35 (1941), p. 943; *YBUN* (1950), 425-29.

결의안(A/A.C38/L21: 10월 31일)을 검토했다. 하지만 결국 여러 논쟁 끝에 UN에 의해 한 국가의 승인에 필요한 특별한 보편적 법적 기준을 세우려는 시도 자체가 완전히 실패했다.[20] 더구나 중국이 한국전쟁에 전면적으로 개입하자 중국문제에 대한 UN에서의 호의적인 표결 가능성은 거의 사라지게 되었다.

대신 UN의 틀에서 미국과 중국의 대화가 시작되었다. 당시 미국은 여러 국가들의 압력에도 불구하고 중국과의 직접 대화나 정치적 협상 논의를 회피하고 있었다. 그럼에도 불구하고 미국은 중국과의 장기화된 전면전을 부담스러워했고, 결국 중국 대표를 안보리에 초대해 논의를 하자는 다른 국가들의 제안을 일부 수용했다.[21]

다만 미국은 중국이 대만문제에 대한 논의에 한해 11월 15일 이후의 안보리 논의에만 참석할 수 있게 했다. 즉 미국은 중국이 한국의 정치적 문제 전반에 대한 토론에는 참석할 수 없게 배제하고 '군사개입문제'만을 논의할 수 있게 제한한 것이다.[22]

이렇게 제한된 조건에도 불구하고 신중국 대표의 안보리 참석은 공산당의 외교 대표단이 처음으로 미국과 UN을 방문한 역사적 순간이기도 했다.[23] 우신촨(伍修權)이 이끄는 중국 대표단은 이를 위해 많은 준비를 하고 11월

20) Liang op. cit., pp. 699-700.

21) Luard, op. cit., p. 252; *FRUS* (1950), p. 1158, p. 1161.

22) Ibid., p. 251; Bailey, op. cit., p. 38.

FRUS (1950), Vol. Ⅱ, 548-50, 555; Ernest A. Gross, *The United Nations: Structure for Peace* (New York: Manhattan Publishing, 1959), pp. 113-15, 346-47.

23) 대표인 우신촨은 미국에 도착한 것을 '신중국의 인민이 거인의 활보로 세계정세에 관련한 정치 무대에 등장했다'라고 회고했다. Wu Xiuquan, *Eight Years in the Ministry of Foreign Affairs* (January 1950-October 1958): *Memoirs of a diplomat* (Beijing: New World Press, 1985); 진유리 역, 「오수권伍修權 외교회고록」, 『중소연구』, 1984, 273쪽.

14일 베이징에서 출발해 24일 UN본부가 있는 뉴욕에 도착했다. 중국 대표단은 11월 27일 안보리 525차 회의에 참석해 대만에 대한 침략과 한국에 대한 침략 두 문제를 동시에 다루는 논의 자리에 참여했다.[24]

중국 대표단의 참석 목적은 구체적으로 UN을 통해 어떤 협상을 도출해 내야 하는가에 있지 않았다. 대표단의 주요 목적은 미국과 UN에 의해 인정받지 못한 상황에서 중국의 국제적 위신을 살리는 인정의 정치였고, 핵심적으로 제기하려던 의제는 중국 영토로 간주된 대만에 대한 미국의 공격을 항의하려는 것이었다.

중국뿐 아니라 미국 역시 이 시기엔 더 우세한 군사 정치적 위치가 아닌 경우엔 협상을 하려 하지 않았기 때문에, 정치적 해결을 위한 모든 논의들이 파행으로 치달았다. 중국 대표들은 수정할 수 없는 입장을 고수했고 어떤 타협의사도 표현하지 않았다. UN 사무총장은 중국 대표가 매우 과격하다고 여겼고, 미국 대표들은 중국을 여전히 모스크바에 의해 조작된 꼭두각시라고 생각하고 있었다.[25]

이렇게 타협 없는 양측의 비난이 지속되는 상황에서 미국 정부 내에서도 중국을 상대로 한 평화협상 자체를 거부하는 군부의 강경 노선이 힘을 얻고 있었다. 휴전제안은 재고의 여지없이 거부되었다. 군사적 평화기획에서 정치적 평화기획으로의 전환은 쉽지 않았고 여전히 군부의 입장이 강력했다.[26]

그러자 미국은 중국과 유엔을 통해 대화를 하기보다는 중국을 한국전쟁

24) *FRUS* (1950), 1235; Bailey, op. cit., p. 39.

25) Bailey, op. cit., pp. 39-40; Luard, op. cit., p. 253; *FRUS* (1950), 1268. *Security Council Official Records*, 5th year, Supplement for September to December 1950, 527th meeting (30 Nov. 1950), pp. 19-20; Wu, Xiuquan, op. cit., p. 45; *FRUS* (1950), Vol. Ⅶ, 923, 1025, 1071.

26) Acheson, op. cit., pp. 472, 491; *FRUS* (1950), 1246.

에서 북한과 마찬가지인 '침략자(aggressor)'로 비난하는 결의안을 추진했다. 결국 트루먼은 12월 2일 중국 비난 결의안을 총회에 의제로 즉각 상정할 것을 지시했다. 아울러 애치슨은 정부가 직면한 상황의 심각성을 알릴 수 있는 유일한 방법이라며 트루먼에게 국가 비상사태 선포를 건의했고 결국 트루먼은 12월 15일 비상사태를 선포해 방위비 증액과 군사력 확대 조치를 시행했다.[27]

2. 권력 균형의 대두와 중-미 평화 협상의 실패

UN에서의 중-미 직접대화의 실패에도 불구하고, 중국의 한국전쟁 개입은 한국을 둘러싼 군사적 기획의 열정에 제한을 가하고 정치적 해결을 위한 협상을 이끌어낸 힘의 균형상태(Balance of Power)를 창출했다. 20세기 자유주의 국제 질서 기획이 극복하려던 19세기적 국민국가간 권력 균형상태가 정치 협상의 토대가 된 것이었다.

1) 영-미 정상회담과 아시아 국가들의 평화 제안

UN과 국제무대에서는 한국전쟁의 휴전과 평화를 요구하는 압력이 더욱 커지고 있었다. 이런 정치적 평화기획을 강력히 추동한 것은 미국이 아닌 영국과 인도, 그리고 아시아-아랍 국가들이었다. 먼저 영국을 비롯해 이미 38선 돌파결정에 대해 우려를 표명했던 국가들은 중국의 전면적 개입이후 상황을 우려했고, 처칠이 죽은 이후 새로운 수상이 된 영국의 아틀리가 직접 미국을 찾아와 트루먼과 정상회담을 했다.[28]

---

27) Foot, op. cit., p. 30; Acheson, op. cit., p. 475; FRUS (1950), 1050, 1087-1093, 1240.
28) 사실 영국은 미국이 중국과의 분쟁을 조속히 끝내고 다시 유럽의 안보에 더 적극적

12월 4일부터 9일까지 5일간의 영미 정상회담에서 아틀리는 미국이 중국에게 휴전을 먼저 제안하는 것은 부적절할 수 있지만 한국과 대만에서 철수하고 UN에서 중국 의석을 주고, 대만을 중국 관할로 돌려주는 것이 큰 대가가 아니라며 중국을 유엔에 가입시키자고 제안했다. 아틀리는 서구 국가들이 아시아에서 좋은 여론을 얻는 것이 가장 중요하다는 점을 강조했다. 그러나 미 국무장관 애치슨은 "미국에게 가장 중요한 것은 미국의 안보"이며, 트루먼과 마셜은 아시아 일반이 아니라 "(공산주의에 맞서) 싸우고 있는 '아시아 반공주의자들'의 믿음을 얻는 것이 아시아의 지지를 얻는 길"이라며 영국의 제안을 거부했다.29)

영미 정상회담이 미국의 입장을 바꾸진 못했지만, 같은 시기 UN에서 주로 인도가 주도하는 38선에서의 정전 제안과 함께 미국과 중국을 압박하고 설득하는 흐름을 이루었다. 이 과정에서 의미있는 움직임은 1950년 12월 5일 UN총회에서 인도가 주도한 13개 아프리카 아시아 회원국들이 북한과 중국에게 38선을 넘지 말라고 호소하며 평화계획을 제시한 소위 '아시아 선언'30)이다. 이들은 38선에서 공격을 멈추고, 한국에 이해관계가 있는 열

으로 참여하길 바랐다. 미국이 유럽을 무시하고 너무 많은 자원을 아시아로 분산시키지 않기를 원했던 것이다(Acheson, op. cit., p. 481; Foot, op. cit., p. 21; *FRUS* [1950], 1348-1479).

29) Acheson, op. cit., pp. 481-82; Foot, op. cit., p. 29; *FRUS* (1950), 1348-1479.

30) 아시아 국가들의 한국의 평화 계획 초안은 여러 단계가 포함된 계획이었다. 그 계획이란 a. 즉각 휴전 b. 중국 철수 c. 미국의 철수 d. 대만에서 미군 함대 철수 e. 한국군의 무장 해제, 북한군도 무장 해제, UN의 무장해제 위원회의 감독 f. UN군 5만 명으로 제한, 한국 경찰은 2만5천 g. UN 옵서버 h. UNCURK 활동 i. 3개월 안에 선거 개최 후 UN군은 철수 j. 12개월 내에 휴전, UN군 철수 3개월 안에 UNCURK도 철수 k. 휴전명령 직후 UNKRA 활동 등이었다. 인도는 특히 중국이 휴전에 관심을 갖게 하기 위해 이 제안이 서구에서 시작된 것이 아니며, 중국이 휴전을 받아들이면 다른 중국의 이해관계를 고려할 것이라는 것을 반복 강조하며 중국을 설득했다.

강이 만나 한국문제의 최종 해결을 논의하자고 제안했고 이를 베이징에 전달했다.[31]

UN 총회에서 아시아 선언에 대한 논의가 지속되었고, 12월 12일 안보리에서는 인도 대표 라우(Rau)가 1) 한국 휴전문제와 2) 포괄적 문제 해결을 위한 정치회담을 별도의 두 결의안으로 제시했다. 이중 첫 번째 결의안[32]은, 3개국 회원으로 구성된 휴전그룹(Cease Fire Group)을 구성해 한국에서 휴전을 위한 근거를 찾는 노력을 하자는 것이었다. 두 번째 결의안은 '극동문제'의 평화적 해결을 위한 국제 정치회담을 개최하자는 것이었다. 이 선언으로 UN의 논의에서 한국의 군사적 휴전문제와 궁극적인 정치적 해결문제가 분리되었고, 중국도 이 분리에 동의했다. 미국은 극동문제를 포괄적으로 다루는 정치회담을 거부하며 첫 번째 결의안에만 동의했다. 결국 12월 13일 첫 번째 결의안만 표결에 붙여졌고, 51대 5, 1개국 기권으로 채택되었다.[33]

2) 미국의 휴전관련 입장과 중국의 휴전 제안 거부

이렇게 UN에서 휴전 결의안이 통과되자 미국 정부는 휴전이 이루어질 경우에 미국이 어떤 입장과 조건을 고려해야 하는지에 대해 원칙을 수립하게 되었다. 이런 논의의 결과 등장한 것이 바로 12월 11일 JCS가 제시한 한국 휴전의 조건과 원칙에 대한 제안(NSC 95)이었다.[34]

William Stueck, *Korean War: A International History* (Princeton: Princeton University Press, 1995), pp. 140-41.

31) Bailey, op. cit., p. 44; *FRUS* (1950), 1422-85.

32) 아프간, 미얀마, 이집트, 인도, 인도네시아, 이란, 이라크, 레바논, 파키스탄, 필리핀, 사우디, 시리아, 예맨 (A/C.1/641).

33) *YBUN* (1951), 244-49; *FRUS* (1950), 1489, 1500-12, 1536; Bailey, op. cit., p. 44.

34) NSC 95, 1950. 12. 12; *FRUS* (1950): 7, 1529-31. NSC 95에는 미국의 정전협상에 대한 최초의 기본 방침과 원칙이 포함되어 있었다.

한국 정전체제의 기본 성격을 규정한 기본 틀로서 NSC-95의 중요성은 아무리 강조해도 지나치지 않을 것이다. NSC-95는, 로즈마리 풋의 지적처럼, 모든 종류의 중국과 관련된 정치적 조건을 배제하고 정교하게 정전의 군사적 측면만을 강조했다. 미국은 휴전협상의 의제는 한국문제로만 한정된다는 것을 가장 중요한 원칙으로 내세웠다. 다른 문제, 특히 중미관계 문제를 한국 정전협상에 연결되지 않게 하려 했다. 이는 한편으로 미 군부와 미국 내 정치의 더 호전적인 입장 즉, 미 해군과 공군으로 중국 본토를 공격하자는 정서를 억누르면서도 다른 한편으로는 UN과 국제 여론의 휴전과 평화적인 정치협상에 대한 압력이 반영된 절충점이었다.[35]

물론, 한국전쟁 정전협상을 순수하게 군사적인 것에 한정한다는 미국의 방침은 이미 1950년 9월부터 준비된 입장이었다. 당시 매튜 미 국무부 부차관은 북한이 휴전이나 평화협약을 요청할 경우, 휴전협상은 "순수한 군사적 문제이며 따라서 정전/휴전협약 협상 담당인 통합사령부 사령관을 통해 대응해야 한다"고 제안했다. 그런데 이 시기에 한국의 정전협상을 군사문제로 한정한 이유는 "최종적인 평화협약의 문제는 UN이 결정할 문제"로 보았기 때문이다. 즉 정전협상은 UN의 틀을 통해 모색할 최종적인 평화협약을 예상하는 초기 단계의 절차로 고안된 것이었다.[36]

따라서 NSC-95는 정치적인 논의는 UN에서 추후에 하려는 초기 구상에 의해 정전협상을 하나의 분리된 단계로 설정하려던 애초 구상에, 중국개입으로 초래된 복잡한 동아시아 정치문제를 한국전쟁 처리문제와 분리하려는 미국의 이해관계가 결합된 산물이었다.[37]

---

35) Foot, op. cit., pp. 31-32.
36) *FRUS* (1950), 731-32.
37) Bailey, op. cit., p. 116; Acheson, op. cit., p. 512.

그런데 이 시기 군사적으로 우월한 위치를 점하고 있던 중국은 '아시아 선언'과 13개국 휴전결의안 자체도 아예 거부하고 있었다. 당시 중국 공산당 지도부는 군사적 우위에 있던 상황에서 전면적 승리 이외에는 어느 것도 받아들이려 하지 않았고 소련 역시 이를 전적으로 지지하고 있었다.[38)

따라서 휴전 결의안에 의해 구성된 이란 대표(Entezam)와 캐나다(Lester Pearson), 인도(Benegal Rau) 3인의 'UN 휴전 그룹'은 이런 악조건 속에서 활동을 시작했다. 이들은 여러 정부들에 자문을 구하고 휴전을 받아들일 만한 근거들을 고민했다. 미국은 38선 북쪽에 20마일의 비무장지대를 설치하고, 한국에서 군사력의 교체나 강화를 중단하고, UN위원회에 의해 감독되는 휴전을 원했다. 하지만 중국은 중국이 배제된 총회에서 수립된 3개국대표단의 정당성 자체를 인정하지 않았다.[39)

오히려 마오는 한국전쟁 현장 지휘관들의 견해를 무시하고 12월 21일 다시 한번 공세를 펴고 38선을 넘으라고 지시했다. 그리고 공격명령 다음날 12월 22일 저우언라이는 공식적으로 13개국의 휴전 결의안을 거부하고, 한국에서 군사 작전을 재개하기 위해 시간을 얻으려는 미국의 기획이라고 비난했다.[40)

이렇게 군사적 성공의 정점에 있던 중국이 휴전그룹의 제안을 거부하고 최대요구, 즉 이 기회에 중국이 해결하고자 하는 모든 정치문제를 제시하자

---

38) Bailey, op. cit., p. 116. 한국의 반응도 비우호적이었다. 12월 13일 UN 총회 정치위원회의 결의안은 한국에 '한국정전 결의안'으로 알려지면서 더욱 호전적인 북진 통일을 외쳐왔던 이승만과 임병직 외무장관으로부터 비판을 받기도 했다. 『서울신문』, 1950. 12. 14.

39) Luard, op. cit., p. 254.

40) Chen Jian, *Mao's China and the Cold War*, p. 92; Luard, op. cit., p. 255

협상가능성은 사라졌다. 협상이 지지부진해지면서 중국측 대표는 12월 19일 뉴욕을 떠났다.[41]

3) UN 휴전 그룹의 실패와 중국 비난 결의안

중국 대표를 만날 수 없었던 휴전 대표단은 1951년 1월 2일 총회에 활동이 실패했다고 보고했다.[42] 휴전 그룹의 활동이 실패하자 다시 한번 영국을 중심으로 UN 밖에서 외교가 펼쳐졌다. 1951년 1월 4일부터 12일 사이에 영국연방(Commonwealth) 수상들의 회의가 런던에서 열렸다. 1월 12일 캐나다, 영국, 인도 등은 이를 반영해 휴전 그룹 추가 보고 형태(A/C.1/645)로 UN 총회 정치위원회에 5개 원칙을 제시했다.[43] 캐나다는 이를 중국이 승인할 것을 제안했고 1월 13일 총회 정치위원회에서 50:7로 승인된 후 바로 베이징으로 송고되었다.[44]

이런 지속적인 노력들이 미국에게 상당한 외교적 압력을 행사했기 때문에, 미국은 이를 거부할 수 없었다. 만일 중국이 이 결의안을 수용해버리면 미국에겐 외교적 딜레마가 생길 상황이었다.[45] 따라서 미국은 중국이 이를

---

41) Bailey, op. cit., p. 117; Wu Xiuquan, op. cit., p. 253.
42) *YBUN* (1951), 250.
43) 그 원칙은 a) 새로운 공격을 준비하지 않는 즉각적인 휴전 b) 휴전을 통해 평화의 회복을 위한 향후의 논의를 촉진 c) 모든 해외 군의 철수와 전 한국에서의 선거 d) UN 원칙에 따른 한국에서의 평화로운 행정 조정 e) 영국, 미국, 소련, 중국 대표가 회담을 열고 UN 총회가 대만과 중국의 대표문제를 포함한 극동문제(Far Eastern problems)를 포괄적으로 해결하기 위한 기구를 설립하자는 것이었다.
44) Luard, op. cit., p. 255; *YBUN* (1951), 209-10; Bailey, op. cit., p. 118.
45) 이후 애치슨은 그의 회고록에서 인도의 주도 하에 아시아 13개국 결의안을 지지할까 반대할까를 선택하는 것은 자살행위였다고 언급했다. 왜냐하면, 이는 한국을 잃고, 의회와 언론의 분노를 일으킬 수 있었고, 다른 한편에서는 UN에서 미국의 우위와 지지를 상실하게 될 것이기 때문이었다(Acheson, op. cit., p. 513).

거부할 것을 내심 바라면서 이를 수용한 것이었는데, 실제로 중국과 소련이 1월 17일에 이 제안을 거부했다.

당시 저우언라이는 한국분쟁의 종식은 UN이나 휴전협상을 통해서가 아니라 "여러 관련 국가들이 동아시아의 여러 문제에 대해 동시에 논의하는 국제적 정치협상"을 통해서 이뤄져야 한다고 응답했다. 중국은 영국, 중국, 프랑스, 소련, 미국 등 안보리 상임이사국이 이집트, 인도와 함께 중국에서 모여서 7강 회담을 개최해 극동문제를 다루어야 한다고 제안했다. 또한 중국은 중국의 UN 의석 획득과 한국과 대만에서 모든 외국군의 철수를 또 다시 요구했다.[46]

이 시점에서 중국이 요구한 것은 모든 지역 정치적 쟁점들을 다룰 동아시아 국제정치 회담이었고, 미국은 한국에서는 일단 군사적 휴전을 도모하는 정전협상만을 시작하려고 했다.

따라서 애치슨은 발표 당일에 저우언라이의 제안을 즉각 거부했다. 그는 "UN이 한국문제의 평화적 해결을 위한 모든 가능한 노력을 했다는 데 의심의 여지가 없으며 이제 우리는 중국 공산주의자들이 UN에 대한 비난을 그만둘 의도가 없다는 것을 직시해야 한다"며 중국을 비난했다.[47]

여전히 영국 등 여러 유엔 회원국들은 한국문제는 가장 큰 이웃국가인 중국이 동의하지 않고서는 장기적 해법의 도출이 불가능하며, 따라서 중국과 정치적 타협을 위한 노력이 더 필요하고, UN이 비난하고 제재를 가하면 상황이 더 악화될 것이라고 미국을 압력했다. 아랍-아시아 국가들도 이런 입장을 공유했다. 하지만 유엔에서 압도적인 미국의 영향력으로 인해 이런 희망과 정반대되는 중국을 '침략자'로 비난하는 미국 결의안이 2월 1일 UN

---

46) Luard, op. cit., p. 256; Bailey, op. cit., p. 119; *FRUS* (1951) 7: 91-92.
47) *FRUS* (1951) 7: 93.

총회 회의에서 통과되었다.[48]

이 2월 1일 결의안이 중국을 침략자로 규정하며 중국의 개입을 비난하자, 신중국정부는 이에 격분해 이후 UN과 어떠한 의사소통도 하지 않았다. 한국전쟁 조기 정전의 가능성은 사실상 사라졌고 이후 5개월 동안 논의 자체가 중단되었다.[49]

이 쟁점을 둘러싼 충돌을 제도적 차원에서 보자면, 한 국가의 인정문제를 국제기구를 통해 집단화·제도화하려는 움직임과, 이를 법적 문제가 아닌 단지 개별 국가의 정치와 정책 영역으로 남겨두려는 움직임이 충돌한 것이었다. 이 대립에서 영국과 인도 등 중국을 승인하려던 국가들은 전자의 입장, 즉 일종의 보편주의적 관점에서 신생국가로 인정하려 했지만, 미국은 비자유주의 국가를 인정하지 않는다는 배제적 원칙을 고수하기 위해 이런 보편적 제도화에 반대했다.

하지만 이 제도적 틀의 배경에 있던 정치적 차원을 보자면, 중국은 군사적 우위에 있는 상태에서 중국이 제기할 수 있는 모든 동아시아 차원의 정치적 의제들을 포괄적인 동아시아 국제회담을 통해서 해결하고 싶어했다. 하지만 처음부터 중국을 인정하지 않으려던 미국은 중국이 모든 거시적 정치 쟁점을 논의하려 할수록 한국문제를 더욱더 한국에 국한된 군사적 휴전의

---

48) Bailey, op. cit., p. 119; *YBUN* (1951), 212-23; Luard, op. cit., p. 258.

49) Luard, op. cit., p. 258; Foot, op. cit., pp. 32-33; Acheson, op. cit., p. 513; *FRUS* (1951), 150-51.

미국무부는 5월 3일 50년 11월 3일 평화를 위한 통일 결의안에 의해 총회에서 설립된 추가조치위원회(Additional Measures Committee)가 경제적 제재 수단에 대한 연구를 시작했다. 미국은 중국과 북한이 통제하는 모든 지역에 대한 원자료(원자력 에너지, 석유, 전략적 가치가 있는 물자의 수송, 무기 생산에 필요한 장비, 탄약 등)의 수송을 금지할 것을 권고했다. 이는 UN에서 침략자로 규정된 국가에 대한 제재 정책에 동의하기로 결정한 최초 사례였다(Luard, op. cit., p. 260).

문제로 차원을 낮추어 해결하려 했다.

미국이 중국 불인정에서부터 중국을 침략자로 비난한 결의안을 통과시키는 전체 과정에서 지속적으로 보인 입장의 근거는 바로 '비자유주의 국가'의 불인정이라는 정책 노선이었다. 미국은 혁명을 반대하는 보수적 자유주의의 관점에서 "중국은 전쟁을 통해 수립된 정당성 없는 국가"이며, 특히 "자유선거가 없는 1당제 국가체제"는 자유주의 기준에서 정당한 정부가 아닌 것으로 여겼다. 더군다나 중국은 평화라는 UN의 자유주의적 국제규범에 반하는 '침략죄'를 저지른 것으로 규정되었다. 이것이 미국의 비자유주의 체제 불인정 정책의 핵심요소들이었다. 애초에 근대 유럽에서 신생국의 평등한 주권은 기독교와 문명이라는 기준에 근거했으나 이는 20세기에 점차 폐지되었다. 그리고 베르사유 체제에서 미국의 '민족 자결(national self-determination)' 원칙 이후 '민주적 헌법'이 국가 인정의 기준이 되었는데, 미국은 UN을 창설하며 '평화'라는 새로운 기준을 더했다. 거기에 냉전이 전개되자 미국은 자유선거, 자유무역이라는 더 협소하고 배제적인 자유주의적 기준을 한 국가에 정치적 인정의 조건으로 제시했다.[50]

---

[50] C. G. Fenwick, "The Recognition of the Communist Government of China," *The American Journal of International Law*, Vol. 47, No. 4 (Oct., 1953), pp. 658-61; Kelsen, op. cit.; H. Lauterpacht, "Recognition of States in International Law," *The Yale Law Journal*, Vol. 53, No. 3 (June 1944). pp. 385-458; Josef L. Kunz, Critical Remarks on Lauterpacht's "Recognition in International Law," *The American Journal of International Law*, Vol. 44, No. 4 (Oct., 1950), pp. 713-19; Malbone W. Graham, "Some Thoughts on the Recognition of New Governments and Regimes," *The American Journal of International Law*, Vol. 44, No. 2 (April 1950), pp. 356-60; Quincy Wright, "Some Thoughts About Recognition," *The American Journal of International Law*, Vol. 44, No. 3 (July 1950), pp. 548-59; Quincy Wright, "The Chinese Recognition Problem," *The American Journal of International Law*, Vol. 49, No. 3 (July 1955), pp. 320-38.

불인정 정책을 통해 자유주의적 헤게모니를 유지하려던 미국은 향후 거의 20년간 중국의 유엔 대표문제 논의를 거부하고 방해하기 위해 엄청난 외교적인 압력을 행사했다. 중국은 1971년에야 UN 총회에 의석을 갖게 되었다. 이런 점에서 루아드는 한국전쟁이 아니었다면 UN에서의 중국의 의석문제는 상대적으로 쉽게 해결되었을 것이라고 평가한다.[51]

3. 탈정치적 자유주의 평화의 두 가지 모델: 군사적 평화와 경제적 평화

1) 한국전쟁 정전협상의 시작과 성격: 임시적 군사 정전 체제

중국의 UN 대표문제 논쟁을 치르며 중국 비난 결의안이 통과되자 UN의 역할은 일종의 한계에 다다랐다. 특히 냉전이라는 적대구도에 더해진 뿌리 깊은 미-중 갈등은 전쟁의 평화적 종식이라는 UN의 또 다른 기능을 마비시켰고 정치를 통한 평화라는 기획은 좌절되었다.

하지만 군사적 상황의 변화는 UN에서 또 다시 휴전에 대한 압력을 증대시켰다. 1951년 초반 미국과 UN군의 군사적 상황이 다시 호전되었다. 3월 중순이 되면 서울을 다시 회복하고, 그리고 이후 다시 38선도 회복했다.[52]

미국의 군사적 입지가 조금 개선되자 정전을 고려하라는 동맹국과 UN의 압력에 미국 정부가 반응하기 시작했다. 국무부 내부에서 러스크는 2월 11일 휴전을 위한 구체적 방침들을 제시했다. 러스크는 한국에서 휴전을 받아들이고 50년 12월 JCS의 정책 노선에 따라 한국에서 잠정적 협약(모두스 비벤디, *modus vivendi*)을 이루자는 의견을 제시했다.[53]

51) Luard, op. cit., p. 316: Bailey, op. cit., pp. 76-77.

52) Acheson, op. cit., p. 513; *FRUS* (1951), 190-94.

하지만 맥아더는 한국을 군사적으로 통일하겠다며 자의적으로 중국과 북한에 '미국은 전쟁을 확대하기로 결정했으며, 중국을 군사적으로 완전히 붕괴시키겠다'는 호전적인 선언을 공표했다. 맥아더의 계속되는 자의적 행위들은 트루먼이 공식 발표한 미국 정책들의 노선과 대치되는 것이었기에 UN 회원국 사이에서 많은 우려를 불러일으켰다. 영국은 의회 결의안을 통해 맥아더를 신뢰하지 않는다는 의견을 공식적으로 표명하기도 했다.[54]

결국 트루먼은 4월 11일 맥아더를 해임했다. UN의 대다수 회원국들은 이를 반겼지만, 이에 대한 미국 내 역풍으로 맥아더를 지지하는 대중집회가 일어났다. 하지만 맥아더 해임이라는 역사적 순간은 곧 미국이 한국전쟁 초기에 추구한 승자의 평화, 정의로운 전쟁, 군사적 수단에 의한 이상의 일방적 추구가 결정적으로 포기되기 시작한 순간을 표현하고 있었다.

같은 시기 중국도 협상을 거부하고 모든 정치적 문제를 군사적 승리를 통해 달성하려는 태도를 점차 변화시켰다. 중국의 51년 1월과 4월 말 두 번의 대규모 공세가 모두 크게 실패한 후, 마오와 지도부는 중국의 역량과 야망 사이의 격차를 확인하고, 한국전쟁의 목적을 다시 검토하게 되었다. 이에 따라 5월경 중국은 38선에서 멈추고 정전회담이 열리는 동안 싸움을 계속하고, 협상을 통해 전쟁을 끝낸다는, '협상하며 싸운다'는 새로운 전략을 받아들였다. 중국의 작전 목적은 한국에서 전쟁 이전상태를 회복하여 정전을 이루는 것으로 재정의되었다.[55]

이 와중에 공격을 지속하길 바라는 것은 이미 전 지구적, 지역적 차원으로 확산되고 중국과 미국의 전쟁이 되어버려 전쟁에 대한 아무 주도권이

---

53) *FRUS* (1951), 166-67.

54) Luard, op. cit., p. 259; *FRUS* (1951), 234-35, 298-301; Foot, op. cit., p. 34.

55) Chen Jian, *Mao's China and the Cold War*, pp. 96-97.

없던 김일성과 이승만뿐이었다. 이승만은 휴전 논의 자체를 거부했고, 김일성도 "한국문제는 평화적 방식으로는 풀릴 수 없고, 전쟁이 38선에서 끝나지 않을 것이기 때문에 군사작전을 지속해야 한다"고 주장했다. 그러자 6월 초에 중국 지도부는 이 견해차를 조정하기 위해 김일성을 베이징으로 초청했다. 독자적으로 싸울 수 없었던 김일성은 결국 중국의 전략적 입장에 양보했고, 미국과 공식 협상을 시작하고 두 달간 새로운 공세를 하지 않기로 했다. 그리고 이 시점에서 마오는 중국의 UN가입은 정전의 조건이 아니라며, 중국의 UN가입 문제를 협상 대상에서 제외하기로 결정했다. 대만문제도 협상을 위해 문제를 제기하지만, 만일 미국이 대만문제는 별도로 풀기를 강하게 주장하면 타협하기로 했다.56)

이렇게 중국이 UN가입, 대만문제를 제외하고 한국정전 협상을 시작하려한 상황에서, 미국은 소련과 접촉하며 휴전을 위한 신호를 보냈다. 미국은 중국보다는 소련과 직접 협상을 더 선호했다. 봉쇄정책의 입안자 케넌은 UN을 통해서는 이런 합의가 이루어지기 어렵다고 보았고 이에 따라 실제로 미국과 소련의 관료 회담이 이루어졌다. 이는 냉전의 가장 큰 무력충돌이 벌어지는 상황에서 서로 분쟁을 확대해 부담이 늘어나는 것을 피하려 했던 양 강대국의 공동 이해를 보여주는 사례였다.57)

케넌은 5월 31일과 6월 5일 두 차례 직접 UN 소련 대표 말리크와 만나 중국 문제를 연결시키지 않은 제한된 범위의 쟁점을 처리하자며 정전협상을 제안했다. 이에 말리크는 소련도 가능한 빨리 한국에서 평화와 평화적 해결이 이루어지길 바란다고 호응했다.58)

56) Ibid., pp. 97-98.
57) FRUS (1951), 241-43; Foot, op. cit., p. 36.
58) Acheson, op. cit., p. 533.

이 대화 5일 후인 6월 10일, 중국과 북한 대표가 모스크바로 가서 스탈린과 최종 상의를 했다. 그런데 여기서 스탈린은 가오강과 김일성이 자신들의 견해를 밝히면서 정전(armistice), 화해(reconcilation), 휴전(cease fire, Truce), 평화 협약(peace agreement) 등을 마구 섞어 사용하자, 용어를 분명하게 정의하라고 요구했다. 스탈린의 유도에 의해 결국 중국과 북한은 '휴전(cease-fire)에 근거한 정전(armistice)을 추구한다'는 것에 합의했다.[59]

이로부터 약 10일후인 6월 23일, UN 소련 대표 말리크는 라디오 연설을 통해 상호병력이 38선에서 철수하는 휴전과 정전에 대한 논의를 시작하자고 공식 제안했다. 말리크는 외국군의 한국 철수나 UN에서의 중국의석, 대만문제 등을 전혀 언급하지 않았다. 6월 27일 그로미코는 이 연설을 더 상세히 보완하며 이것은 엄밀히 대립되는 군사 사령관들 사이의 군사적 정전이지, 정치, 영토문제는 들어가지 않으며 향후에 해결하는 것으로 남겨두어야 한다고 반복 확인했다. UN과 미국이 호의적으로 반응했고, 양측은 메시지를 교환한 후 7월 8일 개성에서 연락장교 접촉을 통해 7월 10일 첫 대표 회담을 하기로 합의했다.[60]

미국의 정전협상에 대한 원칙

중요한 것은 정전협상이 시작되는 시점에서 이미 정전협상의 기본틀이 정해져 있었다는 것이다. 즉 평화협약으로 가는 초기 단계로서의 정전협약은 군사적인 의제로만 한정하기로 한 한국전쟁 초기의 정책 방향이 1950년 12월 12일 미국 JCS에서 만든 NSC 95의 원칙에 반영되었다.

그리고 NSC 95의 이런 방침은 전쟁 초기부터 '평화조약 없이 끝나는'

---

59) Chen Jian, *Mao's China and the Cold War*, p. 99.
60) *FRUS* (1951) 7: 547; Foot, op. cit., pp. 37-38.

현실주의적 전쟁을 지향했던 케넌을 통해 소련으로 전달되었다. 그리고 스탈린은 협상을 시작하기 위해 모스크바로 상의하러온 중국과 북한 대표에게 이것이 포괄적 평화협상이 아닌 휴전과 정전협상임을 분명히 인식하고 인정하게 했다. 중국 역시 6월 중순에 UN에서의 대표나 대만문제를 사실상 협상에서 제외하기로 한 상태였다.

이렇게 결국 미국의 NSC-95가 관철된 상황에서, UN의 법률 고문도 정전 협상의 문제를 순전히 미국의 군 사령관이 주도하는 문제라는 추가적인 법률적 승인을 해주었다. 당시 UN사무총장 법률 고문 펠러(Abraham Feller)는 미국이 순전히 군사적인 성격의 휴전 협약을 종식할 권리가 있고 이는 UN 총회나 안보리의 새로운 승인을 필요로 하지 않는다는 의견을 전달했다. 이 군사적 문제 이외에 향후 한국의 미래와 관련된 정치적 문제만이 UN의 정치 기구가 결정할 필요가 있다는 의견이었다.[61] 이제 한국전쟁 문제는 관련된 모든 정치적 쟁점이 분리된 채 미국 군사령관, 중국공산당 지도부 간의 군사적 타협의 문제로 좁혀진 것이었다.

애치슨도 지적한 것처럼 이렇게 정전협상을 야전 사령관들 사이의 군사 문제로 한정하는 이러한 조치는 정치적으로는 유용했지만, 미국이 중국과 북한의 주권을 인정하지 않고 있다는 문제를 회피했고 대만과 중국의 UN회원국으로서의 지위에 대한 문제가 제기되는 여지를 봉쇄했다.[62]

중국의 협상 준비와 전략

중국은 실제로 어떻게 협상을 준비했는가. 미국과의 직접 협상은 유엔 안보리 회의 참여 이후 중국 지도부에게 또 다른 큰 도전이었다. 중국공산당

---

61) Luard, op. cit., p. 262.
62) Acheson, op. cit., pp. 533-34.

에게 미국과의 직접 협상은 처음 있는 일이었다. 그래서 베이징 지도부가 직접 협상 과정을 통제하기 위해 고위 중국공산당 지도부로 중국 협상팀이 구성되었다. 협상장에서는 떵화와 셰팡(Generals Deng Hua and Xie Fang), 북한의 남일이 협상을 이끌기로 했지만, 이들의 막후에 협상지도그룹이 구성되었다. 외무부 부상이자 중국공산당의 오랜 군사첩보 수장인 리커눙(李克農)과 1940년대에 미국인들을 다룬 경험이 있는 외무성 국제정보국장 차오관화(喬冠華)가 이 협상지도그룹을 이끌었다.[63]

그리고 리와 차오가 베이징을 떠나기 전 마오는 이들에게 협상을 하나의 정치전으로 여겨야 하며 베이징 지도부가 작성한 정책 라인을 따라야 한다고 분명히 했다. 마오는 매일 베이징 최고 지도부에 보고하고 지도를 받을 것을 지시했다. 이들이 북한 전장에 7월 6일 도착했고 북한은 이들이 협상을 지도하는 것에 동의했다. 리가 팀장을 맡았고 차오가 국장이 되었다.[64]

중국과 북한 협상가들은 UN-미국 측과 비교할 때 상대적으로 좋지 않은 군사, 정치적 입장에서 협상에 들어갔다.[65] 하지만 처음에 중국 공산당 지도부는 정전협상이 빠르게 합의에 도달할 것으로 믿었고, 협상지도부들은 여름옷만 준비해갔다. 이들은 협상에서 가장 어려운 지점은 정전에 도달하는 게 아니라 모든 해외군 철수 문제, 대만문제, UN에서 중국 의석문제 같은 더 큰 쟁점일 것이라고 생각했다. 중국은 이미 이 문제들을 정전 이후에 풀려고 방침을 세웠기 때문에 정전 자체는 금방 끝날 것으로 생각했다.[66]

하지만 잘 알려져 있듯이 이렇게 애초에 군사문제로만 한정되어 51년

---

63) Yafeng Xia, *Negotiating with the enemy: U.S.-China Talks during the cold War 1949-1972* (Bloomington: Indiana University Press, 2006), p. 54.

64) Chen Jian, *Mao's China and the Cold War*, p. 99.

65) Foot, op. cit., p. 41.

66) Chen Jian, *Mao's China and the Cold War*, p. 101.

7월에 시작된 정전협상도, 포로문제를 둘러싼 양측의 정치적 갈등으로 2년간 더 지속되었다. 그리고 군사문제로 한정해 휴전을 이룬 정전체제는 60년이 지난 지금까지도 정치적 해결의 단계로 나아가지 못하고 있다.

2) 미-일 샌프란시스코 평화 협약: 경제중심적인 자유주의 평화

이렇게 한국전쟁 정전협상의 의제들은 여러 정치적 쟁점들을 제거한 순수하게 군사적 문제로 한정되었다. 그렇다면 한국의 정전 의제에 포괄적으로 포함될 수도 있었던 동아시아의 2차대전 이후 복합적 정치문제들은 어떻게 처리되었을까?

판문점에서 한국전쟁 정전협상이 진행되던 와중에 미국은 아시아에 대한 정책을 포괄적으로 재검토하고 있었다. 앞서 살펴보았듯 이중 가장 중요하게 여겨진 중국문제는 아시아의 전후 질서 변동에 대한 국제적 합의의 도출이 필요한 매우 복합적인 문제였다. 특히 중국의 대표와 승인문제는 곧 일본영토였던 대만의 정치적 해결문제와도 관련되어 있었다. 이는 단지 중국 내전의 결과에 대한 국제적 인정의 문제에 한정되지 않았고, 일본의 식민지였던 인도차이나, 말레이시아, 인도네시아, 필리핀 등의 지위와 함께 고려되어야 할 탈식민 문제이기도 했다.[67] 따라서 중국-대만 문제는 한국전쟁의 정치적 해결문제에 국한되지 않은 동북아시아에서 일본과의 평화협상을 통해 포괄

---

67) 2차대전 이후 식민주의의 유산을 청산하는 움직임으로 미국은 1946년에 필리핀의 독립을 허용했다. 하지만 영국, 프랑스, 네덜란드가 이 국가들의 독립을 꺼리면서 각 국가들은 독립을 요구하기 시작했다. 영국이 먼저 통제력을 잃으며 인도가 1947년 독립했고, 1948년에 버마와 말레이시아도 독립했다. 네덜란드도 인도네시아의 독립을 막으려 군사행동까지 했으나 결국 1949년에 독립을 인정했고 프랑스만 인도차이나를 지배하고 있었고 1950년부터 베트남 군사력과 프랑스군이 충돌하기 시작했다(Franklin, op. cit., pp. 23-25).

적으로 해결해야 할 2차대전의 전후처리와 연결된 큰 문제였고, 그런 점에서 이는 미국의 대 일본정책과도 긴밀히 연결된 문제였다.

이렇게 한국전쟁과 중국의 개입이라는 '사건'은 미국과 국제사회로 하여금 한국전쟁 그 자체뿐만 아니라, 전지구적 냉전 구도 속에서 당사자들이 해결해야 했던 중국내전과 중화인민공화국수립, 일본의 2차대전 패배와 탈식민 과정이라는 극도로 복합적이고 무거운 갈등들의 차원을 대면하게 만들었다. 미국은 여기에 중국의 불인정, 한국의 군사 정전체제라는 두 가지 임시적 대응을 했다면, 그것으로 해결되지 않는 문제는 대 일본정책으로 해결하려 했다.

그 구체적 결과가 한국에서 정전협상이 시작되던 같은 시기인 1951년 9월, 미국이 일본과 체결한 샌프란시스코 평화협약(Peace Treaty)이다. 주목할 것은 이 평화협약은 기존의 평화협약들과는 완전히 새로운 협상 방식과 내용으로 이루어진 근대 외교 역사에서 유일무이한 새로운 형태의 자유주의 평화협약(Liberal Peace Treaty)이라는 점이다.

여기서 자유주의 평화협약이란 무엇을 의미하는가? 사실 2차대전 후 독일과 일본에서는 모두 평화협약이 체결되지 않고 있었다. 그런데 1990년대까지 교전국들의 평화협약이 마무리되지 않았던 독일과 비교할 때, 일본과의 평화협약은 한국전쟁 정전협상이 한참 진행되던 1951년에 교섭과 타결이 이루어진 매우 이례적인 경우였다.

이런 조기 협약 체결이 가능했던 첫 번째 이유는 우선 일본이 전후 미국의 압도적인 영향력 하에 놓이게 되었기 때문이다. 유럽전장에선 영국과 러시아가 전투에서 큰 역할을 했지만, 아시아에서는 미국의 역할이 지배적이었다. 독일에선 제 3제국은 사라지며 4개 점령지역으로 나뉘어졌지만 일본의 전후 질서는 거의 순수하게 미국의 기획과 그것의 집행에 따른 것이었다. 일본에선

천황제와 정부가 보존되었고 미 극동군 최고사령관의 명령에 종속되었다.68)

이런 조건에서 이미 미국은 1947년 경부터 일본과 평화협약을 추진하기 시작했다.69) 하지만 미국 정부는 평화협약의 시기에 매우 신중했는데, 이는 무조건 항복으로 끝난 2차대전 이후 평화협약의 문제는 곧 해당 국가의 주권을 인정하는 문제였기 때문이다. 특히 독일의 경우 이런 주권의 인정은 지연된 평화협약 혹은 변형된 평화협약의 형태로 매우 제한적으로 이루어졌다. 이는 역시 비자유주의 국가에 대한 비인정 기조의 일환이었다고도 볼 수 있다.

평화협약 조기 체결의 두 번째 계기는 신중국의 수립이었다. 이는 아시아에서 미국의 이해관계를 위협했다는 점에서 일본과의 평화협약을 더 촉진시켰다. 중화인민공화국을 국가로 인정하지 않고 있던 미국의 입장에서는 가능한 빨리 평화협약을 통해 일본을 주권국가로서 동등한 지위로 회복시키는 게 중요했기 때문이다. 하지만 일본과의 평화협약은 우선적인 공식 정책으로 간주되지 않았고, 특히 군부는 평화협약이 시기상조라며 반대했다. 당시 미합참(JCS)은 소련·중국과 일본에서 미국 기지를 유지하는 협약을 체결하지 않는 한 일본과의 평화협약을 거부한다는 입장이었다.70)

하지만 국무부의 지속적인 노력으로 1949년 12월 27일 NSC에서 일본과

---

68) Acheson, op. cit., p. 426.

69) 이는 봉쇄정책을 입안한 케넌의 작품이었는데, 케넌은 초안에서 일본의 비무장, 민주화, 국제적 감독을 중시했다. 하지만 정작 평화협약 초안을 작성한 케넌은 기본적으로 일본이 미국에 지속적으로 우호적일 것이라는 점이 분명해질 때까지 평화협약 협상을 해선 안 된다는 입장이었다(Leffler, op. cit., pp. 84, 256; John M. Allison, "The Japanese Peace Treaty And Related Security Pacts," *Proceedings of the American Society of International Law at Its Annual Meeting (1921-1969)*, Vol. 46 (April 24-26, 1952), p. 37.

70) Allison, op. cit., p. 38; Acheson, op. cit., p. 430.

의 평화협약에 대한 정책이 공식 승인되었고[71] 50년 2월 20일 트루먼은 NSC에 일본과의 평화협약에 대한 검토 보고서를 요청했다. 당시 국무부는 국무부의 중국정책을 반대하며 더 호전적 정책을 요구하는 미국 내 공화당 등 보수 정치세력들로부터의 공격에 대응하여 일본과의 평화협약 체결을 달성하기 위해 협약에 새로운 성격을 부여하기로 했다.[72]

국무부가 생각해낸 것은 일본과의 평화협약을 NSC 48/2에서 이미 등장한 미국과 태평양지역 국가들과의 "집단 방위협약 구상"과 연결시키는 것이었다. 애치슨은 독일을 서유럽 경제로 통합시키기 위해 독일의 주권 회복을 진행시켰듯이, 동아시아에서도 일본을 중심으로 경제 통합과 회복을 추구하기 위해 지역 안보 구상을 추진했다. 애치슨은 일본과의 평화조약을 미국과 동남아 국가들과의 집단 방위 조약과 병행시키려 했다. 즉 점령의 공식 종료와 일본의 주권 회복을 미국과 일본, 호주, 뉴질랜드, 필리핀과의 집단 안보 협약 체결과 병행하기로 한 것이다. 이렇게 지역 안보 협약은 일본을 산업기지로 부활시키기 위해 미국 주도 하에 일본과 평화협약을 맺기 위한 보완적 수단이었다.[73]

국무부는 이렇게 상호 안보 협약을 제공하면, 일본의 기존 적대국들이 미국이 주도하는 자유주의 평화조약(liberal peace treaty)을 받아들일 것이라고 생각했다. 여기서 미 국무부가 의미한 자유주의 평화란 베르사유로 상징되는 처벌적이고 제한적인 평화협약이 아니라 처벌조항 없이 국제사회에 통합시켜, 일본이 국제적 행위기준을 받아들이고 평화로운 경로를 따르게 한다는 미국의 구상을 담은 용어였다. 트루먼 정부에게 일본과의 평화협약은 일본과

---

71) NSC-60: Japanese Peace Treaty(1949. 12. 27).

72) Acheson, op. cit., p. 431.

73) Leffler, op. cit., p. 347.

소련의 무역을 금지시켜 일본을 반공주의적 지향이 되게 하는 수단이었고, 이를 성공시키기 위해서는 처벌적 성격이어선 안 되며 일본이 산업을 재건할 수 있게 허용해야 한다는 입장이었다.

이렇게 일본과의 자유주의 평화협약 체결은 베르사유의 처벌적 성격을 제거한다는 정당화와 경제중심적 원칙과 이해관계, 그리고 미국이 주도하는 아시아에서의 지역 집단 방위 체제라는 군사적 구상이 긴밀하게 결합된 산물이었다. 즉 미국은 탈-베르사유적인 평화조약과 미-일 양자 방위조약을 결합시켰다.

일본과의 평화협약뿐만 아니라 미국의 동아시아 집단 방위 시스템의 구축 과정에서 1950년 4월 6일 트루먼의 승인 아래 일본 평화협약 관련 보고서의 책임자로 임명된 존 포스터 덜레스(John Foster Dulles)의 역할은 결정적이었다.74)

소위 '덜레스 기획'으로 불린 아시아 집단 방위 시스템의 구축은 일본과의 평화협약과 함께 호주, 뉴질랜드와 미국의 ANZUS75) 협약과 필리핀, 일본과의 양자간 방위조약의 병행으로 추진되었다. 덜레스는 평화협약의 조기 달성을 위해 정상적인 협약 협상 절차로 인해 협약 체결이 지연되면 안된다고 판단했다. 따라서 그는 모든 관련 국가의 회담을 추진하는 것이 불가능하다면 국가들과 개별적으로 논의하기로 결정하고, 전통적인 평화회담 방식을 폐기했다.76)

---

74) 트루먼과 국무부가 그를 택한 것은 정부 내외의 협상 때문이었다. 덜레스는 반덴버그(Vandenberg)와도 친했고 공화당의 듀이(Dewey)나 타프트(Taft) 같은 강경 보수 성향 의원들과도 좋은 관계를 유지하고 있어 이 일에 적임이었다(Acheson, op. cit., p. 432; FRUS [1950] 6: 1160).

75) ANZUS(Australia, New Zealand, United States Security Treaty)

76) Franklin, op. cit., pp. 26, 44-49; Allison, op. cit., p. 38. 국무부는 일본의 재무장을

즉 원래 대부분의 전후 처리를 위한 다자간 협약, 특히 웨스트팔리아에서부터 비엔나, 베르사유에 이르는 평화협약들은 전쟁과 관련된 모든 국가들의 대표가 모여서 함께 회의를 하고 의견을 제시하고 서로 주고받는 과정을 거쳐 조약의 조문에 대한 합의에 도달하는 긴 회담의 산물이다. 하지만 샌프란시스코 협약은 회담이 아니라 덜레스의 외교를 통한 1년간의 사전 합의를 통해 체결된 초유의 평화협약이었다.

중요한 것은 이 시기까지만 해도 평화협약은 한국전쟁이 끝난 후에 체결한다는 것이 기본 전제였다는 점이다. 그런데 바로 중국의 한국전쟁 개입은 이 시기를 훨씬 앞당겼고 이것이 평화협약 체결의 시기를 앞당기고 형태와 방향을 더 분명히 한 결정적 계기였다.

1951년 9월 체결된 미-일 평화조약은, 한국전쟁 정전협상이 정치적 의제가 제거된 군사적 정전이었다는 점에서 탈정치적이었던 것처럼, 경제적 이해관계를 중시하며 군사적 방위조약으로 보완되었다는 점에서 또 다른 탈정치적 평화의 모델이었다. 그리고 미국은 이런 식의 '자유주의 평화'에 대한 다른 국가들의 반대를 일본처럼 상호 지원 조약을 체결하겠다는 약속으로 무마했다.[77)]

결국 미국이 추진한 자유주의 평화는 전후 처리라는 정치적 쟁점보다는 일본을 산업기지이자 군사기지로서 포섭하는 미국의 전략적 이해관계를 관철한 것이었다. 이를 위해 미국은 2차대전 전후처리에서 이뤄져야 할 포괄적 정치문제와 전쟁 책임문제를 제거했다. 그리고 베르사유가 실패했다는 이유

추구했는데, 다만 이런 재무장에 대한 내용은 극동위원회 국가들의 반발을 예상해 조약의 형태로 명시하지 않기로 했다. 즉 재무장을 금지한다는 내용을 기입하지 않는 형태로 논쟁을 피하려 한 것이다(Acheson, op. cit., p. 440; Leffler, op. cit., p. 393; Franklin, op. cit., p. 39).

77) Leffler, op. cit., pp. 426-27; Allison, op. cit., pp. 38-39; Acheson op. cit., p. 539.

로 처벌적 성격을 제거한 '자유주의 평화'가 필요하다고 역설했다.

덜레스는 일본과의 평화협약은 또 다른 전쟁을 일으키지 않을 방식으로 전쟁을 끝내기 위해 고안된 것이고, 승전국에 의해 잠재적인 증오와 보복의 궤적들이 모두 제거된 화해의 조약(a treaty of reconciliation)이라고 주장했다. 그는 패배시킨 적을 새로운 위협에 맞서 태평양지역에서의 집단 안보에 긍정적 기여자로 만들었다고 평가했다.[78] 베르사유와 차별화한 자유주의 평화론이 전쟁책임에 대한 정치 논쟁을 회피하는 자유주의 화해론으로 나아갔다.

하지만 하라의 지적처럼 현재까지 지속되고 있는 동아시아의 여러 지역 영토 분쟁들의 공통의 맥락이자 기반이 바로 1951년 샌프란시스코평화협약으로 구성된 샌프란시스코 시스템이다. 그런 점에서 덜레스가 화해를 지향하는 자유주의 평화협약이라고 표현한 이 협약은 2차대전 전후처리에서 가장 중요한 피해국과 당사국의 요구를 무시하고 미국의 이해관계와 주변국과의 교환을 통해 관철된 무책임한 협약이었다.[79]

예컨대 덜레스는 해당국들과의 협상 과정에서 일본이 어떤 국가에게 대만, 쿠릴, 남사할린 지역의 주권을 넘겨야 할 것인지의 문제를 명시하지 않고 단지 이 지역에 대해 일본의 주권이 포기(renounce)되었다는 조항만을 포함시켰다.[80] 이렇게 영토문제를 불명확하게 처리한 미국의 가장 큰 동기는 대만

---

78) John Foster Dulles, "Security In the Pacific," *Foreign Affairs*, Vol. 30, No. 2 (January 1952), pp. 175-80.

79) Kimie Hara, *Cold War Frontiers in the Asia-Pacific: Divided Territories in the San Francisco System* (London, New York: Routledge, 2007), pp. 25-27.

80) 예컨대 한국의 독도문제의 경우도 UN창설 전후의 전후 처리 기획에서는 일본의 영토를 엄밀히 한정하고 독도를 모두 한국 영토로 되돌려주는 것으로 합의되었으나 1947년 케넌의 봉쇄정책이 등장한 이후부터 일본에 대한 처벌과 제약을 약화하려는 자유주의 평화조약이 추진되며 무산되고 제외된 것이었다. 특히 중국의 수립 이후 1949년부터 일본의 이해관계가 고려되면서 일본 대사 시볼트(Sebald)가 독도에 대한

을 신중국에 넘기지 않으려 했던 것이었다. 덜레스는 중국의 평화협약 회의 참가도 용인하지 않았고 결국 2차대전시 일본과 중요한 교전국이었던 중국이 협상에서 제외되었다. 미국은 이렇게 중국의 참여를 제한한 것은 한국전쟁 초기 진행된 중국의 대표문제에서도 이미 동맹국간 합의에 도달할 수 없었기 때문이라고 정당화했다.[81]

미국이 그나마 지역 국가들의 반대를 무마하기 위해 도입한 개별적 상호 방위조약들의 형태도 특수한 것이었다. 여기서 NATO 체제와 ANZUS 체제 의 차이점도 중요한 함의를 갖는다. 전자는 회원국 한 국가에 대한 침략이 전체 회원국에 대한 침략으로 간주되어 미국은 대통령이 자동적으로 군사 개입을 해야 하는 의무가 설정되어 있어 미국 내에서 큰 위헌 논란에 휩싸였 지만, ANZUS의 경우에는 전통적인 몬로독트린의 용어법처럼 '태평양 지역(in the Pacific area)'이라는 광의의 지역을 설정한 것이어서 개별 국가에 대한 의무가 아니었다.[82]

또한 ANZUS에는 NATO 같은 군사기획위원회도 없었고 '한 국가에 대 한 공격은 전체에 대한 공격으로 간주한다'는 NATO의 구절과 달리 한 국가 에 대한 외부 공격이 있을 경우 '공동의 위험(common danger)에 대응하기 위한 적절한 합헌적인 행동(appropriate constitutional action)으로 대응한다' 는 소위 'ANZUS식 문구'로 대체되었다. 일본과 미국의 양자간 방위조약에는

일본의 주장을 반영하고 특히 기후나 레이더 기지의 필요성을 고려해 한국으로 돌아갈 영토로부터 제외하자는 제안이 반영된 것이었다. NSC 48이 승인되고 일본의 전략적 중요성을 강조하던 정책이 수립되던 시기 시볼트는 나아가 독도를 일본 영토로 하자고 제안했다. 미국은 향후 분쟁이 일어날 것을 예상했고 그럴 경우 국제사법재판소에서 해결할 것을 제안했다(Hara, op. cit., pp. 31-32).

81) Acheson, op. cit., p. 541; Leffler, op. cit., p. 431; *FRUS* (1951), 6: 1134; Allison, op. cit., p. 41.

82) Dulles, op. cit., pp. 180-87.

ANZUS 같은 군사기획위원회도 없었고 일본이 공격받으면 미국은 헌법적 절차가 허용하는 한 일본에 개입한다고만 되어 있었다.[83]

이후 아이젠하워정부 하에서 국무부장관이 된 덜레스는 한국전쟁 이후 동남아시아에도 유사한 집단방위조직을 확대해 설치했다. 그리고 일본과의 방위조약을 지켜본 나머지 아시아 국가들도 미국과 방위조약을 지속적으로 요구했다. 하지만 한국전쟁 이후 한국과 필리핀과 체결된 상호방위조약에는 공동 군사기획위원회가 없을 뿐 아니라 미국의 의무도 더 약화되었고, 상대국은 결코 동등한 지위를 갖지 못했다. 기지와 통제력 확보라는 미 군부의 이해관계는 강하게 반영되었지만, 의무는 더 약화된 형태였다.[84]

결국 미국이 말한 자유주의 평화란 덜레스의 자화자찬처럼 '화해의 조약'이 아니라, 동아시아의 전후처리와 탈식민문제를 방기하고 탈정치화한 무책임한 경제-군사 중심적 지역통합기획의 또 다른 이름이었다. 미국은 자유주의 평화와 상호방위조약이라는 분업 형태를 통해 일본의 경제와 군사기지적 유용성을 모두 얻었고, 동아시아의 2차대전 전후처리와 전쟁 책임은 선택적이고 불평등한 군사동맹으로 대체되었다.

결론: 동아시아 분단체제의 탄생과 유예된 평화

결국, 중국 개입 이후 중국의 UN 대표 논란에서부터 한국의 정전협상,

---

83) Franklin, op. cit., pp. 36-49, 63; Jones, op. cit., p. 848; Leffelr, op. cit., p. 427.
84) Franklin, op. cit., pp. 63, 78, 81, 93. 이렇게 실질적 기획기능과 회원국의 동등한 관계, 미국의 의무가 최소화된 형태의 형식적인 군사동맹들의 기원에는 미국의 한국전쟁 개입결정으로 인해 발생한 트루먼 결정의 위헌성 논쟁, 그리고 NATO에의 자동개입과 의회의 전쟁선포권 발동을 둘러싼 거대한 논쟁의 영향이 있었다. 상세한 내용은 김학재, 「한국전쟁과 자유주의 평화 기획」, 서울대학교 사회학과 박사학위논문, 2013, 3장 참조

그리고 미-일 샌프란시스코 조약과 방위협약에 이르는 일련의 과정들은, 미국이 한국전쟁으로 인해 대면해야 했던 동아시아의 수많은 정치적 쟁점들에 대한 공동의 논의와 합의를 통한 해결을 회피하고 자국의 부담을 줄이면서 위기관리를 위해 최적화된 경제-군사 중심적 대아시아 정책과 기획들을 전개한 과정이었다고 할 수 있다.

즉 중국의 전쟁 개입이라는 충격파로 인해 결국 아시아엔 이 위기에 대응하기 위한 미국의 부담을 최소화하려는, (통합된 지역공동체가 아닌) 철저히 마디마디가 분절된 유연한 위기관리 시스템이 구축된 것이다. 그 결과 형성된 "동아시아 분단체제"[85]는 한국전쟁과 중국의 전쟁 개입이라는 충격으로 인해 미국이 대면해야 했던 동아시아의 2차대전 이후 복합적 모순들의 무게에 대한 대응의 산물이었다.

동아시아 분단체제는 이렇게 중국 개입 이후의 역사적 전개에서 비롯된 몇 가지 특성을 갖고 있다. 우선 중국의 한국전쟁 개입은 미국이 전 지구적 수준에서 주도한 20세기 자유주의 기획이 극복하려 했던 19세기적 국가간 힘의 균형상태(balance of Power)를 다시 도래하게 했다. 이는 한국전쟁 초기 자유주의와 공산주의 진영이 모두 이상주의적 기획을 군사력을 통해 추진하려던 기획들이 좌절 변형되면서 좀 더 현실주의적인 정치적 기획으로 대체되기 시작한 것을 의미한다. 즉 양측의 보편적·이상적·군사적 기획은 지역적·현실적·정치적 기획으로 전환되며 각 쟁점과 사안별로 양 진영의 대응전선이 형성된 것이었다.

두 번째로 동아시아 분단체제는 이 상황에 대해 미국이 차별적인 대응을 추진한 것의 결과물이다. 미국의 차별적 대응으로 한국전쟁과 관련되어 있던

---

85) 백낙청, 『분단체제 변혁의 공부길』, 창작과비평사, 1994; 『흔들리는 분단체제』, 창작과비평사, 1998.

동아시아의 전후 정치사회 변동에 관한 쟁점들이 각기 분리되어 서로 차별적 형태로 제도화되었다. 미국은 특히 경제-군사적 이해관계를 축으로 탈정치적이고 분절된 질서를 형성시켰다.

그 결과 동북아에는 역사적으로 선명하게 분기하는 경로들을 따라 서로 다른 평화/안보 레짐(regime) 들이 형성되었다. 첫째 미국은 중국의 주권을 인정하지 않아 자유주의로부터 정치적으로 배제(비자유주의 불인정)했고, 둘째 한국은 분쟁을 지역화시키고 탈정치화(군사-기술적 정전)시켰으며, 셋째, 일본은 자유주의 정치경제 시스템으로 깊숙이 포섭했다(자유주의 평화). 중국 불인정, 한국의 군사정전, 일본과의 자유주의 평화협약, 이것이 동아시아 분단체제의 세 가지 핵심 요소였다.

세 번째로 동아시아 분단체제는 미국과 아시아 국가들과의 특수한 분업 구조, 즉 유럽과 다른 동아시아 특유의 소위 후원자-고객 방위동맹 시스템 (Hub-and-spoke system)86)의 기원이었다. 그 결과 유럽이 자유주의 질서 하의 지역주의적 통합 모델로 나아갈 수 있었다면, 아시아는 철저히 개별 민족국가들과 미국의 양자관계에 기반한 자유주의-민족주의 후원-동맹 시스템에 머물러 있는 것이다.

힘의 균형, 차별적 평화/안보 레짐, 그리고 개별 민족국가와의 양자간 협약 체제라는 특이한 동아시아 질서의 형성 과정에서 한국의 평화는 어떻게 배치되었는가? 한국의 평화는 중국개입이라는 과잉정치적 조건과 복잡한 정치 문제를 분리하고 탈정치화시키려는 미국의 대응의 결과, 정치쟁점이 완전히 제거된 임시적인 체제, 순수한 군사적 의제로만 국한된 군사정전 체제로 대체되었다. 중국의 승인과 일본과의 조기 평화협약이라는 두 가지

---

86) Peter J. Katzenstein, *A World of Regions—Asia and Europe in the American Imperium* (Ithaca: Cornell University Press, 2005).

큰 정치-전략적 쟁점과 기획의 무게에 짓눌려 전투의 중지라는 초라한 휴전체제로의 길로 들어선 한국 문제의 정치적 해결은 그로부터 60년간 유예되어 있다.

저자 소개(논문 게재순)

백원담_ 성공회대학교 중어중국학과 교수.「중국 신시기 후현대문학비평론연구」로 연세대학교
에서 박사학위를 받았다. 동아시아문화공동체포럼 기획집행위원장, 중국 상해대학 대
학원 문화학과 해외교수이고, 미국 컬럼비아대학 방문교수를 지냈으며,『진보평론』,
『황해문화』편집위원으로 활동하고 있다. 아시아의 새로운 관계상을 모색하기 위해
아시아 역내 문화 교통 및 사상적 회통에 대한 폭넓은 연구를 진행하고 있다. 주요
저서로는『동아시아의 문화선택, 한류』(2005),『인문학의 위기』(1999) 등이 있으며
「동아시아에서 문화적 지역주의의 가능성」(2005) 외 다수의 논문이 있다.
arum@skhu.ac.kr

이남주_ 서울대 경제학과 및 중국 북경대학 정치행정관리학 박사과정을 졸업했다. 현재 성공회
대 중어중국학과의 교수이자『창작과 비평』편집위원으로 활동하고 있다. 주요 논문으
로「북한 개혁의 '이륙'은 가능한가」,「동북아시대 남북경협의 성격과 발전방향」등이
있고, 저서로는『중국 시민사회의 형성과 특징』,『21세기의 한반도 구상』(공저),『이중
과제론』(공저) 등이 있다. lee87@skhu.ac.kr

허지시엔(何吉賢)_ 2009년 청화(淸華)대학에서「战争与演剧: "抗战演剧"与演剧队研究(1937-
1945年)」로 박사학위를 받았다. 현재 중국사회과학원 문학연구소 연구원이며『文学评
论』편집위원이다. 주요 연구분야는 중국현대문학과 문화이며 주요 논문으로「从三个
角度看"抗战演剧"的转变」(2010),「白毛女: 新阐释的误区及其可能性」(2005),「世纪末
小剧场与中国思想界的分化」(2003) 등이 있다. hejixian@gmail.com

임우경_ 성공회대학교 동아시아연구소 HK교수. 연세대학교 중문과에서「중국의 반전통주의
민족서사와 젠더」로 박사학위를 받았고, 현재는 한국전쟁시기 중국의 국민동원과 여
성, 동아시아 냉전의 정착과 그 성격에 관한 연구를 진행 중이다. 주요 논문으로「요코
이야기와 기억의 전쟁: 지구화 시대 민족기억의 파열과 봉합, 그리고 젠더」(2007),「한
국전쟁 시기 중국의 애국공약운동과 여성의 국민 되기」(2010),「한국전쟁시기 중국의
반미대중운동과 아시아 냉전」(2011) 등이 있다. renyouqing@hanmail.net

청카이(程凱)_ 중국사회과학원 문학연구소 연구원. 2004년 북경대학 중문과에서「国民革命与
"左翼文学运动"发生的历史考察(1925-1929)」로 박사학위를 받았으며 주요연구분야
는 중국현대문학이다. 주요 논문으로는「"双重战后"与改造事件」(2007),「"不看中国
书"与再造新青年的歧路」(2009),「"硬译"与文化革命的主体性」(2012) 등이 있다.
chengkai74@gmail.com

허하오(何浩)_ 2005년 북경사범대학 중문과에서「价值的中间物—论鲁迅生存叙事的政治修
辞」로 박사학위를 받았다. 미국 보스턴 아카데미 정치학과 방문학자를 지냈으며 현재
중국사회과학원 문학연구소 부연구원으로 재직중이다. 주요 연구분야는 중국현당대문

학과 서구현대정치철학이며 저서로 『价值的中间物』(2009)이 있고 주요논문으로는 「自我的历史构成」(2012), 「浮出历史地表的爱情」(2009) 등이 있다.
hehao197572@hotmail.com

최일(崔一)_ 중국 연변대학교 조선-한국학학원 부교수. 「韩国现代文学中的中国形象研究」로 연변대학교에서 박사학위를 받았다. 한국근대문학의 중국체험에 대한 관심을 시작으로 현재 동아시아 근대문학의 특수한 공간인 식민지 만주에서 이루어진 동아시아문학의 양상 및 특수성에 대한 연구를 폭넓게 진행하고 있다. 주요 논문으로는 「境界的语言」, 「身份和历史书」, 「殖民地语境下韩国现代作家的东北形象」 등이 있다.
choiil21c@naver.com

란스치(藍適齊)_ 대만 중정(中正)대학 교수. 2004년 미국 시카고대학 역사학과에서 박사학위를 받았다. 주요 논문으로는 "(Re-)Writing History of the Second World War: Forgetting and Remembering the Taiwanese-native Japanese Soldiers in Postwar Taiwan", "The Ambivalence of National Imagination: Defining the 'Taiwanese' in China, 1931-1941" 등이 있다. hislsc@ccu.edu.tw

판완밍(潘婉明, PHOON, Yuen Ming)_ 대만 기남국제대학(暨南國際大學) 역사과에서 석사학위를 받았으며 현재 싱가포르 국립대학 중문과에서 박사논문을 준비중이다. 주요 연구분야는 말레이시아 공산당사와 화인들의 신촌(新村), 좌익문예와 젠더 관계이다. 주요 논문으로 「文學與歷史的相互滲透:「馬共書寫」的類型, 文本與評論」, 「戰爭. 愛情. 生存策略: 馬共女戰士的革命動機」, 「馬來亞共產黨史的生產與問題」가 있으며 저서로 『一個新村一種華人?—重建馬來(西)亞華人新村的集體記憶』이 있다.
ymphoon@nus.edu.sg

천띵후이(陳丁輝, TAN, Teng Phee)_ 싱가포르 손중산남양기념관 연구원. 대만 기남국제대학 동남아연구소에서 석사를 하고 호주 Murdoch대학에서 "Behind Barbed Wire: A Social History of Chinese New Villages in Malaya during the Emergency Period (1948-1960)"라는 논문으로 박사학위를 받았다. 해외 화인 역사, 구술사, 집단기억, 박물관과 역사재현 등에 관심을 가지고 연구 중이다. 주요 논문으로 "The Case of Tras New Village and the Assassination of Henry Gurney during the Malayan Emergency"(2011), "Oral History and People's Memory of the Malayan Emergency (1948-60): The Case of Pulai"가 있다.
ttp216@gmail.com

로윙상(羅永生, Law, Wing Sang)_ 홍콩 영남(嶺南)대학 문화연구과 부교수. 홍콩중문대학에서 석사학위를 받은 뒤 시드니 테크놀로지대학에서 문화연구로 박사학위를 받았다. 연구 분야는 식민주의의 역사문화학과 비교사회사이며 주로 홍콩 문화 형성에 대한 글을 쓰고 있다. 주요 저술로는 *Collaborative Colonial Power: The Making of Hong Kong Chinese* (2009), 『殖民無間道』(2007), 『宗教右派』(편저, 2010), 『誰的城市?』(1997)가 있으며 그 외 다수의 논문을 발표했다. lawwingsang@gmail.com

김학재_ 서울대 사회학과에서 박사를 마치고 현재 독일 베를린자유대학 글로벌 히스토리 프로젝트 연구원으로 있다. 주요 논문으로는 「한국전쟁과 자유주의 평화기획」, 「정부수립 전후 공보부처의 활동과 냉전 통치성의 계보」, 「한국전쟁기 대통령 긴급명령과 예외상태의 법제화」, 「한국전쟁전후 민간인 학살과 20세기의 내전」 등이 있다. magister76@gmail.com

역자 소개(번역논문 게재순)

이보고_ 중국 청화대학 중문과에서 박사학위를 받고 현재 연세대학교, 시립대학교 등에서 강의를 하고 있다. 주요 저서로는 「민국 초 담론권력의 변동과 『신청년』」, 「오사시기 『동방잡지』의 민족국가에 대한 초월적 상상」, 「민국시기 문명론의 맥락에서 본 지방자치론」 등이 있다. bogopanda@hanmail.net

성근제_ 서울시립대학교 중국어문화학과 교수. 주요 논문으로 「동북인가 만주인가」, 「문화대혁명의 상징으로서의 마오이즘」, 「중국은 어디로 가는가」 등이 있다. geunje@empas.com

김도경_ 성균중국연구소 연구교수. 주요 논문으로 「1970년대 중국 인구담론의 출현과 새로운 문화의 조직」, 「마인추 비판과 상징을 통한 지식 통제」, 「신중국 초기 인식론적 권위의 탐색」 등이 있다. dujing@hanmail.net

연광석_ 대만국립교통대학 사회문화연구소 박사과정. 주요 역서로 첸리췬(錢理群), 『모택동 시대와 포스트 모택동 시대 (1949~2009): 다르게 쓴 역사』(한울, 2012)가 있다. gsyeon@gmail.com

김남희_ 중국 청화대학 중문과에서 박사학위를 마치고 현재 전북대학교, 한국외국어대학교 등에서 강의를 하고 있다. 주요 논문으로 「'신시기 영웅'—1980년대 새로운 주체 구성」, 「'신시기'의 '개인' 주체 상상과 모더니즘」, 「'문화번역'으로서의 '심근'」 등이 있다. nhk114@gmail.com

이승희_ 중국 북경대학 중문과에서 박사학위를 받고 현재 한양대학교에서 강의 중. 주요 논문으로 「대중의 형성—『대중전영』(1950-1966) 중 '몸' 이미지에 관한 연구」, 「애국적 대중의 탄생—신중국 제1회 백화영화제(1962)를 중심으로」, 「'중화민족'의 정념적 재구성—1930년대 옌안의 성자 노먼 베쑨에 관한 서사연구」, 「무저항의 저항—80~90년대 위화와 장정일의 작가의식 비교연구」 등이 있다. eyedome@naver.com